アンドリュー・J・ネイサン／アンドリュー・スコベル

中国安全保障全史

万里の長城と無人の要塞

河野純治訳

みすず書房

CHINA'S SEARCH FOR SECURITY

by

Andrew J. Nathan

Andrew Scobell

First published by Columbia University Press, 2012

Japanese translation rights arranged with
Columbia University Press through
The English Agency(Japan)Ltd.

父たちの思い出に捧げる

ポール・S・ネイサン　一九一三－二〇〇九年

*

チャールズ・L・スコベル　一九二六－二〇〇九年

中国安全保障全史◆目次

序

第I部　中国外交における利害とアイデンティティ

第Ⅱ部　安全保障上の課題と戦略

第12章　中国外交におけるソフトパワーと人権　295

第Ⅴ部　結　論

第13章　威嚇か、均衡か？　321

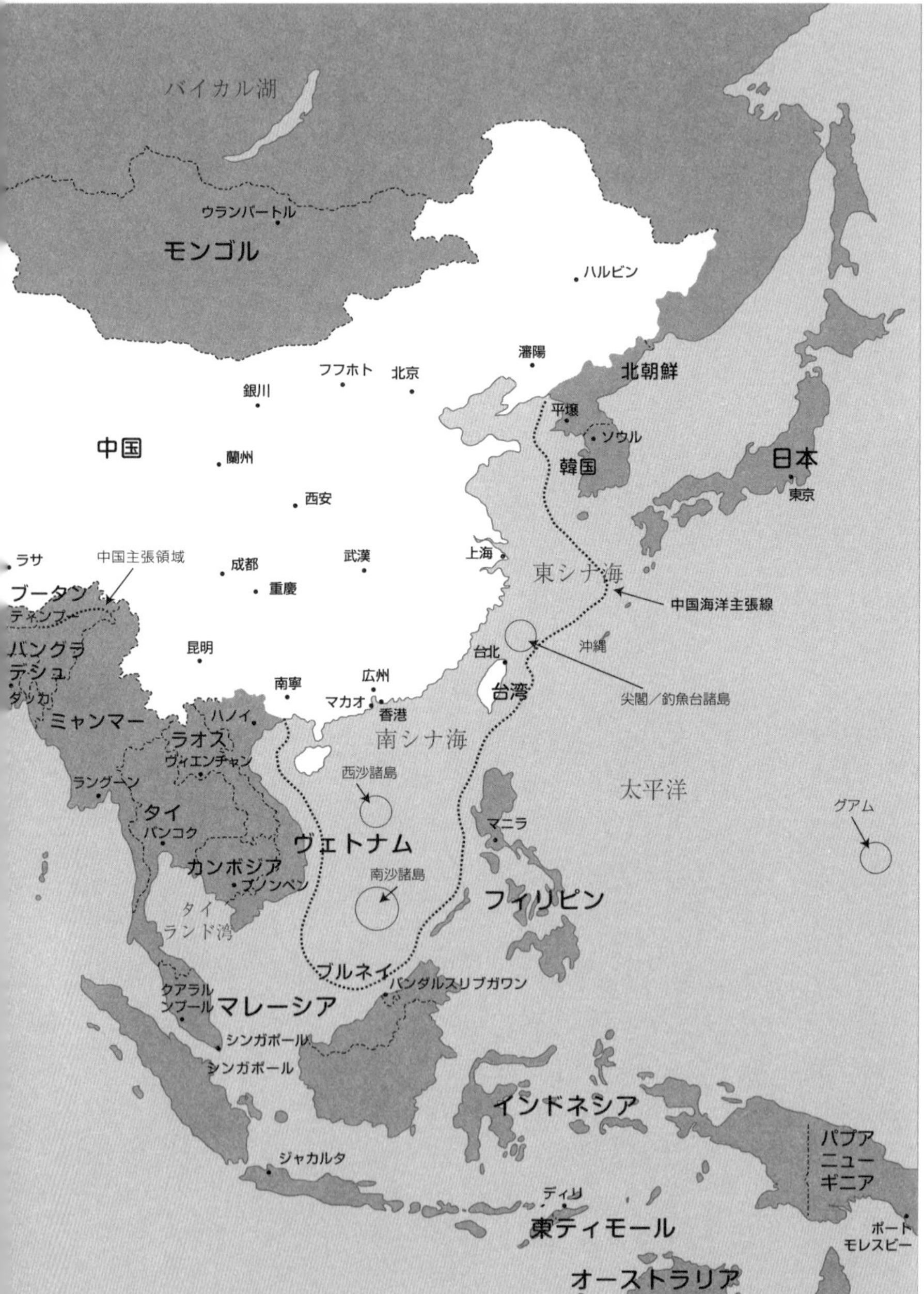

バイカル湖
ウランバートル
モンゴル
ハルビン
瀋陽
北朝鮮
フフホト
北京
銀川
平壌
ソウル
中国
蘭州
韓国
日本
東京
西安
ラサ
中国主張領域
成都
武漢
上海
東シナ海
ブータン
重慶
中国海洋主張線
ティンプー
バングラデシュ
昆明
台北
沖縄
ダッカ
南寧
広州
台湾
尖閣／釣魚台諸島
マカオ
香港
ミャンマー
ハノイ
南シナ海
ラオス
ヴィエンチャン
西沙諸島
ラングーン
太平洋
タイ
グアム
バンコク
マニラ
ヴェトナム
カンボジア
南沙諸島
プノンペン
フィリピン
タイランド湾
ブルネイ
バンダルスリブガワン
クアラルンプール
マレーシア
シンガポール
シンガポール
インドネシア
パプアニューギニア
ジャカルタ
ディリ
東ティモール
ポートモレスビー
オーストラリア

ロシア
アスタナ
ウクライナ
カザフスタン
バルハシ湖
アラル海
カスピ海
黒海
ウルムチ
グルジア
トビリシ
ウズベキスタン
ビシュケク
タシケント
キルギス
アルメニア
バクー
アゼルバイジャン
エレヴァン
トルコ
トルクメニスタン
アシガバート
ドゥシャンベ
タジキスタン
インド主張領域
テヘラン
シリア
レバノン
ダマスカス
バグダード
ベイルート
カブール
イスラエル
イラン
アフガニスタン
イスラマバード
イェルサレム
イラク
ヨルダン
クウェート
ニューデリー
ネパール
カトマンズ
パキスタン
サウジアラビア
カタール
アブダビ
エジプト
オマーン湾
アラブ首長国連邦
リヤド
マスカット
インド
オマーン
スーダン
紅海
アラビア海
エリトリア
イエメン
サナア
アスマラ
ベンガル湾
アデン湾
ジブチ
アジスアベバ
ソマリア
スリランカ
エチオピア
コロンボ
南スーダン
ウガンダ
モガディシオ
ケニア
インド洋
ナイロビ
セーシェル
タンザニア
ディエゴガルシア
モザンビーク
マダガスカル

序

本書『中国安全保障全史』は、一九九七年に刊行された前著『万里の長城と無人の要塞 *The Great Wall and the Empty Fortress*』を基に発展させたものである[1]。当初われわれは前著の最新改訂版を作るつもりだったのだが、世界における中国の立場が著しく変化していたため、できあがってみると、ほとんどまったく新しい本になっていた。とはいえ分析的なアプローチは前著と同じである。中国の安全保障問題を中国の視点から考え、中国の政策立案者がそれをどのように解決しようとしたかを分析する。基本的な結論も変わっていない。中国は国内や周辺地域に安全保障上の課題を数多く抱えて行き詰まっており、西側諸国が弱体化して力の空白ができないかぎり、中国が西側にとって脅威となることはない。

しかし、その他の点では、世界における中国の立場は変化した。一九九七年当時、中国は脆弱な国だった。外交政策の大部分は防衛的なもので、その狙いは国内の不安定化を防ぎ、歴史的に自国の領土である台湾やチベットの喪失を回避し、潜在的な脅威である日本、ロシア、インドといった近隣の強国との緊張関係を改善することにあった。近隣地域以外の世界には大きな興味を示さず、また影響力を行使する強力な手段もなかった。ヨーロッパ、南北アメリカ、アフリカ、中東において重要な役割を演じることもなかった。

しかし、一九九七年の本は情勢の変化を次のように予測していた。「中国は世界史上、最も巨大で、最も経済的活力にあふれた新興国であり、新世紀の大国としての地位を占めようと意図している[2]」。新世紀が到来した今、中国はその意図を達成した。「大国」とは漠然とした用語だが、今や中国は、いかなる基準に照らしても、大国の名に値する。広大な領土とその戦略的位置。国民人口の規模と活力。経済の価値と成長率。世界貿易に占める巨大なシェア。軍隊の規模と水準。外交利益の範囲。文化的影響力。中国は、世界のあらゆる地域に並々ならぬ関心を寄せ——多くの場合、資源探求という動機による——、あらゆる地球規模の問題解決において意見を聞くべき数少ない国の一つになった。中国はまた、自身が好むと好まざるとにかかわらず、世界中の国々や国際機関から注目を集める数少ない国の一つでもある。そして唯一、アメリカの優位を脅かす可能性のある国だと広く考えられている。

つい忘れられてしまうが、中国の台頭は西側諸国が望んでいたことである。リチャード・ニクソンは一九六七年、次のように主張し、のちの対中関与政策の基礎を築いた。「(われわれは)中国を永遠に国際社会の外に置き去りにするわけにはいかない。彼らがそこで幻想を膨らませ、憎悪を抱き、近隣諸国を脅かすのを放置するわけにはいかない。この小さな惑星には、潜在的にきわめて有能な一〇億人もの人々が、怒りに満ちた孤立の中で生きていけるような場所はないのだ[3]」。ニクソンは一九七二年の歴史的訪中によって関与政策に着手した。以来、歴代のアメリカ大統領が、中国の繁栄と安定はわが国の国益に合致すると明言してきた。

関与政策は、中国に世界経済に参加することの利点を経験させ、毛沢東の永久革命思想から脱却させるための戦略だった。西側諸国は、三〇年のあいだに、市場を開放し、融資と投資を行ない、技術を供与し(軍事転用については一部制限された)、中国人留学生を指導し、法律や制度について助言し、中国の世界貿易機関(WTO)加盟を支援した(ただし加盟条件をめぐっては厳しい交渉が行なわれた。第10章参照)。アメリカおよび西側諸国全般からの支援は、中国にとって、計り知れない経済的、技術的価値を持つものだった。西側諸国からの支援が中国の台頭を可能にしたと言っても過言ではない。「何を望むかには注意せよ」という戒めがこれほどふさわしい例はめったにない。中国本国では、毛沢東の急進主義は放棄されたものの、民主化はされなかった。その代わりに、経済成長によって一党独裁政権が強化された。海外では、中国は国際社会における重要なプレイヤーとしての地位を確立し、世界の現状に関わるようになった。西側諸国が意図したとおりに。しかし、今やアメリカはこう考えはじめた。強力な中国が戦略的脅威となるのではないか。

三五年にわたる急速な経済成長は、ひたすら中国の資源を巨大化させることによって、力関係に変化をもたらそうとしていた。だが、中国の台頭は、競争相手の低迷ゆえに、なおいっそう劇的なものとなった。中国が急成長するいっぽうで、ソ連が崩壊し、後継のロシア政府は、国際的な役割を明確化しようと苦闘していた。日本は経済的に停滞し、アメリカ依存の安全保障を受け入れるか、自国防衛により多くの責任を負うかのあいだで揺れ動いていた。インドは中国ほど世界経済に深く関わっておらず、防衛力の大半を隣接する敵、パキスタンに集中していた。中国は友好的なすべての国々と相互協力関係を結んだ。いっぽうアメリカは、世界で唯一の超大国としての地位の優越性を失った。一連の戦争や対立によって、世界的な影響力を強めるどころか、弱めてしまったからだ。これらの理由から、中国の相対的力の変化は、他の場合に比べて、ひじょうに際立ったものとなった。

これらの進展は、中国の外交政策をめぐる相互に関連した二つの議論を生み出した。その一。中国は、近隣諸国を圧倒して「中国の世紀」を実現し、「世界を支配する」のにじゅうぶんな資源を持つ攻撃的・拡張主義的な大国なのか、それとも、つねに無数の安全保障上の脅威に直面している脆弱な大国なのか？(4)　議論の余地はあるものの、脆弱性は依然として中国外交の主要な原動力だ、というのがわれわれの主張である。だからこそ、前著『万里の長城と無人の要塞――中国による安全保障の追求 *China's Search for Security*』の副題が、この新しい本〔英語版原書〕のタイトルになった。中国外交の主な任務は今なお防衛的なものだ。すなわち、国を不安定化させる海外からの影響を弱め、領土損失を回避し、近隣諸国からの疑念を和らげ、経済成長を維持するための国際的な状況を作り出すことである。変わったのは、これらの国内および地域についての優先事項が、今ではより大きな目標の中に組みこまれていることだ。より大きな目標とは、国益に資するグローバルな役割を明確化すると同時に、他の大国から認められることである。

最後に説明を加えたのは、台頭する大国にとって、役割の明確化は一方的なプロセスではないからだ。一〇年前、自身の安全保障をどのように確保するかは、ほとんど中国自身の問題だった（ただし台湾問題の扱いは例外で、アメリカが中国の選択の自由を制限する権利を主張した。第4章参照）。しかし、中国の核心的利益が地域の枠を飛び出し、グローバルに進化するにつれ、他の主要大国の核心的利益とますます交差するようになり、その結果、協力と対立両方の可能性が拡大している。中国の影響力が大きくなればなるほど、その影響力を利用または抑制しようとする他の大国の試みも拡大する。勢力が増大すれば、活動範囲が広がるが、同時に、新たな妨害にも遭う。中国は、対外関係を通じて役割を明確化していかなければならない。そこでは当然、他国と議論することになるだろうし、それが対立に発展する可能性もある。それゆえに、何が中国外交を突き動かしているのかを理解することは、これまで以上に重要だ。

ゆえにわれわれは第1章で、まず地理と人口統計の基礎から始める――中国は地図のどこにあるのか、そこに誰が住んでいるのか、人口はどのように分布しているのか、近隣には誰がいるのか。これらの情報は、「戦略地政学」あるいは「古典的現実主義」と呼ばれる外交分析手法において、とくに重要視されている。この手法によれば、世界は地図上のどの点から見ても同じように見えるわけではない。中国人はわれわれとは異なる場所にいる、われわれとは異なる人々である。彼らの行動を理解するためには、彼らの置かれた状況を見なければならない。中国は地理的に見て特別というわけではない。中国が特別なのは――他のすべての国がそうであるように――その地政学的状況の細部である。

第1章では、文化やイデオロギーについても考える。人々は、自国の置かれた状況や国益について、自分たちにとって意味のある、理解できる言葉で考えたり話したりする。彼らの言説を理解するためには、彼らが用いる概念を知る必要がある。文化に注目するからといって、文化相対主義の立場をとるわけではない。国の安全保障上の核心的利益は、どの文化に属する分析者から見ても明快なものである。だが、それらがどのように語られているかを理解するためには、解釈というプロセスが必要だ。

現場の事実から政策として打ち出されるまでの因果経路は、さまざまな関係者および諸機関を通っている――政策を立案する人々と、その政策立案の場である諸機関である。これらの人々と諸機関については第2章で論じる。そのつながりは、簡単明瞭なこともあれば、ゆがんでいることもある。認識的要因（誤った情報、判断ミス）、知覚的要因（他者の動機についての誤った推測）、価値への確信（安全保障以外の価値を優先する）、あるいは制度の慣習や構造、国内の政治的必要性、指導者の欠点などによってゆがむのである。そんなわけで、外交政策の特定の要素について、国益の面からは説明できない可能性もある。そのような場合、われわれは他の要因にも目を向け、中国が――他の国々と同様――なぜ国益にかなうとは思えない政策をとることがあるのか、解明を試みる。われわれが示すように、中国では、そのようなことは、毛沢東の時代でさえ比較的まれであり、それ以降も、ほとんどなかった。中国の外交政策は、安全保障の追求の一環として捉えれば、たいていの場合、筋が通っている。中国の政策が、他国の政策に比べ、より国益に基づいたものが多いのはなぜか。この問題については、本書のいくつかの場所、とくに最初の四章で検討する。

中国の外交政策と国際関係論

中国の台頭が引き起こしたもう一つの議論は、その政策決定プロセスが、文化、民族主義、そして「屈辱の世紀」に対する恨みによって突き動かされているのか、それとも、具体的な安全保障目標に沿って、利用可能な資源を手に入れるための、より現実的な計算に基づいているのか、ということである。この問題について、われわれは、これまた議論の余地はあるものの、中国の外交政策決定は合理的でないことが多い、という見方をしがちである。たしかに、中国の行動は一見不可解なことがある。中国はなぜ一九五〇年に正式にソ連と同盟を結んでおきながら、その一〇年後に決別したのか？　なぜ一九七一年にアメリカに対して敵対から友好へと転じたのか？　なぜ特定の時期に歴史問題をめぐって日本に論争を仕掛け、他の時期にはそうしないのか？　なぜ台湾との統一を推進しようとするのに、逆効果であるにもかかわらず、一九九〇年代初頭から台湾に対してミサイルの脅威を増大させ、台湾が「分離」するようなことがあれば武力を行使すると脅すのか？　なぜ北朝鮮、スーダン、イラン、ミャンマーなどの「ならず者国家」と手を組むのか？　中国政府が上海協力機構（SCO）を設立した狙いは何か？　南シナ海における領土的野心は何か？

あらゆる決定には、かならず裏がある——官僚政治、誤解、国際的なシグナルなど——が、それらは機密事項なので、通常、われわれが知ることはない。しかし、決定に基づく行動や政策は、より大きなパターンを作り出すため、観察者であるわれわれには、そのパターンを識別することができる。中国外交の謎は、「現実主義」という理論的洞察によって解明できそうだ。現実主義は次のことを示唆している。外交政策を動かすのは国家の自己利益——ということは戦略的かつ経済的な利点、つまり本書で言うところの「安全保障」である。中国は広大な国土と豊富な資源を持ちながら、安全保障環境の至る所にさまざまな脆弱性を抱えている。それが第1章で展開されるテーマだ。社会の急激な変化や民族の多様性のために国内は不安定である。周囲に目を向ければ、多くの近隣諸国（韓国、日本、台湾、ヴェトナム、インド、ロシア）とのあいだに戦争の歴史がある。中国はどの周辺地域においても不安定要因に直面している。アジア以外の地域では、中国の経済安全保障は自分ではどうにもならない力に左右される。現実主義理論によれば、これらの難題が中国の外交政策の目標を決めているのだ。

国際関係論の政治学分野は、国の外交政策の推進力をどのように理解すべきかについて、さらに二つの有益な視点を提示してくれる。一つは社会構成主義。すなわち、国家の利益は、それを達成するための国家戦略と同様、関係者が認識、価値観、思想を用いて自分たちの置かれた状況を理解し、反応することによって構成される、という理論である。もう一つは制度主義という理論で、次のことを重要視する。すなわち、国家は、ひとたび（条約や国際機関などの）制度的取り決めに関与すると、「複雑な相互依存」という状況で一連の規則に縛られることになる。それは、事前に取り決めたルートを介して、共通の目標に向けて他の国々と協力することで得られる恩恵の結果である。われわれは、ときには同じ分野のもう一つの理論すなわち自由主義にも目を向け、国内の利益団体が外交政策の決定に果たす役割に注目する。だが、自由主義理論では、中国のことはあまりわからない。なぜなら、第2章で論じるように、中国の外交問題はごく少数のエリートによって掌握されていて、彼らは他の政治機関や社会的勢力からほとんど干渉を受けないからだ。ただし対外経済政策は部分的例外で、他の分野に比べると、国内の利害関係によって政策決定が左右される度合いが強い（第10章）。言うまでもなく、社会的利害関係が中国外交に与える影響は今後も大きくなる可能性がある。われわれが、これらの理論的な伝統を用いて、主として現実主義的な分析にニュアンスを与えるのは、そうしたさまざまなアプローチが互いに矛盾しないと考えるからである。

現実主義によれば、安全保障とは、自国の政治体制、経済、生活様式、領土、国民に対する効果的な支配を維持する能力である。安全保障を実現するための手段には、さまざまな力がある。中国外交に関する西側の文献は、中国の力を構成する五つの要素に注目している。軍事力[5]、経済力（貿易、投資、市場への参入、資源の獲得、外貨保有高など[6]）、相互依存力（環境、公衆衛生、その他、国境を超えたグローバルな諸問題への中国の影響力[7]）、外交力（国連安全保障理事会、朝鮮半島問題をめぐる協議、イラン、スーダン、その他、問題の国々を含む交渉といった場面における中国の役割[8]）、そして、ソフトパワー（中国人の価値観や中国の政治的・経済的モデル、中国文化・中国語への国際的な関心といったものの影響力[9]）。いっぽうで、中国のアナリストたちは「総合国力」という概念を用いる。さまざまな要素を含んだ概念で、中国人はそれを一体のものとして評価しようとする[10]。本書を通じて、われわれはこれらすべての要素に注目し、そのうちの三つの要素について第Ⅳ部で詳細に検討する。

われわれは、安全保障とは静的概念ではなく動的概念であるという社会構成主義者の主張に同意する。中国の複雑な環境では、意思決定者たちが考える国の安全保障上の利益という概念は、変化する情報や機会に対応して変わらなければならない。中国指導部は一九五〇年代にはアメリカを、一九六〇年代にはソ連を最大の敵とみなしていた。一九七〇年代には、米ソという二大覇権国に対抗して、自らを第三世界をリードする国家として位置づけ、発展のために必要な世界の平和と安定を求めた。そして一九九〇年代、中国指導部はふたたびアメリカを自らの安全保障に対する最大の脅威とみなしたようだった。そして、アメリカが、おそらく、かつてないほど単独行動主義を強め、中国周辺に大規模な兵力を展開している現在、中国指導部は、双方がバランスを保ち、協力して相互の利益を実現する方法を見つけることができると信じているようだ。

　社会構成主義によれば、政策決定は指導者の認識や価値観、そして彼らが意思を決定し実行するための制度の影響を受けるという。第2章では、派閥政治、官僚政治、中央地方関係など、外交政策の決定に関わる考え方や制度を考察する。[11] そこで見いだされる中国の対外政策決定の重要な特徴は、それが集中管理され、調整されていることである。そうすることによって、人間の作った欠点だらけの制度でも、たいていの場合、現実主義的政策を推進できる。

　現実主義の主張によれば、安全保障上の利益が交錯する二つの大国（領土に関するもの、経済的利益に関するもの、戦力投射能力（自国から離れた場所に軍事力を展開する能力）に関するものなど、さまざまである）は、ロバート・ジャーヴィスが言うところの「安全保障のジレンマ」という力学にとらわれる可能性がある。[12] このジレンマが起こるのは、いっぽうの国が自衛力を高めようとして、相対的なパワー・バランスを変えることによって、もういっぽうの国の安全保障を低下させるときである。この力学はおそらく米中関係にも作用するだろう。なぜなら、中国の台頭によって、その安全保障の境界線は、アメリカが長年にわたってアジア全域に確立してきた拠点と著しく交錯し、また、中国の経済的活動範囲のグローバル化が進み、すでに世界の多くの地域で確立されているアメリカ、ヨーロッパ、日本といった同盟諸国の経済的存在感との相互影響が増大するからである。

　しかし、制度主義の学者たちは次のように指摘する。競争が激化していても、国家は国際システムの中で、「協力関係の深化」を経験することもできる、と。[13] たとえば、中国の経済成長はアメリカ経済に恩恵をもたらしている。アメリカ製品に市場を提供し、アメリカ国民に低価格・高品質の消費者向け製品を供給し、アメリカ国債を大量に購入するなど、形はさまざまだ。公衆衛生や環境問題に関する協力も、同様に相互利益を生み出している。恩恵や利益をつかの間のもので終わらせないためには国際協定や国際組織の形で制度化する必要がある。中国とアメリカの関係はこれらの力学を如実に示している。取り決めによって一連の制度に組みこまれた中国は、自身の利益のためにその制度を尊重するようになった。中国が国際的な制度（貿易、投資、軍備管理）に従った例は、かつては皆無だったが、この数十年で、ひじょうに増えている。とはいえ、他の制度（知的財産保護、人権）については、参加はしているものの、あまり従っていない。制度主義理論は現実主義と矛盾しない。なぜなら、協力関係は国家の力と安全保障を向上させる可能性があるからだ。制度主義理論は社会構成主義とも矛盾しない。なぜなら国家は、利益獲得の機会を読みとり、ルールを作ったり学んだりしなくてはならず、利益を獲得するのに必要な国内的・国際的官僚体制を確立しなければならないからだ——学者たちはこの一連のプロセスを「学習」あるいは「社会化」と呼ぶ。

だが、協力関係の深化は逆に、費用と便益の配分をめぐる新たな摩擦を生むこともある。製品がアメリカの健康安全基準を満たすために、中国はアメリカの干渉をどこまで受け入れなければならないのか？　そしてそのような基準は公正なものか？　両国のあいだで膨大な量の取引が行なわれている場合、それぞれ相手の外国為替相場管理にどのくらい関与するのか？　世界保健機関（ＷＨＯ）と協力してさまざまな伝染病と戦うとき、中国は情報の独立性のどの部分をあきらめるのか？　地球規模の気候変動を止めようとする場合、誰がどの部分のコストを支払うのか？　こうした摩擦は深刻化する可能性があるが、協力プロセスの一部として視野に入れておかなくてはならない。

軍事的利害が一致する場合もある。たとえば、朝鮮半島の非核化はアメリカと中国の共通の利益である。しかし、朝鮮半島の例は、この種の利益の重なりが、経済、公衆衛生、国際秩序に関する問題に比べて、あまり包括的、永続的でないことを示唆している。中国もアメリカも朝鮮半島の核武装を望んでいないが、半島における長期的な優位を争っている。ゆえに、当面の目標に向けての協力には限界がある。なぜなら、目標をどのように達成するか、最終的な結果としてどのような形が望ましいか、といったことについて、意見の相違があるからだ。

地政学的な利害の対立が激しく深刻な場合、それらは文化的な対立と同時に表面化することが多い。これは社会構成主義者にとって重要なポイントである。この力学の好例が中国と日本の関係に見ることができる。専門家の大半は、日中関係が現在のように悪化していることを不可解だと考え、その不可解さを説明するために、通常、歴史や文化、あるいはナショナリズムに言及する。ナショナリズムは抑えることのできない集合的な感情、あるいは政治的企業家たちが創り出したものと見られている。[14] 第5章で紹介する、より現実主義を軸とした説明は、次のようなものである。日本と中国という、強い軍事力を持ち、地理的に近い二つの国は、東シナ海、尖閣諸島、日本海、朝鮮半島、ロシア極東、台湾地域、そしてより広大な太平洋において、安全保障上の中核的利益が重複、競合している。南シナ海の海上交通路（シーレーン）全体の安全保障についても同様だ。どちらも相手に対する確実な防衛手段がなく、武力衝突が起こった場合、双方が打撃をこうむる。これらの揺るぎない戦略地政学的事実が、長きにわたる不信と対立の歴史を生んできた。第5章では、根底にある安全保障のジレンマのあらわれとして、歴史教科書や靖国神社参拝をめぐる対立を解明し、そこで現実主義と社会構成主義の視点を結び合わせる。[15]

現実主義理論によれば、力が拡大するにつれ、野心も拡大する。[16]しかし、力は無限に拡大できるものではない。力は関係に関わるものだからだ。相手はつねに何らかの形で抵抗する。そうした関係にある以上、中国には（あるいはどの国であれ）理論上どのくらいの力がある、と言ったところで、無意味なのだ。中国の力を評価する場合、潜在的同盟国や敵対国の力と比較し、特定の状況下における力の有用性を考慮する必要がある。中国の力は拡大しつつあるという事実だけでは、どこに拡大するのか（東南アジアか、中央アジアか、アフリカか、ラテンアメリカか）、どのように行使されるのか、わからない。たとえば、トーマス・クリステンセンが示したように、中国軍が依然としてアメリカ軍より劣っているとしても、西太平洋に展開するアメリカ軍部隊にとって大きな障害となるだけの軍事力は有している。[17]しかし、エコノミストたちは次のように主張した。二〇一〇年四月現在、中国はアメリカ国債その他のドル建て資産を一兆ドル近く保有しているが、これを使ってアメリカ経済に深刻な打撃を加えることはできない。なぜなら、そのような企てには、中国自身がきわめて高いコストを支払わなければならないからだ。ゆえに力は代替できない。力は、その国の戦略地政学的な位置、資産、弱点および、それが行使される相手の資産や配置に基づいた特定の方法でしか行使できない。

万里の長城と無人の要塞

本書の基となった前著『万里の長城と無人の要塞』は、題名に中国の戦略的伝統の二つの要素が含まれているが、これらは現在でも注目すべき要素である。

万里の長城は、中国の人口統計上の中核地域の北端に沿って建設された胸壁と要塞からなる広大なネットワークだ。このネットワークは、数百年にわたって、さまざまな部分がさまざまな王朝によって建設された。中央アジアの騎馬民族の侵略から中核地域を守るため、さまざまな支配者が採用した無数の戦略のうちの一つである。[18]万里の長城は弱さの象徴だ。なぜなら、侵略を受けやすいことのあらわれだからだ。同時に強さの象徴でもある。なぜなら、壁の内側の土地の経済的、文化的優越性を示すとともに、技術力と警戒心によって侵略を阻止しようとする生産性の高い住民の能力を示しているからだ。

現代の侵略者は、遊牧騎馬民族ではなく、おそらく百貨店のバイヤーやベンチャー投資家、観光客、財団の役員などだろうが、中国は彼らの影響力も同様に抑制しようとしている。防衛の方法は、今や物理的ではなく、より仮想的なものとなっている。交換できない通貨、国内経済への外国からの完全参入に対する規制障壁、外国とつながりのある独立した市民社会組織に対する抑圧、外国人および外国人と関係のある中国人に対する警察の積極的監視、中国国内から国際インターネットへの接続を制限する、いわゆる「万里のファイアウォール」。

地理的に見ても、中国は依然として侵略あるいは国土分割の危機にさらされている。たとえ現時点ではそのような冒険に関心を示す国は存在しないとしてもだ。かつての侵略者には、機動性、集中した武力、爆発的な暴力という強みがあった。しかし、北の防備を突破しても、中国全土を征服するまでに数十年にわたる抵抗に直面した。さらに征服後も、中国文明に自身を同化させないかぎり支配を安定させることはできなかった。元王朝（一二七一－一三六八年）や清王朝（一六四四－一九一一年）がその例である。満州族（清王朝を樹立した民族）以後、中国が外国人に征服されたことはない。中国が侵略を受けやすい国ではなくなったのは、国境の守備を強化し、執拗な侵略者を阻止できるようになったからではない。侵略者がひどい泥沼にはまりこむ恐れがあるとわかったからだ。その証拠に、一九世紀西洋の帝国主義者も、二〇世紀日本の軍国主義者も、中国を支配することはできなかった。第3章で示すように、毛沢東時代、この泥沼の脅威は、アメリカとソ連の両方を阻止するのに十分なものであった。

今日、中国の政策立案者たちは、自国の領土を広げることよりも、守ることのほうに関心を持ちつづけている。中国は、近海海軍と強力な国境部隊、全国的な対空能力、そして核抑止力を保持している。第11章で詳細に述べるように、これらの戦力は、中国が保有する領土と、未解決の領有権の主張を守るために活用される。中国の核戦力態勢でさえ、威圧ではなく抑止のためのものである。だが、われわれは、中国が将来、戦力投射能力を構築するのか、もしそうなら、どのような事態に備えてそうするのか、についても論じる。

前著では、「無人の要塞」という表現を、万里の長城と同様、弱さと強さが入り交じった状態を象徴するものとして使った。三－四世紀頃の内乱を描いた一四世紀の優れた小説、『三国志演義』の有名な章（第九五回）で、戦略家の諸葛亮は、圧倒的多数の敵を前に、城塞都市の防衛にあたらなければならなかった。諸葛亮は軍旗をおろし、兵士たちに隠れるよう命じ、城門を開け放ち、城壁の上に出て、敵軍の目の前で日光浴をする。あまりにも平然とした諸葛亮の様子を見た敵軍は、都市の防備は固いと考え、諸葛亮[19]が自分たちを誘いこみ、待ち伏せしようとしているものと判断する。こうして敵軍は攻撃を加えることなく退散する。

この昔の物語は、限られた資源を最大限に活用し、自分たちをじっさいよりも強く見せ、敵の攻撃や破壊活動を阻止しつつ、力がつくまで待つという、中国の戦略家の能力を象徴している。中国が台頭する現在でも、そうした象徴を読みとることは依然として重要である。中国の力は現実のものだが、外国人はこの国をじっさいよりもずっと恐るべき存在であるかのように評価する傾向がある。中国に比べれば、アメリカのほうがはるかに経済規模が大きく、軍隊も強力で、真に世界的な影響力を持っている。日本のほうが資金豊富で先進技術を備えた軍隊を持っている。人口や総面積が同じくらいのインドは、中国に比べて国内総生産（GDP）は少ないが、戦略地政学的には中国より有利な位置にあり、海軍と空軍の装備も中国より充実している。そして欧州連合（EU）は大きな人口を抱え、大陸の戦略的に有利な位置にあり、中国よりGDPも多く、より進んだ技術を持っている。ではどうして、アメリカをのぞくこれらの大国は、相対的に言って、グローバルな陰で低迷し、中国のように敬意や畏怖の的とならないのだろうか？

その理由の一つが、第1章で検討する中国のきわめて微妙な戦略地政学的位置である。中国はユーラシア大陸と太平洋をつなぐ要衝にあり、われわれが北東アジア、大陸東南アジア、海洋東南アジア、オセアニア、南アジア、中央アジアと呼ぶ、六つの複雑かつ重要な地域サブシステムにおいて決定的な役割を演じている。しかし第二の理由は、中国の外交政策を指揮する首脳陣の、情報と認識を自在にコントロールして謎めいた強さを創り出す能力だ。そうした彼らの手腕には、多少欠点もある。たとえば、アメリカの最大の潜在的ライバルとして注目されてしまう。だが、他の国々から、実力以上の過大な敬意を集められるという利点もある。

だが、ときに過大評価されているとしても、中国の力は幻想ではない。かつての指導者、鄧小平が周囲の者たちに、韜《とう》光養晦《こうようかい》（光を隠し、力を養え）という漢字四文字で隠しておけと指示したのは、中国の弱さではなく、芽生えつつある強さだった。一九九七年に鄧が死去した後も、中国は彼の安心戦略を継続した——他の国々に中国の外交目標は限られていると伝え、ほとんどの近隣諸国とのあいだで領土問題を解決または棚上げしようと努め、軍縮、人権、環境に関する多くの条約に加盟した。こうした協力的な態度は、中国が成熟し、ゲームのグローバル・ルールを支持する現状維持勢力となったしるしだろうか？　それとも他の国々を満足させておいて、そのすきに世界体制に挑戦する能力を強化しようという戦略なのか？　これらの問題については第13章で取り組む。

けっきょくのところ、現在の中国指導部には未来への確固たる青写真などないのだろう。中国が演じるグローバルな役割は、自身の目標と行動だけでなく、世界中の国々が中国とどのように影響し合うかによって決まってくるのである。つまり、われわれとしては、中国と西側諸国のあいだには、回避できない戦略地政学的な利害の対立は存在しない、という楽観的な見方もできるが、同時に、国際問題における協力への道は、もし見いだせるのだとすれば、衝突と論争を通じてしか見いだせないという現実も認めなければならない。

古い中国の兵法書『兵法三十六計』は次のような皮肉な言葉で結ばれている。「三十六計のうち、逃げることが最善の策である」。しかし中国が逃げることはないし、われわれも中国から逃げられない。中国はそこに存在しつづけ、世界の国々は中国とつきあわなければならないだろう。本書の目的は、何が中国の政策を動かしているのかを理解すること――できるだけ北京の政策立案者と同じように世界を分析することにある。世界における中国の位置から中国の政策を理解しようとするこの試みは、その政策の賛否は別にして読んでいただきたい。われわれの分析は、中国の目標達成を支援したい人々、阻止したい人々、ただその目標を理解しようとする人々にとって、等しく有用なものとなるはずである。

第Ⅰ部　中国外交における利害とアイデンティティ

第1章　何が中国外交を動かしているのか？

脅威に対する脆弱性。それが中国外交の主たる原動力である。北京から見た世界は、政策立案者の部屋の窓の外の通りから、陸の国境や海上交通路まで広がる東西南北数千キロの地域、さらには遠く離れた大陸の鉱山や油田まで、すべてが危険に満ちた場所である。

これらの脅威は、四つの同心円で説明することができる。第一の円――中国が支配する、またはそう主張する領域全体――の中では、中国政府は、国内の政治的安定が外国の主体や勢力の影響によって危険にさらされていると考えている。北京やその他の大都市の通りにひしめく季節労働者や嘆願者たちは、グローバル経済の力に打ちのめされ、彼らの不平不満は、西側からの人権に関する中国批判の中で問題となっている。外国の投資家、経営者、開発アドバイザー、税関および公衆衛生検査官、観光客、学生たちがこの国に群がっている――彼らは皆、中国がどのように変わるべきか、それぞれ自分の考えを持っている。外国の財団や大使館は、援助金や技術支援によって非政府組織（ＮＧＯ）の発展を手助けしている。

東部沿岸の海洋領域について、中国はその多くの領有権を主張しているが、じっさいには支配下にないものもあれば、隣国が異議を唱えているものもある。これらの領域には東および南シナ海の島々と周辺海域が含まれる。中でも最も重要な島は中華民国の所在地である台湾だ。中国本土の沖合一六〇キロに浮かぶ台湾は、人口が多く、豊かで、戦略的に重要な位置にある。中国が領有権を主張しているが、支配下にはない。この島は独自の政府と軍隊を持ち、二十数カ国から正式な外交承認を得ており、アメリカとは強い防衛上の結びつきがあり、日本をはじめとする世界の国々とも政治的・経済的関係を結んでいる。西部では、チベットと新疆の反体制派が、海外の同胞民族コミュニティや同情的な外国政府から精神的、外交的支援のほか、ときには物質的な援助を受けている。

外部からの影響――人口移動、密輸、病気――を受けない国はないが、大国の中でも中国は最もその影響を受けている国である。他に例を見ない多数の外国主体が中国の政治、経済、文化の進展に影響を与えようとしており、多くの場合、中国政治体制から有害だとみなされている。これらのテーマについては本章および第10章でさらに検討する。

国境において、政策立案者は安全保障上の懸念をめぐる第二の円に直面する。その円には東の日本から南のヴェトナム、南西のインド、北のロシアまで、直接隣接する周囲二〇カ国との関係が含まれる。ロシアを除いてこれほどたくさんの国々と国境を接している国はない。数もさることながら、中国の近隣諸国はきわめて複雑な状況にある。隣接諸国には世界で最も大きな国上位一五カ国のうち七カ国が含まれている（インド、パキスタン、ロシア、日本、フィリピン、インドネシア、ヴェトナムはどれも八九〇〇万人以上の人口を抱える）。五カ国は過去七〇年のあいだに中国と戦争をしたことがある（ロシア、韓国、日本、ヴェトナム、インド）。そして少なくとも九カ国は政治体制が不安定だ（北朝鮮、フィリピン、ミャンマー、ブータン、ネパール、パキスタン、アフガニスタン、タジキスタン、キルギス）。中国は一九四九年以降、隣接諸国二〇カ国すべてと国境紛争をくりひろげてきた。ただしその多くはすでに解決している。[1]

これらの第二の円の隣接諸国はすべて中国とは文化を異にする国々である。しかもその文化的差異は、たいていの場合、アメリカ、ヨーロッパ、インド、ロシアとその近隣諸国とのあいだにある文化的差異よりも大きい。日本、韓国、ヴェトナムは書き言葉、話し言葉の一部や儒教思想の一部を中国から借用しているが、自分たちのことをいかなる意味でも中国人だとは思っていない。その他の近隣諸国の文化――ロシア、モンゴル、インドネシア、インドその他――の場合、中国との共通点はずっと少ない。近隣諸国はいずれも、自国の中核的国益が中国のそれと一致するとは考えていない。近隣の大国はすべて歴史的に中国の競争相手であり、小国はみな中国の影響を警戒している。

第二の円の政治力学を複雑化させているのが台湾の存在だ（第一の円の一部でもある）。第8章で検討するように、台湾が掲げる最優先外交目標は、台湾の支配権を握ろうとする中国の努力を挫くことである。そのさい台湾は、第二の円の内外の諸国から支援を求める。かくして台湾は中国外交の重大問題であり、中国の隣接周辺地域における二一番目の政治主体とみなされている。

最後に、第二の円には中国の安全保障にとってその存在が最大の難題となる二二番目の主体が含まれている。アメリカである。アメリカは中国から何千キロも離れているが、中国周辺に強大な存在感を示している。ホノルルには太平洋軍司令部があり、太平洋の島グアムには巨大な軍事基地がある（アメリカ本土からは九五〇〇キロ以上離れているが、中国からはわずか三二〇〇キロほどの距離だ）。海軍は南および東シナ海において優勢な影響力を持つ。中国の周辺では、韓国、日本、台湾、フィリピン、ヴェトナム、タイ、インド、パキスタン、アフガニスタン、キルギスといった国々とさまざまな防衛関係を結んでいる。さらにアメリカは経済的・政治的影響力をアジア全域に及ぼしている。中国とアメリカは膨大な距離によって隔てられているため、中国がアメリカに直接軍事的圧力をかけることはできない。だからといって、その逆も同じというわけではない。

全般的に見て、中国に隣接する地域は、一つの大国にとって、世界で最も厄介な地政学的環境だと言えるだろう。ロシアの場合、中国をのぞけば、隣接する国々の中に自国に匹敵する大きさの国は存在しない。ロシアの人口と経済の中核地域はヨーロッパ側にあり、クッションとなるいくつもの小国によって潜在的な敵国から守られている。ロシアはこれまで敵に侵略されるよりも敵を侵略したことのほうが多い。また、一九〇四－〇五年の日露戦争以来、隣国から攻撃を受けたことは一度もない。それ以上に顕著なのは、中国とアメリカの状況の違いである。アメリカの隣国はカナダ、メキシコ、キューバの三カ国しかなく、どれもアメリカよりもはるかに小さな国々である。さらにアメリカは他の潜在的な敵国から海によって隔てられている。

またアメリカとは異なり、中国は近隣二二カ国のどの国とも純粋な二国間関係を自由に結ぶことがまず許されない。この事実から、中国の安全保障上の懸念の第三の円が生じる。中円は周辺の六つの多国間体制の政治力学から成っている。中国政府の北朝鮮に対する政策は、韓国、日本、アメリカ、ロシアの国益に影響を及ぼす。同じくカンボジアに対する政策は、ヴェトナム、タイ、そして多くの場合ラオスの国益に――同時にアメリカの国益にも――影響を及ぼす。ミャンマーに対する政策は、インド、バングラデシュ、そしてミャンマーとともに東南アジア諸国連合（ＡＳＥＡＮ）を構成する九カ国の国益に――さらにまたアメリカの国益にも――影響を及ぼす。このようなつながりがあるため、中国は一つの国だけを想定して政策を立案することがまずできない。さらに周辺諸国のどの国に対する政策を立案するときも、かならずアメリカとの関係への影響を考えなくてはならない。アジアの地図はそれほどまでに込み入っているのである。

この中国の安全保障の脅威となる第三の円は、六つの地域体制で構成され、さらにそれぞれの体制は外交的国益が相互に関係する複数の国家で構成されている。各体制のメンバーは一部重複している。六つの体制は以下のとおり。北東アジア（ロシア、南北朝鮮、日本、中国、アメリカ）、オセアニア（オーストラリア、ニュージーランド、パプアニューギニア、フィジー、太平洋の極小の島国一二カ国、中国、アメリカ）、大陸部東南アジア（ヴェトナム、カンボジア、ラオス、タイ、ミャンマー、中国、アメリカ）、島嶼部東南アジア（ヴェトナム、マレーシア、シンガポール、インドネシア、ブルネイ、フィリピン、中国、アメリカ）、南アジア（ミャンマー、バングラデシュ、インド、ネパール、ブータン、パキスタン、スリランカ、モルディブ諸島、ロシア、中国、アメリカ）、中央アジア（ロシア、カザフスタン、キルギス、タジキスタン、ウズベキスタン、トルクメニスタン、アフガニスタン、中国、アメリカ）（巻頭地図参照）。六つの体制内の国の総数は四五カ国に達する。[2]

これほどたくさんの地域体制に物理的に組みこまれている国は世界的に見ても中国だけである。（アメリカとロシアは、中国よりはるかに多くの地域体制に加わっているが、地理的にそれを余儀なくされたわけではなく、自ら進んで加わっている）。六つの体制すべてに共通の問題もあれば（たとえばすべての体制において、中国はアメリカの存在に直面している。同じく、周辺諸国は中国の影響力の高まりを警戒している）、一部の体制に特有の問題もある（たとえば北東アジアには北朝鮮の核兵器の問題があり、中央アジア、南アジア、島嶼部東南アジアにはイスラム原理主義の問題がある）。それぞれの体制が多面的な外交・安全保障問題を抱えている。

これら安全保障にかかわる最初の三つの円は――国内から周辺地域まで――きわめて複雑な外交課題を提起する。中国は外交・防衛政策に投入できる資源の大半をこの課題に費やしている。しかしこれら三つの円は、オセアニアの極小国家が点在する広大な海洋地域をのぞけば、地球表面のおよそ四分の一しかカバーしていない。世界のその他の地域――東西ヨーロッパ、中東、アフリカ、南北アメリカなど――は、中国の安全保障にかかわるいちばん外側の円つまり第四の円に属している。

中国がこのいちばん外側の円に進出したのは一九九〇年代後半になってからだが、それは多方面にわたる支配権や影響力を追求するためではなく、第7章で論じるように、具体的な六つの必要性を満たすためだった。すなわち、エネルギー資源、商品、市場、投資機会の獲得、台湾とチベットに対する立場への外交的支持の獲得、人権、国際貿易、環境、軍備管理などの多国間外交問題に関する立場への支持の獲得、である。第四の円においては、目的だけでなく、影響力の手段も限られている。それらは商業的・外交的なものであり、軍事的なものではない。つまり、これまでのところ、かなりの程度、文化的あるいは政治的なものである。

たしかに中国は、人口的・地理的大きさ、経済成長の軌道、アメリカの支配を受けていないこと、そして国連安全保障理事会の常任理事国としての地位などによって、この広い国際舞台において重要性を増している。しかし、アメリカ、ヨーロッパとは対照的に、またロシアと比べてもある程度対照的に、そして日本、インド、ブラジル、トルコなどの地域大国と同様に、中国は遠い地域の政治を自分の好きなように方向づけようとすることはめったにない。その代わりに、誰であれ権力の座にあるとみなした者と関係を結ばなければならない。また相手の政権が打倒された場合は、その後継者と関係を結ぼうとする。中国はまったく新しい存在として第四の円に進出したが、世界的大国と呼べるほどの役割を担っているわけではない――少なくともまだ。

四つの円のそれぞれにおいて、中国の政策立案者が外交政策課題を自由に選べることはまずない。たとえば、最強の国々が主導して、海の向こうの遠く離れた地域で、ある国の政権を交代させたり、和平調停を強制的に推し進めたりすることがあるが、中国はそういうことはできない。その代わり、人口統計学的、経済的、地理的、歴史的な事実から生じる一連の問題に対して、中国外交は防御的な対応をとる。

人口統計学――巨大、貧困、集中、高齢化、人種的多様性

中国が置かれている困難な状況の第一は、人口統計学的なものである。中国の領土は、アメリカの領土とほぼ同じ広さだが、人口は一三億人で、アメリカの四倍以上だ。人口の四分の三が領土のおよそ四分の一に集中しているため、都市部と農村部の両方の生活圏に強い圧力がかかっている。人口の中核地域は東部および南部沿岸のおよそ九六〇〇キロにおよぶ帯状の地域と、四川省の成都平原に至る揚子江の流域である（中国の人口分布図を参照）。その広さと形状は、アメリカのマサチューセッツからフロリダに至る、ペンシルヴェニア、ウエストヴァージニア、アラバマを含む東海岸地域と似ているが、人口はこれらの州の合計の五・五倍である。中国に三三ある省級行政区のうち最も人口の多い一八の人口の合計は九億五七〇〇万人に達し、インドをのぞく近隣八カ国の総人口を上回る。

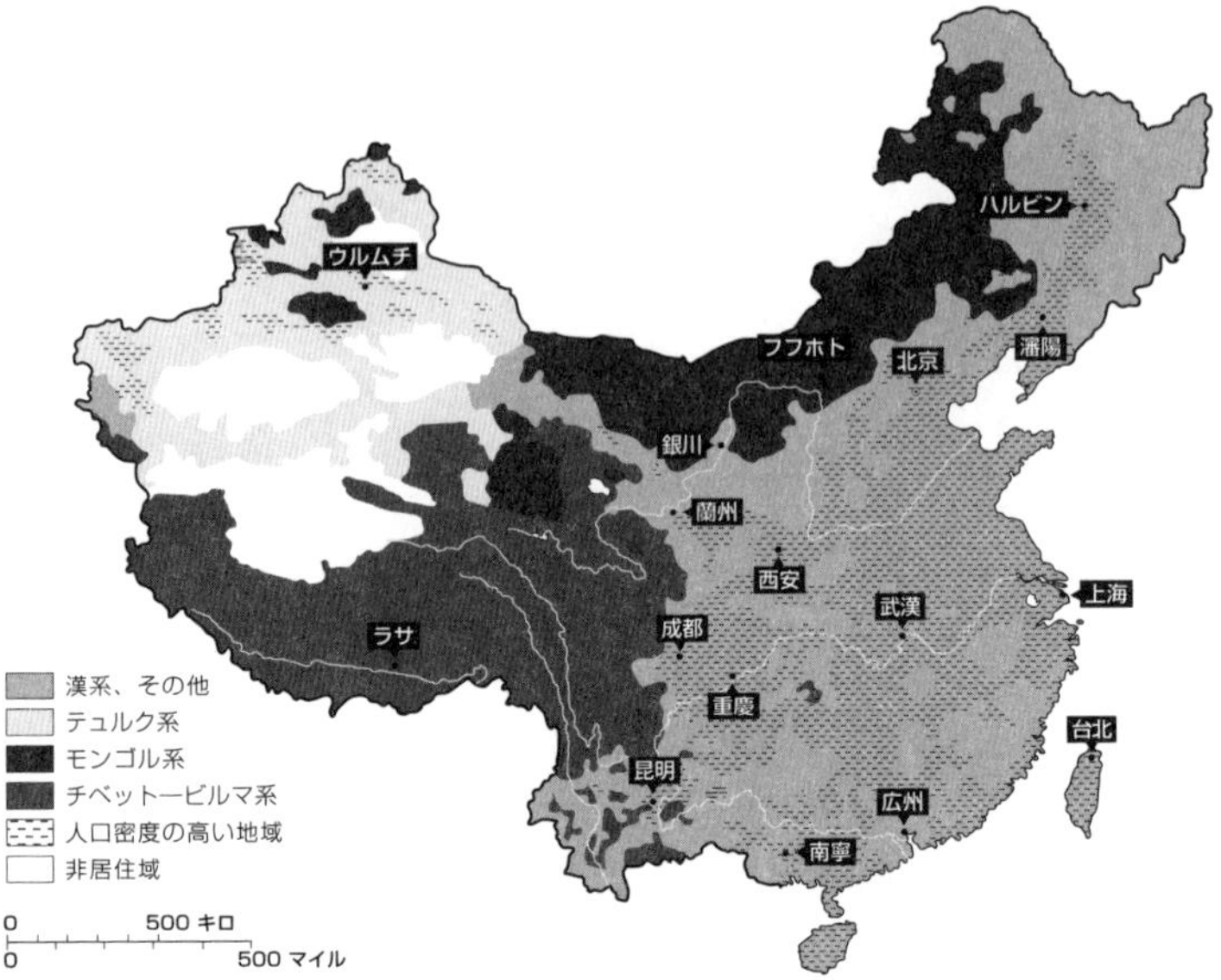

中国の人口分布

この人口の中核地域が中国のＧＤＰの八三パーセントを生み出している。そこには世界で最も公害の激しい都市上位二〇都市のうち一六都市が含まれる。人口があまりにも密集しているため、中国の河川や湖の七〇パーセントが汚染されていると言われ、また世界銀行の推定では、こうした汚染によって、中国のＧＤＰの価値は毎年一二パーセントも目減りしているという。

　数十年にわたるめざましい経済成長を経た今も、中国の国民は相対的に見れば貧しい。二〇〇九年、中国の一人当たりＧＤＰは世界二二七カ国中、一二八位だった。さらに、収入の格差が見られ、増大した富の大部分が新興の富裕層や超富裕層に集中している。雇用不安、低賃金、年金未払い、土地争いなどの影響で、多くの都市住民が不満を抱いている。農村部の住民——政府の公式分類によると人口の五七パーセントを占める——は、政治的にも経済的にも下級の地位に置かれていることに憤慨している。推定では一億六〇〇〇万人の農村部住民が一時的に都市部に移住し、工場労働や建設作業に従事している。これらの不満を抱える社会集団をまのあたりにして、政府は政治的安定を維持するため、所得や福祉給付を改善する必要に迫られているが、莫大な費用がかかるため、少しずつしか進めることができない。

　長期的に見ても、この人口の中核地域の人口構造は潜在的な脅威に満ちている。一九七〇年代後半に政府が実行した一人っ子政策の影響で、現在、正常な人口分布に比べて高齢者が多く、若年層が少ない状態になっている。二〇四〇年までには、引退した人々の数が全人口の三分の一近くを占めるようになるだろう。この比率は現在の日本よりもひどい。さらに、子供と老人の数が労働年齢の男女の数とほぼ等しくなるだろう。労働人口への負担が重くなることにより、経済成長が抑制されるだろうし、軍の兵員が不足する可能性も出てくる。政府がすでに始めているように、一人っ子政策を緩和したとしても、生殖可能年齢人口が不足するため、子供不足が続き、その結果、総人口は二〇三〇年頃に約一五億人でピークを迎えた後、減少に転じるだろう。そうなると、今度はインドが中国に取って代わって世界最大の人口を抱える国となり、労働人口の増加と被扶養者比率の低下という経済的利益を享受することになる。中国の人口計画プログラムは男女比のアンバランスも引き起こした。なぜなら、女子の胎児を中絶したり、場合によっては生まれた女の赤ちゃんを殺したり捨てたりすることがあったからだ。二〇三〇年までには、男のほうが二五〇〇万－四〇〇〇万人多くなると予想されており、それが社会の安定に及ぼす影響は見当もつかない。

　中核地域のさらにその上には、もう一つの中国がそびえている。西へ遥か二四〇〇キロも広がる辺境の高原地域だ。西部の一三省は中国の総面積の四分の三を占めるが、人口は全体の四分の一あまりを占めるにすぎず、生み出すＧＤＰも全体の五分の一足らずである。これらの省には中国の鉱物資源の大部分と主要河川の水源地がある。この地域のほとんどは山と砂漠で、住民の大半は貧しい。

　公式に認められた五五の国内少数民族は、中国の総人口のわずか八パーセントほどしか占めていないが、西部に住む少数民族のいくつかは、中国国家とのかかわりあいが弱く、中央政府とは緊張関係にあり、民族的に近い近隣諸国と、国境を越えた活発なつながりを持っている。このことはとくに二つの民族に当てはまる。一つはチベット族で、チベット自治区だけでなく、隣接する他の四省の一部にも住んでいる。もう一つはウイグル族で、広大な新疆地域において最大の人口集団を形成している。これら二つの民族が住む地域は、歴史的に見ると、広い緩衝地帯となって、内陸アジアの政治的動乱から中国の中核地域を守ってきた。中国政府は少数民族が居住する一三七の地域に名目上、いわゆる「自治」を与えている。これらの地域にはチベットや新疆の省級自治区から県レベルまで〔中国の行政区分は上から省、地、県、郷の四レベルに分かれる〕含まれるが、事実上、民族的な中国人（つまり漢民族）の行政官や軍守備隊の支配下にある。政府はこの遠く離れた領土の支配を確かなものにするため、資源を大規模に投入している。この主題については第8章で詳しく見ていく。

経済——自給自足からグローバル化へ

一九八〇年代から九〇年代にかけて、中国は自給自足からグローバル化へと戦略を転換し、それによって外部世界との関係は根本的に変わった。この方向転換は、新たな力の資源とともに、新たな安全保障上の課題を生み出した。

中国は伝統的に、それ自体が経済的に自立した世界だった。近代以前の経済は、国境を越えた力の行使を支えてはいなかったし、国際貿易や外交面での戦略も必要としなかった。海外向けのものはほとんど生産されず、海外で生産されたものもほとんど必要なかった。海外に投資できるほどの資金の蓄えもなく、海外の投資家を惹きつけるほどの技術も提供していなかった。第二次世界大戦後、同じような農業経済と儒教文化を持つ他のアジア諸国が欧米向け消費財の生産で年間八－一〇パーセントの成長を記録する中、中国には輸出主導型の発展という選択肢はなかった。一つには、世界貿易の規模が絶対的に小さく、また世界国民総生産における割合も小さかったため、中国を受け入れる余裕がなかったからだ。もう一つには、国際市場は大いに魅力的だったが、中国は参入を禁じられていたからだ。朝鮮戦争開始時に欧米諸国から禁輸措置を受け、その後も、中国とソ連のあいだに楔《くさび》を打ちこむ策の一環として維持されていた（第3章参照）。ソ連は——一九五〇年代、中国の同盟国だった——第二次大戦の痛手から回復しつつあり、冷戦に向けて国防力の強化を進めていた。ソ連は中国に対して重要な援助を行なっていたが、限られたものでしかなく、その援助も一九六〇年の中ソ対立によって打ち切られた。これらすべての理由から、一九六〇－七〇年代の中国は、主要国の一つでありながら、その国内経済は国際経済システムから完全に孤立していたのである。

中国の指導者たちは、中国経済が抱える問題を解決するために、国内に目を向けなければならなかった。国を自力で発展させるため、毛沢東とその仲間たちは、スターリン主義を手本にしつつ、さまざまな独自の特徴を備えた戦略を立てた。土地私有のない巨大な生活共同体〔人民公社〕を創設し、農村部住民の都市部への移動を制限し、物質的インセンティブの代わりに思想運動を利用して人的エネルギーを動員し、恐怖政治と教化・洗脳によって国民に低い生活水準を受け入れさせた。人々はいつのまにか複数の労働単位に組織され——共同体、工場、オフィス、学校——それが日常生活のあらゆる側面を支配した。与党共産党は、「階級敵」とみなされた人々に大弾圧を加えて反対勢力を抑えこんだ。この全体主義モデルは急速な工業化をもたらしたが、同時に人命の犠牲も莫大だった。

毛沢東の後継者たちは、経済と政治の両方で危機に直面することになった。中国はほとんどすべての資源と技術において自給自足体制を確立していたが、世界の技術水準からすると二〇－三〇年遅れており、労働生産性と資本生産性も低かった。生活水準は一九三〇年代のレベルで止まっていた。中国国民の大部分が窮屈な住居で暮らし、着るものも食べるものも貧弱で、快適さや自由とは無縁だった。日本、韓国、台湾、香港の一人当たりＧＤＰのレベルは中国の五－一七倍に達していた。ポスト毛沢東時代の中国人は、もはや酷寒の生活水準を甘受して、グロテスクなユートピアを追い求めるつもりはなかった。改革推進派の政策立案者たちは、生活水準を向上させて経済と社会の崩壊を回避するには年間六－一〇パーセントの経済成長が必要だと考え、こんなに弱い経済では、軍事的にも外交的にも、中国は身を守ることができないと考えた。

そこで、一九七八年後半に政権を握った鄧小平は、「改革開放」政策を唱えた。「改革」とは国内経済と行政機構の規制を緩和すること、「開放」とは諸外国との関係の中で自給自足体制を放棄することを意味していた。この二つはつながっていた。開放によって中国は、海外市場への参入、投資、技術獲得の機会を与えられ、改革によって、世界市場を相手に生き残ることのできる、より効率的で競争力のある企業が生まれる可能性が出てきた。

グローバル化を受け入れることで、中国の安全保障はある意味で強化されたが、別の意味では脅威にさらされた。唯一の要因というわけではないが、急速な経済成長は、政権の存続を助けると同時に、全体主義的な統制を緩和させた。世界経済への参入で、軍の近代化に必要な財源が生み出され、近代的な軍隊を支援する技術インフラが構築された。そして、経済力は外交力およびソフトパワーへと変換された（第10章）。

そのいっぽうで、グローバル化を受け入れることで、中国はさまざまな形で自律性を犠牲にしなければならなかった。第一の円では、グローバル化によって、外国の人々、メディア、機関、思想、規範、価値観が中国国内に入ってくるようになった。そのため中国は、国内の法律、行政、金融、司法の各制度を変更する必要に迫られた。外国の組織や政府から鋭い監視、否定的な評価、圧力を受けるようになったからだ。さらには国内市場において、国営企業が熾烈な競争にさらされた。グローバル化は中国社会全体に混乱を伴う変化をもたらした。新たな中産階級の台頭、経済的不平等の拡大、外国の思想や価値観の流入などがそうである。

第二、第三の円では、中国は経済上の結びつきを追求するために、平和と安定を必要とした。それまでとは一転して、近隣諸国の反政府運動を支持することをやめ、国と国（韓国、シンガポール、マレーシア、インドネシア）あるいは党と党（ヴェトナム）のあいだで断絶していた関係を正常化し、国境紛争のほとんどを解決した。近隣諸国とのあいだに経済補完性を築くことに力を注いだ――資源の採取に関するものもあれば、近隣諸国で生産した中間製品を中国に運んで組み立てるグローバル・サプライ・チェーンの展開に関するものもある。中国は地域の安全保障機構に関わり、場合によっては機構の創設を後押しした。中央アジアにおけるSCO（上海協力機構）、朝鮮半島をめぐる六者会合、東南アジアのASEAN＋3、太平洋地域のASEAN地域フォーラムなどがそうだ。これらの進展については第5章と6章で論じる。

第四の円では、中国はほとんどの国際管理体制《レジーム》に参加し、おおかたそれに従った。国際レジームは、今日の相互依存的な世界において、国同士がその相互作用を調節する手段である。中国はWTO（世界貿易機関）に加盟し、主要な軍備管理・軍縮条約に署名し、主要な国際人権条約を批准し、その他の条約や機関に加盟した（第10章および12章）。

中国は政権と国家両方の安全保障を真に強化しつつ、改革開放のプロセスを成し遂げたが、そのためには毛沢東時代に発揮されていた自律性を大きく犠牲にしなければならなかった。グローバル化の恩恵を享受するために、国際ルールに従った。たしかに、中国は規則に従って行動しているが、どのような国際規範であれ、それを守ることが自己の安全保障上のニーズにどの程度合致しているかによって、守り方はさまざまだ。本当に遵守する場合もあれば、形だけの場合もある。既存のルールを強化しようとする場合もあれば、自己の立場を利用してルールを変えようとする場合もある。しかし、概して言えば、今や中国は欧米によって設計された国際体制の有力な一員となっている[3]。

大国間の要

国の地理的な位置は、経済戦略とは違って融通が利かないが、安全保障上の利点と脆弱性の独特の組み合わせを生み出すこともある。中華人民共和国にとって、地理的条件からの賜物は、戦略的に重要なその位置だった。アジア大陸に広がる広大な領土は、冷戦の二大超大国の勢力圏のあいだにあった。この位置ゆえに、中国は冷戦中もその後も、つねに国際政治において特別な重要性を持つことになる。

ヨーロッパでは、いくつかの小さな中立国を除いて、すべての国が冷戦ラインのどちらか一方の側にあり、二超大国のどちらかに脅かされていた。アジアもまたソ連圏とアメリカ圏に分かれていた。国そのものが真っ二つに分断された例もある。韓国・北朝鮮とヴェトナムだ。中国だけは二超大国のどちらとも永続的な協力関係を結ばなかった。一〇年間、ソ連側についていたが、のちに決別した。正式に西側に加わることはなかったが、一九七一年以降、西側に傾斜しはじめる。中国は国際体制において、理論家たちの言う「弱小極」となった。そして、北ヴェトナムと北朝鮮にとっては、ソ連と比較検討すべき相手となり、カンボジアとビルマ（現ミャンマー）にとっては、一時期、二超大国のどちらかと同盟を結ぶ以外のもう一つの選択肢となった[4]。

二つの陣営の交差点に位置する唯一の主要国として、中国は自分が独自の影響力を有すると同時に、両陣営から代わる代わる支持を求められたり威嚇されたりするという危うい地位にあることに気づいた。中国がソ連と同盟を結ぶと、アメリカは対抗策として、中国に圧力をかけて同盟関係を壊そうとした。中国がソ連の陣営から離脱したときには、ソ連からも同様の圧力があった。中国が影響力を拡大すると――たとえば朝鮮半島とヴェトナム――、ソ連、アメリカどちらかの勢力圏を侵犯することになった。中国は二超大国の両方から核攻撃の脅威を受けた唯一の国――つまり二超大国の両方を思いとどまらせ、身を守らなければならなかった唯一の国である。

中国にとって唯一、冷戦期の二超大国の対立よりも危険な展開は、二超大国が結託することだったにちがいない。その可能性が現実味を帯びはじめたのは、一九五〇年代後半、中国をソ連から分断しようとするアメリカの「楔《くさび》戦略」をきっかけに、ソ連がアメリカとの共存の道を模索しはじめたときだ[5]（第3章）。中国の戦略家たちが恐れていた米ソによる世界支配がもしも実現していたら、中国は二超大国が望むいかなる地域でも潜在的かつ絶対的な命令に服従を強いられていただろう。

中国は孤立を克服するために、既存の陣営に加わったり、独自の陣営を構築したりしようとはしなかった。代わりに、可能なかぎりあらゆる地域で流動性と多極化を推し進めようとした。一九五八年以降、中国外交の狙いは、米ソ協調による軍備管理、ヨーロッパの安定化、中東政策を阻止することにあった。アフリカ、中東、ラテンアメリカにおける中国外交の目的は、関係の構築ではなく破壊にあった。かつて毛沢東は「世が混沌としているときこそ絶好の情勢」と言った。しかし、毛沢東の外交目標は文字どおりの混沌をもたらすことではなかった。そんなことをすれば中国自身が危険にさらされていただろう。毛沢東の真の外交目標は、行動の自由を束縛する超大国からの締めつけをゆるめることにあった。

しかし、そうして二超大国のあいだで立ち回る能力があったからこそ、中国は冷戦期の世界で唯一、米ソ対立から安全保障上の利益を得ることができた。それは一九七二－八九年、「戦略的三角形」を創造し、巧みに操ることで実現した（第3章）。一九八〇年代半ばから米ソの軍事的緊張が緩和しはじめると、中国はすぐさまかつて敵同士だった両国と有利な条件で関係を結ぶことができた。

こうした外交方針は今日も続いている。世界の大国の中で、中国は最も自由に行動し、協力相手を変え、柔軟に国益を追求できる国である。このように自由に行動できることによって、中国は他の主要国から大いに重要視されるようになり、中小国に対する影響力も増す。中国はその大きさと置かれている立場によって、引き続き「世界の主要国間のバランスを左右する独立した重要な要素」となっている[6]。

無防備な地理的位置

中国の地理的な位置には、全方向が不安定、圧力、さらには侵攻に対して無防備だという欠点がある。

中国の周囲には至る所に紛争の可能性がある。およそ二万二〇〇〇キロに及ぶ陸の国境線は世界一の長さだ。約六四〇〇キロのソ連との境界線は二五年にわたり、世界で最も長く、最も敵意に満ちた国境地帯だった。あるとき、国境を挟んで双方合わせて一五〇万人近い兵力が集結し、ソ連側の一部は核兵器で武装していた。両国が国境の非武装化を開始し、地域の越境貿易を再開したのは一九八〇年代後半のことだ。だが、ソ連の崩壊によって新たな近隣諸国が誕生した。これらの国々はいくつかの点で以前よりはるかに厄介だった。ロシア、中央アジア五カ国（そのうち三カ国は中国と国境を接している）、そしてモンゴルである。ロシアの支配から解放されたモンゴルは、民主化と西側諸国との関係強化を推し進めている。これらの新しい国々が内部に抱える問題は中国のチベット、新疆、内モンゴルに対する支配を弱体化させる恐れがある。またこれらの国々の外交政策は、民族、貿易、安全保障などの問題をめぐって、中国とのあいだに緊張を生み出している。

中国大陸の東側と南側に沿って一万四〇〇〇キロに及ぶ海の国境線がある。この海岸線全体に広がるようにして、漢民族の中心地域が無防備に横たわっている。海岸からおよそ九六〇キロも内陸に入れば、地域の大部分を占めるのは肥沃で水の豊富な低地の平野や峡谷であり、そこでは小麦や米が栽培されている。海岸の山々によって海からの攻撃を防御できるのは中心地域のほんの一部である。一九三七－三八年に日本が侵攻したときには、この地域の大部分が一年で占領された。精密誘導兵器、弾道ミサイル、衛星技術、核兵器が存在する今、中心地域に住む人々は、攻撃に対して以前よりもはるかに無防備な状態だ。

中国の国境のほとんどは、守るよりも攻めるほうが容易だ。一九世紀から二〇世紀にかけて、中国の長い海岸線は何度も侵攻を受けた。内陸部の国境は寒く険しい山岳地域で、守備隊を配置することが難しいため、国外勢力による破壊工作を受けやすい。国外勢力が地域の少数民族に働きかけることもある。アメリカ、ロシア、日本、インドと対決するとき、中国の守備隊は、考えられるほとんどの侵攻ルートにおいて、緩衝国というものの存在から恩恵を受けることはない。

二〇世紀、中国は日本、アメリカ、韓国、インド、ロシア、ヴェトナム、台湾との軍事衝突を経験した。その後それぞれの国との関係は大幅に改善されたが、長期的に見れば、どの国とも依然として軍事的対抗関係にある。これら七カ国の軍隊はすべて、その規模において世界上位二五位に入っている。中国の軍隊は、世界最大ではあるものの、実質兵力では周辺主要六カ国の総計と比べると二・五対一で負けている。この六カ国には遠く離れたアメリカは含まれていないが、中国が関わるほとんどの紛争に介入する可能性が高いのがそのアメリカなのだ。比較のために述べておくと、隣接するメキシコ、カナダ、キューバの兵員数の総計と比べた場合、三対一でアメリカのほうが勝っている。今日、アメリカとこれらの国々とのあいだで軍事衝突が起こることはまず考えられない。

中華人民共和国は、陸と海の国境線全体にわたってさまざまな領土紛争を受け継いでいる。一九六〇年代、中国はモンゴル、ミャンマー、ブータン、シッキム（のちにインドに併合）、ブータン、ネパール、パキスタン、アフガニスタンと国境条約を締結した。一九九〇年代にはラオス、タジキスタン、キルギス、カザフスタン、ロシアとの国境条約に調印した。二〇〇四年には、ロシアとのあいだでかつて紛争となっていた国境について細目に至るまで解決した。だが依然としてブータン、北朝鮮、ヴェトナム、インドネシア、インド、日本、マレーシア、フィリピン、ブルネイとのあいだで未解決の国境・領土紛争を抱えている。

今日、戦争は起こりそうにないように見えるが、中国の国防計画立案者は、長い国境沿いのほとんどすべての場所で戦争が起こる可能性をけっして除外することはできない。中国にとって潜在的な戦場は海外ではなく、中国の管理下にある、または領有権を主張する領土である。この戦略上重大な状況は、アメリカの国防計画立案者が直面する状況とは正反対だ。アメリカ本土は考えられるすべての敵から遠く離れているため、国防計画を考えるとき、敵の侵攻を危惧する必要がない。侵攻に対して無防備であることを理由に、北京の計画立案者たちは何十年ものあいだ南部沿海地域の広東省、福建省を未開発のままにした。当時、これら二つの省は合わせて五〇〇〇万人の人口を抱えていたが、万一アメリカや国民党軍の侵攻を受けた場合、中国空軍による空爆が想定されていたのである。一九六五年のトンキン湾事件でアメリカと北ヴェトナムの緊張が高まると、毛沢東は三線建設政策を打ち出した〔三線は内陸のこと〕。すでに開発が進んでいた産業プロジェクトやインフラは北部および北東部の都市に集中していたが、これらを遠く離れた西部および南西部の山間の谷に移転させたのである。一九六五－七一年、国の産業投資の三分の二が、産業資産を分散させ、隠すために費やされた。敵の空爆で破壊されないようにするためだ。その結果、生産性が低下し、輸送コストが上昇したため、すでに不振にあえいでいた経済に大きな負担をかけることになった。[7]

　中国を取り囲む小国はどれも中国の支配を恐れている。冷戦期間中、中国には近隣諸国を従わせる戦略的能力も、彼らを惹きつけるダイナミックな経済もなかった。タイが中国に接近したのはアメリカから強力な支援を受けられなくなったときであり、ヴェトナムが接近したのはソ連から強力な支援を受けられなくなったときである。しかしこれらの関係は一時的なもので、長期的な共通の利益というよりも便宜主義に基づいていた。中国が正式な同盟関係を結ぶことができたのはソ連と北朝鮮の近隣二カ国のみであり、長期的な協力関係を結んだのはパキスタンとミャンマーのみである。これら四カ国との関係のうち、ソ連とはその後、敵対する関係になり、防衛条約は更新されなかった。中国の北朝鮮に対する防衛関与は、中国がアメリカと国交を回復し、韓国との外交・通商関係を樹立したことで縮小した。パキスタンとミャンマーは今も友好国だが、どちらも問題を抱えた国であり、中国にとっては外交的資産であると同時に負債でもある。それ以外の近隣諸国にとって、中国に対する恐怖感は現在でもまだ完全には払拭されていない。経済・安全保障上の共通の利益や文化的共感といった、ときに諸国を団結させる種々の力をもってしても、恐れは消えないのだ。

　最後に、中国はその地理的環境ゆえに、他のどの主要国よりも、地球規模の気候変動による被害を受けやすい。人口が密集する華北平原では、工業、農業、日常生活に大量の水を使用するため、一九八〇年代の初めから水不足に苦しんでおり、状況は悪化の一途をたどっている。対策として政府は二〇〇二年、大規模な南水北調〔南部の水を北部に送る〕事業に着手した。これは三つの別々の運河システムで構成され、総延長は三〇〇〇キロ以上に達した。地球温暖化の進行とともに、華北ではさらに灌漑を推進して作物を守る必要があるが、北部の帯水層〔地下水を含む地層〕は三〇年以内に枯渇する恐れがある。同時に、気候変動によって南部の河川の水量も減るだろう。政府が華北に送る水の源だと考えているこれらの河川には、チベットの氷河の溶けた水が流れこんでいる。また気候変動によって干ばつ、洪水、サイクロンが増えて被害も甚大になり、農家や、脆弱な都市の住民は脅威にさらされるだろう。中国の科学者たちの推定では、沿岸の海面水位が約三〇センチ上昇すると、沿海部の低地およそ八万平方キロ以上が水没するという。この面積はアメリカ、インド、韓国、日本で同様に水没が予想される面積に比べると、はるかに広大である。(8)

歴史——帝国から多民族国家へ

これまで述べてきた中国の地政学的状況のさまざまな特徴の中で、一つだけ真に永久的だと言えるものがある。それはアジアにおける位置だ。しかし、アジアに位置していることの重要性までもが不変というわけではない。かつてアジアはヨーロッパを中心とする世界システムの外にあった。一九世紀に入ると、アジアはその一部になった。グローバル化の時代、アジア自体が経済的・戦略的な中心となった。アジアの地図は、植民地主義の台頭と衰退、冷戦の始まりと終わり、国家の統合と分裂とともに移り変わった。五つの地域——アンナン、コーチシナ、トンキン、カンボジア、ラオス——は一九世紀にフランス領インドシナとなり、一九五〇年代には四つの国に分裂し、一九七五年の南北ヴェトナム統一後は三つの国になった。オランダとイギリスの植民地主義者たちによって、王国とスルタン国と部族民の領地などから作られたインドネシアとマレーシアは、独立後も国家として生きのび、国境を整備し、独自の国家神話を創造した。ボリシェヴィキ革命後、ロシア帝国は一五のソヴィエト社会主義共和国からなる連邦となり、一九九〇年代、ソ連のアジア地域諸国は、ロシアと独立した中央アジア五カ国に取って代わられた。二〇世紀、科学技術の進歩で世界が小さくなると、アメリカは地政学上、アジアの一部になった。この地域の国々と同盟を結び、軍を駐留させ、幅広い経済的、文化的なつながりを持つようになったからだ。

中国の政策立案者が守らなければならない国境と国民——「中国」として知られる実体——もまた不変あるいは自然の物体ではなく、歴史によって創造された土地と民族からなる不安定な合成物だ。今日、「China（チャイナ）」と訳される「中国《ツォングオ》」という言葉は、古代においては「中央平原の国々」という意味で、現在の中国中央部にあったさまざまな都市や国や地域を指していた。この言葉が中華帝国あるいは今日われわれが想起する中国を意味するようになったのはずっと後のことである。(9) 中国最初の統一国家、秦（紀元前二二一－二〇六年）の領土は現在の中国のわずか四分の一ほどだった。数世紀を経て、さまざまな地域文明の中から、「漢族」と称する主要民族集団が形成され、征服や移住によって中央平原から南、西、北西、北東に勢力範囲を拡大、周囲の民族集団の領土を併合し、住民の多くを同化させた。漢族の領土は、今度は内陸アジアの遊牧民族によって五度にわたって征服されたが、その遊牧民族も自ら中国の一部となって版図を拡大した。一九世紀初頭には、満州族による征服王朝（清朝。一六四四―一九一一年）の下、中国は後にも先にもない巨大国家となっていた。

中国は伝統的に自身を国民国家だとは見ていなかったし、諸民族を支配下に置く帝国だとさえ思っていなかった。むしろ文明の中心だと考えていた。中国人は他の王国や部族について、漢民族と文化的・政治的に近ければ文明化していて、遠ければ文明化していないと考えた。朝鮮やヴェトナムの民族は、非漢民族の中では最も文明化していた。なぜなら儒教倫理に従い、書き言葉に漢字を用いていたからだ。その他の民族はそれほど文明化していないとみなされた。中国の文化的・政治的影響力はまことに絶大で、中核となる地域のみならず遠い南部や西部、非漢民族の支配地域の駐屯地、現在のウズベキスタンにあるタシケントやサマルカンドなどの辺境にまで広がる北部や北西部の部族や王国、そしてヴェトナム、ミャンマー、ネパールといった、独自の統治機構を持つ社会が存在する地域、はてはあまりに遠く離れていたため架空のものだと考えられていた蛮族にまで及んでいた。

清は支配下にあるすべての民族に対して、「公平な慈悲」という政策を実施した。そして、中国との近縁性が異なる蛮族間の戦いは、文化的劣等者同士の関係の調整であって、ある帝国から別の帝国への領土の移転ではないと考えていた。ゆえに一九世紀、清国政府は自身の朝貢国であるネパール、シッキム、チベットでイギリスの影響力が強まったときも、安全保障上の脅威だとは認識しなかった。中国の道徳的・文化的影響力の優位は揺るぎないように見え、いっぽうイギリスはあまりにも小さく遠い国だったので、競争相手とはみなされなかったのだ。清国政府は辺境の非中国系の有力者に特別な権利まで与えた。彼らが地域を自ら支配し、交易に税をかけ、清国領内に住む配下の民を統治することを認めたのである。たとえば一八三五年のコーカンド・ハン国との協定がその一例だ。こうしたやり方は清の世界観には合っていたが、同時に、のちの治外法権の先例となった。治外法権は中国ではなく西洋の法律が適用されたものであり、西洋諸国に支配された条約港で認められた(10)。

一九世紀、清による首都から遠い地域に対する支配は不安定になった。清朝の父祖の地である北東部の満州は、漢民族が住民の多くを占めるようになり、正規の行政機構に組みこまれて三つの省（今日の黒龍江省、吉林省、遼寧省）になっていたが、ロシアと日本の圧力に脅かされていた。西部の新疆では清国軍の守備隊がかろうじて支配を維持している状態で、中国の入植者たちが多くのオアシス国や遊牧民族地域にやってきたばかりだった。ここでは清国は、たくさんの文化的影響力、政治勢力、交易相手の一つにすぎず、インド、ペルシャ、ロシアなどと同列に見られていた。チベットは正式には依然として清国の一部だったが、一八世紀には緩やかに構築された神権政治国家となっていて、ヒマラヤを越えてネパール、シッキム、インドの一部と非公式の関係を維持していた。チベットでは新たに南のイギリス領インドと北のロシアが勢力を拡大し、清国による支配は後退した。唯一内モンゴルでは、中国人入植者の人口が遊牧民族の人口を圧倒的に上回っていたため、清は国境地域に強力な支配を確立できた。

勢力を拡大する西洋列強の軍隊は、中華帝国の周辺まで到達したとき、西洋式に物理的境界線を明確にするよう迫った。その始まりが一六八九年のネルチンスク条約である。これは、中央アジア、シベリア、外モンゴル、朝鮮、琉球諸島、ヴェトナムといった地域に対する――そしてある意味ではロシアとイギリスに対する――さまざまな種類・程度の優位を放棄することを意味していた。というのも、あるとき清国皇帝がロシアとイギリスの使節に、臣下として叩頭の礼〔ひざまずいて両手と頭を地につける礼〕をするよう求めたところ、使節は要求に従わず、清国としてはもはやロシアとイギリスを、対等の相手ではなく、戦争の勝者として認めざるをえなかったのである。清国は香港をイギリスに永久割譲し、その後さらなる領土の租借を認めて植民地の拡大を許した。またマカオをポルトガルに、その他の領土をロシア、日本、フランス領インドシナ、イギリス領ビルマ、イギリス領インドに割譲した。領土喪失による最大の負の遺産が台湾だった。台湾は一六八三年に清国に編入されたが、一八九五年に日本に割譲されて植民地となり、一九四五年、国民党政権下の中国〔中華民国〕に返還された。しかし、一九四九年に本土が共産党に奪取されて以降、国民党治下の台湾は分離したままとなり、中華人民共和国の外交にとって長引く大問題となっている（第8章）。

中華人民共和国はこれら清国時代の領土喪失について、その正当性を認めなかったため、すべての隣国とのあいだで領土紛争が起こったが、現在では大部分が解決済みである。現在中国が領有権を主張しながらも取り戻せないままとなっている地域には、台湾島、インドと争っている合計一一万平方キロに及ぶ領土三カ所、他の近隣諸国と争う一部の国境地帯、東シナ海と南シナ海に浮かぶ島々などがある。これらの領有権の主張は、かつて領有または探検したという歴史が根拠となっている。中国政府の公式の談話、地図、歴史書を見るかぎり、それ以外の未回収地の領有権を主張しようとしている兆候はない。その意味では、中国は果てしない領土的野心を抱く「拡張主義大国」ではない。中国の主張は一定不変のようである。とはいえ、これらの主張は重要かつ広範囲にわたっている。中国政府はこれらの地域についていつもはっきりと領有権を主張しており、異議が唱えられていると知ったときにはとくにそうである（第5、6、8章）。「中国」という概念が今後さらなる歴史的変化を遂げるとすれば、そこに含まれるのはおそらく領土の喪失（可能性としては、たとえば台湾）であり、獲得ではないだろう。

現代中国は、境界線を明確にするだけでなく、国民の法的地位も明確にしなければならなかった。一九〇九年、初の国籍法が制定され、父親が中国人である者は世界のどこにいても「中国人」であると定められた。このような血統主義の原則（血筋によって国籍が決まる）は、中国人であることの意味についての伝統的な考え方とは一致していたが、多くの国々の現代的な国籍観とは一致しなかった。現代において国籍は民族的な概念ではなく領土的な概念なのである。しかし血統主義に立つ中国は、他国の中国系の住民を中国の国民として扱った。中国は海外に渡った華僑も中国の国民だと主張したが、彼らに保護の手をさしのべることは不可能だった。中国人は、一九世紀のアメリカでは人種差別暴動や中国人排斥法の犠牲者となり、日本や東南アジアでも差別の被害を受けた。東南アジアに集中し、世界のあちこちに散らばった数千万人の華人〔中国系住民〕も中国の国民だとする考え方は、最終的には強みではなく弱みになった。[11]

中国がこのジレンマから抜け出そうとしはじめたのは一九五五年のことである。当時の周恩来首相が、インドネシアのバンドンで開かれたアジア・アフリカ会議で、華僑は自分が住んでいる国の国籍を進んで取得し、中国の国籍を手放すべきだと発言したのだ。一九五〇年代には、中国は北ヴェトナムおよびインドネシアとのあいだで、二重国籍を廃止することで合意に達した。その他の東南アジア諸国と国交を正常化した一九七〇年代にも同じ方式が適用された。一九八〇年、中国は新たな国籍法を制定し、問題に決着をつけた。この法律の下では、外国籍を取得した中国人は自動的に中国国籍を失うことになったのだ。

中国の国境内でも、民族性に関しては、昔ながらの居心地のいいあいまいさが、問題だらけの明確さに取って代わられた。近代以前の中国では、皇帝の臣民の中には部族や宗教、民族および下位民族集団を異にする多種多様な人々が含まれていた。たとえばモンゴル族、チベット族、キルギス族といった呼び名は応用範囲が幅広く、じっさいには文化的にまったく異なるさまざまな集団の人々を指していた。[12]「中国人」の大部分を占める漢族自体が、さまざまに異なる肉体的特徴を持った人々の寄せ集めであり、話す言葉も主要八方言とその他多くの方言に分かれていた。それらの方言はイタリア語とフランス語ほどの違いがあり、下位民族集団同士がさまざまな度合いの偏見を抱いていた(13)。

ダーウィニズムの影響を受けた現代の社会思想では、民族や国家のアイデンティティを明確に定義することが求められた。一九世紀後半の民族主義者たちは、満州族の清朝打倒を決意したとき、満州族を「外国人」と呼ぶことによって、初めて漢族として明確な民族意識を形成した。彼らは一九一一年の革命で誕生した中華民国を多民族国家として定義し、ゆえにそのとき創りあげた国家（あるいは国民）としてのアイデンティティには、複数の異なる民族アイデンティティが組みこまれていた。そのため一九一二年の中華民国の最初の国旗は五色の帯で構成され、当時「五族」と呼ばれた漢族、満州族、モンゴル族、チベット族、イスラム系民族からなる統一国家を象徴するものだった。

しかし、のちの中華人民共和国はほどなく、国民の中には五つ以上の民族集団が存在すると判断した。一九五〇年代、新政権は人類学者たちに、いくつの民族集団があるか調べて分類するよう命じた。最終的に正式に存在が承認されたのは五五の少数民族（承認されたおかげで一定の政治的、文化的権限が与えられた）と大多数を占める漢族だった。承認のプロセスは科学的というよりは行政的なものだった。かつて存在した、漢族のアイデンティティを採用していた民族集団が復活し、政府の支援を受けて少数民族の言語や儀式をよみがえらせ、さらには新たに創造することさえあった。またじっさいに存在する文化的コミュニティが、承認された五五の少数民族に統合されたり、多数派である漢族の一部に分類されることもあった(14)。

いずれの場合も、分類は定着し、国家と民族の二重アイデンティティという考え方は、中国という国家の国民との関係および外部世界との関係を日々形作っている。公認少数民族のうちのいくつかは、高い文化を持つかなり大きな集団で、戦略上重要な地域に住み、国境の向こうの非中国系住民とのつながりを維持している。その代表格がチベット族、主に新疆に暮らして相互に結びついているウイグル族、カザフ族、キルギス族などのイスラム系諸民族、内モンゴル自治区の人口のかなりの部分を占めるモンゴル族、北朝鮮との国境沿いに住む朝鮮族、ミャンマー、ラオス、ヴェトナムとの国境周辺地域に住むダイ族などである。中央政府がこれらの地域を厳しく統制できるようになったのは一九四九年以降のことだ。地元住民は暴力、非暴力を問わず、さまざまな形で漢族の支配に抵抗してきた。ときには戦略上重要な国境の安全を脅かすこともあった。少数民族地域に対する統制は国家間の問題である。なぜなら地域の先住民には国境を越えた民族的・政治的な結びつきがあるからだ（第8章）。

文化――選択肢の範囲

中国の指導者たちは、安全保障上の問題――人口や地理から生じるもの、経済が原因のもの、歴史から引き継がれたもの――に対処するとき、さまざまな行動の選択肢を持っている。アナリストの中には、文化やイデオロギー、ナショナリズムは、可能な行動戦略を制限する要因だと考える人々もいる。われわれはこれらの要素をもっと大まかにとらえ、行動そのものを決めるというより、行動を組み立て、理解し、正当化する方法を決めるものだと考えている。

文化には考えられるありとあらゆる行動のパターンが含まれており、それらは、指導者が特定のときに直面する特定の問題に多かれ少なかれ関係している。行動習慣、受け継がれた態度や信念、かつて物事がどう行なわれたかの記憶といったもの全体がいくつもの先例を提供し、指導者はたいていの場合、その中から行動パターンを選択している。何をすべきかそのものがわかるわけではないが、それらを参考にして敵や同盟者の関心や行動を解釈し、どのように行動すべきかを判断するのだ。

たとえば研究者たちは、中国の文化は平和的でもあり好戦的でもあると説明してきた[15]。中国は征服によって創られた国である。漢民族が隣国の領土に侵攻したときも、内陸アジア諸国が漢民族を征服したときもそうだった。中国はヴェトナムと朝鮮を征服したが、最終的には駆逐された。植民地はのちにロシアおよび中央アジア諸共和国となる地域にまで及んだものの、完全に支配することはできなかった。中国が領土を拡大するのは、土地に人口圧力がかかり、拡大する余裕があるときだった。乗り越えられない地理的な障害に遭遇したり、異民族の軍勢に押し返されたりしたときには、拡大をやめた。二〇世紀、中国の軍隊は内戦で戦うか、国境紛争で防衛のために戦うことがほとんどだった。中国社会の内部に暴力が横行したのは、政府が弱体で、経済と社会に混乱が生じたために、暴力が魅力的になった時期であり、いっぽう平和だったのは社会がよく統治され繁栄していた時期である。中国人にとって、アメリカ人その他の場合と同様、暴力は文化の問題ではなく、必要性と機会の問題なのだ。他の国の人々と同様、中国人もまた平和を保つ能力と戦争をする能力の両方を持っている。文化的な先例を見ても、われわれには彼らがこの先どちらを選ぶかはわからない。

中国の文化も同様に現実主義と道徳主義の両方の要素を含んでいる。中国人は国際情勢における人間関係の役割について考えるとき、歴史叙事詩『三国志』を手本にする。『三国志』には、西暦一六八－二六五年に中国を再統一しようとした三人の支配者の闘争が描かれている。物語は村の語り部たちによって語られ、歌劇や映画になり、暦やカレンダー、扉に張る絵などにも描かれる。登場する英雄たちの中には、神として寺院に祀られている者もいる。一三〇〇年代後半に羅貫中によって書かれた小説版『三国志演義』は、読み書きのできる中国人なら誰でも読んでいる。中国の外交官や軍人はたいてい、工作や作戦を説明するさいに、物語に出てくる言葉を使う。中国語そのものが『三国志』からの引用に満ちているのだ。

この書の冒頭では、力の現実主義というテーマが語られる。「帝国は盛衰し、国々は分裂し合体する」。力というものがはかなく消えていく世界で、この書は「計」（計略）を用いることを賞賛している。計とは、優勢な敵軍に勝つために計画された欺瞞工作である。たとえば「矢を借りる計」では、軍師、諸葛孔明は、次の戦いに備えて三日以内に一〇万本の矢を用意するよう命じられる――無理な任務のように思われた。不可解なことに孔明は三日間、何もしなかった。そして三日目の夜、藁を満載した舟二〇艘を霧深い川の対岸まで渡らせた。襲撃を恐れた敵軍は藁に向かってたくさんの矢を放った。孔明はその矢を陣地に持ち帰り、次の戦いで使用したのである。「秘計による離反」またの名を「苦肉の計」では、忠実な将軍がわざと司令官から残酷な鞭打ちの刑を受けて敵に寝返る口実を作り、スパイとして働く。このような物語は「鏡の中の鏡」方式の欺瞞工作を賞賛している。鋼の神経を持ち、機転のきく者が、ただ欺くために相手の疑いを解く。指導者は相手を信用したために権力を失う。意図的な裏切りは知らぬ間に気づかれ、実行者は窮地に追いこまれるのだ。

しかし、この古典作品の中に出てくる冷笑的な考え方は、忠誠と正統性を強調することによって相殺されている。「桃園の誓い」という、おそらく最もよく知られている場面では、主要な英雄のうちの二人が、覇権を狙う人物の一人、劉備への忠誠を誓う。そして何が起ころうとも、物語の最後までこの誓いが揺らぐことはない。この物語には、共通の使命のために自己を犠牲にするという感動的な例が次々に登場する。人々が劉備に忠誠を誓うのは、劉備が最も有能な将軍だからではなく、――むしろ最高の将軍は敵役の曹操のほうだ――帝国の正統な後継者であり、それゆえに徳が高いからである。だからこそ劉備は諸葛孔明のような軍師を得ることができた。中国人が戦争や政治において決定的な力になると考えているもの、すなわち時、地、士（時、場所、兵力の相関関係）について、孔明は超人的な理解力を発揮する。現実主義と理想主義はともに中国文化の特徴だが、だからといって、どちらも中国の特定の政策決定を理解する鍵を与えてくれるとはかぎらない。

中国人は伝統的に「面子」を与えたり、得たりすることの重要性を強調する。「面子」とはつまり個人に対する好意的な評価のことだ。中国では昔から、面子は対人関係において考慮しなければならない重要な事柄である。同時に、面子のやりとりは実用的な取引の材料になる。面子という規範は、屈辱的な妥協を迫って中国の指導者に恥をかかせるなと、他国に注意を促す手段として用いることができる。恥をかかせれば緊張が高まり、協力は困難になる、というわけだ。面子への配慮が必要なので、あまり好き勝手なことはできないということを相手方にわからせることができれば、相手の要求を緩めさせることができる。この戦略は、交渉で弱い立場にある側にとって、とくに有効だ。西洋諸国を相手にするとき、中国はこれまでたいてい弱い立場にあった。

しかし、中国は他人に面子を与えることにも同じように気を配るわけではない。中国は「結んだ者が結び目をほどくべきだ」という原則を引き合いに出し、交渉相手にとって屈辱的な譲歩を引き出すこともある。後になって、外交協力に対するお返しとして、面子を与えてくれるかもしれない。中国の有名な外交的もてなしでさえ、文化的優越性を示すために使われることがある。外国の国家元首が中国を訪問すると、中国のテレビに映し出されるのは、うやうやしい態度の訪問客が中国の指導者に快く迎えられるところや、国際関係の原則について語る指導者に、感謝の表情でうなずく訪問客の姿だ。そうやって中国の重要性を確認しているのである。外国からの訪問客が否定的な発言をしたりすると、中国の国営メディアはいっさい報じない。面子という伝統的な価値は、現代の外交にも有効に応用されているのだ。

文化的な解釈がいつ、どのように適用されるかという問題は、「中華帝国」としての中国、という考え方にも及ぶ。「中華帝国」のアイデンティティが成り立つためには、近隣の小国が階級的関係を受け入れる必要がある。たしかに帝国時代の中国は、他国との関係をある程度、朝貢制度によって規定していた。この朝貢制度の下では、一部の外国の支配者は中国皇帝の臣下として扱われた。これまでの歴史家たちの主張では、このような先例は、国民国家からなる現代世界においても、中国の行動様式に影響を与えているという。伝統的な外交政策は、中華思想的、同化的、規範的、イデオロギー的、人物主義的、階級主義的であったため、一九世紀の中国は、ヨーロッパ式に組織された多国間システムに適応するのが難しかった。なぜならヨーロッパの多国間システムは平等主義的、非イデオロギー的、契約主義的なシステムだったからだ[16]。毛沢東の世界観もしばしば中華思想的であるように思われた。

じっさい、毛を支持する世界中の共産党指導者たちが中国に集合し、毛の謁見を賜り、うやうやしく賛辞を述べた。戦略的三角形の時代、中国は近づいてくるアメリカ人たちをあえて受け入れ、まるで師匠の元に兵法を学びに来る弟子たちのように扱った。一九八〇年代、戦略的三角形が次第に薄れていく中、あいかわらず中国は、他国との関係について語るときは、実務的な協力の観点よりも、相手が友好的で、中国の規範を受け入れているかどうかという観点に立っていた。

　しかし、朝貢制度は中心と辺境を結ぶ伝統的な関係の一形態にすぎなかった。[17] 中心では官僚政治が行なわれていた。北および西の国境周辺やその向こうでは、さまざまな勢力が入り交じっていた――軍事総督、満州族の八旗と呼ばれた守備隊、ジャサク（世襲の諸侯）、汗《ハン》、ハキムやベイ（ともに地方長官）、アクサカル（長老の代表者）、朝貢神権国家や朝貢部族、さらにその向こうには、朝貢国として中国とつながるいくつかの国があり、いっぽうシッキムとラダックはチベットの朝貢国だった。内陸アジアとの関係は、多くの場合、実際的かつ平等主義的だった。[18] 海洋アジアとの取引は、学者が「海洋下位文化」と呼んできたものに従って行なわれた。「海洋下位文化」では貿易と探検と知的現実が重視された。

　朝貢制度は政治的関係に対する一つの考え方として、一定期間、中国およびパートナー諸国の国益に貢献していた。平和五原則や今日の「新安全保障構想」と同様、中華思想はきわめて適応力に優れた考え方で、これにより中国は貿易を促進し、さまざまな外交慣行を正当化することができた。[19] 海洋下位文化が提供した実際的な平等主義の先例を、中国は必要に応じて利用することができる。中国の外交慣行において、中華思想的要素がいつ、どのように役に立ち、いつ、どのように役に立たないかを明らかにするために、われわれは現状を分析しなければならない。

イデオロギーと利益――両立可能な目的

　イデオロギーもまた、今後の政策を決めるというより、今の政策を表現し、説明し、正当化するものである。われわれの見解では、中国の外交政策は公式から導き出されるものではなく、なんらかの利益に対する反応である。指導者たちが利益を理解し、その仕組みを説明するときに用いる幅広い概念と価値観は、正しく解釈することができれば、彼らの目的や手法を知る手がかりになる。

　中国の外交政策の中で最も長く続いているのが次の平和五原則である。主権および領土保全の相互尊重、相互不可侵、内政不干渉、平等互恵、平和共存。中国政府が最初にこれらの原則を掲げたのは一九五四年、アジアの非共産主義諸国に接触しようとしたときである。当時、平和五原則は、インドやビルマ〔現ミャンマー〕のような中立国との関係を強化し、東南アジア諸国政府をなだめることを意図したものだった。東南アジア諸国は共産主義反政府勢力と戦っており、国内の中国系少数民族からなる第五列〔内通者〕の動きを懸念していたのだ。冷戦後、平和五原則は、文言を変えることなく、新たな目的のために利用された。すなわち、アメリカの新世界秩序という概念に代わる選択肢を提示したのだ。アメリカの新世界秩序においては、アメリカの利益や価値観に合わない政策を追求する他の主権国家の権利は、国際的な管理体制や機関によって制限される。中国が世界に提示した代替案は、当時も今も変わらず、すべての国の主権を重視している——大国も小国も、欧米諸国も非欧米諸国も、豊かな国も貧しい国も、民主国家も独裁国家も、それぞれが思い思いのやり方で体制を維持することができる。その手法が欧米の基準に適合しているかいないかは問題ではない、というわけである。平和五原則の言葉そのものは道徳的だが、言葉の背後にある信条は利益の追求だ。他国の行動を支配しようとするアメリカの野望に、他の国々と手を組んで対抗するのが目的なのだ。

　中国は「けっして覇権を求めない」と言っている。一九六〇年代からこの原則を主張しているが、当時、覇権という言葉はソ連の拡張主義を指す婉曲表現だった。一九七〇年代後半から八〇年代にかけて、中国は覇権の概念をヴェトナムによるカンボジアとラオスの支配にまで拡大適用した。今日、中国当局は、アメリカが貿易慣行、兵器拡散、人権などの問題をめぐって一方的に自己の意思を押しつけようとすることについても、覇権という表現を使っている。覇権を求めないと言うことによって、自身をアメリカの政策に反対する立場に置くと同時に、近隣の小国に対して、中国の経済発展や軍事力の増強は地域の脅威にはならないことを強調しようとしている。しかし、これは現実的な政策である。なぜなら、中国が地域の脅威になれば、近隣諸国が結束して中国の台頭を抑えつけようとするからだ。

　一九八〇年代以降、中国は「独立自主平和外交政策」を追求すると主張してきた。この決まり文句にはいかにも道徳的な言葉が使われているが、それが表現しているのは現実的な利益である。独立自主とは、他の主要国との関係において、中国が自らの行動の自由を制限するようなことはしない、という意味だ。平和とは、経済発展に集中できるように、地域の——さらには世界の——安定を求める、という意味だ。

　中国は、世界各地のほとんどの紛争について、平和的な交渉によって解決すべきだ、という公式姿勢を堅持している。イスラエルとアラブ諸国の争い、旧ユーゴスラヴィアの紛争、スーダンの紛争、カシミールをめぐるインドとパキスタンの紛争、一九八〇年代のイラン・イラク戦争、一九九〇年のイラクによるクウェート侵攻、北朝鮮およびイランの核開発危機。いずれの場合も中国の見解は同じだった。国連においては、侵略を押し返し、内戦を終結させ、あるいはテロを阻止するための制裁あるいは武力介入を義務づける決議案（いわゆる国連憲章第七章決議）に対して、中国はたいてい投票しないか、棄権票を投じた。ほとんどの場合、中国は不介入を選択してきた。なぜなら中国は、そのような武力介入はアメリカの勢力を拡大するものだと考えており、自身には武力介入を主導したり、それによって利益を得るだけの力がなく、誰であれ紛争当事国の指導者とは良好な関係を保っておく必要があるからだ。そのいっぽうで、武力介入に対して拒否権を行使せず、投票しなかったり棄権票を投じたりするのは、武力介入に賛成する国々の怒りを買わないためである。

一九八九年、鄧小平は、中国は外国勢力とのあいだに無用な対立を引き起こすべきではなく、「韜光養晦《とうこうようかい》」（才能を隠し、力を養っておくこと）が肝心だ、と提言した。鄧小平の後継者、江沢民も同様の考えを表明し、「増加信任、減少麻煩、発展合作、不搞対抗」（信頼を高め、摩擦を減らし、協力を推し進め、対立を避ける）という方針を打ち出した。一九九〇年代後半、中国の指導者は「新安全保障構想」を提唱し、この構想の下で一方的安全保障から脱し、互恵的協力による共同安全保障を追求すべきだと主張した。[20] 二〇〇〇年代初頭、中国は「平和的台頭」（のちに「平和的発展」）というスローガンを導入し、「すべての国の人々が手を携え、平和と共通の繁栄が続く調和のとれた世界を建設するよう努力すべきだ」と訴えた。[21] これらの考え方はすべて、道徳的には立派な原則を述べているが、そのいっぽうで、あいかわらず中国の実際的な利益を増進しようとするものだ。中国の台頭を妨げるために他の勢力が結束しようとするのを思いとどまらせ、アメリカの一方的推進主義への抵抗を正当化するわけである。

もはや中国の要求に合わなくなった思想のいくつかは放棄された。たとえば毛沢東が提唱した世界革命論などがそうである。しかし、前述の実例リストが示唆するように、中国の外交レトリックに含まれる多くの主要テーマは、中国の国際的役割が進化する中でも存続してきた。それにはいくつかの理由がある。第一に、全世界に権益を拡大する国々とは異なり、中国は全般的に見て、まだ地域大国にすぎない。アメリカが全世界で直面しているようなジレンマに、中国はアジアでしか直面していない。たとえば長期的な利益と短期的な利益の相反、経済的必要性と政治的必要性の矛盾、友好国からの両立不可能な要求、歴史的友好関係と新しい協力関係、従来の原則と新しい現実などである。しかし、中東、アフリカ、ラテンアメリカといった遠い地域では、たいていの場合、いくつかの簡単な原則が中国の利益を反映している。大国の介入に反対し、国家間の主権と平等を守ろうとするのは、ただ崇高な使命を果たそうとしているわけではなく、その地域における中国の現実的な安全保障上の利益を主張している。自分で介入することができないから、他の国々の介入に反対するのだ。中国の国境から遠ければ遠いほど、中国はレトリックと利益を一致させやすい（第7章）。

第二に、弱い国は、自己の原則の神聖不可侵を訴えて、交渉上の立場を強化する。中国政府は絶対に方針を変えないと、他国の政府に思いこませることができれば、相手の外交官たちは、中国が解決済みだと考えている問題を持ち出そうとはしない。譲歩せざるをえない場合でも、これは譲歩ではないと主張することで、権力者の体面は維持される。体面は権力の要素の一つである。

第三に、中国の政策に矛盾や妥協が存在しても、レトリックという衣で簡単に覆い隠すことができる。なぜなら、中国外交を動かしているのは一握りの指導者と専門家たちだからだ（第2章参照）。文化大革命（一九六六－七六年）では、外交レトリックと外交慣行に変革をもたらした指導者や外交官のグループが注目を浴びたが、ごく短期間にすぎなかった。一九七〇年代後半、国内から反対意見が起こった後も、外交政策は重要な議論の的にはならなかった。反体制派の意見や、その他の陰で囁かれる意見は、政府の公式見解とは異なり、その多くが、二一世紀には大国になるという中国の野望をはっきりと認識している。

第四に、イデオロギーは、中国の指導者が、世界情勢において自分たちが何をしているのかを国民にわかりやすく説明するのに一役買っている。国の内外に向けて、外交政策の決定について説明するとき、当局は「核心的利益」（核心利益）の観点に立っている。たとえば、二〇一一年に発表された「中国の平和的発展」と題する白書には、次のような核心的利益が記されている。「国家主権、国家安全保障、領土保全、国家統一」「中国の政治体制」「社会全体の安定」「持続的な経済と社会の発展」[22]。平和と発展あるいは国家間の相互尊重と平等といった道徳原則によって、複雑な外交政策の概要が把握しやすくなるのだ。

要するに、中国の外交政策がほとんど外交レトリックと一致しているという事実は、政策が原理原則から演繹的に派生することを意味するものではない。むしろ原理原則は、国益への貢献という観点から、個別の状況に応じた意味を持ち、その場その場で役に立つものだ。原理原則は、利益が要求するとおりに自由自在に解釈することができ、一八〇度の政策転換さえ、それによって隠蔽されることもある。中国の外交政策におけるレトリックと戦略が最終的には完全に一致するのは、両方ともが中国の変化しつづける地政学的状況に対応しているからである。

ナショナリズム――安全保障とアイデンティティ

文化やイデオロギーと同様、ナショナリズムもまた中国の外交対話において強力な存在感を示し、中国の安全保障上の利益に対する考え方を形成、表明するものである。これらの利益を追求する方法に関しては、政策立案者の決定は、あまり大きな制約を受けない。

ナショナリズムというものはそれぞれ特有のものだ。「明白な運命」〔一八四〇年代、アメリカ西部への領土拡張を正当化するために掲げられたスローガン。のちにアメリカの膨張主義、帝国主義を示す言葉となった〕という、いつも自信にあふれたアメリカのナショナリズムとは対照的に、中国のナショナリズムの原動力は、過去の歴史において屈辱を受け、国家の威信を傷つけられたという感覚である。現代の政策立案者たちは多くの場合、この感覚を助長し、操作することによって政策を推進する。ナショナリズムが突出するようになったのは、かつて帝国主義の猛威を経験し、中国の領土的生存、文化的生存、場合によっては民族的生存までもが危ういと感じられたからである。一〇〇年以上にわたる奮闘努力によって国家主権を回復、強化してきた結果、中国外交はナショナリズム的傾向を強めることになった。「中国を救う」ために、政治指導者たちは、救う価値のあるものは何か、という問題に答えを出さなければならなかった。

政治的、経済的近代化を遂げた世界にあって、はたして中国は偉大な文明国なのだろうか？　中国の生活様式には何か保存すべきものはあるだろうか？　富と権力の追求とは、ただ一片の領土を守るだけのことなのだろうか？　中国人を中国人たらしめているものすべてを犠牲にしてまで、欧米諸国が切り開いた発展への道に進まなければならないのだろうか？　このような問題は、一九世紀、改革の限界をめぐる議論の場や二〇世紀初頭の知的革命の中で検討された。そこでは思想家たちが、自由主義、ファシズム、マルクス主義を通じて中国を救うかどうかをめぐる激論を戦わせた。

中国のナショナリズムは矛盾の上に築かれている。国の問題はすべて外から来たものだとすれば、考えうる解決策もすべてそうである。第一次大戦を終結させた和平交渉の場で、西洋諸国は中国の利益に背く行ないをした。この裏切りが一九一九年の五・四運動の引き金になった。五・四運動は中国の文化をもっと西洋化することによって中国を救おうとするものだった。二〇世紀を通じて、近代的な政治形態の追求に決着をつけるために登場した三つの候補――自由民主主義体制、協調組合主義独裁体制、共産主義体制――は、すべて西洋から来たものだった。中国に近代化をもたらしたもの——法の支配、科学、技術——はすべて西洋のものだった。因習打破と革命の時代にあって、アジア的なもの、伝統的なものは、遅れたものとして否定された。中国人は昔から、外国の文化を中国文化の亜流だとみなしていた。中国文化には他国を様変わりさせ、文明化させる力があると考えていた。それが今では、中国の創造的な勢力が、より強力な外国文化に反発しつつ吸収することによって力を得るようになった。

一九四九年、毛沢東は「中国は立ち上がった」と宣言した。そして「マルクス主義の中国化」によって国家的アイデンティティとグローバルなアイデンティティを融合し——これは儒教の主要な教えの一つを手本としたものだ——世界レベルの思想および社会モデルを達成したと主張した。だがそれはきわめて中国的なモデルでもあった。一九世紀ドイツの哲学者G・W・F・ヘーゲルはかつて、何も重要なことが起こっていないアジアは歴史の外にあると断言したが、今や毛沢東の観点からすれば、世界史の中心は中国に移動したのである。中国は全人類を変革するであろう方法を創造したのだ。しかし、毛沢東の死によって新たな議論の時代が始まった。毛沢東の圧政にはどのような文化的根源があるのか、中国を近代化への道に戻すためにはどのような変革が必要か、といったことが討議された。

中国は鄧小平の指導の下、断固たる決意で世界への仲間入りを果たしたが、そのいっぽうで、西洋化をめぐる賛成派と反対派の対立（前者がリベラル派、後者が保守派と呼ばれた）がふたたび中国政治の根深い亀裂となった。一九八八年、『河殤《かしょう》』〔邦題は『黄河への挽歌』〕と題する官製のテレビ・ドキュメンタリー・シリーズが放映された。その中の言葉は、一九世紀後半の改革者たちの主張とほとんど同じだった。陸地に縛られた閉鎖的な中国文明は今や滅亡寸前だ、中国は西洋文化の「青海原に乗り出す」ことによって崩壊を回避すべきだ、と。[23]『河殤』の作者たちは一九八九年の民主化要求デモの直後に亡命した。文化的アイデンティティの問題は、保守派の指導者たちに引き継がれた。彼らは欧米諸国による中国文化の破壊を懸念していた。そして、「和平演変」〔平和的手段によって社会主義体制を崩壊させること〕や「ブルジョア自由主義」を推進するためのアメリカの策謀だとされるものを攻撃するいっぽうで、儒教と中国マルクス主義の価値観のナショナリズム的融合を推し進めようとした。

中国共産党の非現実的な理想が色あせる中、ナショナリズムは依然として共産党にとって、国民の忠誠を獲得するうえで最も確かな主張である。政府とその批判者が今も共有する唯一重要な価値観として、ナショナリズムはあらゆる階層の中国国民を一つにまとめあげている。たとえ国民が政治の他の側面にはどんなに無関心であってもだ。中国の小学生は次のようなことを学んでいる。条約港と租界（中国の都市にあって外国の支配下にあった地域）。外国による領土の租借と利益の範囲。治外法権（これにより中国に滞在する外国人は犯罪を犯しても外国の法の下、外国の判事によって裁かれた）。「最恵国待遇」条約。この条約では、中国はすべての貿易相手国に低関税待遇を与えることを義務づけられた。相手国が同じ待遇をこちらに与えても与えなくても関係なく、である。[24] そして外国による税関、塩、郵便の支配。文化的アイデンティティの問題は中国の外交関係のあらゆる側面に浸透している。それは軍事的安全保障、対外貿易、投資、人権、国際学術共同研究、観光、国内報道機関における海外ニュースの扱いなどについての政策にあらわれている。「国として屈辱を受けた」という記憶は、レトリックのみならず、中国人の戦略的現実認識においても強力な要素となってきた。[25] 多くの中国人が中国は困難な立場にあると考えている。国が不安定なのは対外的に不安だからであり、対外的に脆弱なのは国が弱体だからである、と。彼らの目には、中国はいつばらばらに飛び散っても、いつずたずたに引き裂かれてもおかしくないように見えるのだ。まさにこの脆弱性ゆえに、中国は世界における安全を確保したいという衝動を抱き、のみならず、今度は自分が大国になって、アジアのどの競争相手とも競い合えるようになりたいと考えている。

中国の一大戦略

地理と歴史が中国の外交政策を決める。政策の第一の目標は領土の一体性を回復し、維持することだ。国内の政治的安定を維持するため、チベット、新疆、内モンゴル自治区の分離独立運動に対する外部からの支援を阻止し、台湾を取り戻し、東および南シナ海の海洋権益を守る。つまり、反体制的活動を叩き潰し、あらゆる方向からの介入や侵略を抑止する、というわけである。この目標を達成するには、国内治安能力を高め、国際外交工作によって、台湾が世界に活動の空間を広げることを阻止し、チベットと新疆の分離独立勢力への支援を遮断し、軍事力を増強して近隣諸国およびアメリカの軍隊の脅威を抑止しなければならない。

第二の目標は、他の国々によるアジア地域の支配を阻止しながら、近隣諸国への影響力を拡大することである。いっぽうでは、アジアの中心という位置にある中国は、潜在的な敵に囲まれ、複雑な対立に巻きこまれるとしても、世界で最も活力にあふれた地域で大きな影響力をふるうことができる。万が一、他の国がこの地域を支配した場合、その国はさまざまな形で中国に圧力をかけるだろう。他方では、あまりにも独断的な政策は、近隣諸国を警戒させ、中国自身がアジアを支配しようとしていると思わせてしまうかもしれない。敵対的な反発を招くことなく近隣諸国に影響力を及ぼすには、軍事力、経済力、外交的関与の微妙なバランスが要求される。

中国外交の第三の目標は、経済成長に有利な国際環境を作ることである。中国は安定した世界市場を望み、貿易ブロックに反対し、海外市場への参入、海外エネルギー資源その他の生産物の獲得を目指して活動している。

最後に、中国が求めるのは、発展をもたらす世界秩序である。中国の台頭は、貿易、金融、核不拡散、公衆衛生、環境政策、人権、その他を統制する国際体制の成長期と重なっていた。これらすべての分野で——さらには国連安全保障理事会がその権限を行使して国際的な平和と安全保障のために軍事介入を承認しようとするときも——中国は、発展をもたらす世界秩序を最優先することが国の利益だと考える。他の大国と意見が一致することはまずない。中国の外交官はトレード・オフ〔取引〕とソフトパワー〔経済的・文化的影響力〕の両方を駆使して、同じ考えを持つ国々と協力関係を築き、これらの分野におけるルールの展開の仕方に影響を及ぼそうとする（第7章、第12章参照）。

これらの目標を追求する中国には、強さもあれば弱さもある。広大な国土と長い国境線は中国の弱点ではあるが、侵略を抑止するうえで有利なこともある。広大な後背地のおかげで内陸まで後退して防衛する余裕ができるのだ。帝国主義の時代にも中国が植民地化されなかった主な理由の一つがそれである。巨大な人口は負債であると同時に資産でもある。人口があまりにも多いというただそれだけで、中国人の行動は世界の他の国々の運命を左右する——海外に移住しても、世界市場で穀物を購入しても、道路を建設し、車を走らせても、何をしても世界に影響を及ぼす。いかなる地球規模の問題も、巨大な人口を抱える中国抜きでは解決できない。

中国経済は、このまま順調にいけば、早くて二〇三〇年頃までには世界最大になっているだろう。世界一の経済大国になれば、世界的な影響力を持つようになり、高度な軍隊を保有するための強固な基盤もできる。だが、それと同時に、中国はその繁栄と安定を維持するために世界の市場と資源に大きく依存することになる。中国のスポークスマンたちは、中国の経済発展の話が、「中国脅威論」の高まりを引き起こすのではないかと心配している。中国は今もこれからもずっと貧しい発展途上国だ、とスポークスマンは主張する。たしかに、二〇〇九年の中国の一人当たりの国内総生産（GDP）は六六〇〇ドルで、依然として世界二二七カ国中、一二八位にすぎなかった。しかし、生活の質の尺度で見ると、教育、健康、技能の面では、最低所得額が示唆しているほど、国民はひどい状態ではない。じっさい、中国はさまざまな意味で、貧しくもあり、豊かでもある。世界経済に参入することによって、中国は他国に影響を及ぼす能力を獲得すると同時に、他の国々からの経済的影響に身をさらすようになった。

国の影響力を構成する要素は戦略的能力や経済力だけではなく、価値観や考え方といった「ソフトパワー」も含まれている。世界に開かれたことによって中国の神秘性は低下した。かつて「中国的社会主義」が欧米諸国で享受していたほどの神秘性はもうない。その代わりに、中国モデル——「市場権威主義」あるいは「北京コンセンサス」——の成功によって、中国の外交官たちは、世界の発展途上国でも、欧米諸国の会議室でも、敬意のこもった言葉をかけられるようになった。しかし、中国はあいかわらず、政府による人権侵害をめぐって国際的な非難を浴びている。このことは中国の政治モデルが多くの国民にとって不合理であることを暴露している。

冷戦後の現在、中国の安全保障の四つの円は、かつてないほど密接につながっている。中国政府は、国内の安定が国際的な事件の影響を受けやすくなっていること、中国の国際的な影響力が国内の安定を維持する能力に左右されることに気づいた。中国の二〇〇六年度版国防白書にあるように、「今日のように中国が世界の他の地域とこれほど密接に結ばれたことはいまだかつてなかった」[26]。二一世紀の最初の一〇年間、「国のことを考えるなら地球規模で行動しなければならない」というのが中国外交を導く非公式のお題目となった。このお題目は、より先を見越したグローバルな外交を要求している。

アジアの中心という中国の位置、地域環境の複雑さ、たくさんの厄介な近隣諸国、アメリカとロシアの勢力圏に挟まれていること——中国の地政学的立場の困難さを決定づけるこれらすべての特質——は、中国の戦略的重要性と外交目標達成能力の要因ともなっている。政府に問題があるにもかかわらず、中国は自己の置かれている状況を利用して世界的大国になろうとしている。中国は巨大な発展途上国だが、外交面で見ると、インド、ブラジル、インドネシアといった他の大きな発展途上国とは格が違う。

今のところ中国は、国家存続にかかわる自国の利益を「協力」という言葉で表現し、近隣諸国や主要国を安心させるため、自分たちは協力は惜しまないし、相手の国々の利益を尊重すると主張している。それと同時に、世界システムの一員となって有利な立場を獲得しようとしている。長い時間をかけてシステムに変更を加えていけば、いつの日か自身の価値観、政治モデル、世界観に合ったシステムにできるかもしれないと考えている。世界の他の国々とは協力する可能性もあれば、対立する可能性もある。中国の役割を決めるのは依然として、中国が他の国々とどのようなやりとりをし、他の国々が中国とどのようなやりとりをするかである。中国の安全保障ニーズは、近隣諸国や他の主要国の利益と論理的に両立しないわけではないが、かといって両者の利益が自動的に一致することはないだろう。

第2章　誰が中国外交を動かすのか？

国家の安全保障の追求は、指導部と政策決定機関が本質的に持っている洞察力と手腕と情報によって方向づけられる。中華人民共和国の場合、外交政策を決定的に方向づけてきた機関は、正式には存在しないことになっている。すなわち最高指導者という地位である。現在までにこの地位に就いたのはわずか四人。毛沢東（支配者。一九四九－七六年）、鄧小平（支配的指導者。一九七八－九二年）、江沢民（党中央委員会総書記。一九八九－二〇〇二年）、胡錦濤（同。二〇〇二－一二年）。五人目の指導者、習近平は二〇一二年に胡錦濤の後継者に選ばれ、五年の任期を二期務めることになっている。

指導者個人の洞察力が、それぞれの時代の中国の安全保障追求の内容を形作った――毛沢東の時代には進んで孤立に耐え、鄧小平の時代にはグローバル化に取り組み、鄧、江沢民、胡錦濤の時代には他の大国を安心させようと努めた。これら四人の指導者の下で、中国は勢力の均衡に配慮しつつも、自国の権益を主張する他の方法がうまくいかなければ武力の行使も辞さなかった。最高指導者という機関は、中国外交に次のような運用上の特性を与えた――戦略的ビジョンの一貫性、特定の機関・個人に犠牲を強いる能力、他の権力中枢と交渉せずに方針を劇的に転換できる立場。

時が経つにつれて指導者の役割は変化した。歴代の指導者は、代が下るに従って政治的立場が弱まり、合意のまとめ役にならざるをえなくなった。そして、次第に複雑化する外交課題に直面した。中国の外交政策決定システムの他の部分は、より巨大化、官僚化、制度化、専門化が進んだ。今日、政策の中心を構成しているのは依然として、少人数の、独裁的な、党と軍のエリートたちであり、小さくまとまっていて、他の政府機関、メディア、市民社会から隔離されているという強みを持っている。しかし今の外交政策立案者たちは、声高に主張するさまざまな市民を相手にしなければならない。というのも、人々はグローバル化の影響で以前よりも外交政策の決定によって失うものも得るものも大きくなり、国営メディアの自由化で以前よりも外交政策についてよく知るようになったからだ。政策エリートは今日、ときに社会全体の反応に束縛される。自分たちが作り出した反応によって、決定内容のみならず、その提示の仕方まで制約を受けるのである。

外交政策の最高意思決定者は、選び抜かれた、長い経験を持つ共産主義体制の幹部である。彼らは出世の階段を昇っていく過程で、何から何まで体制のルールに自己を順応させてきた。そのため、ときに新しい政策方向に乗り出すのが難しいことがある。彼らは意思決定手続き——公式のルートと非公式の協議の両方——の中で仕事をする。これらの手続きは以前よりも透明で安定している。しかし、たいていの場合、煩雑で縦割りになっているため、危機対応には不向きだ。指導者の配下には豊富な人材と設備を持つ情報機関があるが、多すぎる情報と恣意的な分析が悩みの種となっている。中国には独裁国家ゆえの政策上有利な点と不利な点がある。戦略的な政策を長期にわたって統制のとれた形で継続することができるが、指導者は、独立機関によるチェックを受けないため、大きな間違いを犯す危険もあれば、その間違いを訂正することが難しいという危険もあるのだ。

公式および非公式の権力構造

中国の公式の統治機構には最高指導者という役職は存在しない。(1) 中国の憲法は、スターリンが作った一九三六年のソ連憲法を手本にしたもので、そこには「中華人民共和国のすべての権力は人民に属する」と記されている。したがって、理論上の国家主権は、名目上人民を代表する機関である全国人民代表大会（全人代）に集中していることになる。全人代は約三〇〇〇人の代表で構成され、代表は年に一度集まって数週間にわたる大会を開催する。大会が開かれていないあいだ、代表に代わって権力を行使するのが常務委員会である。国家構造は中央集権制である。憲法には三権分立の規定も、連邦制の規定もない。その代わりに、全人代が首相を任命し、首相が国務院（内閣に相当）のトップを務める。国務院の任務は、与党である中国共産党および全人代が決めた政策を実行することにある。全人代は司法機関の官僚も任命し、憲法の解釈、実施監督、修正、条文の差し替えなどの権限を有している。中央政府から省、直轄市、県、鎮などに対して、ひじょうに多くの地域権限が委任されているが、中央政府は権限を永久に手放したわけではない。地方の予算は金融支援や課税権限の委任といった方法で中央に管理されている。

公式の権力構造の中では、国家機構の指導者は中国共産党の承認も受けなければならない。支配政党である中国共産党は、二〇一一年の時点で党員数およそ八〇万人。この数は国民の約六パーセントに相当する。中国共産党は、マルクス主義理論によれば、元来、労働者階級の政治的前衛であったが、現在、党員には社会のあらゆる階層の人々がいて、政治権力への最有力ルートとなっている。党は政府や軍、経済・文化・教育関係機関すべての人事任命権を握り、自ら決定した主要政策を国家機構（たとえば省庁などの政府機関）に伝えて実行させる。党の規約により、最高機関として中央委員会が設けられている。委員の数は二〇〇－四〇〇人で、時期によってまちまちだ。しかし、中央委員会の全体会議が開かれるのは年に一度か二度で、主に報告を聞くだけである。じっさいに権力を行使するのは政治局で、二〇人あまりの首脳陣が月に一度会合を開く。さらに権力を行使するもう一つのえり抜きの集団が政治局常務委員会だ。五－一一人の最も有力な指導者（つねに奇数）で構成され、週に一度会合を開き、国政および外交に関して重要な判断を下す。そして党の最高指導者が総書記である。

市民のあいだには利害の対立というものは存在しない、という中国的、マルクス主義的な伝統に根ざした考え方を反映して、(2) 公式の権力構造はいかなる多元主義も回避するように設計されている。中国共産党の理論家たちはこう述べている。支配政党に権力を与えるという人民の歴史的決断は、共産党が一九四六－四九年の革命戦争〔国共内戦〕に勝利したことによってもたらされたものであり、覆すことはできない。ゆえに、複数政党による権力争いは不要である、と（八つの小規模な「民主党派」は存在するが、共産党と競い合うことはない）。選挙が実施されるときには、村レベルでのまれな例をのぞいて、複数の候補者が競い合うことは奨励せず、党が認める指導者を民衆に選ばせるようになっている。ただし、複数の候補から選ぶこともある。

中国はあまりにも巨大な国であるため、権力はじっさいには理屈どおりには機能していない。中国の三三ある省級行政区のうちの四つの人口を合わせただけで、ヨーロッパ最大の人口を抱えるドイツよりも大きくなる。二八六一ある県のうち二一六県の人口を合わせると、アメリカの七州の人口よりも大きい。中国には人口五〇〇万人以上の都市が二〇もある。アメリカの場合は一つ（ニューヨーク）だけだ。その結果、体制は各級地方政府の党幹部に大きな責任と、それに応じた大きな権力を与えている。これらの幹部たちは、自分が最善だと考えるあらゆる方法を用いて、全力を尽くして、万事うまくいくようにせよと命じられる。

どのレベルの政府でも、地方党書記が直接、間接にすべてを動かしている——警察、裁判所、地方人民代表大会、人口計画部門、宣伝部および地元メディア、農業局、工業局、商業局など。中央による最終的な支配権が行使されるのは、優先事項を実現した幹部に昇進という褒美を与えるときである。近年、優先事項の中で最も重要なのが、経済を成長させ、人口増加を計画目標以内に抑え、社会的抗議運動の発生を防ぐことだった。一部の学者が「事実上の連邦制」と呼ぶ、このような集中的地方管理モデルは、権力が分散かつ集中していることを意味している。つまり、権力が地方の指導者に分散し、その指導者がそれぞれの管轄区域内で権限を行使しているが、支配政党の人事システムによって地方幹部の職業人生《キャリア》が支配されているという点で、権力は集中している。この人事システムでは、中央の要求を満たす成果をあげた幹部が褒美をもらえるのである。

このように中央が地方権力を集中管理し、その地方権力が中央の求める優先事項に敏感に反応するというシステムは、第一の円内の安全保障問題に対処する中国当局者の姿勢をあらかた決定する。この安全保障問題には、全国のデモ参加者や反体制派から、チベットや新疆などに住む不満を持つ少数民族、さらには情報を収集し、変化を促そうとする外国の財団やNGO、ジャーナリスト、旅行者までを含む。外部アナリストの中には、人権状況、環境活動、海外ビジネスへの門戸開放などが地方によってさまざまに異なるのは、政府内に方針の食い違いがある証拠だと見る者もいる。しかし、すべての地方党書記は同じ優先事項——発展と社会秩序——を共有しており、各地の状況やそれぞれの力量によって、その追求の仕方が違うだけだ、と言ったほうが実情に近い。

中国国境の外側にある第二、第三、第四の円のための政策決定は中央当局の仕事である——そして重要な決定については、当局の中のごく少数の人間が受け持つ。村の党幹部が村内のあらゆる問題について最終的な責任を負うように、グローバルな問題については、外交を担う三つの巨大な官僚組織——中国共産党、国、軍——が最も重大な問題を中南海に持ちこむのである。中南海は北京の旧皇帝宮殿建物群の中心に位置する政府中枢の所在地だ。この中南海で政治局および常務委員会の会合が開かれる。

変わる指導者の役割

アメリカの場合、政治はすべて地方的なものだ。なぜなら、最終的に有権者の投票で問題に決着をつけるからだ。いっぽう中国では、政治の重要な部分はすべて、究極的には宮廷政治である。難しい問題は体制の上へ上へと送られ、その頂点に行きつく。しかし、宮廷政治の性格は時が経つにつれて変化してきた。

体制は毛沢東という名の独裁者を生んだ。独裁者はしばしば中央委員会や政治局を無視し、一方的に決定を下した。暗い夜中に、夢うつつの状態で、出所の怪しい情報や、どっちつかずのあいまいな理由を基に決めてしまうことも多かった(3)。他の指導者たちは毛沢東が掲げる目標にたびたび困惑したが、毛は複数の権力の源泉を用いて自分の決定を実行した。公式の地位はその源泉の一つだった。毛沢東は国家主席だったが、これはほとんど形式的な地位だったので、一九五九年に序列二位の指導者、劉少奇に譲っている。毛は中国共産党中央委員会主席でもあった。死ぬまで手放さなかった地位であり、党だけでなく、社会・経済全体にわたる人事任命権を握っていた。党中央委員会主席として、毛沢東は党宣伝部を通じて、マスコミ、教育、技術、文化、イデオロギーも支配した。毛沢東を称えるため、党中央委員会主席という地位は、毛の死後、廃止され、それ以降の党最高指導者には総書記という役職が与えられた。

だが、毛沢東にとって最も重要だった公式の権力の源泉は、中央軍事委員会主席の地位である。一九五〇年代の権力闘争、一九六〇年代から七〇年代にかけての文化大革命のあいだも、この地位をしっかりと握りつづけた。首都北京では、毛沢東は中央警衛団〔中央委員会の警備を担当する部隊〕および北京守備隊を掌握することによって、中央指導部のライバルたちの身の安全を支配した。地方では、軍の指揮権を握ることによって、文化大革命の針路を指示することができた。物理的な力という切り札を手にした毛沢東は、一九六七年の文化大革命に対する軍首脳部の反対を退け、一九七一年には戦友、林彪によるクーデターを阻止した。

同様に重要だったのは毛沢東が持つ非公式の権力の源泉だった。毛沢東の権威は、党歴の長さ――一九二一年の共産党創立に参加し、一九三四－三五年の長征〔紅軍（共産党軍）の大移動〕を指揮した――だけではなく、革命の指導者、軍の創設者、マルクス＝レーニン主義の中国の創立者としての名声をも反映している。一九五九－六一年の大飢饉のとき、中国は推定四五〇〇万人の死者を出した。これは主として毛沢東の誤った経済政策によるものだったが、それでも中国共産党はどうにか権力を維持することができた。一つには神格化された毛沢東の威信があったからである。農民の多くが餓死したが、それでも彼らは、毛沢東が間違ったことをするはずはない、きっと自分たちを助けてくれる、と信じていた。それゆえ、毛沢東が共産党政権に最大の危機をもたらしたときにも、同僚たちは毛を粛清することができなかった[4]。同様に、毛沢東の暴政による党内の被害者たちは、毛の死後、権力の座に復帰し、後継者として権力を強化しようとしたとき、次のように言わざるをえなかった。「毛沢東の中国革命への貢献は、その過ちを補ってあまりある」[5]と。自分たちが廃止した多くの慣行について言葉の上でその価値を再確認することによって、毛から受け継いだカリスマ性があることを主張しつづけた。覇権を維持するための果てしないゲームは、性格の特性にも依存していた。毛沢東の狡猾さ、意志力、残酷さは、信奉者やライバルの輪を形成していた元盗賊や戦士たちをも震えあがらせたようだ[6]。

　毛沢東が死去した一九七六年、後継者の華国鋒と軍内部および北京警衛部隊の盟友らの手によって、毛の過激な信奉者たちが逮捕された（四人組と呼ばれ、毛の妻、江青もいた）。その後しばらくして、一九七八年、権力は鄧小平に引き渡された。正式な用語を使うと、鄧小平が権力に返り咲いた後の文官としての最高位は副首相で、一九八九年以降に就いた唯一の公式な地位は中国ブリッジ協会の名誉主席だった。鄧小平の権力の第一の源は、党、軍、官僚組織全体に広がる名声と個人的人脈であり、それは中国共産党のごく初期にまでさかのぼる。第二に、鄧小平の権力は、毛沢東の場合と同様、軍を掌握することによって得られたものだ。一九八一－八九年、党中央軍事委員会主席を務めた。この権力の源泉は決定的なものとなり、一九八九年、鄧は他の指導者たちの意見を封じ、軍隊を動員して北京の民主化デモを弾圧した。第三に、最も重要なのは、鄧小平の潜在的ライバルである他の最高幹部たちが鄧に権限を与えた、ということである。なぜなら彼らは、中国は現実的な政策をとる必要があると考えていたからだ。現実的な政策とは、毛沢東時代に鄧小平が関係していた——そのために処罰された——政策である。鄧小平時代には改革のペースがいつも議論されていたが、鄧は方針をたびたび転換したり、やりすぎた補佐役たち（たとえば胡耀邦や趙紫陽）をときおり粛清したりして、つねに指導部全体が同じ意見になるようにした[7]。

　毛沢東とは異なり、鄧小平の支配は、重要な協議をごく少数の主要な実力者だけで行なう、という形をとった。陳雲のような自分と同世代の古参幹部の保守的な意見と、趙紫陽のような自分を支持する改革派の意見のバランスをとっていた鄧小平は、依然として必要不可欠な人物であり、内政および外交政策の最終決定者だった——これら二つの政策領域は、中国経済をグローバル化させるという鄧小平の決定によって、ますます密接に関連し合うようになった（第10章参照）。グローバル化に伴う問題の複雑化に対処するため、鄧小平は外交政策機構——外交専門部門、学術機関のほか、貿易紛争、外国為替、知的財産権、軍備管理、人権などの分野の専門家で構成された組織――を再建、増強した。

鄧小平は何度か外交政策の失敗を経験し（たとえば一九七〇年代後半、中国の権益に対するヴェトナムの挑戦を抑えることができなかった。第6章参照）、挫折も味わっている（たとえば天安門事件や、存命中にWTO加盟を認められなかったことなど。それぞれ第12章、第10章を参照）。しかし、中国経済が成長し、グローバルな影響力が拡大している以上、鄧小平の政策は成功している、というのが同僚たちの大方の見方だった。鄧小平は一九七九年のアメリカとの国交正常化、八九年のソ連との国交正常化を導いた（第3章参照）。何より、一連の決定を通じて中国のグローバル化推進プロセスを主導した。まず経済特区を開設し、次に沿海部全体で海外からの投資・貿易に門戸を開いた。最終的には、一九九二年、いわゆる南巡講話で発表した一連の力強い声明により、政治的議論を超え、外部世界に門戸を開放する政策を導入した。この最後の一幕によって、鄧小平は中国のグローバル化への関与を、国力構築のための方策として決定的なものとした。やがて病に冒され、鄧の役割は弱まっていき、一九九七年、九二歳でこの世を去った。

鄧小平の影響力が弱まるにつれ、江沢民の影響力が強まった。[8]一九八九年の天安門事件の際、鄧小平によって中国共産党総書記の地位に抜擢された江沢民は、在任中の一三年間の大部分を、権力の基盤固めに費やした。一九九七年までには、鄧小平世代の長老指導者のほとんどが死去し、自分と同世代の主要なライバルたちも引退していたため、江沢民は、総書記の任期が終わる二〇〇二年まで、絶対的な権力を行使することができた。たとえば、WTO加盟についての中国の交渉スタンスに最終決定を下した。[9]また、アメリカとの円滑な関係を維持するという戦略を表明し、「信頼を高め、摩擦を減らし、協力を推し進め、対立を避ける」というスローガンを掲げた。

毛沢東と鄧小平の時代には、権力は個人的な性格が強かったため、指導者の下位に位置する派閥の領袖たちが政策に影響を及ぼそうと動きまわっていた。[10]体制の頂点に立つ者と同じように、その下のレベルの派閥の領袖たちの権力の源泉もまた、組織内の地位、個人的人脈、魅力的あるいは恐るべき性格特性、イデオロギーの正統性を明示する修辞的能力などであった。側近として指導者に直接会えることを権力の基盤とする派閥もあれば、軍、政府、地方官庁などを中心に、それぞれの官僚組織に影響力を植えつける派閥もあった。派閥を形成するのは人と人とのネットワークであり、その一人一人が長きにわたる親交と個人的信頼に基づく人脈を持っていた。最高幹部たちは、権力争いをくりひろげるときには、それぞれの権力基盤の要求を満たすようなイデオロギー的・政策的立場をとった。ある者はイデオロギー的純粋さを強調し、ある者は組織の実際的要求を強調した。強い最高指導者の下では、派閥は競って自分たちの意見を指導者の耳に入れようとした。弱い、あるいは不介入を選ぶ指導者の下では、高級幹部たちは政策を支配しようとした。

派閥争いでは通常、外交政策は中心的問題ではなかった。外交は、共産党幹部の大部分にとってなじみのない分野だった。とくに毛沢東時代には、たいていの場合、外交は国内問題ほど権力者に影響を及ぼさなかった。派閥争いとは関係なく、最高指導者は外交政策に関する問題を自分の好きなようにすることができたので、さまざまな決定について首尾一貫したやり方、戦略を押し通すことができた[11]。毛沢東時代、同僚幹部たちは当初、朝鮮戦争への介入に反対したが、毛がひとたび介入を決断すると、そろって毛を支持した。一九六〇年代初頭、毛沢東がソ連との決別を選択したとき、最高首脳部で異議を唱える者はほとんどいなかった。一九五〇年代に二度の台湾海峡危機を引き起こし、アメリカとの戦争の危険を冒したのも、一九七一–七二年にアメリカとの関係改善に向けた政策をとりはじめたのも、毛沢東個人の責任によるものだ。

同様に、一九七〇年代後半の開放政策、一九七九年のアメリカとの国交正常化、同じく一九七九年のヴェトナム侵攻、一九八〇年代のソ連との関係改善、香港および台湾との再統一に向けた「一国二制度」政策、そして香港返還に関するイギリスとの合意などを決断したのは、鄧小平だった。中国の外交政策はかならずしも正しかったとはいえないかもしれないが、毛沢東および鄧小平の時代、外交はほとんどの場合、首尾一貫したビジョンから生まれ、規律正しく実行された。

しかし、大きな派閥闘争が起こるたびに、外交政策問題はある程度、その争いの渦に巻きこまれた。かつて毛沢東は、革命戦略をめぐって党内のライバルたちと対立したが、争点は毎回、ソ連支配下の共産主義インターナショナル（コミンテルン）からの命令にどこまで忠実に従うか、ということだった。一九四九年以降、最初の大規模な権力闘争は、一九五四年の最高幹部、高崗《こうこう》の粛清と死につながった。高崗は毛の意向を無視してスターリンとの関係を深めようとしていた。一九五九年、毛沢東は彭徳懐《ほうとくかい》を粛清したが、これも彭がモスクワとの関係を強化したがっていたことが一つの理由だった。彭に対する訴因として、この非難は不当なものだったかもしれないが、これはソ連との決別という判断に疑問を抱く他の同僚たちに対する一つのメッセージになった。毛沢東は文化大革命で劉少奇やその他の党の正統派指導者たちを粛清したとき、彼らが国の方針から逸脱したのみならず、西側に対して融和的姿勢を示したことを非難した。一九七〇－七一年の毛沢東と林彪の権力闘争の際、林彪は毛のアメリカへの門戸開放政策に反対した。林は死後、真偽はともかく、ソ連への服従を奨励したとして批判された。

弱い指導者の下では、派閥闘争の際、外交政策が議論の的になるだけでなく、具体的な影響を受けることもあった。毛沢東が晩年、行動能力を失うと、妻が率いる派閥は、米中和解、台湾融和策に関わっているとしてライバルたちを攻撃した。そのため政府は一時的に対米強硬路線をとらざるをえなくなった。急進派が敗北した後も、鄧小平と、毛沢東が指名した後継者、華国鋒のあいだで権力闘争が起こり、鄧が権力を握るまで、対米政策は凍結状態に陥った。鄧小平が権威を確立して、台湾をめぐる妥協策を打ち出し、それによってアメリカとの関係を正常化することができたのは、一九七八年になってからのことだ。一九八九年の天安門事件後、鄧小平の権力が後退すると、対米貿易、武器移転、人権、香港などに関して、一時的に強硬な政策がとられた。一九九五－九七年、鄧小平が病床に伏していたことから、台湾、人権、貿易に対する中国の政策は強硬化した。

毛沢東と鄧小平の時代、外国人にとって、中国政府との交渉には好都合な点と不都合な点があった。政策の主旨が、指導者の演説や公式機関紙の、ありふれた言葉の中に潜んでいたり、あるいは、あまりにも個人的であるために、諜報機関でさえ把握できなかった。街頭デモ参加者から会議室の外交官まで、国民は、いかにも厳格なイデオロギーを支持して、全員一致を守り抜いた。だが、マルロー、キッシンジャー、エドガー・スノーのような人々は、毛沢東か鄧小平の前に案内され、率直で融通無碍な長い演説を聞かされた。ニクソンのような敵は友人として迎えられ、フルシチョフのような友人は敵として迎えられた。中国の外交官は交渉のあいだずっと、規律と秘密を守るため、ポーカーフェイスを崩さなかった。しかし、偉大な指導者またはその正式な代理人――毛沢東時代なら通常は周恩来――が出席しているときには、なんでも協議することができた。だが、その結果、方針転換があったとしても、理論的には一貫しているという表向きの主張に覆い隠された。いったん合意に達すれば、それが破られることはなかった。(12)

進む制度化

毛沢東時代の外交政策機構は原始的なものだった。毛の決定は周恩来外相配下の少人数のスタッフによって実行された。毛から電話や書面で指示を受けた後、多くの場合、政策の細かい点まで扱うのは周自身の仕事だった。周恩来が独自の外交的見解を持っていたという記録はないが、その都会的なスタイルゆえに、多くの外交交渉の相手から、節度ある発言をする人だと考えられていた。周は一九七一年のアメリカ卓球チームの中国訪問に向けた交渉全般を仕切った。これがヘンリー・キッシンジャーおよびその後のリチャード・ニクソン訪中の道を開いた。死の床にあったときも、周は外交の仕事を続け、ルーマニアの代表団を迎えたり、台湾政策について協議したりした[13]。ごく少数のスタッフで仕事をこなさなければならないこともあった。文化大革命のとき、毛沢東は中国の数少ない外交機関を解体し、一人の大使をのぞいて全員を中国に呼び戻し、外交当局者の大半を農村部に送って農民による再教育を受けさせた。

一九八〇年代初頭からの鄧小平の目標の一つは、党および政府の手続きの大規模な制度化を進めることだった。毛沢東時代のような政治的混乱がふたたび起こらないようにするためだ。鄧小平の指導の下、政治指導者の任期の長さに制限が設けられるようになった。指導者は死ぬ前に引退し、引退後は政治に介入しなかった。全人代と党中央委員会は毎年、予定どおりに開催された。新しい指導者は、退任する指導者たちの協議によって選ばれた。軍部は文官ポストの後継者選びに口出しするのをやめた。さまざまな分野の意思決定は、専門機関スタッフの働きによって支えられた。誰が、どの政策分野で決定を提案する権利を持つかについては、指導者たちの中で分業が進んだ。総書記が議長を務める政治局常務委員会が、集団として重要な決定を下した[14]。

江沢民は、鄧小平が始めた制度化によって恩恵を受けると同時に、代償も支払った。恩恵とは、総書記、国家主席、中央軍事委員会主席という公式の地位によって、実権を掌握できたことだ。イデオロギー理論家としても、経済的意思決定者としても、軍事戦略家としても、信頼できる業績はなかったものの、その公式の地位ゆえに、これらの分野それぞれにおいて、発言権があった。毛沢東や鄧小平ほど、権力を守るために派閥闘争をくりひろげる必要はなかった。なぜなら、このときすでに権限の線引きが明確にされており、任期も厳格に守られていたからだ。その他の点では、江沢民にとって制度化は足かせになった。各分野を担当する他の指導者たちと協議した後でなければ最終決定権を行使できなかった。任期が満了すれば退任しなければならず——じっさい、いかにもしぶしぶながらという感じで、二〇〇二年から二〇〇四年まで三つの段階を踏んで、やっと退任した——、胡錦濤を後継者として受け入れざるをえなかった。胡錦濤は江沢民自身が選んだわけではなく、江沢民が就任してまもない頃に、鄧小平がその後継者として指名していたのである。

胡錦濤は、他のどの前任者よりも、組織の内側で活動した。

組織では日常的に、有力かつ信頼できる専門家たちとのあいだで、かなりの協調が必要だった。毛沢東のように、自分の都合のいいように問題に決着をつけることも、他の指導者を粛清することもできなかった。また鄧小平のように、他人の政策立案分野に気まぐれに介入することもできなかった。しかし、江沢民と同じ三つの地位に就いていたので――党総書記、国家主席、中央軍事委員会主席――方針を設定し、議論を主導し、会議の成果をまとめるというきわめて重要な特権を行使した。その結果、外交政策の方向性に支配的な影響力を及ぼすことができた。

政治局および政治局常務委員会の段階で、おそらく複数の重要な外交的決定が統一され、国内政策決定と一体化される。そしてこの段階で、政策立案者は、大躍進政策がソ連との関係に与えた悪影響（第3章）、鄧小平の開放政策を実行するために国内イデオロギーを緩和する必要性（第10章）といった問題に取り組んだ。リチャード・ニクソンの画期的な中国訪問に向けてアメリカと中国が交渉を進めているとき、政治局は中国の交渉担当者たちにさまざまな指示を出していた。一九九五年、当時のクリントン政権が台湾の指導者、李登輝[15]の訪米を認めたとき、政治局会議は中国側の対応を決めた。その中には東シナ海と台湾海峡でのミサイル演習、駐米大使の召還、米中間の高官レベルの外交・軍事交渉の一時中止などが含まれていた。

政治局および政治局常務委員会の下には党中央書記処と党中央弁公庁がある。そのほかにも四つの部門があり、外交・内政の個々の側面に応じて、指導者の政策決定を支援している。宣伝部 Propaganda Department（一九九八年、英語名は正式に Publicity Department に改称された）は、プロパガンダ諸機関の内外向け活動を統轄する。プロパガンダ機関にはメディア、教育部門、文化機関などが含まれる。党中央統一戦線工作部は、台湾、香港、華僑社会の非政府の個人や団体、さらには国内および海外のいわゆる知識人、少数民族、宗教コミュニティの代表などに関連した政策を指揮する。党中央対外連絡部 International Department（旧英語名 International Liaison Department）は、中国共産党と外国の政党との関係を統括管理する。海外政党との関係は、毛沢東思想華やかなりし時代には中国外交の中心的要素であったが、今日ではそれほど中心的な要素ではなくなっている。さらに党中央組織部。これは人事を担当する機関である。

個々の問題領域の政策について討議、調整、提言を行なうための主な機構として、「中央領導小組」という特別目的組織がある。このような集団はかつて、意思決定ではなく、上からの命令を実行するために存在した。今日の領導小組は、指導部から助言を求められ、合意を形成し、最終承認に向けて政治局に政策を提言する場となっている。アメリカ国家安全保障会議の閣僚級委員会や次官級委員会と同様、領導小組は上級意思決定者からなる委員会であり、省庁間の政策調整を目的としている。政治局から任務を受けて活動し、必要とあらばメンバーは入れ替えられる。高位の人――総書記自身あるいはその他の常務委員――が議長を務める。大臣級の人物が小組の活動を管理する。通常、領導小組のメンバーは閣僚級の組織の長たちである。

いくつかの中央領導小組は現在、国際関係の領域で活動していることが知られている。[16]

中央外事工作領導小組は、通常、総書記か首相が議長を務める。同小組の上級スタッフは、通常、副首相か外交担当の国務委員だ（副首相と国務委員は閣内の順位では大臣より上である）。この作業グループには軍の高位の代表者が含まれている。外交に関わる官僚組織全体の調整機関（つまり「口利き役」）として、同小組は党と国の複数の組織による外交活動を調整する。外交に関わる組織には次のようなものがある。対外連絡部、国防部、外交部、商務部、文化部、党中央外事弁公室、党中央対外宣伝弁公室、人民解放軍総参謀部。

中央国家安全領導小組は、通常、総書記が議長を務め、メンバーは、国家および公共の安全に関わる問題を担当する政治局常務委員、軍の上級情報将校、そして国務院台湾事務弁公室、同香港マカオ事務弁公室の代表者などである。同小組は公安、外交、国防の分野にまたがる活動を調整する。

中央対外宣伝領導小組は、通常、プロパガンダ工作を担当する政治局常務委員が議長を務め、メンバーは宣伝部、統一戦線工作部の長、党中央対外宣伝弁公室、国営新華社通信、党機関紙（人民日報）、文化部の指導者らである。この同じ組織が、国内宣伝工作を担当する領導小組として、別の名称で会合を開いている。

中央対台工作領導小組は、通常、総書記が議長を務め、メンバーには台湾問題に取り組む諸機関を監督する政治局常務委員が含まれる。そのほかに高位の軍の代表者もいる。同小組は国家安全部、国務院台湾事務弁公室、人民解放軍総参謀部情報部、海峡両岸関係協会などによる台湾関係の活動を調整する。

香港マカオ工作領導小組は政治局常務委員会によって運営され、メンバーは統一戦線工作部、国務院、軍などの担当代表者である。

中央財経領導小組は、総書記または首相が議長を務め、メンバーは内外の経済問題を統括する党幹部、閣僚らである。

二〇〇五年に設立された国家エネルギー領導小組は、国内外のエネルギー戦略の管理を調整することを目的とする。首相が議長を務め、エネルギー安全保障に関わる、あるいはその影響を受ける諸機関の上級幹部らで構成される。

中央外事工作領導小組は表面的にはアメリカの国家安全保障会議（ＮＳＣ）に似ているが、いくつか際立った相違がある。外事工作領導小組の活動範囲は、ＮＳＣが調整する問題の範囲に比べると、かなり狭く限定されている。というのは、さまざまな関連する問題を、他の外交に関わる責任を負う領導小組に委任しているからだ。ＮＳＣとは異なり、外事工作領導小組は、他の諸機関からの助言を集めるだけではなく、意思決定も行なう。しかし、ＮＳＣには決定を官僚機構全体で実施させるための専従スタッフがいるのに対して、同小組にはいない。決定が出た後は、国務院に属する諸機関が実施することになっている。

国務院の中では、首相指揮下の外事弁公室が、外交に関わる諸機関の活動を調整する。諸機関には以下の四省庁が含まれる。外交部は外交を統括し、大使館や領事館に職員を配置する。商務部は、知的財産権保護をめぐる紛争、中国の保護主義に対する批判などの貿易問題や、アジア太平洋経済協力（ＡＰＥＣ）フォーラムやＷＴＯといった多国間経済体制に対する政策に集中して取り組んでいる。国家安全部は、諜報および防諜活動、外交安全保障、国境管理を管轄しており、アメリカの中央情報局（ＣＩＡ）と連邦捜査局（ＦＢＩ）を合わせたような多様な機能を持つ。国防部は中央軍事委員会の看板組織であり、省庁並みのスタッフや機能は持っていない。その使命は、内閣（国務院）において、また外国人に対応する際に、軍の代表を務めることにある。

他の閣僚レベルの省庁や委員会は個々の外交政策問題をめぐる交渉を指揮する。これはアメリカその他の国の政府の場合と同じである。たとえば財政部は、国際通貨基金（ＩＭＦ）において首席代表者を務めている。教育部は、海外に留学生を派遣し、海外からの留学生を受け入れる政策を管理する。公安部は、犯罪捜査から消防、交通規制まで、外国人に関連する警察業務を受け持つ。文化部には国際文化交流を所管する対外文化連絡局がある。国家科学技術委員会〔現科学技術部〕は、先進技術を輸入する民需産業と軍需産業への外貨の供給を監督する。国務院に属して外交上の役割を担っている他の政府機関としては次のようなものがある。中国人民銀行、国家外国為替管理局、国家統計局（外国人が中国で調査を実施する際に認可する権限を持つ）、さらに税関、旅行、観光、航空、中国政府機関が雇用する外国人専門家などに関連する政策を管理する部局。

このシステムは、政策を担うさまざまな官僚組織間の政策の連携と適用において、しばしばうらやましいほどの一貫性を実現している。中央が発表した重要事項について、中国当局者および政策知識人たちは説明を受け、規律を守る。あらゆるレベルの人々が政策の内容を知っていて、それを遵守しようと考える。その政策に賛成か反対かはどうでもいい。なぜならこの政治システムでは従わなかったり反対したりしても見返りがないからだ。このように誰もが政策を遵守しようとするからこそ、中国は幅広い問題領域と政策参加者にわたって、しかも長期にわたって、他のほとんどの国々よりも戦略的な外交を追求することができる。しかし、高度な中央集権化によって、いくつか統制範囲の問題も生じている。上から下まですべての当局者が政策内容を熟知していても、じっさいに権力を握る人々には昼間、じゅうぶんな時間がないので、配下の官僚組織がすべて自分たちの意図するとおりに政策を実行しているか、確かめることはできない。この問題の典型例としては、中央当局者が約束した核不拡散の取り組みを軍経営企業が守らなかった[17]、知的財産権の侵害を地方当局者が黙認した[18]、公安機関が起こした人権侵害事件によって、外交部と司法部が恥をかかされた[19]、といった事例がある。

　ラマルク進化論〔親が獲得した形質は子孫に伝わるという説〕は、生物学の世界では長いあいだ疑問視されてきたが、政策の世界では機能しており、重要な影響を及ぼしている。行動の変化（たとえばＷＴＯ加盟の決断）は生理学的変化（ＷＴＯのルールと手続きに基づいた官僚組織内の専門家の増員）を引き起こす。さらにそれがＤＮＡの変化（これらの専門家がはっきりとした信念と価値観を持った支持者となり、このシステムの内部で一連の政策を推し進める）を引き起こす[20]。そのような問題領域に関わりたいという初期衝動はたんなるきっかけかもしれないが、官僚組織内に専門家スタッフを増やすことによって、国際的な規範に対するある程度の社会化が起こる。それが今度は、専門部局に影響を与えるだけでなく、それらを通じて、ある程度、最高意思決定者にも影響を与える[21]。このようにして、国際関係論の理論家たちが国家間の「社会的学習」と呼ぶプロセスが生じ、政府は新たな国際管理体制について交渉し、厳選したうえで遵守する能力および性向を獲得する[22]。ポスト毛沢東時代の中国の体制でこの現象が起こった他の政策領域としては次のようなものがある。核不拡散および軍縮、人権、知的財産権、国際商業紛争の解決、国際環境規制、国際公衆衛生、国連問題、製品安全規制。これらすべての領域において、鄧小平が国際的関与政策へと舵を切ったことから、中国は自身に関係する国際管理体制への参加を求められた。このような専門的な分野への参入には専門知識が必要だった。訓練を受けた専門家たちが政府に引き入れられた。政府入りした専門家たちは、ある程度の影響力を獲得した。なぜなら個別の国際システムをどのように動かすのかを知っているのは、専門知識を持つ自分たちだけだからだ。しかし最高意思決定者たちが下した最終的な判断では、新たな国際規範の魅力が国益に勝ることはめったになかった。

諜報

中国の外交政策界の外輪を構成するのが、指導者たちに情報とアイデアを提供する研究機関やシンクタンク、諜報機関である[23]。中国社会科学院は、政治、経済、歴史、宗教、文化の側面から世界のすべての地域を研究する多数の地域研究機関を持つ。また中央政府には少なくとも二五のシンクタンクがあり、国際情勢の分析に全力を傾注している。外交部、国務院、中国共産党中央軍事委員会、国防部、人民解放軍総参謀部のために複数の専門研究機関が活動している。中国現代国際関係研究院など、一部の研究機関は二つ以上の組織のために活動しているようだ。公式には党中央委員会外事弁公室の後援を受けているこの機関は、最も大きく最も古い外交政策シンクタンクであり、国家安全部とも親密な関係を維持している。各省の地方政府もそれぞれ社会科学院を運営している。研究分野には国際関係も含まれている。上海、広州、アモイ、ハルビン、その他の主要都市の政府も外交政策機関を設立している。シンクタンクの研究員は、多くの場合、海外の中国大使館に派遣される。彼らは海外の大学や研究センターを訪問して講演をしたり、人に会って話を聞いたりしている。また、外国人客員研究員として過ごし、学術会議に出席し、他の国々の専門家たちとのトラックⅡ対話に参加する（政府とのつながりはあるが、現時点では政府の責任下にはない人々のあいだの政策に関連した対話）。これらのアナリストたちは、政府機関向けに報告書を作成し、中国の安全保障に影響を与える諸問題についての最新の海外の見方を中国の指導者に伝える。多くの研究機関が政治局に定期報告書を提出している。

中国政府はまた多数のジャーナリストを世界各地に派遣している。ジャーナリストは大使館員やシンクタンクが取りあげるのと同じテーマの報告書を作成する。中国人ジャーナリストの大部分は国営の新華社通信や中国新聞社、あるいは人民日報のような国か党の新聞社に所属している。そのほとんどが共産党員だ。国内と同様、海外でも記者たちは発表するための記事だけでなく、機密扱いの「内部向け」ニュース速報も書いており、それらが党や政府の上層部に流れる。海外のほとんどの国では、中国人記者は外交官よりも広範な地域に拠点を置いて自由に動きまわることが認められている。

すべての主要国がそうであるように、中国も高度な対外諜報機関を持っている。機密事項であるため、情報は限られている。アメリカ、日本、その他の国々がつかんでいる数少ないケースでは、ほとんどの場合、中国人スパイが軍事転用可能な先端技術に関する機密情報を漏洩させようとした。このことから、中国の安全保障関係機関がある程度、技術情報に注目していることがわかる。これらの機関は長期滞在や永住のため海外に行く中国人とのあいだに関係を築いておく。彼らのほんの一部でも将来、国家安全保障や機密技術を扱う分野で活躍するようになれば、いつの日か機密情報を中国政府に提供してくれるだろう、と期待してのことだ。

一九九九年、アメリカ議会のコックス委員会は、中国によるスパイ活動がアメリカ国内で大規模かつ成功裏に行なわれたとする報告書を公表した。一部の評論家は、委員会の主張には根拠がないと批判した。また、台湾出身の科学者ウェン・ホー・リーを起訴したときのように、アメリカの法執行機関が敗訴すると、中国によるスパイ活動の脅威が大げさに騒ぎ立てられているという印象が広がった。しかし、中国政府がアメリカ国内で広範かつ積極的なスパイ活動を展開して軍民両用技術を入手している可能性は高い(24)。二〇〇〇年代、西側諸国の政府、企業、NGOのコンピューター・ネットワークが中国による大規模なハッキングを受けたという報告が増えた。どこからハッキングされたかを証明するのは難しいが、その多くは情報を取得し、あるいはサイバー戦争に備えて攻撃可能な弱点を見つけようとする企てだったにちがいない。ハッキングは双方向で行なわれており、中国当局は自身のコンピューターもたびたび外部から攻撃を受けていると主張した。

アメリカ情勢に詳しい中国の専門家たちは、約二〇年にわたる努力の結果として、アメリカの政治システムをよく理解しているようだ。国際問題におけるアメリカの目的と手法は、かつて中国のアナリストたちを悩ませていた。なぜならアメリカの多元的なシステムの仕組みは、中国のそれとはあまりにも違っていたからだ。アメリカのシステムでは、最高責任者は、支配層内部での計画的な昇進プロセスで選ばれるのではなく、予測も制御も不可能な国民参加のプロセスによって選ばれる。そのため経験の浅い人々が権力の座に就くことも多い。著しく異なる国際戦略を掲げた政党が交互に政権を担当し、ときには政権期間中に両者の勢力が拮抗して、国家戦略の方向性に矛盾や変更が生じるという困った事態に陥る。国家安全保障にとって重要度の高い問題を担当する単一の中枢がないように見える。なぜなら議会や裁判所——ときには個別の議員や裁判官——が、重要な問題に介入する権限を持っているからだ。懐疑的な国民に対して政策立案者が政策を訴えようとするとき、多くの場合、イデオロギーがじっさいの国益を左右しているように見える。これらの難問を解くための確かな情報への手がかりとなるのは、秘密を知ることではなく、多元的な政治システムが発する複雑なシグナルを理解することだった。アメリカ情勢に詳しい有能な幹部を訓練し――多くはアメリカの大学院に在籍――、さらにワシントンの政策立案者との長きにわたる交流プロセスを経て、中国の指導者たちは、なくてはならないアドバイザー集団を育成した。彼らの助言のおかげで、アメリカの政策とそれを動かす人々について、そこそこ理解できるようになった。アメリカの目的と手法に対する彼らの見方については第4章で詳しく論じる。

ほとんどの国と同じように、中国でも諜報機関は、国にとっての脅威を特定し、評価することに全力を傾注している。中国の諜報システムは情報収集には長けているが、解釈と分析の技術はさほど優れていないようである。一九八九年の天安門事件に関連する一連の機密文書、「天安門文書」を読んでみると、大量の生の情報が指導部まで伝わっていて、ことによると上級幹部なら誰でも読めるようになっているのではないか、という印象を受ける。もっとも、重要項目にざっと目を通すだけかもしれないが(25)。国際的な危機が起こったり、アメリカの対中国政策に変化があったときには、中国メディア、シンクタンク、政府機関などの情報収集部隊が世界各地に展開し、膨大な量の情報を集めるが、大部分は余分な情報のはずである。中国の人権問題に取り組む人々は、中国政府によるインターネットや電話に対する監視や嫌がらせが中国国内だけでなく、海外にまで広がっていることに慣れっこになっている。

だが、ときには情報に異常が生じたために正しく評価できないこともある。異常は脅威が国内のものか海外からのものかによって異なった働き方をするようだ。国内の脅威を監視、評価する場合、諜報機関は問題を全体的に過小評価するよう圧力をかけられるかもしれない。皮肉なことに、察知した脅威の危険度が深刻であればあるほど、圧力は大きくなる可能性がある。たとえば、二〇〇八年三月にチベットで騒乱が起こったときも、二〇〇九年七月に新疆のウイグル人のあいだで激しい暴動が起こったときも、諜報機関は不意を突かれたように見える。この失態の理由は、地方当局に恥をかかせるような、あるいは、指導者たちの現在の考え方と矛盾するような評価を下したくないという、諜報機関側の姿勢にあるのかもしれない。不満を持つチベット人やウイグル人は、外国とつながりを持つ「ごく一握りの」騒擾分子であり、コミュニティ内では幅広い支持を得ていない、というのが当局のいつもの公式見解である。この見解は内部報告にも示されているだろう。不満は根深く広範囲に広がっていると示唆すれば、少数民族居住地域の経済発展こそが問題の解決策だとする公式見解に異論を唱えることになる。さらに、予想外に広範かつ激しい反発が国内で起こっていることについて、政府の政策は失敗したのだと主張するより、悪いのは外国の扇動者だと主張するほうが簡単だ。

外国からの脅威の場合、今度は逆になるだろう。諜報界はさまざまな理由から問題をきわめて重大に受けとめるのだ。たとえば、アメリカが中国を威嚇するように見えるかもしれない手段やメカニズムを前面に打ち出せば、それだけで重大事になる。中国の諜報のプロたちにとって、アメリカが中国に脅威を与えるという想定は、政治的な洞察であると同時に、心からの確信のあらわれでもある。複雑なアメリカ政界における、まとまりのない言葉や多種多様な関係者の行動は、中国の弱体化を狙った組織的陰謀の一部だと、いとも簡単に解釈されてしまう。たとえば、人権や民主主義についての声明は、アメリカの理想主義のあらわれだとは解釈されず、中国の内政に干渉し、中国共産党の支配を揺るがすための手段だとみなされる。

専門家のアドバイザーや政策のプロたちの輪の外では、政府は批判的な見解や独自の意見に関心を示すことも、それらを耳にすることもほとんどない。政府が唯一容認している民衆抗議は、ときおり起こる強烈なナショナリズムの表明である。どうやら政府は、外交上その種の背景騒音が大きいほうがいいか、小さいほうがいいかによって、抗議の声の大きさを調節できるらしい。独立した意見がなくても、おそらく政府の政策がうまくいっているかぎりはまったく問題ない。しかし、愚かな政策が実行されたとき、反響室効果〔情報、考え、信念などが閉じたシステム内で伝達、反復されるうちに広範囲に広まり、説得力を持つようになった結果、それ以外の異論や反論が認められなくなる状況〕によって、国は代替案を検討する機会を失ってしまう。

軍の役割

人民解放軍——中国の陸軍、海軍、空軍、ミサイル部隊全体の総称——は、中国共産党と国に並ぶ政権の権威の第三の柱である。人民解放軍は外部の敵から国を守るだけでなく、内部の脅威から政権を守る役目も担っている（第11章）。中国共産党は、選挙ではなく内戦に勝利することによって、文民勢力ではなく軍隊として権力を握った。共産党支配の正統性の主張はその勝利に基づいている。一九四九年からの毛沢東政権は、まず支配を確立し、次にそれを維持するために、軍に依存しつづけた。文化大革命によって国が混乱に近い状態に陥ると、毛沢東は一九六七年に軍を動員した。人民解放軍は秩序を回復すると同時に、いわゆる革命委員会を通じて、すべての主要機関、さらに県から省まであらゆるレベルの地方政府の実権を奪取した。毛沢東の死後、軍指導部は毛の急進的な後継者たちの逮捕を指揮し、直系の後継者として華国鋒を後押しした。それから数年後には鄧小平の権力掌握を支援した。一九八九年の天安門事件では、鄧小平は人民解放軍を使って政権を守った。[26] 国内の治安維持は依然として中国軍の主要任務である。このように人民解放軍は、あらゆる面から見て、まさに「党の軍隊」であり、複数の政治勢力のあいだで中立を保つのではなく、特定の支配集団に忠誠を捧げている。中国のシステムの最大の特徴は、よく言われるような「共産党支配体制」ではなく、「共産党軍支配体制」であり、軍は政権にとって不可欠な部分なのである。

このような軍と文民当局のバランスのとれた関係は他にほとんど類を見ないものだ。中国共産党のイデオロギーの基本原則は「党が武力を支配する」である。軍人は、党中央委員会や全人代では象徴的な存在であって、強力な存在ではない。政治局で軍が占める席は二つであり、情報交換をするにはじゅうぶんだが、結果に影響を与えるには足りない。鄧小平時代以降、最高意思決定機関である党中央政治局常務委員会の委員に軍人が任命されたことはない。軍幹部は関係する中央領導小組に所属し、情報の提供や活動の調整に従事しているが、どうやら、その立場を利用して、組織としての独自の見解を喧伝するといった傾向はないようだ。命じられたとき以外、人民解放軍が民間の問題に介入することはまずない。ある種の軍隊とは異なり、人民解放軍は協調組合主義や軍事ナショナリズムといった自己のイデオロギーを宣伝することはない。文民政権の社会主義的構想が、歴代の指導者の下で徐々に発展していく中で、つねにその構想に忠誠を尽くしてきた。各階級の政治委員を通じて軍全体に党のイデオロギーを広めている。かつては予算の多くを農場や企業から調達していた。一九九八年、江沢民はこれらの独立した収入源を剝奪する決定を下したが、これは軍指導部の同意を得たうえでの決定だったようだ。[27] それ以来、軍事費は国から割り当てられており、そのうちのかなりの額が公式の国防予算外から出ている。これらすべての面から見て、中国の政治システムは文民統制が特徴である。

しかし、自身の責任領域においては、人民解放軍は高度に自立した行動をとる。国防費の総額がひとたび国によって設定されると、競合するニーズのあいだで資金をどう振り分けるかを決めるのは軍当局者である。文民指導者たちは、将来、敵対する可能性のある国や国際的緊張の震源地となりそうな地域についてのビジョンを打ち出す。いっぽう軍は将来の緊急事態に備えて装備を整え、訓練を行ない、他国との軍事的緊張に対処し、軍事外交を展開する。いつ戦争を始めるかを決めるのは文民指導者だが、戦争を遂行するのは軍である。このような分業体制は、アメリカのシステムの仕組みとは著しい対照をなしている。アメリカでは、どのように戦争の準備を進め、どのように戦うかを決める際に中心的役割を担うのはホワイトハウス、国防総省、各種諜報機関、議会の文官たちである。

軍に対して高度な文民統制を実行するためのきわめて重要なルートは限られている。中央軍事委員会主席である。中央軍事委員会は正式に二つ存在する。一つは中国共産党内の組織で、もう一つは一九八二年に発足した国の組織だ。じっさいには、これらは同じ一つの組織である。毛沢東、華国鋒、鄧小平、江沢民、胡錦濤らが歴代の主席を務めてきた。中央軍事委員会の文民指導者には、委員会の仕事について助言する文民スタッフはほとんどいないようだ（ただし華国鋒、江沢民、胡錦濤、習近平のように次期指導者が委員会副主席を務める例はあった）。制服組スタッフの助けを借りることが多く、副主席を務める将軍から、ずっと下の階級の軍人まで、さまざまだ。

毛沢東と鄧小平の時代には軍と民の不均衡はさほど重要なことではなかったかもしれない。なぜなら、毛沢東も鄧小平も軍務経験があり、当時の軍事技術を理解し、将官たちから個人的な深い忠誠を捧げられていたからだ。しかし、その後の中央軍事委員会主席には軍隊の経験がなく、それに加えて、中国の戦略的な問題と軍事技術はより複雑化していった。そのため、のちの主席たちは軍事問題に関する専門的な意見を求めるときには、次第に人民解放軍に頼らざるをえなくなっていった。文民である主席が影響力をふるうための最大の手段は、ずっと固守されてきた昇進を決める権限である。毛沢東はたびたび軍のトップを粛清したり、入れ替えたりした。鄧小平、江沢民、胡錦濤は自分が指名した者たちに軍中枢の各部門、陸海空軍、各軍区、および指導者警護を担当する中央警衛局などの司令官を歴任させることによって自らの権力基盤を固めた。このプロセスによって、軍人たちは最高司令官である国の指導者にある程度、個人的な忠誠を誓うようになった。胡錦濤の後任の党指導者、習近平は、父親がかつて共産ゲリラの指導者で、自身は二〇代の頃、ある軍高官の秘書を務めた経験があるので、江沢民や胡錦濤に比べれば、軍とは少しばかり縁がある。

軍事的な事柄に対しては文民統制が希薄になっているが、それでも党指導者たちは、戦争と平和についての重要な意思決定を下すことができた。一九五〇年、朝鮮戦争への介入、一九五五年、核兵器の開発、一九六二年、インドとの戦争開始、一九六九年、ソ連軍に対する待ち伏せ攻撃。これらの決定を下したのは毛沢東である。鄧小平は一九七九年にヴェトナム侵攻、一九八八年に南沙諸島でのヴェトナムに対する武力行使を決定した。(28) 江沢民は一九九五‐九六年、台湾海峡でのミサイル実験と軍事演習にゴーサインを出した。

文民統制は、文化大革命の期間中だけほころびを見せた。

毛沢東が全国の行政統制に軍を投入し、軍のトップである林彪を「次期後継者」に指名したからだ。一九六九年一〇月、林彪はいわゆる第一号令を発し、これにより人民解放軍は迫り来るソ連軍の攻撃に対して厳戒態勢を敷いた。伝えられるところでは、林彪はこの命令を毛沢東の許可を得ずに出したため、その後の不和の原因になったという。林彪は一九七一年に軍事クーデターを企てていた可能性がある——少なくとも毛沢東は林一族によるクーデターが進行中だと信じていた——が、実現することはなかった。一九七六年一〇月の四人組逮捕は軍人と文官のグループによって実行された。このグループは自ら権力を握ることはなく、当時の毛沢東の後継者、華国鋒に忠誠を誓った(29)。

以下に挙げる多くの小規模な事件については、誰が軍事力行使に関わる決定を下したのか、あまり明確ではない。一九七四、九二、九四年の南シナ海におけるヴェトナムとの武力衝突、同じく一九九五、九六、九七年のフィリピンとの武力衝突。二〇〇一年、海南島付近上空での中国の戦闘機とアメリカのEP－3偵察機の空中衝突。二〇〇七年一月の事前通知なしの衛星攻撃兵器実験。二〇〇九年、アメリカ海軍音響測定艦インペッカブルに対する妨害行為。東シナ海の尖閣諸島（釣魚台列嶼）周辺やその他の海域でたびたびくりかえされる日本およびアメリカの艦船とのさまざまな衝突やニアミス。これらの決定はおそらく、軍の指揮系統の内部で下されており、文民の意思決定者の意見は反映されていない。さらに、これらの事件の一部における中国の行動からわかるのは、ひとたび軍の手に委ねると、文民当局による危機の収束は難しくなるということだ。たとえば二〇〇一年、中国の戦闘機とアメリカの偵察機が空中衝突を起こし、偵察機が海南島に緊急着陸した事件では、こうした縦割りの指揮統制構造のため、国の指導者たちは情報を入手し、タイムリーな判断を下すのが難しかったようである。判断の遅れから、アメリカとの危機的状況は何週間も長引くことになった。ときどき中国軍の幹部が脅し文句を口にして外交紛争を引き起こすこともあった。「平和的発展」と「新安全保障構想」を強調する文民指導者の主張とは相容れない言葉だったからだ(30)。

人民解放軍の指揮官たちは、他の国の軍人と同様、国粋主義的で、敵対者を疑い、タカ派的な姿勢を示し、政治的には保守派だが、他の多くの国々の将兵よりも自由に行動している。兵力の増大とともに、地域での役割が大きくなりつつある現在、文民統制という古い仕組みには、もはや中国の軍事行動と外交戦略を調整できるほどの耐久力はないのかもしれない。外交政策の決定全般において制度化が進む中で、軍の文民統制は立ち後れている(31)。

人格の役割

政策決定プロセスの制度化が進んでいないと、指導者の信念や流儀によって大きな違いが生じる。毛沢東の癖や信念は、政権の最初の二五年間、中国の外交政策に決定的な影響を与えた。これについては第3章で詳しく見ていく。鄧小平と江沢民がどのようにしてアメリカ、グローバル化、その他の問題に対する政策を決定したかについては、本書全体を通じて検討する。

胡錦濤が最高指導者に就任したのは二〇〇二年、六〇歳のときだった。[32]上海に生まれた胡錦濤は、中国のエリート工科大学、清華大学で水力発電工学を学んだ。技術部門や地方政府の役職を歴任したのち、政治的影響力の強い北京の共産主義青年団の仕事に従事した。一九八八年一二月、チベット自治区の党書記に任命された。胡錦濤にとっては不運なことに、それから数カ月後、首都ラサで暴動が発生したため、部下である地元政府主席に、戒厳令を布告するよう命じなければならなかった。一九九二年、同世代の幹部がたくさんいる中で、鄧小平に抜擢され、政治局常務委員に就任した。これは組織への忠誠に対する褒美の意味があったようだ。人当たりがよく、慎重な性格の胡錦濤は、有力後継候補という不安定な地位を一〇年間保ちつづけ、二〇〇二年、正式に江沢民の後を継いだ。

胡錦濤は、最高首脳部の同僚たちから、人の話をよく聴き、合意をまとめるのがうまい、と評価された。胡の「仕事の進め方」は、中国共産党の用語で言うと、「民主的」だと考えられた。実際的かつ慎重で、中身のない見世物には興味がない——前任者の江沢民とは何もかも対照的のように見えた。だが、江沢民とはやり方こそ違うものの、実質的には前任者の外交路線から逸脱することはなかった。そして、前の指導者の成果——アメリカとの安定した関係、急激なグローバル化への舵取り——を維持しようとした。任期中、中国の抱える課題が変化していくにつれて、胡錦濤率いる中国は、より大きく、自己主張の強い、国際的な存在感を示すようになり、それはアジアのみならず、アフリカ、南米、中東にまで拡大した。胡錦濤の戦略は、ときに難しい選択を迫られることもあった——台湾、日本、アメリカ、人権、そして国際的な貿易および金融体制などに対してどのような政策を立てるか——が、アナリストたちは、北京の政策関係者のあいだに深刻な意見の相違は見られない、と認識していた。どうやら胡錦濤は、集団指導体制を合意へと導きつつ、自分の痕跡を残すような意思決定は回避したようである。

二〇一二年、習近平が胡錦濤の後を継ぐとする、指導部の合意による選択は、中国にもっと自己主張の強い国際的な発言力を持たせようとする意図の表明だった。習近平はフットボール選手のような体格の大男で、妻はかつて人民解放軍の娯楽部隊に所属していた人気民族歌謡歌手である。父は共産革命初期のゲリラ戦士で、毛沢東と同じ世代の党上級幹部だった。毛沢東による粛清の嵐が吹き荒れる中、父が地位を追われると、習近平は、貧困にあえぐ農業コミューンで「農民から学ぶ」ために、農村部に送られた。大柄で頑健な身体のおかげで、厳しい農作業に追われる日々を乗りきることができた。農民たちを相手にレスリングの試合で優勝したり、小麦の入った重さ五〇キロのバケツを二つ、天秤棒で担いで長い山道を歩きとおして評判になったりした。地元政府の推薦を受け、習近平は「工農兵学生」〔模範的な労働者・農民・兵士の推薦入学制度〕として清華大学に入学した。先に述べたように、一時期、かつて父の部下だった軍高官に仕えていた。

　胡錦濤とは異なり、習近平のキャリアの大半は福建省での仕事に捧げられた。一九八五年にアモイ市副市長となり、二〇〇〇年には福建省の省長となった。福建省では、人民主義《ポピュリ》者《スト》、強引、結果重視といった評判を得た。上司たちは次のように評した。「控えめで、アイデアに富み、勤勉で、気取ったところがない。食事はいつも市庁舎の食堂ですませ、洗濯は自分でやり、派手な宴会を嫌い、党委員会や市政府職員とは良好な関係にある」。福建省の省長だったとき、省の魅力を高めて台湾からの投資を呼びこもうとした。台湾は海峡を挟んだ真向かいにあり、住民の多くが福建方言の一つを話している。習近平は部下たちに、「小さな政府」を実践し、「公共に奉仕する」立場をとるよう強く求めた。部下たちを怒鳴りつけ、彼らの怠惰と出世第一主義と小心を非難した。それは前首相の朱鎔基のやり方によく似ていると言われた。朱鎔基は部下との対決によって成果を挙げることで知られた。「わが国の公務員の多くは今なお計画経済を実行しているつもりでいる」と、習はある会議で語った。「彼らは何か問題が生じるたびに、人員を増やし、新しい行政機関を作ろうとする」。またあるときは、省の職員たちを、出世を追い求めたり、派閥を組んだりといったことにばかり時間を費やしていると非難した。「こういう連中は二つか三つのいいポストには就けるかもしれない。しかし、（政府の効率を改善する）われわれの取り組みに勢いがつけば、淘汰されていくだろう[33]」。

　二〇〇〇年代、習近平は福建省から浙江省、次いで上海市の党のトップを務めた。二〇〇七年に政治局常務委員、二〇〇八年に国家副主席、二〇一〇年に中央軍事委員会副主席に任命されたことは、習が胡錦濤の確実な後継者に選ばれ、二〇一二年秋には総書記、二〇一三年春には国家主席に就任することを示唆していた。中国共産党の人事システムの基本ルールに従って、習近平は胡錦濤の一〇歳年下である。つまり総書記のポストを継ぐとき、習は五九歳だ。

これからの二期一〇年の任期中に、習近平が達成しようとする目標は次のとおりである。中国を世界第二位、いや第一位の経済大国へと導く。国民一人当たりの経済レベルを中程度にまで引き上げる。多極化世界における大国の一つとして、アメリカとほぼ対等の外交関係を築く。軍事的立場を強化し、中国が領有権を主張する、台湾を含むいかなる領土への介入も阻止または撃退し、さらには海外における経済的権益を守れるようにする。胡錦濤はまさに二〇〇〇年代の中国を表現するにふさわしい人格の持ち主で、この時期は控えめな「平和的台頭」の時代だった。同様に、習近平は中国を代表して発言するために選ばれた。その中国は、二一世紀の最初の一〇年が終わり、次の一〇年に入った今、ますます強力な国となって自己主張を強めることが予想される。

第Ⅱ部　安全保障上の課題と戦略

第3章　要衝としての中国

冷戦期とそれ以降の対ロシア政策

冷戦期（一般には一九四六－九一年とされる）の中国の外交政策は、おおよそ一〇年ごとに劇的に変化した。新政府の主席として権力の座に就いた毛沢東は、「向ソ一辺倒」の方針を打ち出し、ソヴィエト連邦と同盟を結んで、西側から孤立する道を選んだ。だが一一年後の一九六〇年にはソ連と決別し、二大超大国という二つの敵のあいだに中国を立たせることになる。一九七二年、リチャード・ニクソンを中国に招き、いわゆる「戦略的三角形」を始動させた。この三角形において、中国は二つの超大国のあいだを揺れる振り子となった。さらにその一〇年後の一九八二年、毛の後継者である鄧小平は、「独立自主平和外交」を打ち出した。この政策の下、中国は両大国から距離を置きつつ、関係は維持した。一九八九年、鄧小平はソ連との関係を「正常化」した。これによって中国は、のちにグローバル化を通じて西側との連携を強化するいっぽうで、共産主義崩壊後のロシアともより緊密な協力関係を結ぶことになる。

こうした不安定な協力関係は、外交政策とは主として戦略地政学的条件に対する反応であるというわれわれの主張を否定しているように見えるかもしれない。だが結局のところ、地理的環境や人口統計といった要素はゆっくりと変化するものだ。そうした戦略地政学的な現実が意味を持つのだとしたら、政策もまたゆっくりと変化するはずである。また、中国の指導者たち――中でも毛沢東――は、強いイデオロギー的な言葉で中国の政策変更の根拠を表明し、それを信じて疑わなかった。しかし、この頻繁な政策変更の謎を解明するには、どうにかして中国を利用して優位に立とうとする二大超大国の戦略転換と、自主独立を守ろうとする中国の対応に焦点を合わせる必要がある。中国をめぐる超大国の熾烈な争いもまた、第1章で述べた、中国の持つ永久的な特性に起因している。ユーラシア大陸と太平洋をつなぐ要の位置にあり、すなわち冷戦時代には東西両陣営のあいだに位置していたのである。

ヨーロッパ拡大の時代以来、中国は戦略的辺境に位置し、世界の強国がたびたび支配しようと試みては失敗した。一七―二〇世紀、ヨーロッパ列強は世界各地を植民地化し、中国周縁部にも拠点を築いたが、その広大な後背地を征服することはできなかった。第二次世界大戦中、日本は中国北部、東部、南部を部分的に占領したが、大きな困難を伴い、期間も約六年と短かった。第二次世界大戦後、アジアにおけるアメリカの非公式帝国〔政治的・経済的従属下にある地域〕は、中国の周縁部で限界に達した。第二次世界大戦に続く中国内戦でアメリカの同盟相手だった国民党が敗れた後、アメリカは新自由主義世界の「防衛ライン」まで後退した。この防衛ラインは、一九五〇年一月のディーン・アチソン国務長官の有名な演説によると、「アリューシャン列島から日本、琉球諸島……（さらには）琉球諸島からフィリピン諸島まで」のラインである――つまり中国だけでなく朝鮮半島と台湾も境界線の外にあった。[1] いっぽう、スターリン支配下のソ連は中国に対する影響力を拡大しようとしたが――本章で詳述する――、中国を信頼できる同盟国にすることはできなかった。過去数百年をふりかえればわかるように、中国は弱体なときでさえ自主独立を貫いた。

冷戦期の二大超大国は中国にとっては潜在的な脅威となっていたが、どちらかといえばソ連のほうが親密で、要求が厳しかった。ソ連政府はその戦略的ビジョンを実現するために中国の協力を必要としていたが、いっぽうアメリカはたいていの場合、中国がソ連に協力することを認めようとしなかった。冷戦時、中国の政策にはさまざまな曲折があった。最初のうちはソ連の庇護の下で生きていこうとしたが、のちにそこから脱しようとする。その背景には、共産主義大国同士の対立を意図的に激化させようとするアメリカの政策があった。このように、三五年ものあいだ、最初は潜在的で、のちに現実のものとなるソ連の脅威こそが、中国外交政策の要だった。ソ連と中国の関係に焦点を当てることで、冷戦の開始から終焉までの中国外交政策の変遷を概観することができる。

冷戦が終わり、ソ連が崩壊すると、ロシアではなくアメリカが、中国にとって最大の安全保障上の脅威となった。中国の政策立案者はこの機に乗じて中露関係を協力的な基盤の上に載せようとした。この先長いあいだ、それが中国の国益に資すると期待してのことだ。

一方への傾斜——一九四九–五八年

内戦で共産党が勝利する直前の一九四九年六月、毛沢東は次のように表明した。「中国は帝国主義側か、社会主義側か、どちらかに加わる必要がある。どちらにもつかず、形勢をうかがうだけではだめだ。第三の道も存在しない」[2]。毛沢東の軍は、南に移動すると、毛が言うところの「客を迎える前に中庭を掃除する」作戦を展開した。西側の外交官や宣教師に暴力をふるうこともあった。新しい中国は対等でなければ西側との関係を受け入れないという意思表示だった。この出来事を受けて、中国と外交関係を樹立しようと考えていたアメリカ国務省は計画を断念せざるをえなかった[3]。一九五〇年二月、中国政府はソ連と友好同盟相互援助条約を結び、八カ月後の同年一〇月、中国は朝鮮戦争に介入した。その結果、中国軍とアメリカ軍が直接戦火を交えることになる。

この一連の出来事によって、米中対立は決定的なものとなり、その後二〇年も続くことになる。のみならず、今も二つの未解決の遺産が残されている。朝鮮戦争の勃発を受け、ハリー・S・トルーマン大統領はアメリカ第七艦隊を台湾海峡に派遣したが、それがある問題を引き起こした。その後半世紀以上も長引くことになる問題——「台湾問題」——であるまになっているのが、(第4章および第8章)。もう一つ、六〇年以上も未解決のま朝鮮半島の和平だ。一九五三年の休戦協定で戦闘は終わったが、韓国もアメリカも依然として北朝鮮を外交上承認していない。朝鮮半島では長きにわたって緊張が続き、相次いで危機が生じている(第5章)。

一九四〇年代後半に中国と協力関係を築く機会があったのに、アメリカはそれを逃したのではないか、という問題をめぐって、歴史家たちのあいだではずっと議論が続いている。第二次世界大戦後半から中国内戦にかけて、海外の強国に対する中国共産党の態度はある程度流動的だった。また、アメリカ政府は、内戦のいっぽうの当事者である蔣介石に幻滅し、ソ連政府はもういっぽうの中国共産党をたびたび裏切った。アメリカ政府は延安にアメリカ軍の監視団(ディキシー使節団)を派遣し、周恩来はアメリカ大使のジョン・レイトン・スチュアートのもとに民間人の密偵を送りこんだが、こうした探り合いによって基本的な事実が変わることはなかった。中国共産党はアメリカ政府が反共産主義に熱心であることを正しく見抜いており、アメリカ政府も中国共産党が社会主義を信奉し、西側諸国の中国における特権に反発していることを正しく認識していた。そのような状況下では両国は同盟はおろか協力することさえできなかったにちがいない。じっさい二十数年後にそうなるように、せいぜい二大超大国と等距離を保つことくらいしかできなかっただろう。こうして中国とアメリカは鋭く対立する関係になる。

毛沢東がソ連に傾斜したのには四つの動機があった。第一に、不安定な体制を強化しなければならなかった。新政府は、南東部、南部、海南島、そしてチベットや新疆の広大な内陸部など、それまで影響力が及んでいなかった中国の大部分に権力を拡大する必要があった。南部では国民党軍がまだ共産党新政権に抵抗していた。台湾に拠点を置く国民党軍は本土を空襲し、上海を封鎖した。共産党軍は破壊された行政、教育、運輸、金融システムを引き継いで運営せざるをえなかったが、同時に、社会革命を実行する準備も進めた。農村部は盗賊、地主民兵、その他、新政権を敵視する集団であふれていた。地主、商人、知識人の大部分は、共産主義者たちを希望と疑念が入り交じったまなざしで見つめていた。中国共産党は暴力的で大きな犠牲を伴う一連の国内運動を開始した。好意的な層の支持を獲得し、敵対的な層を粉砕するのがその狙いだった。たとえば、土地改革運動（一九四八－五三年）では、地主や豪農の力を叩きつぶし、貧しい農民たちから支持を獲得しようとした。「反革命鎮圧」運動（一九五〇－五二年）では、共産党の敵を壊滅させようとした。一九五〇年代初頭の三反五反運動では腐敗した党幹部や国を欺いた資本家を処罰した。一九五〇年代後半の大規模な反右翼運動では、少なくとも五〇万人の知識人が厳罰に処せられ、投獄あるいは国内追放され、末端の単純労働を強制された。

このような幅広い国内政治課題に対処するための最もわかりやすい手本と有益な助言を提供したのがソ連だった。それどころか、中国共産党の指導者たちは、一九二一年の結党以来、モスクワをアイデアの源として頼りにしていたのである。中国はソヴィエト式の統治機構を構築することによって、中国共産党による全体統治を可能にした（第2章）。一九五四年、中国はソ連に倣った憲法を採択した。基になったのはスターリン時代に採択された一九三六年ソ連憲法である。中国はソ連から次のことを学んだ。戦争ではなく政権を指揮するための党中央組織の作り方。政府省庁を管理する方法。裁判所、検察、警察、刑務所のシステムを整備する方法。工場、大学、オフィス、その他の作業単位に政治的治安機能を組みこむ方法。ソヴィエト式の巨大組織を構築する方法。全国の新聞記者のネットワークを補完的な諜報機関として活用する方法。ソ連と同盟を結んだという事実だけでも、共産党の国内の敵に対して、政権が国際的に強力な支持を得ていることを示すことができた。ソヴィエト式の社会主義は、たとえ一時的なものだとしても、中国人が長年求めてきた救国への鍵になるように思われた。

ソ連への傾斜の第二の理由は、アメリカによる「封じ込めと隔離」という戦略に対抗する必要があったことである。この戦略は、中国内戦が終結する以前から形をとりはじめていた。日本では、アメリカは早くも一九四八年から、かつての敵を武装解除するという当初の意図に逆行する動きを見せはじめた。今やアメリカ政府は日本の軍事力を再建し、迫りくる冷戦に備えて、日本に同盟国の役目を担わせようとしていた。いわゆる逆行する動きとしてアメリカは、日本の賠償金を免除し、相互防衛条約の交渉を進め、日本領土内に米軍基地を設置し、沖縄本島に米海軍および空軍の一大拠点を建設した。沖縄はアメリカの直接統治下に置かれ、最終的に日本の主権下に返還されたのは一九七二年のことである。これらの米軍基地は現在も沖縄にある。

アメリカは、さまざまな脅威で中国の四方を取り囲んだ。CIAはチベットのゲリラに対して、ひそかに数百万ドルの支援と軍事訓練を行ない、中国による支配の押しつけに抵抗させようとした。アメリカ政府は台湾、タイ、ビルマ（現ミャンマー）、ラオスの人々による秘密の反中国活動を指揮または支援した。朝鮮戦争終結後には、アジアの広範囲に及ぶ次のような条約ネットワークを構築した。アメリカ、タイ、フィリピン、パキスタン、オーストラリア、ニュージーランド、フランス、イギリスが加盟する東南アジア条約機構（SEATO）。オーストラリア・ニュージーランド・アメリカ（ANZUS）同盟。そして、アメリカ、イギリス、トルコ、イラン、イラク、パキスタンが加盟する中央条約機構。アメリカはタイ、南ヴェトナム、フィリピンなど、中国を取り囲む多くの国々と同盟および相互防衛援助計画を結んだ。一九五四年には、台北に拠点を置く蒋介石の中華民国政府と相互防衛条約を締結した。

中国を外交的に孤立させるため、アメリカとその同盟国の大半が中華人民共和国に対する承認を差し控え、台湾の中華民国政府を国全体を代表する正統な政府として扱った。しかし、これには重要な例外があった。イギリスは一九五〇年に中華人民共和国を承認した。香港の植民地を運営するためには中国とのつながりが必要不可欠だったからだ。フランスは一九六四年に中華民国の承認を取り消し、中華人民共和国を承認した。当時のシャルル・ド・ゴール政権による独自外交の一環である。[4] 中華民国は、西側諸国の支持を受け、国連での中国代表の座を維持していた。アメリカのジョン・フォスター・ダレス国務長官は次のように語った。中国の共産党政権はいずれ崩壊する、アメリカ政府は「平和的な展開」によって崩壊を促すべきである、と。毛沢東はこの発言を深刻に受けとめた。[5]

アメリカは二度、公然と、中国に対して核兵器を使用すると威嚇したことがある。一九五二年の大統領選挙期間中と一九五三年初頭、ドワイト・D・アイゼンハワー大統領は、朝鮮戦争を終わらせるのに必要なら、戦術核兵器を使用すると述べた。アメリカ政府は一九五四年にふたたび核兵器を使用すると威嚇した。第一次台湾海峡危機を終わらせるためである。一九五七年には、地対地戦術核ミサイル「マタドール」を台湾に配備した。

中国がソ連と結んでいた相互防衛条約では、このような脅威が想定されていた。条約によれば、日本「またはその同盟国」から攻撃を受けたときには、ソ連は中国に対して「軍事その他の支援」を提供する義務があった。日本は当時アメリカの占領下にあり、独自の外交・防衛政策を持っていなかったので、この条約の究極の標的がアメリカだったことは間違いない。

第三に、ソ連との同盟関係は、中国にとって経済的な助けになった。新政権は、長年の侵略や内戦によって荒廃した経済を回復させなければならなかった。だが新政権の野心はそれだけにとどまらなかった。目標は、農業中心の遅れた経済を近代化し、強大な軍事力を保有するための産業基盤を構築し、国民に豊かな社会主義的生活を提供することだった――しかもこれらすべてを迅速に。中国の共産主義者たちは、このような強制的発展プロセスを実行するには、スターリンがよい手本になると考えた。スターリンは強制と国家計画によって、保守的な農民層から資本をしぼりとり、膨大な労働力を動員し、国家に必要なものに投資を集中させた。こうしてスターリンは、わずか三〇年ほどのあいだに世界有数の重工業を興し、ソ連を核兵器など高度な兵器を有する世界的強国に押しあげた。

中国の共産主義者たちには――そして一九四〇年代から五〇年代にかけての中国および西側諸国の共産主義者ではない知識人たちには――資本主義ではなく社会主義的計画経済こそが、後進性から脱するための王道であるように思われた。[6]ソ連の場合と同様、中国の共産党指導者たちも次のように考えていた。地主や豪農たちの贅沢な消費のせいで大量の余剰農産物が無駄になっているが、農業を集産化すれば国が農産物を管理できるようになる。同時に、非効率的な小規模農業を再編すれば生産量を急増させることができるはずだ。というわけで、毛沢東は農業の集団化を進め、ソ連式の経済計画機関や産業関係省庁を設立して、予想される余剰資本を新たな産業に投資しようとした。

いっぽう西側諸国は、「封じ込めと隔離」政策の一環として経済制裁を実施していた。[7]ソ連は第二次大戦で経済に打撃を受けていたので、中国への支援は限られていたが、重要な融資や技術援助を提供していた。一九五〇年、毛沢東が相互防衛条約を結ぶためにモスクワを訪問した際、スターリンは、五年間で三億ドルの借款を求める中国側の要望に同意した。この借款で、五〇の主要産業およびインフラ整備プロジェクトを推進し、それによって重工業、防衛産業、エネルギー生産の再建と近代化を促そうというわけである。その後もいくつか合意が結ばれ、ソ連の支援によるプロジェクトは最終的に一五六にものぼり、提供された借款の総額は四億三〇〇〇万ドルに達した。今日の基準からすると、さほど巨額の借款には見えないかもしれない——またソ連は無償資金援助は提供していない——が、これらの借款は、中国の産業経済の基礎を築いた第一次五カ年計画（一九五三‐五七年）の成功には不可欠なものだった。同様に重要なのは、ソ連がおよそ一万人の計画立案者や技術者を派遣し、中国の官僚機構の整備やプロジェクト設計を支援したことである。(8)

中国がソ連との同盟を決断した第四の理由は、潜在的脅威となりうる隣国と友好関係を築いておく必要があったということである。ロシアは昔から中国の問題に関与してきたし、指導者ヨシフ・スターリンはその冷酷さで知られていた。一九二〇年代、ソ連政府は国民党革命を支援するいっぽうで、そのライバルである中国共産党の設立を指導した。一九三〇年代後半、日本と戦う国民党政府にとって、ソ連は主要な供給国であり、武器や軍事物資を送るほか、「有志」パイロットも派遣していた。同時に、スターリンは中国共産党内の問題にもたびたび干渉した。指示を送ることもあれば、ときには毛沢東のライバルを支援することもあった。また党内に「ボリシェヴィキ派」を作らせ、毛沢東について報告させたり、圧力をかけさせたりした。第二次世界大戦の終結時には、国民党政府が存続すると思われたため、スターリンは、国民党と戦う中国共産党にはわずかな支援しか提供しなかった。(9)

だが、共産党が権力を握ると、スターリンは北京に最大限の影響力を行使しようとした。相互防衛条約に付随する秘密の議定書によれば、ソ連側には次のような権利が付与されていた。中国領土内の、かつてソ連が支配していた鉄道を使って軍部隊を輸送する権利、および、かつてロシアが支配していた中国の港、旅順に軍装備品を船で運ぶ権利（その際、中国当局に通知する必要はない）。この議定書によれば、新疆と東北部の三省では、中国はソ連以外の外国の経済活動をいっさい認めてはならないことになっていた。スターリンは毛沢東に朝鮮戦争への介入を促しておきながら、ソ連の航空機とパイロットを提供するという約束をなかなか果たさなかった。アメリカがソ連に報復しないという確信が得られるまで先延ばしにしていたのである。スターリンは朝鮮半島の中国軍に武器や装備を送ったが、受け取ったすべてのものについて代金の支払いを求めた。そんなことが続いても、毛沢東はスターリンに忠誠心を示そうとしつづけた。師であるスターリンにイデオロギー専門家を派遣してくれるよう要請までしている。自分の論文選集を刊行する前に誤りがないか審査してもらうためである。幸いにも論文は審査に合格した[10]。

朝鮮戦争の休戦は、中国の指導者たちに、つかの間の楽観をもたらした。中国はアメリカ人を血まみれにした。国内の敵の多くは屈服し、あるいは殺害された。産業経済は年に一八パーセントの成長を記録した。全体として見れば、ソ連との同盟は良い決断だったように思われた。

中ソ決裂——一九五八‐六〇年

しかし、一九五〇年代の終わりまでに、毛沢東はソ連と決別した。なぜなら、ソ連と同盟を結ぶに至った四つの動機がすべて反転したからだ。

第一に、毛沢東はソ連との関係を、国内の治安に恩恵ではなく脅威をもたらすものだと考えはじめた。一九五三年、スターリンが死去した。一九五六年、スターリンの後継者、ニキータ・フルシチョフはソ連共産党第二〇回大会における秘密演説で、スターリンの犯罪を暴き、その個人崇拝を非難した。フルシチョフの変節は、毛沢東の政策の正当性に対して、間接的に疑問を投げかけるものだった。なぜなら毛の政策はさまざまな面でスターリンの政策を手本としていたからだ。フルシチョフの演説は毛沢東の権威を脅かした。なぜなら毛はまさに自身への個人崇拝を確立しようとしている最中だったからだ。そうすることで自身の中国共産党に対する支配権と、党の中国に対する支配権を確固たるものにしようとしていたのである。フルシチョフは自分の同志たちにさえ、演説で何を話すつもりか伝えていなかった。まして外国の共産党指導者に伝えるはずがなかった。フルシチョフが北京になんの相談もしなかったことから、毛沢東は次のような結論を下した。フルシチョフは、今後何かを決定するときには、中国の同僚の利益など考慮しないだろう、と。また、ソ連の顧問たちが中国に大挙して押し寄せ、中国側の幹部がたびたびモスクワを訪問している現状を見て、中国共産党および政府内部に親ソ連派が増えることを恐れた。一九五四年、毛沢東は二人の同僚幹部、高崗《こうこう》と饒漱石《じょうそうせき》を粛清し、ソ連のスパイだと非難した。一九五九年には彭徳懐元帥を粛清した。大躍進政策に反対する発言とソ連との親密な関係がその理由だった。

第二に、一九五〇年代半ば頃、対米関係におけるソ連の優先事項は、中国のそれとは違ってきていた。フルシチョフは、社会主義世界と資本主義世界の「平和共存」と、資本主義から社会主義への「平和的移行」という方針を打ち出した。軍拡競争を減速させ、暴力革命の放棄を誓うことによって時間を稼ぎ、その間に、社会主義陣営内部の相違を解決し、体制と国境の安定を図り、経済力・軍事力で西側に追いつこうと考えていたのだ。この目標は、一九五六年に衛星国ポーランドとハンガリーで動乱が起こり、いよいよ差し迫ったものとなった。アメリカはソ連が緊張緩和に傾いたことに好意的な反応を示したが、中国への圧力は緩めなかった。中ソ同盟に「楔《くさび》」を打ちこむ狙いがあったからだ。(11)

一九五七年、ソ連がアメリカに先んじて人工衛星を打ち上げた後、毛沢東は「東風は西風を圧倒する」と言い放った。つまり、今や共産主義陣営は西側陣営に勝る力を持ったのだから、アメリカの世界的な影響力を後退させることができるはずだ、というわけだ。社会主義陣営の国際会議の席で、中国はたびたびソ連に対して、もっと強硬な姿勢をとるように迫った。(12)しかし、一九五九年、毛にとっては不愉快なことに、フルシチョフはアメリカ大統領の静養先、キャンプ・デーヴィッドを訪問し、アイゼンハワー大統領との緊張を和らげようとした。核開発協力と台湾という互いに関連した問題をめぐるソ連の方針によって、中ソ関係はますます疎遠になった。一九五七年、ソ連は中国に対して、核兵器開発を支援するため、爆弾およびミサイルのサンプルと技術情報を提供すると約束していた。(13)これらの兵器を持つことで中国はアメリカの核による脅迫に対抗できるようになり、その結果、ソ連としては、将来起こりうる米中危機に直接関与する必要性を減らすことができる、というわけである。ところが、それから一年もしないうちに、ソ連は、中国に核技術を供与すれば、アメリカとの部分的核実験禁止条約交渉に支障をきたすのではないかと心配になり、中国との約束を先延ばしにしはじめた。一九五八年、毛沢東は中華民国が領有する沖合の二つの島への連続砲撃を命じ、第二次台湾海峡危機を引き起こした。当時、フルシチョフが北京を訪問したばかりだったが、ソ連には事前に通知されていなかった。ソ連政府は言葉の上では中国の台湾領有権を支持していたものの、中国の「冒険主義」によって、ソ連がアメリカとの戦争に引きずりこまれることを恐れた。フルシチョフは台湾海峡危機が終結するまで沈黙を守り、それからまもなく、原子力協定を正式に取り消した。一九六三年、フルシチョフとジョン・F・ケネディ大統領が部分的核実験禁止条約に署名したとき、中国はこの二大超大国について、両国は結託して非核保有国に国家主権を守る手段を保有させまいとしていると非難した。また、このときフルシチョフは、今にも起ころうとしていたインドとの国境紛争において、中国への支援を取りやめた。ソ連政府はインドとのあいだで軍事・外交協力関係を結ぼうとしていたのだ。一九六二年に国境紛争が戦争へと発展したとき、ソ連政府はインド支持を表明した。共産主義国が戦争で同盟を破ったのは初めてのことだった。

第三に、中国はソ連の経済モデルに疑念を抱きはじめた。農業の集産化にもかかわらず、一九五〇年代半ばには、強制的な穀物の売却や穀物税からの収入は、指導者たちの予想を下回るようになっていた。指導者たちは、急速な工業化の結果としてあらわれた輸送、エネルギー、建設資材における障害や、ソ連式の計画機関がその障害を克服できないことにも不満を抱いた。毛沢東は、新しい方式の、より厳しく統制された、より大きな農村集団（「人民公社」）の設立を推し進めた。これによって生産を促進し、農村部の生産活動に対する政府の支配力を強めることができると考えた。工場長に対しては、あらゆる手段を尽くして、割当以上の量を生産するよう要求した。たとえ計画立案者を動揺させるほどのアンバランスが生じても、だ。さらなる恩恵として、毛沢東の新開発戦略は、親ソ連派の工場長や技術者の影響を排除した。ソ連の顧問たちは毛沢東に、半ば利己心から、そのような実験はするなと警告した。中国が、兄であるソ連よりも先に、人民公社によって「共産主義を実現」しようとしているように見えたからだ。それでも毛沢東は戦略を推し進め、大躍進政策に着手した。この飛躍的な発展への努力は、一連の過ちによって、最終的に推定四五〇〇万人の餓死者を出すことになる。[14]

第四に、フルシチョフの政策は、中国の安全保障にとって、スターリンの政策よりも直接的な脅威となる、と毛沢東は考えた。一九五八年、フルシチョフは中国国内に長距離無線施設を建設しようとした。モスクワと太平洋艦隊との通信を可能にするためである。ソ連政府はのちに、いわゆる「中ソ合同」原子力潜水艦隊を中国に配置することを提案した。ただし、中国は潜水艦を一隻も保有していなかった。このような取り決めは、軍事同盟では珍しいことではなかったが、毛沢東はこれを、中国領内にソ連軍基地を建設する提案だと解釈した。そしてソ連大使パーヴェル・ユディンに会ったとき、次のように罵った。「きのうはあなたのせいで一晩中、一睡もできなかった……（われわれは）あなたたちを満足させるつもりはない。指先一本もくれてやるつもりはない」[15]。同じ年、毛沢東は、北京を訪れたフルシチョフを、中国の主権を侵害し、「わが国の沿海地域をすべて奪おうとしている」と非難した。そしてソ連の指導者に警告した。「われわれはすでにイギリス、日本、その他、長きにわたってわが国に居座っていた外国を追い払った。フルシチョフ同志、もう一度だけ言おう。われわれはもう二度と、他国の目的のためにわれわれの国土を使わせることはない」[16]。

これらすべての理由から、私的な会談においても、さまざまな遠回しな公式声明においても、毛沢東はフルシチョフと反目した。一九六〇年、中ソ対立は表面化した。フルシチョフは、なんの予告もなく、ソ連の顧問団を中国から引きあげさせた。中国メディアは、いわゆる「現代修正主義者」に対する非難を展開したが、明らかにそれはフルシチョフのことを指していた。一九六三年から、毛沢東は長期にわたって一連の批判論を展開、社会主義を裏切ったソ連に社会主義陣営の盟主の資格はないと攻撃し、フルシチョフのマルクス゠レーニン主義者としての評価を貶めた。毛沢東は自身のことを、社会主義陣営におけるマルクス゠レーニン主義の理論的指導者であり、スターリンの修正主義的な後継者に対抗する正統派擁護者だと位置づけていた。中国は、同盟国を支配しようとするソ連の試みを「覇権主義」と呼び、他国に影響力を及ぼそうとするソ連の試みを表現するため、「社会帝国主義」という侮辱的な概念を考案した。ソ連モデルに対する毛沢東の批判は、文化大革命のイデオロギー的基盤となった。文化大革命では「党内の資本家階級」が攻撃され、「不断革命」が推し進められた。この対立によって中国は一度に二つの超大国を敵に回すことになる。

二つの敵と重大な脅威

中国はアメリカとソ連に同時に立ち向かうことはできたものの、そのために相当な犠牲を払った。アメリカの脅威が続く中、ソ連の脅威も増大した。一九六四年、レオニード・ブレジネフがクーデターによってフルシチョフから権力を奪取し、ソ連の新指導者となった。ブレジネフは大規模な軍備増強を行ない、中国がソ連の利益に反する行動をとらないよう抑えこもうとした。

ソ連の目から見れば、敵対的な中国はさまざまな面で脅威だった。第一に、中国はソ連が社会主義陣営全体の盟主であることに異議を唱えていた。また、ルーマニア、アルバニアといった御しがたい衛星国と緊密な関係を保っていた。さらに中国は、ソ連が中国国内の鉄道を使って北ヴェトナムに援助物資や装備を送り、南ヴェトナムおよびアメリカに対する戦争遂行を支援することを困難にしていた。北朝鮮は中国とソ連を争わせ、忠誠の見返りの価値をつりあげることができた。アンゴラ内戦のとき、中国は反ソ親米派であるジョナス・サヴィンビのアンゴラ全面独立民族同盟に軍事援助を提供した。当時、ソ連が支援していたアンゴラ解放人民運動というアンゴラ唯一のマルクス゠レーニン主義政党があったにもかかわらずだ。ローデシア（のちのジンバブエ）では、中国は、ソ連の支援を受けるジンバブエ・アフリカ人民連合に対抗するジンバブエ・アフリカ民族同盟を支援した。南西アフリカ（のちのナミビア）では、ソ連が南西アフリカ人民機構を支援したのに対して、中国は南西アフリカ民族同盟を支援した。中国はまた、タンザニア、ザンビア、ザイール、エチオピア、モザンビークでもソ連と影響力を競い合った。ラテンアメリカでは、毛沢東は、ソ連に依存するキューバと関係を絶ち、地域の共産主義政党に対する影響力競争をくりひろげ、反ソ反米の外交的立場をとるラテンアメリカ諸国を支持した。中国があらゆる地域で活動していたため、アメリカに対抗するというソ連の主たる闘争は複雑化した。

第二に、ソ連の安全保障計画立案者は、人口が少ないソ連極東地域が、無防備な、中国の侵略目標になると考えていた。攻撃の口実はつねに存在した。中国は既存の長い国境線について異議を唱えていた。帝政時代、中国の何十万平方キロもの領土が「不平等条約」によって不当にロシアに割譲されたと主張した。第三に、中国の離反によって、ソ連がアジアにおけるアメリカの軍事戦略に対抗するのに、より巨額の費用がかかることになった。ソ連は巨額の資金を費やして、ウラジオストクに拠点を置く太平洋艦隊を最大規模に拡大し、アメリカとその同盟国日本に圧力をかけることを狙った。中国の港はいっさい利用できなかった。第四に、一九六四年、中国は核実験に成功して核保有国の仲間入りを果たした。ソ連からの支援が打ち切られた後も、独自に核兵器開発を続けていたのである。ソ連政府は、この新兵器によって中国がソ連と対決しようとする意欲を高めるのではないかと恐れた。第五の、そして悪夢のような――しかしまずありそうもない――脅威は、なんらかの形で中国がアメリカと手を組むということだった。

ブレジネフはソ連極東とシベリアに配備する軍隊を増強し、一九六〇年代初頭には一二師団だったのが、一九八〇年代中頃には五〇師団以上に達していた。大部分は中国との国境沿いに配置され、一部は中国に隣接するモンゴル人民共和国との国境にも配置された。この地域に配備された戦闘用航空機の数は、一九六〇年代初頭には約二〇〇機だったが、一九七〇年代中頃には約一二〇〇機に達した。また同じ時期に、この地域に配備されていた約五〇基の旧式中距離弾道ミサイルSS－4と中距離弾道ミサイルSS－5は、その二倍以上の数の新型大陸間弾道ミサイルSS－11に取り替えられた。[17]

ソ連軍にはいくつかの選択肢があった。最も強力な選択肢は核攻撃あるいは全面地上侵攻である。より現実的なシナリオとしては、新疆の核兵器基地や主要工業地区[18]への限定的核攻撃、あるいは、戦術核兵器を用いた中国東北部工業地帯への限定的地上攻撃などがあった。これらはソ連の戦術・戦略にかなった方法だった。中国軍がこのような脅威を防御するには、「人民戦争」しかなかった（第11章）。

一九六八年八月、共産主義の自由化を試みたプラハの春を終わらせるため、ソ連主導のワルシャワ条約機構軍がチェコスロヴァキアに侵攻すると、ソ連の意図に対する中国の不安は頂点に達した。ソ連の指導者は、のちに「ブレジネフ・ドクトリン」として知られるようになる「制限主権論」を打ち出し、反革命から社会主義を守るため、ソ連にはすべての社会主義国家に武力介入する権限があることを明言した。反革命とは、まさに長年ソ連の論客たちが中国の行動を非難するときに用いてきた表現だった。

ソ連軍は、用意はできていたものの、中国に対して大規模な攻撃を仕掛けることはなかった。多くの場所で国境をめぐる衝突がたびたび起こった。ソ連は新疆で民族摩擦をあおり、中国の領土から緩衝国を分離独立させる可能性を探った。かつて一九四〇年代にも同様のことを試みていた。紛争中の東部国境で大規模な戦闘が勃発したのは、一九六九年三月のことである。最も広く受け入れられている説明は、中国政府はソ連が領有権を主張するウスリー川に浮かぶ島（ロシア名ダマンスキー島、中国名　珍宝島）の占領を決断し、ソ連の挑発に対して中国の決意を示そうとした、というものである[19]。これに対してソ連軍は中国軍を駆逐、死傷者は八〇〇人にのぼった。ソ連軍はさらに新疆など国境沿いの他の地域でも中国軍に攻撃を加え、核攻撃も辞さない構えを見せた。中国はこれに屈する形で、ソ連のアレクセイ・コスイギン首相を招いて会談を開き、危機の打開を図った。

ソ連軍の国境地域への展開を補完する形で、ソ連は中国を外交的・軍事的にも包囲した。これは世界的影響力を強めようとする野心の一環として行なわれた。ソ連太平洋艦隊には空母二隻を含む八〇隻以上の主要水上戦闘艦が配備されていた。さらに潜水艦一二〇隻も配備され、そのうち三二隻は弾道ミサイル搭載の原子力潜水艦だった[20]。同艦隊はオホーツク海、日本海、南シナ海、マラッカ海峡、インド洋において強力な存在感を確立した。中国の東側では、ソ連は北朝鮮への軍事援助を増やし、忠誠心を獲得しようとした。中国の南側では、北ヴェトナムとの関係を強化し、軍事援助によって味方につけようとした。また一九七一年にはインドとのあいだに平和友好協力条約を結んだ。ソ連からの軍事援助のパイプが開通したことによって、インド軍の近代化が進んだ。その結果、インドと紛争中の国境地域における中国の優位は低下し、チベットの安全について中国の懸念は強まった。追放されたチベットの統治者、ダライ・ラマは一九五九年にインドに避難していた（第6章）。条約が結ばれた一九七一年には、ソ連製の武器を備えたインド軍が東パキスタン独立運動を支援し、新国家バングラデシュが成立、その結果、中国の数少ない同盟国の一つが弱体化することになった。

いっぽう、アメリカは依然として、台湾の中華民国政府を中国政府として承認し、中華人民共和国を孤立させる方針を貫いていた。一九六三年の部分的核実験禁止条約の交渉中、ケネディはフルシチョフに、アメリカが中国の完成間近の核兵器開発を阻止するため軍事行動を起こすことを認めさせようとしたが、フルシチョフは同意しなかった。[21] 一九六四年、中国の核実験を予期して、リンドン・ジョンソンの下、アメリカの政策立案者たちはふたたび中国の核実験場への空爆を検討した。一九九八年に機密解除されたアメリカ政府文書によると、CIAは一九七二年まで亡命チベット人を支援していた。インドシナにおけるアメリカ軍の存在感が高まると、さらに脅威は増した。中国領内にある、いわゆる北ヴェトナムの避難所に、アメリカが空爆あるいは攻撃を仕掛ける可能性があったからだ。

中国に対して外部からの支援はいっさいなかった。中国政府による支持者集めは、まさに死に物狂いだった。「われわれには世界中に友がいる」というスローガンの下、中華人民共和国は、市民外交、世界各地の毛沢東派指導者のもとへの公式訪問、第三世界の得体の知れぬ独裁者たちとの関係構築など、さまざまな方法で支持を求めた。中国共産党対外連絡部は第二の外交部門として活動し、第三世界の、ソ連と同盟を結んでいない共産党との関係を管理した。全体的に見ると、これらの時期の中国外交は、誇らしげな自信が感じられ、他の国々から拡張的、侵略的だと見られていたが、じっさいには弱さと孤立を覆い隠すためのものだった。

関係改善と戦略的三角形——一九七二–八二年

一九六九年、毛沢東は、引退した四人の元帥に対して、世界情勢の変化を分析するよう命じた。四人の報告によると、現在、ソ連はアメリカよりも大きな脅威となっており、ソ連政府は中国との戦争を決意している、とのことだった。軍の元高官たちは毛沢東が望んでいたとおりの答えを出しただけのようである。しかし、この表向きは独自の研究であるかのような報告書を根拠にして、毛沢東はアメリカとの接触を認める決定を下すことができた。ケネディおよびジョンソン政権の幹部たちは、どうすれば中ソ対立の恩恵を得られるか、ずっと考えつづけていたが、共産主義の拡大と戦うためヴェトナムでの戦争を本格化させる中、中国との緊張緩和を正当化できなかった。[22] しかし今やアメリカは、リチャード・M・ニクソン大統領の下、ヴェトナムから脱する道を探していた。また、アメリカ政府は、ブレジネフ政権下のソ連の軍事的脅威は深刻の度を増していると判断していた。何年にもわたる、互いにシグナルを送って試し合うような秘密の会談を経て、一九七二年二月、ニクソンは劇的な中国訪問を果たし、「世界を変えた一週間だった」と語った。

ニクソンと毛沢東、周恩来との会談は、西側の戦略家たちが言うところの「戦略的三角形」の時代の始まりだった。この三角形は二つの意味で注目に値した。第一に、貧しく、孤立し、国境を越えて軍事力を誇示できない国――中国――でも、世界で三番目に重要な戦略的主体となり、イギリス、フランス、ドイツ、インド、日本その他、二大超大国以外のどの国よりも大きな役割を演じることができた。唯一中国だけが、その戦略的位置と外交的柔軟性によって、二大超大国のあいだを揺れる振り子として重要な立場に立つことができた。第二に、三カ国の中で最も弱いこの国は、三極外交から最大の恩恵を受けた。なぜなら三者の駆け引きにおける切り札だったからだ。[23]これらの恩恵は三種に分類できた。

第一に、この三角形のおかげで初めて、アメリカとソ連の両方から攻撃を受ける心配がなくなった。一連の進展によって、中国に対するアメリカの軍事的脅威は排除された。アメリカの世論における中国のイメージは、赤い脅威から魅惑的な準同盟国へと変わった。その結果、ニクソンにとって、面目を保ちつつヴェトナム戦争から撤退するための交渉に踏みきることが、政治的に可能になった。中国政府も協力し、北ヴェトナムに対して一九七三年のパリ和平協定の条件を受け入れるよう強く促した。台湾については、ニクソンは毛沢東に、アメリカはもはや台湾の独立を促すこともないし、対中攻撃基地として利用するつもりもないと保証した。アジアにおけるアメリカの主要軍事同盟国である日本も迅速に対応し、中国と外交関係を樹立した。これに対してソ連は最初、中国周辺の兵力を増強した。一九七八年、南北統一を果たしたヴェトナムは正式にソ連の同盟国となり、その後、カンボジアに侵攻、ソ連の影響力はインドシナ全土に拡大した。カムラン湾とダナンの基地を使用できるようになったことで、インド洋と南シナ海に海軍力・空軍力を展開するソ連の能力は高まった。中国はヴェトナムの役割について、ソ連の子分だとあざ笑い、ヴェトナムを「小さな覇権主義者」と呼んだ。中国はクメール・ルージュを支援することで、劣勢を盛り返そうとした。その後、一九七九年にソ連軍がアフガニスタンに侵攻した。アフガニスタンは中国と短い国境を接しており、また中国の同盟国パキスタンと長い国境を接していた。

しかし、中国にとって、アメリカとの新たな関係は、ソ連からの軍事攻撃に対する効果的な抑止力となった。ヴェトナムではアメリカおよび西ヨーロッパ諸国が軍事資産を構築してソ連への圧力を強めていたが、アメリカがヴェトナムから撤退したことで、そのための資源が解放された。ヘンリー・キッシンジャー国務長官の回顧録によると、一九七三年、ソ連が中国を攻撃した場合、アメリカがどのような反応を示すかを確認するため、ブレジネフが探りを入れてきた。このときキッシンジャーは、アメリカ政府はそのような攻撃を国益に損害を与えるものだとみなすだろうと答えた[24]。一九七九年に中国がソ連の同盟国ヴェトナムに攻撃を加えたとき、アメリカはソ連政府にメッセージを送り、中国に対する軍事行動を思いとどまらせた[25]。

第二に、アメリカへの門戸開放によって、中国は外交的孤立から脱し、外交の主流に乗ることができた。ニクソンの訪中計画が発表されるとすぐ、国連総会は投票を行ない、国連の議席を中華民国から取りあげ、中華人民共和国に与えることを決めた。その後の数年のあいだに、世界の国々が次々に外交上の承認を中華民国から中華人民共和国へと切り替えた。WHOからアジア開発銀行まで、数多くの政府間組織において、中華人民共和国が中華民国に取って代わった。その結果、中華民国は国際社会に参加する他の方法を必死に探し求めた（第9章）。

中国は今や逆にソ連を包囲しはじめ、ソ連の近隣の国々と友好関係を築こうと、日本からイラン、さらには東および西ヨーロッパ諸国にまで手を伸ばした。中国は暗黙のうちに日米安全保障同盟を支持し、千島列島をめぐる日本とソ連の領土問題では日本側に味方した。中国は、ソ連の拡張主義の危険性に警鐘を鳴らすドイツのフランツ・ヨーゼフ・シュトラウスを褒めたたえ、ソ連の揺るぎない同盟国の一つである東ドイツの欠点をあげつらった。中国政府は、北大西洋条約機構（NATO）の強化に向けた努力に喝采を送り、ヨーロッパの平和主義的左翼をクレムリンのプロパガンダに影響されたソ連の手先だとみなした。チェコスロヴァキア侵攻後のソ連に対する不満を利用しようと、中国はヨシップ・ブロズ・チトー元帥を指導者とするユーゴスラヴィアとの関係を修復した。かつて中国はチトーを口をきわめて罵倒していた。

第三に、関係改善によって、経済的孤立から抜け出す道が開けた。中国の安全保障状況が改善したため、周恩来首相は、四つの近代化優先項目の最後に軍の近代化を置くと表明することができた。他の三つは工業、農業、科学技術の近代化である。西側との敵対関係の終焉は、西側の市場と資本がもはや立ち入り禁止ではないことを意味していた。周の副首相だった鄧小平は、西側への経済開放の最初の小さな歩みを導き、それによって、毛沢東死後のグローバル化の本格的受け入れにむけた先例と最初の専門知識を確立した。

戦略的三角形は中国の対外安全保障を改善したが、それは国内の治安を犠牲にしてなされたことだった。毛沢東の後継者に指名された林彪は、アメリカへの門戸開放に反対したようである。林彪は不可解な権力闘争の末に死ぬのだが、政権はこの闘争を毛沢東に対するクーデターだと説明した。毛沢東の妻とその他三人の幹部——のちに四人組として知られる集団——は、毛の晩年、周恩来と鄧小平に対して徹底的な政治攻勢を仕掛けた。中国の一般国民の多くは、ニクソン訪中や林彪失脚について限られた情報しか与えられていなかったが、それでも困惑した。これらの出来事は毛沢東の革命の無謬性神話と矛盾していたからだ。これが引き金となって、毛沢東思想に対する信頼が失われはじめた。この変化によって、最終的に、毛沢東の後継者たちは、自力更生、階級闘争、永久革命といった考え方を捨て去り、中国を現代世界へと導くため、ありとあらゆることができるようになり、またそうする必要に迫られた。戦略的勢力均衡のために西側に対して部分的に門戸を開放したことで、大規模な改革に必要な条件が整った。そしてその改革は、毛沢東が主張したあらゆることの放棄へとつながった。

ソ連との国交正常化——一九八二－八九年

戦略的三角形において敗者となったソ連は、当然のことながら、勢力バランスを元に戻そうとした。ソ連の指導者たちは毛沢東を精神が錯乱した「極左修正主義者」とみなし、毛沢東が死ねば中国は正気に戻るだろうと考えていた。毛沢東が一九七六年に死去すると、ブレジネフは中国との関係改善の意向を表明したが、毛沢東後の中国の指導者は流動的な態度をとり、なんの反応も示さなかった。アメリカで政権の座についたロナルド・レーガンが軍備増強に着手し、すでに限界に達していたソ連にさらなる圧力をかけた直後、ブレジネフはふたたび中国に関係改善を呼びかけた。一九八二年、中央アジアの都市タシケントでの演説の中で、相互を尊重した協議を実施し、二つの共産党の関係を改善したいと申し出たのである（ただし正式には国家同士の関係は断絶していなかった）。

中国はアメリカへの門戸開放を利用して、レーガン新政権に台湾から距離を置くよう圧力をかけた。中国は、いわゆる「独立自主平和外交」を打ち出し、アメリカとソ連の両方と等距離の関係を保とうとする動きを見せた。これによりアメリカは一九八二年の上海コミュニケ〔第三次米中共同声明〕に署名する気になったのである。コミュニケの中でアメリカは、台湾への武器売却を段階的に削減し、武器の性能向上はいっさい行なわないことを約束した（第4章）。

ソ連に対しては、中国は慎重に対応した。鄧小平はソ連に対して、中ソ両共産党の関係正常化の前に、鄧の言う「三つの障害」を克服するよう要求した。すなわち、アフガニスタン占領、中ソ国境およびモンゴルへの兵力展開、ヴェトナムのカンボジア占領に対する支援である。これらの要求にはそれぞれ中国の安全保障の観点からの戦略的な根拠があったが、同時に、ソ連側に安全を確保する重要な義務が生じるため、交渉は難航すると思われた。ハードルをきわめて高く設定することで、中国は自分がソ連を信用していないことを示し、同時に、ソ連との関係改善を急いでいないことをアメリカに伝えて安心させた。しかし、ブレジネフの後継者ミハイル・ゴルバチョフが一九八五年に権力を握ると、ソ連のグローバル戦略は変化し、三つの障害に関して、誰もが予想した以上の急速な進展が見られた。

一九七九年、ソ連軍は従属政権の崩壊を食い止めるため、アフガニスタンに侵攻した。中国にとってアフガニスタンの戦略的重要性は、アフガニスタンが新疆ウイグル自治区と接する短い国境線よりもむしろ、パキスタンおよびイランと接する長い国境線に由来するものだ。中国はパキスタンとイランを、ソ連の拡張を食い止める防波堤として評価していた。中国はソ連のアフガニスタン侵攻を、ロシア帝国時代からの南下政策の一環だと考えた。それはソ連がパキスタン、イラン両政府に圧力をかけ、影響力の拡大を黙認させようとする予兆だった。中国はまた、パキスタンの同盟国としての信頼性を証明すると同時に、アメリカとの連帯を維持したかった。当時アメリカはソ連に対して、核ミサイルSS－20を中国との国境地域から撤去するよう圧力をかけていたのだ。ソ連政府は、アフガニスタンで負ければあまりにも多くのものを失うことはわかっていた。しかし敗北が近いことを悟ると――アメリカと中国による抵抗勢力への軍事援助もその一因だった――、一九八九年までに撤退するという厳しい決断を下した。かくしてアフガニスタンという中ソ国交正常化にとっての障害は取り除かれた。

中ソ国境およびモンゴルへのソ連軍の展開は、ゴルバチョフの「新思考外交」の一環で見直されることになった。ゴルバチョフはそれまでの状況を軍事的関与の過剰な拡大だと考えており、ソ連外交に新思考を導入して正そうとした。一九八六年七月、ゴルバチョフはソ連アジア地域の兵力を削減する計画を発表。翌年、モンゴルから一個師団を撤退させ、さらに新たにアメリカと締結した中距離核戦力削減条約に従って中ソ国境地域から中距離弾道ミサイルSS－20の撤去を開始した。一九八八年には、国境沿いに展開する兵力をさらに削減し、中国政府もそれに応じて兵力削減を実行した。中ソ両国は、かつて泥沼状態だった国境問題の解決に向けても前進を遂げた。一九八七年までに中ソ両政府は東部国境について予備的合意に達した。多数の国境検問所が再開され、国境を越えたバーター貿易が急増した。かくして第二の障害も克服された。

ソ連がヴェトナムのカンボジア占領を支援していることが、三つのうちの最も困難な問題となった。一九七九年一月、中国の従属国だったカンボジアのポル・ポト政権が簡単にヴェトナムに敗れたことで、中国は激怒した。その一カ月後、中国人民解放軍がヴェトナム北部に限定的な侵攻を実施したが、ヴェトナムを中国の要求に従わせることはできず、中国は失望した。ソ連による経済援助と安全保障は、ヴェトナムがその後一〇年にわたってカンボジア占領を続けることを可能にした。そのため中国は、ソ連がヴェトナムを搾取していると主張した。だが、ソ連にとってヴェトナムへの援助は赤字部門だった。そこでゴルバチョフは前任者たちの「誤った海外投資」を清算しようとした。またソ連としては中国との関係を改善して国防費を削減したかった。カンボジアでの戦争に関して、ソ連は中国と直接交渉を開始し、ヴェトナムに撤退を迫った。ヴェトナムは従わざるをえなかった。中国の粘り強さによって、中ソ関係正常化の最後の障害が取り除かれた。

中ソの和解は、ついに一九八九年五月、北京でのゴルバチョフと鄧小平の首脳会談という結果をもたらした。二人の指導者は、将来起こる紛争はすべて平和的に解決することを誓い合った。鄧小平にとっては不運なことに、この会談と時を同じくして、北京その他の都市で学生による民主化要求デモが発生し、これが六月四日の「天安門事件」へと発展する。中国の指導者たちは、ゴルバチョフの訪問中に、首都の統制が失われたことで恥ずかしい思いをしたが、政権が倒れることはなかった。この天安門事件は、その後、共産主義諸国で起こった一連の変動の始まりだった。そしてその変動は一九八九年の東欧諸国における共産主義の没落、一九九一年のソ連崩壊で頂点に達する。

一九九一年以降の協力の制度化

ソ連の崩壊は中国の戦略環境をふたたび一変させたが、それはかならずしもよい方向への変化ではなかった。戦略的三角形は一極世界へと変わり、そこでは、勝ち誇るアメリカがそれまで以上に独断的な行動をとるようになる。たとえば次のようなアメリカの行動が直接または間接的に中国の国益に影響を与えた。一九九一年のイラク侵攻。ユーゴスラヴィア分裂への介入。東ヨーロッパおよびバルト海地域の旧ソ連圏諸国へのＮＡＴＯ同盟の拡大。モンゴル、ヴェトナム、インドとの協力関係の促進。日本との軍事的連携の強化。中国の友好国である北朝鮮とイランに対する制裁。台湾で分離独立を目指す政策が増えていると考える中国政府が軍事行動を起こすのを阻止するための空母派遣。いっぽう、かつて恐れられていたソ連は、ロシアと中央アジアの新しい国々に取って代わられた。ロシアは今や危険なまでに弱体化しており、もはやアメリカに対抗する力はなく、中国の戦略家たちは、ロシアが予測不能な行動に出るのではないかと恐れていた。また中央アジアの脆弱な新興五カ国のうち三カ国が直接中国と国境を接していた。中国と中央アジア諸国との関係については第6章で論じる。

アメリカがそうしたように、中国もロシアの弱点を利用してもよかった。だが、そうはせず、相互利益に基づいた協力関係を制度化しようとした。将来ロシアが国力を回復したときに、つねに中国と協力する習慣を定着させようというわけである。弱体化したとはいえ、ロシアは依然として重要な大国だった。なぜなら、広大な領土、戦略的な位置、天然資源、そして核開発や宇宙開発における先進技術などを持っていたからだ。中国の政策立案者は、これらの資産が遅かれ早かれロシアの力を復活させると確信していた。ロシアと中国双方の国益に資する関係を築くことによって、中国は、相互の安全保障上の利益への配慮に基づいた、永続的な枠組みを創りたいと考えたのである。

中国政府は、すべての旧ソ連構成国を承認した。もっとも、中国の指導者は、ゴルバチョフとその後継者ボリス・エリツィンの政策はひどく間違っていると考えていた[26]。その政策が最終的にこれらの国々の離反を招いたのである。中国の指導者たちは、エリツィンの稚拙な手腕に対する個人的な軽蔑は脇に置き、歓迎すべからざる民主主義の推進も見て見ぬふりをして、エリツィン在任中の八年間に七回の会談を重ねた。一九九六年三月の「北京宣言」において、両者は「戦略的協力関係」を結ぶことを発表した。エリツィンの後継者としてウラジーミル・プーチンが政権を引き継いだ二〇〇〇年以降、中露首脳会談は毎年恒例のイベントとなった。二〇〇一年七月、江沢民とプーチンは中露善隣友好協力条約に署名した。一九五〇年に両国が結んだような相互防衛条約ではなかったが、この条約は、二国間活動のさまざまな分野での協力を約束し、アメリカの単独行動主義に対して共に反対する姿勢を明確に示すものだった。この主張を伝えるために、「グローバルな戦略的均衡の維持」とか、「普遍的に認められた国際法の原則と規範の厳守」といった婉曲表現が駆使された。ロシアがNATO拡大に反対したときも、チェチェンでの人権侵害に対する西側諸国からの非難をはねつけたときも、中国はロシアを支持した。

中国は、中央アジアを支配する国外勢力としてロシアに取って代わろうとはしなかった。その代わりに、一九九六年、ロシアと、中国に隣接する中央アジア諸国——カザフスタン、キルギス、タジキスタン——の年次サミットの第一回を主催した。五カ国は、中国の地域安全保障に関わる最重要問題について話し合い、いわゆる「テロ、分離主義、過激主義」に反対することで合意した（過激主義はイスラム原理主義を指す）。

この合意は、中国に隣接する諸国が、中国の新疆支配に対するウイグル族の抵抗運動の本拠地として土地を利用させないことを確約するものだった。各国は、国境の非武装化を図るため、中国との国境線から一〇〇キロ離れたところまで軍部隊を後退させる一連の合意に署名した。そして、互いをミサイル攻撃の標的にしないこと、国防に関する事柄について透明性を高めること、軍事演習を行なうときは事前に通知することで合意した。軍事交流のほか、二国間および多国間の軍事演習を開始し、何度か対テロ軍事演習も実施した。二〇〇一年、これら五カ国にウズベキスタンを加えて、ＳＣＯ（上海協力機構）が結成された。この枠組みがあれば、ロシアが力を回復したとしても、中国が中央アジアから排除される心配はない。

国連では、中国とロシア――ときにフランス――が力を合わせ、世界中の紛争地域に介入しようとするアメリカの衝動を抑えこんだ。一九九九年、中国とロシアはコソボへの軍事介入に対する安全保障理事会の承認を阻止した。そのため介入は国連軍ではなくＮＡＴＯ軍の作戦として実施せざるをえなくなった。両国は国連による対イラク制裁が早期に解除されるよう尽力した。同じく両国の反対で、二〇〇二年のイラク侵攻は安全保障理事会の承認を得ることができず、その後、アメリカが「有志連合」と呼ぶ国々によって実行された。両国はスーダン、イラン、北朝鮮に対する過酷な制裁も阻止した。これらの外交工作は実質的に、アメリカが起こそうとする行動を遅らせ、制限し、ときに阻止した。

中国、ロシア両政府は長く続いた国境紛争に終止符を打った。一九八六年に始まった協議は、八九年に大きな進展を見せたが、最終的に結着したのは二〇〇四年であった。交渉と境界設定を進める中で、双方が領土について譲歩することもあり、ロシア極東の民族主義者たちは激怒した。

二つの分野の取引が急増した。武器と石油である。一九九〇年代から軍装備品の改善を進めていた中国は、まだ自国で生産できない高性能兵器類を輸入する必要があった。ロシアは、天安門事件後、Ｇ７による対中国武器禁輸に参加していない国々の中で、唯一必要なレベルの技術を持つ国だった。（二〇一二年の時点で、Ｇ７諸国による対中国ハイテク武器売却禁止措置は解除されていない）。ロシアは中国にとって主要な武器供給国に、中国はロシアにとって主要な武器購入国になった。その基盤となったのが新型の戦闘機、潜水艦、駆逐艦の取引である。一九九〇年から二〇〇七年のあいだに、ロシアは中国におよそ一五億八〇〇〇万ドルの武器を輸出した。[27] しかし、中国の防衛産業が発展するにつれ、ロシアから中国への武器売却は減少した。

もう一つの自然な相互補完性は石油の分野に存在した。中国が一九九〇年代初頭、石油自給国から純輸入国へと転換したのと同時に、ロシアの石油およびガス輸出量は世界最大となった。中国は当然、ロシアからの供給に頼るようになった。ロシアからの石油輸入は、二〇一〇年には二〇万トンにのぼった。しかし、ロシアは中国へのエネルギー供給国としてはつねにサウジアラビア、アンゴラ、イランの次に位置していた。それには価格論争、ロシアの供給の不安定さ、ロシアからの供給をめぐる日本との争奪戦、そして、天然ガス供給のためのパイプライン建設の遅れなど、さまざまな理由があった(28)。

両国の経済のあいだにはほかにも相互補完性がある。中国は消費財と労働力を提供することができ、いっぽうロシアは重工業製品や原材料を提供することができる。しかし、貧弱な交通・物流事情、ロシア極東の希薄な人口、ロシアと中国の金融機関の制約などによって、貿易や投資は阻害されてきた。その結果、国境を越えた貿易はほとんどが地域に限定され、パイプラインを除いて、いずれの側からも大規模な投資が行なわれたことはない。両国政府は、政府間バーター貿易によって、自然な結びつきの弱さを補おうとした。二〇〇九年、中国とロシアの二国間貿易は三八八億ドルに達した。この貿易には偏りがあり、ロシア側は中国に対して一三六億ドルの赤字になっていた。ロシアにとって中国は最大の貿易相手国だったが、中国にとってロシアは九番目の貿易相手国でしかなかった。

ロシア極東で仕事を見つける中国人が増えた。ロシア極東の人口は七〇〇万人足らずなのに対して、隣接する中国の三つの省の人口は一億人を超える。こうした人口の不均衡のため、ロシア側の地元当局は、中国人が大量に流入して植民地同然になることを恐れている。しかし、このような懸念は誇張されている。二〇〇三年の時点で、ロシア極東に居住する中国人はわずか二〇万人ほどで、短期滞在の中国人労働者および留学生もほぼ同数だった。

ウラジーミル・プーチンの指揮の下、ロシア経済が回復し、ロシアが世界に自己主張を強める中、二国間の堅固な協力関係は続いた（プーチンは最初は大統領として、二〇〇八年からは首相として、かつての部下であるドミートリー・メドヴェージェフ大統領とともに政権を握った）。だが、この関係には限界がある。長い国境を接し、数多くの共通の隣国を持つ、これほど大きな二つの国は、依然として、それぞれが互いの安全保障に損害を与える可能性について、敏感にならざるをえない。このような疑念は歴史によって裏づけられ、政治体制や文化の違いによって強められる。中国とロシアは中央アジアや朝鮮半島、その他の地域で継続的に影響力を競い合っている。武器売却や兵器の共同生産を除いて、軍事協力は限られている。エネルギー取引は両国に多くの論争と失望をもたらした。二つの社会のあいだの経済的、文化的交流は依然として希薄なままで、互いに安心感を与えることはなかった。

中国とロシアのどちらにとっても、ポスト冷戦時代のアメリカとの関係は、それぞれなりに、お互いの関係よりも重要になっている。ロシアにとって、ヨーロッパおよび国際政治において、大きな発言権を持つ国として認められるためには、アメリカとの関係はきわめて重要だ。中国にとって、アメリカは最も重要な外国勢力である。なぜならアメリカは中国の戦略環境と経済に広範な影響を与えるからだ。中国は、ソ連の崩壊で、四〇年にわたる主たる脅威が取り除かれるという恩恵を受けたが、同時に、アメリカの優位という新たな難題を突きつけられた。冷戦の終結により、アメリカはロシアに代わって、中国の外交政策立案において最も重要な国になった。

第4章　アメリカの脅威を読みとる

冷戦時代、中国はつねにアメリカの強い脅威にさらされていた。それはソ連圏諸国を弱体化させようとするアメリカ政府の冷戦戦略に由来するものだった。アメリカは、中国の内戦が終結したとき、自身は直接中国には関わらないことにした。その代わりにアメリカ政府は、ソ連の同盟国という中国の立場に基づいて対中政策を方向づけ、中国とソ連の関係を裂こうとした。ひとたび中ソに亀裂が生じると、アメリカはこの機に乗じて、中国を介してソ連に圧力をかけた。

中国にとっても、アメリカは第二の脅威だった。なぜならソ連のほうが地理的に接近しており、冷戦の終わり近くまで勢力を拡大しているように見えたからだ。前の章で見たように、中国はソ連とのつきあい方をあれこれ模索しつづけた。ソ連側につくのをやめ、孤立と相互抑止の道を選んだかと思えば、今度はアメリカ側について様子をうかがい、一九八二年頃にソ連の脅威が後退し、アメリカが自己主張を強めると、両国から等距離を保った。そして歴史はソ連圏およびソヴィエト連邦の崩壊をもたらすことによって、中国に戦略上の恩恵を与えた。中国はソ連崩壊後の局面を利用して、ロシアと中央アジアの後継諸国との協力関係を制度化した。

こうした展開の結果として、アメリカは初めて、中国にとって主要な潜在的脅威となった。相対的により強い力を持つようになったアメリカは、中国の行動に制限を加えることができた。中国政府への圧力を強めたり弱めたりすることも、中国の安全保障にとっての難題を大きくすることも小さくすることもできた。その意味では、中国の政策は――冷戦時代にそうであったように――依然として、多くの場合、他の強国が定めた条件に対して受け身の形で対応するものだった。アメリカがかつてそうしたように、中国が国益に資する形でグローバルな安全保障環境と国際レジームを創出しようと試みるようになったのはごく最近のことであり、その方法も限られていた。

一九七二年のニクソン訪中以降、アメリカの歴代指導者たちは、中国に対して友好を保証してきた。アメリカの歴代政権は、さまざまな形で、中国の繁栄と安定はアメリカの国益にかなっていると明言している。じっさいの政策においても、アメリカは他のどの大国よりも中国の近代化に貢献してきた。アメリカは中国をグローバル経済に引き入れ、市場と資本と技術を提供し、中国の専門家に国際法を教えた。中国の輸出入が増大し、積み荷が世界の海を行き来するようになると、軍事的安全保障を提供した。日本の再軍備を防止し、朝鮮半島の平和を維持し、台湾をめぐる中国との戦争を回避した。

しかし、中国の政策立案者にとって最も重大な問題は、アメリカに対するソ連の脅威がなくなったのに、あいかわらず中国周辺のあらゆる地域にアメリカ軍が展開したままであるという事実だった。アメリカは中国の近隣諸国とのあいだに防衛同盟その他の軍事的関係による幅広いネットワークを持ち（第5章、第6章）、台湾を支配しようとする中国政府の努力を妨害しつづけ（第8章）、中国の経済政策に圧力をかけ、公式、非公式を問わず、多くの計画を継続して中国の市民社会や政策に影響を与えようとしている。

アメリカ政府の真意は何か？　アメリカは中国にとって最大の安全保障上の脅威である。だとすれば、アメリカの動機に対する理解は、中国が以下のことを決定する際の主要な要素になる。国内の反対意見によって生じる脅威をどう評価するか。どのような対外経済政策を打ち出すか。日本、韓国、台湾、ヴェトナム、インド、その他の国々と、どうつきあっていくか。エネルギー安全保障について、どのような戦略をとるべきか。その他諸々。これは、冷戦時代ほど簡単には答えが出せない問題である。なぜなら、アメリカ政府の意図そのものが曖昧だからだ――アメリカは中国に対して好意と敵意の両方を抱いている。

鏡論争

アメリカの対中国戦略を理解しようとする中国の努力は、いくつかの点で、中国の対アメリカ戦略を理解しようとするアメリカの努力とよく似ている。アメリカ人には中国の台頭がアメリカの国益につながるのか、それとも迫りくる脅威を示しているのか、よくわからない。同様に、中国の政策立案者たちも、アメリカはその力を駆使して中国を助けようとしているのだろうか、それとも傷つけようとしているのだろうかと首をひねっている。[1]だが、両者の状況には、いくつか重要な違いがある。中国の議論はたいてい密室で行なわれるが、アメリカの議論は公の場で行なわれるので、アメリカ人の言動は容易に知ることができる。しかし別の意味では、アメリカの議論のほうがわかりにくい。中国のエリートたちの長期戦略的な意図は、機密事項ではあるが、おそらく存在する。いっぽう、アメリカの多元的なシステムにおいては、本当の意味での長期戦略的な意図などというものは、じっさいには存在しないのかもしれない。なぜなら、権力が分散しており、最高指導者が最長でも八年ごとに交代するからだ。とはいえ、一連の中国に対する行動に、アメリカの長期戦略があらわれているようにも見える。だとすれば、中国がアメリカの能力と意図を分析しようと試みるのは、けっして無意味なことではない――いや、むしろ必要なことである。

アメリカの政策に対する中国政府の認識を形作っているのは、三つの補強的な視点である。第一に、中国のアナリストたちは、中国の戦略文化の一部である一連の思想をよりどころとしている。その中には「(中国その他の国々の)戦略的傾向についての固定観念」が含まれており、それらは「歴史、伝統、自己像の選択的解釈に由来する」ものである。[2]彼らにとって中国は、数千年前までさかのぼる「東洋」の戦略的伝統の継承者であり、平和を愛する防衛的な国であり、けっして領土拡張主義的な国ではない。彼らは、国家間関係に対する中国のアプローチを、倫理的に公正かつ妥当なものだと考えている。そして、この特異なアプローチは、中国が大陸の大国で、歴史的に定住農耕社会だったという事実に起因すると考えている。いっぽう、欧米の戦略文化については、軍国主義的で、攻撃的で、領土拡張主義的だとみなしている。機動的かつ商業主義的な海洋大国としての経験から生まれたものだ、というわけである。これら二つのイメージは、じつに明確な対照をなしている。[3]

こうした考え方が基盤にあるため、中国のアナリストたちには、世界各地でのアメリカの行動はほとんどすべて、ひそかに中国に対抗するためのものだと解釈する傾向がある。たとえば、一九九九年にベオグラードの中国大使館が空爆を受けたのはCIAの地図の間違いによる誤爆だったというアメリカ側の主張を受け入れた中国人はほとんどいなかった。中国人はCIAの能力をあまりにも高く評価していたため、そのような主張を受け入れることができなかった。そんな見え透いた言い訳をするのは、大使館空爆に込めたメッセージを強調するためだと解釈した。すなわち、アメリカに楯突く者は誰であれ武力で罰する、というメッセージである。同様に、中国のアナリストたちにとって、人権保護や民主化を求めるアメリカからの抗議は、力を背景とした手段を選ばぬ政策を隠蔽するためのものだった(4)。

これらの先入観を補強しているのが、第二の、そしてより最近の中国の伝統、すなわちマルクス主義である。マルクス主義の仮定によれば、帝国主義勢力の世界各国との関係は、経済的な搾取を基盤としている。帝国主義国家は、全世界に軍事力を展開し、外国の政府を政治的に操って、自国の経済的優位性を維持しようとする。中国はアメリカに対して貿易黒字を計上し、外貨を貯えているにもかかわらず、中国のアナリストたちは、アメリカが中国を出し抜き、中国の安価な労働力と低金利を利用してボロ儲けをしていると考えている。経済安全保障を確保しようと、中国が世界に乗り出し、資源や市場を求めてアメリカと競い合うことが増えるにつれ（第10章）、アメリカによる妨害が目につくようになる(5)。

第三に、中国の若い政策アナリストたちのあいだには、アメリカの国際関係理論が広まっている。アナリストの多くがアメリカで上級学位を取得しているからだ。中国で最も影響力の強い国際関係理論は、攻撃的現実主義と呼ばれる考え方である。国家は自身の安全保障環境を、能力の許すかぎり最大限に支配しようとする、という理論で、前述の二つの考え方を補強するものである(6)。この理論によると、アメリカにとって、独立した中国の存在は不満の種である。だからアメリカは当然、「色の革命」（民衆による独裁主義体制の打倒）を推進しようとする。中国共産党を排除して、もっと弱体の、もっと親米的な政権にすげ替えようとするのだ。中国政府関係者の多くには、そうしたアメリカの意図を示すさまざまな証拠が見える。アメリカは長きにわたる反共産主義の歴史を持ち、民主化および人権擁護の推進を幾度となく訴え、台湾、チベット、新疆における、いわゆる分離独立運動を執拗なまでに支援している。

中国のアメリカ研究者たちは、アメリカのシステムが政治的にも思想的にも多元的だということを理解しているが、これら三つの中国の伝統的思考はすべて、アメリカのような大国なら、究極的には、中国に対する戦略を持っているはずだ、という考え方に収束する。アメリカの政治システムから、紛らわしく矛盾したシグナルが発せられると、中国のアナリストたちは、アメリカ人が中国について用いるのとよく似た思考を展開する。すなわち、相手は狡猾だと考えるのである。アメリカは、心地よい言葉の裏に戦略的な意図を隠しているかもしれない。アメリカが平和、人権、平等な競争の機会を求めると主張するのは、自身の行動を正当化するためかもしれない。親中派らしき人々を前面に立てているのは、ただ中国との交渉をうまく進めたいだけなのかもしれない。アメリカが中国に本当の支援をしてくれるのは、目先の利益を求めているときだけかもしれない。じっさい、アメリカの言葉と行動には「裏表」がある。[7] アメリカ政府の策略には、自らの意図と決意が隠れているどころか、はっきりとあらわれている。すなわち、揺るぎない世界的覇権国でありつづけようとする意図と、中国が力を増し、アメリカの覇権を脅かすことは許さないという決意である。

一部のアナリストたちは、中国とアメリカの利害は全面的に対立しているわけではないと主張する。中国とアメリカは互いに遠く離れているため、安全保障上の核心的利益が否応なく衝突するということはない。両国は貿易によって、そして、共通の利益を追求する政策によって相互利益を得ることができる。共通の利益の追求とは、たとえば日本に独自の安全保障政策を実行させない、といったことである。したがって、中国政府は、アメリカが課した制約から抜け出そうともがきつづけながらも、アメリカ政府の関心を惹いて有利に事を運ぶことが可能だ。いっぽう、それとはまったく反対の意見を持つ人々の大集団が存在する。彼らはアメリカの政策に対して、それほど甘くない、より厳しい見方をしており、中国はどう対応すべきかについて、対決姿勢を鮮明にしている。そしてこう信じている。中国はアメリカに軍事的に対抗しなければならない。万が一、紛争が起こったとしても、アメリカの軍事技術を追い抜き、優れた士気を結集することによって、中国は勝てる、と。こうした考え方は、中国の軍や安全保障関係機関に広く浸透しているが、ふつうは表に出てこない。競争相手国にも友好国にも不安を与えないためである。[8]

アメリカの能力

アメリカの対中国戦略の論理をより深く洞察するために、中国のアナリストたちは――どこのアナリストでもそうするように――能力と意図に目を向ける。アメリカの軍事的、経済的、イデオロギー的、外交的能力は、かなりわかりやすい。そしてそれらの能力は、中国から見れば、壊滅的な力になりかねない。

第一に、グローバルに展開するアメリカの軍事力は、技術的にも進んでおり、中国の周縁部には大量の戦力が集中している。アメリカ軍は管轄地域別に六つの「統合軍」に分かれているが、中でも地理的範囲、兵員数ともに最大なのが太平洋軍（PACOM）で、[9] その担当地域には中国が含まれている。（くわえて四つの機能別統合軍がある）。太平洋軍の司令部はハワイのホノルルにあり、アジアおよび太平洋各地に部隊を駐留させている。アメリカの海外軍事施設八〇〇カ所のうち二三〇カ所以上が日本と韓国にあり、中国から約三二〇〇キロのところに位置するグアム島には空軍および海軍の主要基地がある。[10] 太平洋軍が担当する地域には、中国のほか、台湾、南シナ海、東南アジア、オーストラリア、ニュージーランド、そして太平洋とインド洋の大部分が含まれる。二〇一〇年時点の太平洋軍の兵力は次のとおり。陸海空軍および海兵隊の兵員数およそ三二万五〇〇〇人。艦艇約一八〇隻、海軍および海兵隊の航空機一五〇〇機、空軍の航空機四〇〇機。[11] 太平洋軍を構成する主な艦隊は第三艦隊と第七艦隊である。

また、アメリカ軍は一一の空母打撃群を有するが、太平洋軍ではそのうち五つの空母打撃群がほとんどつねに活動している。中国とインドの西部国境までくると、担当は太平洋軍から中央軍（ＣＥＮＴＣＯＭ）に変わる。中央軍はパキスタン、中央アジア西部からエジプトまでを担当する。二〇〇一年九月一一日以前には、中央軍はパキスタンでの演習や補給任務のとき以外、中国の国境沿いに部隊をまったく駐留させていなかった。だが、あの日以降、中央軍はアフガニスタンに数万人規模の部隊を駐留させ、キルギスの空軍基地を利用するようになる。ある中国人アナリストは次のように述べている。「アメリカは、中国の近隣地域に戦略的な包囲の輪を構築する策を講じている。……アジア太平洋地域の軍事基地ネットワークと中国近隣諸国との同盟関係を大幅に強化した。さらに太平洋艦隊を強化し、中国西部地域に隣接する中央アジアに、テロ対策の名の下に前進基地を築いた」[12]。

アジア太平洋地域におけるアメリカ軍の作戦能力は次のものによって拡大されている。五つの二国間防衛条約（オーストラリア、ニュージーランド、日本、韓国、フィリピン）。オーストラリア、ニュージーランド、フィリピン、タイ、シンガポールとの緊密な防衛協力体制。地域の他の国々とのさまざまな協力体制。アメリカ軍は給油、補給、修理を受けるために地域各地の港湾施設や飛行場を利用することができる。オーストラリア軍、日本の自衛隊、韓国軍はアメリカ軍と連携して作戦を遂行するための訓練を受けている。アメリカ政府は台湾への武器売却を段階的に縮小すると確約しているにもかかわらず、依然として台湾軍への装備提供や訓練を続けている。地域における作戦能力を支援するため、アメリカは地上発射ミサイル・潜水艦発射ミサイル・航空機搭載爆弾という無敵の「三本柱」の形で、約五二〇〇発の戦略核弾頭を配備している。[13]

中国のアナリストたちが、アメリカの軍事力の技術レベルを初めて思い知らされたのは、テレビで報道された一九九〇－九一年の湾岸戦争において、アメリカがその能力を全世界に誇示したときである。この戦争に先立つ二〇年のあいだに、アメリカ軍はひそかに、「軍事における革命」と呼ばれる近代化プログラムを推し進めていた。一九九〇年代初頭までに、アメリカは人工衛星のグローバルネットワークを保有し、それによって世界のどこの戦場の状況についても、リアルタイムで情報を手に入れることができた。陸海空軍および海兵隊すべての作戦が、コンピューターネットワークを通じて統合され、その結果、いわゆる陸海空の共同作戦が可能になった。誘導爆弾や無人航空機の導入により、兵士が負傷するリスクを低減しつつ、正確に標的を攻撃できるようになった。高度な「兵站空輸」によって、必要な規模の部隊、装備、物資を短時間に遠くの戦場にまで運ぶことができた。

一九九一年以来、中国は、アメリカの軍事力のたゆみない進歩について、つねに情報を入手するよう努めてきた。一九九七年に中国がアメリカと協定を結んだのは、きっとそのためもあったのだろう。すなわち、香港植民地がイギリスから中国の主権下に返還された後も、米海軍艦艇の香港への定期的寄港を認める協定である。アメリカ軍の高官たちは、軍同士の交流の際、中国軍の高官たちに、自国の戦力を選択的に披露する。それは、もしも紛争が勃発した場合、相手が目の当たりにするであろう破壊力を強く印象づけ、アメリカはたえず戦力を更新し、いかなる競争相手の軍の近代化にも、つねに一歩先んじるよう努めている、というメッセージを送るためである。

中国のアナリストたちには、そのメッセージは明白だ。中国は現在のところ、国境の外に軍隊を駐留させていない。例外として、アデン湾の海賊対策に小規模なパトロール部隊、国連平和維持活動に数百人の要員を派遣しているだけである。中国が海軍や空軍の作戦のために国境外の港湾施設を利用する機会は限られており、理屈のうえでは現在も有効な一九六一年の北朝鮮との条約をのぞいて、軍事同盟も結んでいない。要するに、中国の戦力が配置されているのは、国境の内側と国の沿岸海域のみ、ということだ。これらの戦力を増強する中（第11章）、中国は、アメリカがそれに対抗して中国周辺の軍事拠点を強化していることを知る。どんな形であれ、通常兵器による米中衝突が起こるとすれば、中国の周辺――あるいは国内――で起こるはずだ。なぜなら、それ以外の場所に中国軍はいないからだ。

次に、中国の安全保障アナリストたちは、中国の経済的利益に打撃を与えるアメリカの強大な力を注視している。中国は輸出市場や投資および技術の供給源を分散させているが、それでも中国にとってアメリカは、（EU全体を勘定に入れなければ）依然として最も重要な市場であり、直接投資および先進技術の主要な海外供給源の一つである。一九八〇年代以降、アメリカはその経済力を用いて、中国を痛めつけるよりも、支援することのほうが多く、さまざまな形で中国の成長に貢献してきたが、おりにふれて、その気になればいつでも、その支援を武器に変えることができる、というシグナルを送っていた。たとえば、一九八九年の天安門事件の後、アメリカ政府は中国に経済（ならびに外交）制裁を加えた。制裁には先進技術の移転を制限することも含まれていた。アメリカはこれらの制限を継続するだけでなく、ヨーロッパの同盟国にも同様の制限を続けるよう圧力をかけた。当時、アメリカ議会でも、中国からの輸入品に適用されていた低関税率――いわゆる最恵国待遇関税率――を廃止して、中国を罰するべきではないか、という議論が起こった。二〇〇〇年代にも、議員たちは中国に制裁を加えるべきかどうかで議論を戦わせた。理由は、いわゆる通貨操作である。つまり、中国政府が、人民元の為替レートが必要以上に急上昇することを認めようとしなかったのだ。天安門事件の後の制裁は軽く、議会で審議された貿易制裁は結局、実施されなかったが、中国のアナリストたちにとって、これらの政治的な出来事は、中国に経済的な制裁を加える決意をしたときのアメリカの行動に対して、中国がいかに脆弱であるかを思い出させるものだった。きわめて重要な原材料は海上交通路を通って中国まで届けられるが、その海上交通路はアメリカ海軍の支配下にある（第7章）。アメリカはそんな脅しをかけたことはないけれども、中国のアナリストたちはこう考えている。アメリカはいざとなれば、きっと中国への物資供給を遮断するだろう、と。

罰しようとする意図はなくても、アメリカ経済はあまりにも巨大であるため、自己の利益を追求することによって中国を傷つける可能性がある。たとえば、中国の戦略家たちは、石油や鉱石などの戦略物資が開かれたグローバル市場を通じて流通し、その市場にはすべての国が平等にアクセスできる、などとは信じていない。それどころか、これらの物資の大半がアメリカやその同盟国に拠点を置く企業によって、持ち株、長期契約、政治的影響力などを介して支配され、価格関係や物資不足などの問題に対する解決策は、欧米諸国を助け、それ以外の国々を傷つけるものが多いと、彼らは信じている。こうした不利な状況に対処するため、中国は世界中の油田のほか、鉄、銅、その他の鉱山の共同所有権を可能なかぎり獲得してきた。こうした中国の動きに、欧米のメディアや政治家たちは懸念を表明した。それを中国政府はこう解釈した。アメリカは他の国が自分たちと同じやり方でゲームに参加することを認めたくないのだと。二〇〇五年、アメリカの政治家たちは、エネルギー企業ユノカルの中国海洋石油総公司による買収に待ったをかけた。二〇〇九年、オーストラリアでは、中国国有企業による大手鉱山会社リオ・ティントの株式取得が政治的抵抗によって阻止された。これらの行為は、中国のアナリストの疑念を裏づけるものだった。「本当に開かれた市場なら、なぜ中国が企業を所有することが問題になるのか？」

最後に、アメリカ経済はあまりにも巨大であるため、その運営を誤っただけでも、中国を傷つける可能性がある。たとえば米ドルは、国と国とが互いに取引をする際に使用する主要通貨、そして、多くの国が外貨を蓄積するのに使用する主要通貨となっている。中国の外貨準備高の内訳は公には知られていないが、おそらく約七割がドル建て資産だろう。中国がドル資産の保有額を減らしたいと思っても、それは困難である。なぜなら、世界の銀行預金と債券のおよそ半分、世界の外貨準備高の六〇パーセント、世界の全外国為替取引の八〇パーセントをドルが占めているからだ[14]。このようなドルの普遍性によって、アメリカは自国の経済問題を解決するためにドルを印刷したり、借金をしたりするだけで、中国の利益に損害を与えることができる。アメリカがこれをやると、中国の輸出額と外貨準備高の両方が押し下げられてしまうのだ。

中国は他の一部の国々ほど経済的圧力に対して脆弱ではない。なぜなら莫大な天然資源、多様な海外市場、好調さを増す国内市場を有する巨大な大陸経済圏だからだ。それでもアメリカには、中国の繁栄に害を及ぼすほどの大きな力がある。これまでのところ、アメリカは害を及ぼす意図を持ってその力を使ったことはない。だが、もしもアメリカがその力を使ったとしたら、それに反撃する中国の能力は限られているだろう。中国のアメリカ向け輸出品のほとんどは戦略的には重要でない消費財である。また、米ドルを放出すれば、対外貿易を行なう能力や、保有する外貨の価値を損なうことになる[15]。

第三に、中国のアナリストたちは、アメリカが強力なイデオロギー的武器と、それを使う意欲を持っている、と考えている。「民主主義」と「人権」は世界中で受け入れられている理念であり、アメリカはこれらの理念の意味を定義する並外れた能力を獲得している。中国当局によれば、世界中で受け入れられているのは、アメリカの理念が優れているからではない。第二次世界大戦後、アメリカは覇権国としての地位を利用して、世界人権宣言やその他の人権条約に自らの理念を書き入れ、中国が見るところの「欧米式」民主主義を、日本だけでなく、最終的には韓国、台湾、その他、世界中の国々に導入した。中国当局はこう主張している。今のアメリカは民主主義や人権の理念を、国内における階級的搾取と国外における新植民地主義を覆い隠すのに利用しているだけだ。イデオロギーの力は軍事力と経済力を支えている。これらの理念を掲げるアメリカは、社会主義やアジア式の開発独裁主義といった異なる理念を信奉する国々の政権を否定し、不安定化させる。

中国の分析では、アメリカ政府は――民間団体だと主張しながら、じっさいには国の政策に沿って活動している財団やＮＧＯにそそのかされて――「民主主義の推進」を実行し、

「色の革命」を推進することによって、競争相手をつねに守勢に立たせようとしている。フォード財団とアジア財団は、中国の改革派活動家を支援している。全米民主主義基金は、反体制派を支援している。民間人権団体フリーダム・ハウスの格付けでは、中国は「自由のない国」となっている。ボイス・オブ・アメリカとラジオ・フリー・アジアは、中国メディアが抑えこもうとするニュースや意見を放送している。アメリカは中国の反体制派の人々の政治亡命を受け入れ、チベットやウイグルの活動家に保護と支援を提供している。中国にいるアメリカ人宣教師たちは、家庭教会（ハウス・チャーチ）という非公認のキリスト教信仰を広めている。アメリカに拠点を置く複数のNGOは、中国の慣行をさまざまな批判にさらし、国民の目の前で、中国政府の面目を失わせようとしている。アメリカの大学は中国人の学生たちを西洋思想に触れさせている。たしかに、財団による支援は、政権の優先事項への貢献という面では中国に恩恵をもたらし、中国人学生に対する教育は、中国が有益な技術を獲得する助けとなってきた。しかし、これらの恩恵はどれも無償で得られたものではなかった。アメリカのように、これほど強力な一連の手段を駆使して、他国の政権のイデオロギー的社会支配に対して異議を唱えた国はほかにない。

最後に、中国のアナリストたちは、アメリカが国際外交における支配的な地位を利用して、その他の能力も強化している、と考えている。アメリカ軍の国外駐留は、アメリカの圧力の下で他の国々が結んだ条約および協定と、アメリカが強引に引き出した国連安保理決議によって、法的な形をとっている。アメリカは、軍備管理を口実に、他の国々がアメリカの支配を脅かすことがないように仕向けている。軍備管理体制を牛耳るアメリカは、アメリカの圧力から身を守るために核兵器を手に入れようとした北朝鮮、イラン、その他の国々の企てを、国際法違反だと非難しているのだ。アメリカは世界銀行、IMF、WTO、その他、世界経済のルール制定機関を支配し、自己の利益を追求している。アメリカは国際人権体制もおおむね支配してきた。ただし、一部の重要な条約については従うことを拒否している[16]（第12章）。アメリカは、ミャンマー、スーダン、イランといった一部の国々の政府に「ならず者」政権のレッテルを貼る権限をほしいままにし、これらの国々に対して共同で制裁を加えるよう、他の国々にも強要する。外交力が弱まってきたとはいえ、アメリカは今もなお、国際体制を利用して自己の利益を追求しており、そのことがしばしば中国を困難な状況に追いこむのである。

前に述べた中国のアナリストの三学派――文化主義、マルクス主義、現実主義――にとって、次のように考えるのはしごく当然のことである。アメリカのように強大な国は、その力を利用して特権を保持しようとするだろうし、国益を守るための他国の努力を、安全保障上の脅威として扱うだろう、と。三学派すべてにとって、その意味するところは悲観的だ。中国が勢力を伸ばせば、アメリカはきっと妨害するにちがいない。

歴史の教訓——台湾をめぐる交渉

中国のアナリストたちは、アメリカの能力だけでなく、米中関係の歴史にも目を向ける。アメリカの意図と策略に対する理解力を磨くためだ。歴史の教訓は能力の論理を強化する。中国政府の見方によれば、アメリカは自らの覇権を追求する中で、中国を手ひどく扱ってきた。一九五〇年から七二年にかけて、アメリカは中国を「封じこめ、隔離」しようとした（第3章）。それだけではない。アメリカは同盟国を説得して、中華人民共和国の外交承認を思いとどまらせ、対中禁輸措置を主導し、日本の軍備を増強し、朝鮮半島に介入し、対抗する台湾の政権を支援し、中華人民共和国の支配に抵抗するチベット人ゲリラを支援し、核攻撃も辞さないと脅しをかけてきた。一九七二年以降、アメリカの対中国政策は変化したが、それはただアメリカ政府にその必要があったからにすぎない——ソ連に対抗するため、そして開放政策に踏みきった中国で商売をして経済的利益を得るためだ。そのときでさえ、アメリカは中国の台頭を抑えこもうとしつづけた。そのために台湾をひきつづき戦略的攪乱に利用し、日本の軍事力をさらに増強し、アジアに展開する米海軍その他の部隊を次々に近代化し、人権問題で中国に圧力をかけた。

より具体的に言えば、中国は、アメリカの対中国政策に関する教訓を、アメリカ政府とのいくつかの交渉から得てきた。これらの交渉には、一九五〇年代、六〇年代に断続的に行なわれた大使級会談[17]、一九八〇年代、九〇年代の軍備管理交渉[18]、二〇〇〇年代の気候変動交渉などが含まれる。中でも次の二つの交渉が、中国人に強烈な印象を残した。一つは一九七〇年代、八〇年代の台湾をめぐる交渉、もう一つは一九九〇年代のＷＴＯ交渉である。ＷＴＯ交渉については第10章でより詳細に検討するが、要約すると、中国はこう思っている。アメリカは交渉を長引かせ、不当なほど自己に有利に交渉を進め、一九九九年に朱鎔基首相が最後の譲歩を申し出るつもりでワシントンを訪れたときには、不誠実にも土壇場で要求をつり上げた。最初に朱の申し出に同意した後、クリントン大統領は、この交渉に対する議会の不満を引き合いに出し、それを口実にさらなる譲歩を要求したのだ。この経験から中国政府が学んだ教訓は以下のことである。アメリカは些細なことでもけっして容赦しない。アメリカとの交渉は政治化され、混沌としたものになる。なぜなら、全責任を負う人間がいないからだ。アメリカは可能なかぎり自己に有利に交渉を進め、最大限の利益を得ようとする。双方に有益かつ公平な交渉をしようとはしない。

中国人のアメリカ理解に対してさらに決定的な影響を与えたのは、一九七一-七二、一九七八-七九、一九八二年に台湾をめぐって行なわれた三回の交渉である。これらの交渉は詳細に検討する価値がある。なぜなら、これらの交渉によって、現在もアメリカの台湾政策の指針となっている「声明の枠組み」ができあがったからだ。[19] 中華人民共和国は台湾問題をつねにアメリカとの関係における最重要課題として位置づけてきた。この問題は中国にとって国の存亡に関わる重要なものだ。なぜなら、台湾の支配権は中国の安全保障に不可欠だからだ（第8章）。中国の政策立案者にとって、「台湾問題」の核心は、台湾が本土から分離していること自体ではなく、その分離を永続させるうえでアメリカが果たしてきた役割だ。もしもアメリカが敗走寸前の国民党側を守るために中国内戦に介入していなかったら、台湾はとっくの昔に中国の支配下に入っていたはずだ、と中国の政策立案者たちは考えている。しかし、一九五〇年の朝鮮戦争の勃発とともに、ハリー・S・トルーマン大統領は台湾海峡にアメリカ海軍の艦隊を派遣した。アメリカは、全中国を代表する政府として中華民国の外交承認を維持しており、中華人民共和国へと切り替えることはしなかった。アメリカ政府は台湾と中国の関係に対して両面作戦をとるため、次のように発表した。「フォルモサ（台湾）の将来の立場を決定するには、太平洋地域の安全保障の回復、すなわち日本との和平調停、あるいは国連による判断を待たなければならない」。つまり用語解釈上、台湾独立の可能性がひきつづき議論の対象となるよう仕向けたのである。一九五四年、アメリカ政府は台湾政府と防衛条約を締結し、軍事援助の提供を開始した。これによって台湾の本土からの独立はさらに強固なものとなった。これらの出来事は、アメリカ政府の台湾政策をめぐる米中交渉の背景をなすものだった。

米中の関係改善が始まったとき、中国の政策立案者たちはこう思っていた。中国政府との正常な国家間関係による利益とひきかえに、アメリカ政府は台湾への支援をやめるだろう、と。たしかに、交渉のどの段階でも、アメリカは台湾から手を引こうとしているように見えた。ところが、数十年が経過した今も、依然としてアメリカは台湾を支援しており、それが、中国政府の見方によれば、統一政策の実現にとって最大の障害となっている。どうしてこんなことになったのか？

リチャード・ニクソンは一九七二年の訪中の際、中国側に次のように述べた。米中の協調が始まれば、もはや台湾に戦略的重要性はなくなるので、喜んで手放そう、と。だがニクソンは、毛沢東と周恩来に、中華人民共和国と国交を樹立すると同時に台湾との関係を断つというのは、政治的に不可能だ、と告げた。そして、大統領としての任期が二期目に入ったら、中華民国との外交および軍事関係を断絶すると約束した。厳しい交渉の末、中国側はこの二段階の解決策を受け入れた。一九七二年の上海コミュニケで、中国はその揺るぎない立場を再度強調した――「台湾の解放は中国の内政問題であり、他のいかなる国も干渉する権利はない。すべてのアメリカ軍部隊および軍事施設は台湾から撤収しなければならない」。だが中国は、同じ文書の中でアメリカ側が宣言を併記することも認めた。コミュニケには次のような、きわめて重要な文言が記された。

> アメリカは、台湾海峡の両側のすべての中国人が、中国はただ一つであり、台湾は中国の一部だと主張していることを認識している。アメリカ政府はこの立場に異議を唱えない。アメリカ政府は台湾問題の中国人自身による平和的解決への関心をあらためて表明する。この展望を念頭におき、アメリカ政府はアメリカ軍の全部隊および軍事施設の台湾からの撤収を最終目標として確認する。それまでは、地域の緊張緩和に応じて、台湾のアメリカ軍部隊および軍事施設を徐々に削減していく。

これを読んだ中国側は、台湾に対する主権の承認と、アメリカの台湾政府への軍事支援打ち切りの確約をとりつけた、と思った。

ところがアメリカ側の交渉担当者は後になって次のように主張した。台湾に対する中国の主権を「承認」したのではなく、主権を有すると中国人が信じていることを「認識」しただけである、と。台湾との関係を断つというアメリカ政府の約束は、ついでの口約束にすぎず、文書による誓約ではなかった。けっきょく、実現は困難だった。アメリカは台湾駐留部隊の縮小を約束したが、それは中国の軍事的脅威が減少すればという条件付きだった。この軍事的脅威について、中国の交渉担当者はいつも、軍事力の保有は主権国家としての権利であり、その権利を手放すわけにはいかない、と主張した。アメリカは台湾への関与を弱めながら、逆に強めることに成功した。アメリカは台湾問題を（平和的に）解決する方法に対して、いまだかつて語られたことのない「関心」を表明した。この関心という言葉を利用して、台湾に軍事支援を続けること、ならびに公式の外交関係が断絶した後も、なんらかの形で外交的支援を続けることを正当化した。要するに、一九七二年のコミュニケ以後も、アメリカ政府の中華民国に対する立場は以前と何一つ変わらなかったのだ。アメリカは中国政府と将来に向けた約束を取り交わしたのではなかったか。しかも、中国側が譲歩して、中国の地で発表される共同声明の中で、アメリカの立場を表明し、さらに強化することさえ認めたというのに。当時をふりかえって、中国のアナリストたちはこう考えるようになった。アメリカ人は毛沢東と周恩来を利用した。合意文書の文言を操作し、合意の精神を信じる純朴な中国人を罠にはめたのだ、と。

さまざまな出来事が展開する中、二期目に入ったニクソンは、もはや中国政府との関係を正常化できなかった。ウォーターゲート事件のせいである。後任大統領のジェラルド・フォードも、政治的に弱い立場にあり、ニクソンの約束を果たせなかった。中国人は第二の教訓を学んだ――当時の中国人にとって、それは驚きだった――民主主義体制の指導者の立場がいかに弱いか、その結果として、約束がいかに当てにならないかを思い知った。

次の大統領のジミー・カーターが、ソ連への圧力を強めるために、中国との関係正常化を求めたとき、中国は一九七二年の取り決めの欠陥を修正するよう強く要求した。一九七九年一月一日、米中の外交関係樹立に向けた議論の一環として、緊迫した交渉が行なわれ、その結果、アメリカ政府は次のことに同意した。台湾との外交関係を断絶すること、法律上の義務に従って、相互防衛条約の終了をその一年前に通知すること、中華人民共和国政府を「中国の唯一の合法的な政府」として「承認」すること、「中国はただ一つであり、台湾は中国の一部だとする中国の立場を認識している」という文言を再度入れること。[20] しかしアメリカ側は関係正常化共同声明の中に次の文言を入れるよう強く要求した。「ただし今後もアメリカ国民は台湾国民とのあいだに文化的、商業的、その他の非公式な関係を維持していく」。またアメリカは、中国が反対したにもかかわらず、次のような独自の声明を発表した。「アメリカは今後も台湾問題の平和的解決に関心を持ちつづけ、台湾問題が中国人自身によって平和的に解決されることを期待する」。これに対して中国も独自の声明を発表し、次のように述べた。「台湾をどのようにして祖国に取り戻すかについては、中国の純然たる内政問題である」。しかしこれは、ニクソンが最初に力説し、カーターが再確認した平和的解決への関心と矛盾はしていたが、それを完全に否定するものではなかった。アメリカによる台湾への軍事援助について、中国側は具体的な終了期日を示すよう求めたが、アメリカの交渉担当者はこれを拒否した。こうして中国は、関係正常化交渉において、何歩か前進することができたが、同時に次のような教訓を新たにした。すなわち、アメリカは、交渉相手が絶対的な優位にないかぎり、自己のいかなる利益も手放そうとしない。

その次に起こったことは、中国側にとって、さらにもう一つの痛い教訓となった。一九七九年四月一五日、アメリカ議会は、カーターが結んだ取り決め――それは慎重に結ばれたものだったが――に対して、部分的に反対し、台湾関係法を可決した。台湾関係法では、「台湾の将来を決定する」ための平和的方法へのアメリカの「関心」が再度表明された（中国の評論家たちは、これではまるで、台湾の将来について、決定すべき事柄がまだ何かあるかのような言い方だと抗議した）。台湾関係法は、「台湾国民の安全を危険にさらすいかなる武力行使、その他の強制手段にも対抗できるアメリカの能力を維持する」というアメリカ議会の意思をあらわしていた。同法はさらに次のことを約束した。アメリカは台湾に対して、じゅうぶん自衛できる程度の防衛「装備品および役務」を提供し、それは「台湾の必要のみに基づいて」行なわれる、と。――つまり、将来のアメリカの政権は、台湾への武器売却をめぐって、中国政府と交渉することを禁じられたわけである。台湾関係法によって、準政府的な枠組みが確立された結果、アメリカ政府は台湾と事実上の国家間関係を継続することができた[21]。同法には、今後もアメリカは、形式的な場合をのぞいて、台湾を国際・国内法上の国家のように扱う、と定められている。

要するに、中国側から見れば、台湾関係法は、ニクソンとカーターが差し出したものの多くを、引っこめてしまったのである。中華民国を全中国を代表する政府として承認したアメリカのかつての政策の代わりに――その点では少なくとも中国は一つだと認めていたわけだ――今度は台湾関係法が、台湾と呼ばれる実体を承認した。アメリカはこの実体をあたかも中国から分離したかのように扱い、台湾は、アメリカとの関係において、公式な外交承認をのぞいて、独立国家としてのあらゆる重要な特性を享受することとなった。台湾への軍事的関与を段階的に減らしていく代わりに、台湾関係法は、台湾の必要に応じて保護を保証するというアメリカの立場を揺るぎないものにした。じっさい、アメリカ当局は台湾関係法制定以来、長年にわたってこれを利用し、さまざまな官民による外交的介入や武器売却、軍による緊急時対応計画、ときには中国の脅威から台湾を守るための武力の誇示さえ正当化してきた。台湾関係法はニクソンやカーターの約束と矛盾している、と中国の外交官が文句を言うと、アメリカの憲法体制の下では、議会はやりたいことをなんでもできるのだ、という返事が返ってきた。中国政府はすでに、大統領の権力が不安定なものだということを知っていた。そして今、次のことに気づいた。アメリカは三権分立の原則を、合意を破る権利を主張する口実に使うことができるのだと。

一九八二年、中国政府はふたたび、以前のアメリカとの交渉の誤りを訂正する機会を得た。大統領候補だったロナルド・レーガンは、台湾との関係を強化する意向を示したが、大統領に就任すると、ソ連に対抗するには中国の協力が必要だと悟った。中国は、その協力の見返りとして、台湾への武器売却問題に関して譲歩するようアメリカ側に強く求めた。厳しい交渉の末、一九八二年八月一七日、双方は第二の上海コミュニケを発表した。要旨は次のとおり。

双方の上記の声明（中国は台湾問題の平和的解決に向けて努力し、アメリカには中国の主権を侵害する意図はないこと）を念頭に置いて、アメリカ政府は台湾への武器売却を長期的政策として実施するつもりはないこと、台湾への武器売却は質量ともに米中外交関係樹立以降の数年に提供された程度を超えないこと、台湾への武器売却を段階的に減らし、一定の期間を経て、最終的な解決へと導くつもりであることを表明する。

こうしてアメリカは、台湾への武器売却を減らすという一九七二年の約束をより具体化させることを余儀なくされた。ところが、合意が成立すると、アメリカ側は文言尊重の論法を用いて、合意文書をまったく無意味なものにしようとした。たとえば、武器売却額が最高だった一九七九年を基準に設定した。年間の削減額を細かい端数まで入れて計算し、実質的には増えるようにインフレ調整を行なった。台湾に売却した高性能兵器システムについて、質的には古いシステムと同等であり、高度なものではないと主張した。そして、武器売却ではなく技術移転の名の下に、商社が台湾の軍事産業に協力することを許可した。二〇〇一年四月にジョージ・W・ブッシュが台湾への高性能兵器の大規模売却を承認したときには、もはや一九八二年のコミュニケは明らかに死文と化していた。

いっぽう、アメリカが台湾への関与をいつまでも続けているあいだに、さまざまな変化が起こり、中国統一は手の届かぬところまで遠のいてしまった（第9章）。

中国の戦略家たちはこの歴史をふりかえって自問した。アメリカはなぜこれほどかたくなに台湾に関与するのか、と。この質問に対して、アメリカ人はたいてい、忠実な民主主義同盟国を独裁国家の支配から守る義務があるからだ、と答えるが、ほとんどの中国人は、アメリカの行動の根底には戦略的な動機があると考える。台湾問題を継続させることによって、アメリカは中国を縛りつけておくつもりだ、と中国人は思っている。たとえば本土のある軍事戦略家グループはこう述べた。「冷戦終結以降、台湾は徐々に重要なチェスの駒になった。アメリカはその駒を使って中国の動きを食い止めているのだ[22]」。そんなわけで、この経験から得られた教訓は、理論上の予想を裏づけている。アメリカはあらゆる強力な手段を用いてライバルの台頭を抑えこもうとするだろう。

対中国政策の政治問題化

台湾関係法の場合のように、議会が米中関係に介入するのは異例のことではなかった。外交政策に関して、議会は数年前から自己主張的傾向を強めており、これはその一例だった。それが中国との関係を引き続き複雑化させている。冷戦時代、「政争は水際まで」というのが、外交政策における超党派協力の原則だった。一九五〇年代初頭の「中国を失ったのは誰のせいか」をめぐる不毛な議論をのぞいて、対中国政策は一九七九年まで民主・共和両党から支持を得ていた。最初は共産主義に対抗する必要性について、のちには米中協力がソ連の封じ込めに寄与することについて、幅広い合意があったからだ。毛沢東主義に基づく全体主義は、史上屈指の残虐な政府を創りだしたが、それでもアメリカ人は、リチャード・ニクソンが毛主席に温かく迎えられたことを喜んだ。鄧小平政権は、毛沢東時代よりは改善していたものの、依然として抑圧的だったが、アメリカ人は中国の政治・経済における明るい動向に目を向け、中国人がアメリカの価値観に歩み寄ろうとしている、と考えた。

しかし、このような外交政策問題に対する議会からの敬意は、一九六〇年代後半から七〇年代初頭には、ヴェトナム戦争やウォーターゲート事件の影響で、徐々に失われていった。この二つの事件で、大統領の言葉への信頼が損なわれたからだ。一九七三年に成立した戦争権限法は、敵対的な状況に部隊を投入する大統領の権限を制約するもので、議会の雰囲気の変化を示す初期の兆候だった。台湾関係法をめぐる攻防も、議会が外交権限を行使する際の基準となった。一九八九年六月に天安門事件が発生し、その後、冷戦が終結すると、アメリカは中国に対する態度を転換させた。かつては自由化を推進すると思われた政権が、今や中国国民を抑圧する共産党独裁政権として見られていた。ソ連の崩壊によって、戦略上、中国と協力する必要性はなくなった。米中の経済関係が密接になった結果、影響下にある社会のさまざまな分野で摩擦が生じていた。中国政策は、アメリカ外交において、とくに対立を生む問題の一つとなった。

そうした状況の下、アメリカの中国政策においては、利益集団政治が重要性を増していった。そこでは、議会を通じて影響力が行使される場合もある。中国の政治体制は人権団体から反発を買っている（第12章）。人口抑制政策は、中絶反対運動に携わる人々を激怒させる。非公認の「家庭教会」に対する弾圧はアメリカの宗教界から非難されている。安価な消費財の輸出によって、労働組合から雇用保護の要求が高まっている。石炭や巨大ダムへのエネルギー依存に、環境団体は不安を募らせている。武器および技術の輸出に、軍縮活動家たちは不快感を示している。中国によるチベット支配に対して、海外在住チベット人とその支援者から抗議の声が上がっている。映画、ソフトウェア、製薬産業は、中国市場における知的財産権保護を求めている。じっさい、一九八〇年代以降、中国は他のどの国よりも、アメリカの多くの利益集団の注目を集めているようだった。メディアやシンクタンクも中国への関心を高めていったが、それはたいていの場合、悪いニュースだけが報告する価値がある、という原則に基づいていた。一九九〇年代後半以降、世間の議論は「中国脅威論」に集中した。それは中国人の目には、中国の願望の正当性を否定する考え方であり、同時に、中国の利益に対する脅威そのものとなるように見える[23]。

アメリカ連邦議会議員たちはホワイトハウスに圧力をかけたり、法案に賛成票を投じたりして、発言力の強い有権者の要求に応じた対中国政策を推進してきた。近年、アメリカの対中国政策に批判的な議員は、民主党の革新派から共和党の右派まで、じつにさまざまである。人権、チベット、貿易障壁、通貨操作、台湾、知的財産権、気候変動、環境、中国の軍事的脅威と、ありとあらゆる問題を取りあげている。中国の重要性が高まるほど、中国に関係したあれやこれやの問題に対して、どの議員もより強い姿勢を示さなくてはならないようだ。個人的に思い入れの強い問題――たいていは宗教の自由、チベット、人権――を専門に扱う議員もいる。有権者にとって経済的利益や民族的アイデンティティなどの理由から重要な問題――通貨、貿易、台湾――に対応する議員もいる。そして、貿易や国防など、自分たちが議会で切り拓いてきた専門分野に関連した問題を選ぶ議員もいる。小規模な市民団体は、自分たちが重要だと考える問題に注目を集めるため、選挙資金の寄付を「束ねる」という方法をとる。そうしなければ、選挙資金法により、個人は二五〇〇ドル、団体は五〇〇〇ドルまでしか寄付できないからだ。

議会での中国に関する議論は、たいていの場合、それだけ――つまり議論だけ――で終わるのだが、ときには議会が行動を起こし、それが予期せぬ形で中国の利益に大きな影響を及ぼすこともある。一九七九年の台湾関係法の可決は、その典型的な例である。一九九〇年から九四年にかけて、議会では毎年、中国に対する貿易上の最恵国待遇を取り消すかどうかをめぐって、議論が戦わされた。じっさいに取り消されていたら、中国からの輸入品の関税は引き上げられていただろう[24]。現実には取り消されることはなかったが、その可能性があるという状況に置かれた中国は、その間、毎年、人権問題について譲歩することになった。一九九五年、「議会の意向」決議によって、アメリカ政府は台湾の李登輝総統に入国ビザを発給せざるをえなくなった。このことはその前の国務省の中国政府との約束に違反していたため、一九九五－九六年の台湾海峡危機（第9章）のきっかけになった。一九九七年、議会の要求を受け、国務省はチベット問題担当の大使級「特別調整官」を選任することになった。これに対して中国は内政干渉だと抗議した。前にも述べたように、一九九九年には、ビル・クリントン大統領は、議会の反対を受けて、アメリカが中国のWTO加盟を承認するにあたって、それまで要求していた条件をさらにつり上げざるをえなくなった。議会はいつも吠えているばかりではない。嚙みつくこともあるのだ。

もちろん、議会、シンクタンク、メディア、学界には中国に好意的な立場を支持する人々も多い。こうした姿勢は、米中協力がアメリカの農家、輸出業者、銀行、ウォール街にとって重要であり、また朝鮮半島や気候変動といった問題をめぐる戦略的協力のほうが、人権や宗教をめぐる論争よりも重要だ、という考え方に基づいている。こうした意見は、長期的には、中国に批判的な意見よりも大きな力を持つようになるかもしれないが、どちらかと言えば、あまり声高に語られることはなく、見えないところで影響を及ぼす傾向がある。[25]中国のアナリストたちは、アメリカの政策関係者のあいだで語られる耳障りな意見の意味を理解しようとしている。そして、それらが発するシグナルは曖昧で、たびたび警戒心を抱かせる。[26]

砂糖に包まれた脅威

アメリカの意図を把握しようとするとき、中国のアナリストたちは、行政機関の高官による、政策に関する信頼すべき発言についても詳しく検討する。中国のアナリストは、行政官僚に支配された政治体制の中で生きているため、これらの高官の発言こそ、アメリカの戦略を知るうえで、最も信頼できる道しるべだと考える。アナリストたちは、このような発言には、たいてい、二つの主題が含まれていることに気づく。たとえば、アメリカの意図に悪意はないと伝えて中国政府を安心させ、そのいっぽうで、中国の台頭でアメリカの利益が脅かされないようにすると国民に約束する、というわけだ。この二つの主題の組み合わせによって生まれる状況を、中国のアナリストたちは、砂糖に包まれた脅威だとみなす。

たとえば、二〇〇五年、ロバート・B・ゼーリック国務副長官はジョージ・W・ブッシュ政権を代表して、主要な対中国政策に関する声明を発表した。ゼーリックはアメリカの聴衆に向かって、中国の台頭は脅威ではないと語り、理由として次の三点を挙げた。中国は「過激な反米イデオロギーを広めようとしているわけではないこと」「資本主義に対して死闘をくりひろげるつもりはないこと」「国際体制の根本的な秩序を覆すことで自分たちの将来が決まるとは考えていないこと」。その前提に立てば、双方が「協力関係」を築くことは可能だ、とゼーリックは述べた。だが、そのためには一定の条件があるという。「われわれとともに将来の国際体制作りを進めていくほうが、はるかに中国の……国益にかなうだろう」――つまり、アメリカと対立するよりは、ということだ。中国はなんらかの措置を講じて、中国の台頭をめぐってアメリカ国内に広がる、ゼーリック言うところの「不安のるつぼ」を鎮めるべきである。中国は「国防支出、意図、政策、軍事演習について説明し」、アメリカとの貿易黒字を削減し、北朝鮮やイランの問題についてアメリカに協力すべきである。ゼーリックはとくに、中国は「閉鎖的な政治」をやめるべきだ、と忠告し、次のように述べた。「アメリカの観点からすれば、中国は平和的な政治の移行を進め、政府が国民に対して説明・報告する責任を負うようにする必要がある」。結論として、ゼーリックはこう言った。アメリカは中国を、国際問題において「責任あるステークホルダー（利害関係者）」の役割を担う国として歓迎するが、それと同時に、アメリカとその同盟国は中国がどう行動するかを見きわめるため、「中国との関係をヘッジ（損失回避）」する。[27]

中国のアナリストたちは興味をそそられた。なぜなら、ゼーリックの発表したような声明は、中国では、各省庁間のプロセスを通して妥当かどうか慎重に吟味されたものであり、熟慮を重ねた末の政府全体の意見を反映したものだからだ。アナリストたちは、あちこちのアメリカ人の知人に連絡をとり、「ステークホルダー」と「ヘッジ」というアメリカ特有の語法が何を意味しているのか尋ねた。そして次のように結論した。ゼーリックは中国政府に対して、アメリカ政府に協力するよう迫っており、同時に、これからもアメリカは中国の政治形態を変えようとするだろう、と。

ブッシュ政権のその他の信頼すべき発言も、同様のことを呼びかけているように聞こえた。『四年ごとの国防計画見直し　二〇〇六年版』――アメリカ国防総省が四年に一度発表する報告書――にはこう記されている。「アメリカの政策は、中国に対して、軍事的脅威と威嚇ではなく、平和的な経済成長と政治的自由化の道を選ぶよう促そうと努めている。……アメリカは……いかなる軍事的競争相手に対しても、地域覇権やアメリカおよびその友好国に対する敵対的行動を可能にする破壊的またはその他の能力を開発することを思いとどまらせようと試み、侵略や威圧を抑止していく。万一、抑止がうまくいかなかったとしても、アメリカは敵対勢力が戦略上・作戦上の目標を達成することを許さない[28]」。二〇〇六年版『アメリカ合衆国国家安全保障戦略』は次のように述べている。「しかし、中国の指導者は、地域全体、世界全体の懸念を悪化させるような旧来の考え方や行動の仕方にしがみついていては、平和な道を歩みつづけることはできないということを認識しなければならない。……中国の国民が基本的自由と普遍的権利を享受できるようになって初めて、中国は自国の憲法や国際的公約を尊重することができ、自らの力を最大限に発揮することができる。われわれの戦略は、中国が国民のために正しい戦略的選択をするよう促しつつ、その他の可能性をヘッジするものである[29]」。

バラク・オバマ政権も——表現はもっと穏やかだが——同様の考え方を表明している[30]。二〇〇九年九月、オバマ政権の対中国政策に関する最初の重要演説で、ジェイムズ・B・スタインバーグ国務副長官は、「戦略的再保証」という考え方を打ち出した。スタインバーグはその原則を次のように定義した。「わが国と同盟国は、繁栄し、成功した大国としての中国の「登場」を歓迎する用意があることを明確に表明しなければならない。同様に中国は、他の全世界の国々に対して、中国の発展と、増大する世界的な役割が、他国の安全保障と幸福を犠牲にするものではないことを再保証しなければならない」。中国は「他の国々に対して、この増大が脅威とはならないことを再保証する必要がある。……軍事的透明性を高めることにより、中国の意図をめぐるアジアおよび全世界の国々の不安を取り除き……法の支配と普遍的規範を尊重することを示さなければならない[31]」。二〇一〇年に発表されたオバマ政権の最初の『国家安全保障戦略』は次のように述べている。「われわれは中国軍の近代化計画を監視し、それに基づいて、アメリカの国益と、地域および世界の同盟国が悪影響を受けないよう準備を整える。より広範には、われわれは中国に対して、その影響力の増大にともない、平和と安全保障と繁栄に寄与する選択を促す[32]」。二〇一〇年に発表されたオバマ政権の最初の『四年ごとの国防計画見直し』は次のように述べている。「透明性の欠如と、中国の軍事開発および意思決定プロセスの性質は、アジアやその他の地域における中国の今後の行動や意図について、当然の疑問を生じさせる。したがって、われわれと中国との関係は、多面的であると同時に、信頼を高め、疑念を解消するプロセスを基盤として、相互の利益を増大させるものでなければならない[33]」。中国のアナリストたちから見ると、これらの声明は、本質的に首尾一貫しており、それが伝えるメッセージは、次のようなものだった。アメリカ政府が望んでいるのは自己に都合のいい協力であり、中国が自らの安全保障上の利益を守るのに必要な軍事力の増強を阻止しようとしている。

アメリカの政策が、中国人の目にはきわめて危険で妥協がないように見えるのは、政策のイデオロギー的な性格によるものだ。民主主義下の政策立案者はイデオロギー――単純明快なテーマによって複雑な行動の意味を提示する――を利用して、有力な政治勢力を統一し、国民の支持を集め、官僚機構を統制する[34]。中国の指導者も同様のことをしているが、さほど大がかりではない。なぜなら中国国民はアメリカ国民ほど外交政策には注目せず、また、独自の影響力を持つ政治勢力も多くないからだ。外交案件については、中国の指導者はたいてい水面下で、実際的な観点から解決を図ることができるのだが、アメリカ政府はそれに応じようとしないことが多い、と中国側は感じている。ある中国人アナリストは言う。「アメリカは敵と味方を区別するためにイデオロギーを必要とする[35]」。アメリカ外交の公的イデオロギーは中国人には福音伝道的に見える――文字どおりには、アメリカがユダヤ・キリスト教的価値観とされるものを促進しようとする点において、比喩的には、アメリカが修道士のような熱心さでその価値観を促進しようとする点において。アメリカの政策はイデオロギー的だと理解して初めて、中国のエリートたちにもアメリカの決定の意味がわかる。そう考えないと、中国政府にとって矛盾して見える決定が多いのだ。たとえば、一九九二－一九九四年のソマリア介入、一九九九年のセルビア介入、キューバに対する長きにわたる反カストロ政策、他国政府の人権侵害への度重なる批判など。

じつのところ、中国政府の多くの人の目には、冷戦終結以降、アメリカはもはや国際体制の構造変革にひたすら抵抗する保守勢力ではなく、国際環境を自己に有利に作り変えるため、新たな取り組みを進める改革勢力であることが明らかになった。これらの取り組みには次のようなものがある。NATOの拡大、パナマ、ハイチ、ボスニア、コソボへの介入、湾岸戦争、アフガニスタン戦争、イラク戦争、中央アジアにおける米軍兵力の拡大、北朝鮮とイランの自衛権（と中国人は考えている）を否定しようとする企て。経済分野では、アメリカは自己の優位を拡大しようと、自由貿易を推進し、他の国々にドルを準備通貨として使うことを余儀なくさせておきながらドルの価値を下げ、発展途上国に地球規模の気候変動を低減するためのコストを不当に負担させようとしてきた。アメリカは攻撃的な意図を見せ、アメリカ流の人権や民主主義を他国に押しつけ、グルジア（現ジョージア）、ウクライナ、キルギスにおける色の革命を助長した。中国共産党の期待の星とされる人物は次のように言う。「(アメリカ人の）本当の目的は、いわゆる人権を守ることではなく、それを口実にして、中国の健全な経済成長に影響を及ぼし、制限を加え、中国の富と力が（アメリカの）世界覇権を脅かさないようにすることにある」[36]。アメリカの力の行使には攻撃的な傾向がある、というのが中国のアナリストたちの結論である。[37]

中国のアメリカに対する疑念は巨大な例外に直面する。アメリカが中国の台頭を促進するために大いに尽力したという事実である。だが、歴史が中国のアナリストにこの難問の答えを教えてくれる。アメリカは中国を封じこめられるだけ封じこめておいた。しかしソ連の勢力拡大に対抗する手段を強化する必要に迫られ、中国と関わりを持たざるをえなくなった。中国と関わりを持ちはじめると、アメリカはこう考えるようになった。この関係によって中国は民主主義国に変わるだろうし、そうなれば一九四九年に失ったアジア大陸におけるアメリカの戦略基地を取り戻すことができるだろう、と。さらに、中国が改革開放の道を歩みはじめた後、中国への投資や安価な中国製品の輸入、そして米長期国債を購入してアメリカの貿易赤字と財政赤字を解消しようとする中国人の意欲によって、アメリカは莫大な経済的利益を手にするようになる。中国人の目から見ると、こうしたアメリカの動きはどれも理想主義や寛大さから出たものではなかった。いっぽう、一九九〇年代後半まで、アメリカの戦略家たちは中国の潜在能力を過小評価していた。それが今では、アメリカは中国を脅威だとみなしながらも、もはや中国の継続的発展を抑えこむ現実的な手段を何一つ持っていない、と中国人アナリストたちは考える。その意味で、アメリカの対中関与戦略は失敗した。それに対して鄧小平の「韜光養晦《とうこうようかい》」（才能を隠し、力を養っておくこと）戦略はうまくいった（第1章）。今や中国の台頭は著しく、その勢いをとどめることは不可能だ。アメリカは現在のように、自己に都合のいい協力を求め、威嚇し、軍事的抑止を維持し、引き続き体制の変更を促すのが精いっぱいだ。

わずかな希望

それでも、こうした暗い見方が、さまざまな共通利益分野におけるアメリカとの協力を妨げることはなかった。そうするしかなかったのである。胡錦濤は「関係が悪化すれば、どちらにとっても利益にならない」と言い、元国家副主席の曽慶紅は「対立の回避は双方にとって長期的な課題である」と述べ、温家宝首相は「米中関係の発展の方向を決めるのは、両国の基本的な利益だ。……両国の共通の利益は、相違よりも大きい」と語った。[38]

このような考え方は、中国の外交政策を導く現実的な手段としての思考を反映している。その思考の中では、共通の利益はイデオロギーの相違よりも重要だ。中国政府はこう考えている。アメリカは自身の経済的繁栄のために、そして北朝鮮の核武装、イランへの核兵器拡散、世界的な気候変動などの問題解決のために中国を必要とすればするほど、対立よりも協力を選ぶはずだ、と。曽慶紅は一九九〇年代にこう述べている。「(ジョージ・H・W・)ブッシュもクリントンも明確に理解している――中国との関係悪化は長期にわたる基本的国益に反するということを。したがって、長期的に見て、アメリカが中国との関係を悪化させることはないだろうし、米中関係がかつての米ソ関係(と似たような状態)に発展することはありえない」。

しかし、アメリカ同様、中国にとっても、安全保障の論理に限界はない。強力な――そしてある意味で安全な――国ほど、安全保障を必要とする。大国はどこも、他の大国に対して妥協するよりも、支配したいと考える。中国のアナリストたちはこう考える。ロシア、中国、その他の国々がアメリカを懸命に抑えこもうとし、アメリカ衰退の最初の兆候に気づいているが、それでもアメリカはさらに数十年は世界的覇権国の地位を維持するだろう、と。ある代表的なアメリカ研究者が語ったように、現在のところ、「超大国アメリカは飛び抜けて強力で、他の多くの大国はあまり大したことはない[39]」。中国支配層の意識調査によると、大多数の人々は、アメリカの覇権がすぐに消えてなくなるとは考えていない[40]。

ゆえに中国の政策立案者たちはこう考えている。米中両大国はこれからも軍事力を強化しつづけ、相手を抑止しようとするだろう、と。その目的は、自身の安全保障を相手に左右されないためだ。しかしそれは、相手が競争から撤退しないかぎり、どちらにとっても遠い目標だ。それどころか、両国は経済的にますます相互依存を強めている。中国の軍事力が増大するにつれて、両者の能力は――対等ではないにせよ――互いに重大な損害をもたらすまでに増大するだろう(第11章)。この相互の脆弱性の中に、今のところ、協力への最大の希望がある。相互に不信を抱きながらも、つねに協力が不可欠だと感じるのは、互いを恐れているからだ。

第5章　北東アジアの地域システム
——日本、韓国、北朝鮮

歴史を通じて、ソ連とアメリカが中国の安全保障にとって最大の脅威だったとすれば、その次につねに大きな脅威となってきたのは日本である。日本は、多くの基準から見て、中国の近隣諸国の中で最強の国だ。人口は一億三〇〇〇万人で世界第一〇位。ＧＤＰ（国内総生産）は二〇一〇年までアメリカに次いで世界第二位、現在でも中国に次ぐ世界第三位である。さらに、中国がＧＤＰで日本を追い抜いたのは、日本よりも生産性が高いからではなく、人口が多いからだ。日本は今なお革新者、投資者、金融大国、そしてハイテク製品や文化的製品の輸出国として、中国の先を行っている。

日本は恐るべき軍事大国でもある。国防費は世界第六位だが、ＧＤＰに占める割合は主要国の中では最小なので、その気になれば軍事支出を増やす余裕はじゅうぶんにあるだろう。日本が保有する軍隊（自衛隊として知られる）は、総人員二三万七〇〇〇人と少ないが、ハイテク兵器および技術を海、空、宇宙に多数展開している[1]。自衛隊を支えているのは、世界でもトップクラスの電子機器と原子力技術、そして重工業部門である。日本はアメリカと連携して作戦行動を実施しており、日本国内には三万六〇〇〇人のアメリカ軍が駐留している。この恐るべき大国は、中国にきわめて近いところに位置している。上海からは東シナ海を挟んで八〇〇キロしか離れておらず、中国国民の大部分が日本から一九〇〇キロ以内に住んでいる。最新型の戦闘用艦艇なら一日、戦闘機なら三〇分、ミサイルならほんの数分で到達できる距離である。

しかし、近隣諸国の中で——ロシアも含め——日本ほど中国に大きな相互利益の可能性を提供している国はない。なぜなら、資源を必要とする日本のハイテク経済と、資本や技術を渇望する中国の資源・労働力を供給する能力のあいだには、ほぼ完璧な相互補完性があるからだ。日中関係の謎は、なぜこれほど対立の解決が難しく、利益の達成が困難なのか、ということである。[2]答えは地政学にある。狭い空間にある二つの巨大な国が、望まずして密接な関係を持っている。日本の安全保障上きわめて重要な地域には、韓国、北朝鮮、台湾、東シナ海が含まれ、そのすべてが中国の安全保障にとっても重要なのだ。日中両国はあまりにも近いために安全保障上のニーズが競合し、その結果として、安全保障のジレンマが生じている。つまり、双方が安全保障を強化する措置を講ずると、それが相手の安全保障を脅かす、というわけである。[3]技術の進歩と経済関係の深化によって、この地域における国と国との距離は、昔に比べればはるかに縮まった。中国と日本の利害を調整する取り組みはきわめて複雑である。というのも、韓国、北朝鮮、台湾、ロシア、アメリカを含む地域システムでは予測不能の力学が働くからだ。

瓶の中のサソリ
――中国と日本の安全保障のジレンマ

その戦略地政学的位置ゆえに、日本は現代の主要国の中で最も不安を感じている国である。日本を構成する細長い四つの本島はアジア大陸に沿うようにして、およそ二二五〇キロにわたって伸びている。ロシアから約三二〇キロ、朝鮮半島から約二五〇キロ、前にも述べたように中国から八〇〇キロしか離れていない。これらの距離は、近代以前の状況なら、一三世紀にモンゴル人が日本に侵攻したときをのぞいて、日本、アジア大陸双方ともに相手から身を守るのにじゅうぶんな距離だった。しかし一九世紀の終わり頃、二つの国が蒸気駆動の戦艦の艦隊を持つようになると、双方の安全保障の境界線が重なりはじめた。一八九四－九五年、地域における優位を求めて、日本と清国が激突し、日本の勝利に終わった。講和条約によって、日本は植民地として台湾を獲得し、今日まで続く中台分離の基礎を築いた。その一〇年後、日本は中国東北部と朝鮮半島における優位をめぐって、ロシアの新しい陸海軍と戦った。この戦争での日本の勝利が、一九一〇年の朝鮮半島植民地化、その後の数十年にわたる満州および中国、東南アジアの大部分への侵略へとつながる。しかし、この状況は長くは続かなかった。第二次世界大戦の敗北によって、日本本土の根本的な脆弱性が再確認された。

第二の弱点は経済である。その弱点は近代化によってもたらされた。近代以前、日本は自給自足社会だった。明治時代（一八六八－一九一二年）に工業化が始まると、国内で調達できない原材料やエネルギー資源を海外に依存するようになる。一九三〇年代にはすでに鉄の九〇パーセント、石油の八四パーセントを輸入していた（今日ではいずれも一〇〇パーセントに近い）。こうした依存のゆえに、中国沿岸から東南アジアを通る海上交通路の利用がなんらかの理由で阻害された場合、致命的な影響を受けやすくなった——その同じ輸送ルートを、一九八〇年代以降、中国も輸出入に利用するようになった。また、日本の生命線は、朝鮮半島の近くの対馬海峡、本州と北海道のあいだの津軽海峡、ロシアの近くの宗谷海峡など、本土周辺の複数の海峡で遮断される恐れがある。

日本の脆弱性の第三の分野をもたらしたのは、現代における海洋および海底資源の重要性の高まりと、その結果として生じる領海境界線の新たな重要性、そして近年の国際法下における海洋領有権をめぐる紛争の拡大である。現代の漁船団は、従来の漁船団に比べると、より遠洋に出ることができ、より多くの人口を養うことができる。新しい掘削技術により、海底に埋蔵された石油や天然ガスなどを利用できるようになった。同時に、一九八二年の国連海洋法条約（ＵＮＣＬＯＳ）——日本、中国ともに一九九六年に加盟——によって、国々が多種多様な管轄権を主張できる海域が拡大した（領海一二海里に対する完全統治権、接続水域二四海里に対する限定的統治権、排他的経済水域二〇〇海里における経済権益など）。これらの進展によって、近隣諸国がそれぞれの権利を重複して主張するようになった。その権利の価値は経済的にも戦略的にも上昇していたからだ。国連海洋法条約には対立する主張を調整するための規定が含まれているが、その規定はあまりにも複雑なため、明確な解答を出すことができない。中国は、日本が支配する島々に対して領有権を主張し——その代表的なものが尖閣諸島（中国語では釣魚台諸島）で、台湾の北東までおよそ一二〇海里にわたって伸びる琉球諸島の南端に位置する——東シナ海の白樺ガス田（中国名「春暁」）をはじめとする、日本が主張する海底資源の権利に異議を唱えている。このガス田について、中国側のガス井からガスがかすめとられているとして、日本は中国を非難している。[4] 日本はほかにも領土紛争を抱えており、竹島（独島）をめぐって韓国と、千島列島の南部四島をめぐってロシアと争っている。後者は第二次大戦後にソ連に奪取されたもので、日本では「北方領土」と呼ばれる。ロシアが千島列島を手放そうとしないのは、オホーツク海の制海権を維持し、莫大な天然資源を支配し、ロシア人住民を統治するうえで、戦略的に重要な位置にあるからだ。

日本が中国の台頭に対して懸念を募らせているのは、台湾と朝鮮半島において日中の利益が対立しているからである。日本は、中国と台湾の統一に公然と反対してはいないが、統一が先延ばしになることを望んでいる。台湾が中国から分離していることは日本の利益になる。なぜなら、台湾は主要な海上交通路に近い、戦略上重要な地点にあるからだ。中国が台湾に気をとられているあいだ、中国の軍事資産は釘付けになり、日本を威嚇するのに使われることはない、というわけである。さらに、日本は台湾に莫大な経済権益を有している。長年、日本は台湾独立運動の拠点としての役割を果たしており、一部の日本の有力者たちも運動を非公式ながら支援していた。最終的には、支援を受けた活動家の大半が、台湾民主化後、台湾に戻り、政治家になった。日本は同盟国であるアメリカとともに「台湾問題の平和的解決」を主張し、中国からの武力攻撃に備えたアメリカによる台湾防衛を支援するため、施設の提供を約束している。また、台湾の国際機関への加盟を支援し、比較的高いレベルでの公式な接触を認めている。中国政府は、これらの活動を、台湾政策の成功にとって障害となるとみなしている。日中の利害は朝鮮半島でも衝突している。中国は北朝鮮の体制安定を望んでおり、属国として支援している。いっぽう日本は、北朝鮮の核兵器とミサイル発射システムに脅かされている。日本は対抗策の一つとして、弾道ミサイル防衛システムをアメリカと共同で開発した。そのことが今度は中国のミサイルの抑止力としての価値を低下させ、中国を不安にさせている。

　近代の日本は、安全保障を確保するために、二つの異なる壮大な戦略を試みてきた[3]。しかし、いずれの戦略も日本にとって満足のいく結果をもたらすことはなく、中国にとっては脅威となった。第一に、第二次世界大戦前、当時のヨーロッパの国々を手本にして帝国を築いた日本は、広範な安全保障防衛ラインを武力制圧下に置き、原材料や市場を確保しようとした。一八九五年に台湾を植民地として併合した後、この島を綿花、砂糖、米の供給地へと発展させた。一九一〇年、植民地の資源基盤に新たに朝鮮半島が加わった。そこから、日本軍と行政官たちは中国東北部（当時の満州）へ移動し、傀儡国家、満州国（一九三二－四五年）を作りあげた。一九三七年以降、日本は中国と東南アジアの大部分を制圧し、大東亜共栄圏を構築した。だが、日本帝国は手を広げすぎた。戦略は敗北に終わり、中国やその他の国々、そして日本自身にも痛ましい犠牲をもたらした。

　第二次世界大戦後、日本が推し進めたもう一つの壮大な戦略は、アメリカによる保護への依存と引き換えに、アジアにおけるアメリカの影響力の拠点となることだった（中立という第三の選択肢が旧日本社会党によって提唱されたが、試みられることはなかった）。終戦後、日本を占領したアメリカは、いわゆる「平和憲法」を強要した。その第九条にはこう書かれている。「日本国民は、……国権の発動たる戦争と、武力による威嚇又は武力の行使は、国際紛争を解決する手段としては、永久にこれを放棄する」[6]。しかし、冷戦が始まると、アメリカは路線を変更し、日本の再軍備を進めた。日本は日米同盟の下、安全保障上の隷属的地位を受け入れた。それは、のちに吉田ドクトリンと呼ばれる政策に基づく方針だった。その政策とは、アメリカ軍による保護を利用して、経済発展に重点を置く、というものである。日米両国は一九五二年、相互安全保障援助条約を結び、一九六〇年には、同条約に代わるものとして、相互協力及び安全保障条約を締結した。この条約の下、日本の領土保全の保護——最終的には戦略上重要な海峡および海上交通路の保護も含む——は、日米共同の取り組みとなった。アメリカは核報復の脅威を広めることによって、日本に対するあらゆる核攻撃を抑止し、日本に軍部隊を駐留させ、日本にとって死活的な海上交通路をパトロールする。両国は軍事技術を共同で開発し、地域の安全保障環境の変化に応じて、日米部隊間の作戦上の役割分担について、つねに再調整を行なっている[7]。

一部の研究者によれば、文化——広島と長崎の教訓、戦争への嫌悪、憲法九条への傾倒——を見れば、戦後日本がこの第二の安全保障戦略を選んだ理由がわかるという。日本はこの戦略によって、アメリカの防衛保証という盾に守られ、平和主義的姿勢をとることができた、というわけである[8]。たしかに、日本社会の一部には強烈な平和主義感情がある。たとえば、一九六〇年にアメリカとの同盟を更新する決定が下されたとき、大規模な抗議デモが発生した。だが、日本の選択を最もよく説明しているのは戦略地政学的な理由である。帝国主義戦略の失敗によって、日本は単独では安全保障を確保できない、ということが証明された。冷戦構造の下ではなおさらだ。当時最大の脅威だったソ連は、核兵器と大規模な太平洋艦隊を保有し、中国（一時）および北朝鮮と同盟を結んでいた。日本としては、ソ連の支配を受けたくなければ、もう一つの超大国による保護に望みをかけるしかなかった。超大国と手を組むことは、唯一現実的な選択だった。のみならず、それによって国防費を抑制し、より多くの国力を経済成長に投入することができた。

しかし、アメリカとの協力関係において、日本は自らの防衛に多大な投資をすることを求められた。アメリカは次第に日本に対して、アメリカの防衛負担を軽減するため、さらに軍事力を増強するよう迫るようになる。一九六九年、リチャード・ニクソンはニクソン・ドクトリンを表明した。それによれば、アメリカの同盟国はアメリカの支援と核の傘の下で、自ら防衛手段を整えなくてはならなかった。時の流れとともに、日本はより広範囲の防衛任務を受け入れた。一九八一年、日本政府は本土から一千海里までのシーレーン（海上交通路）

の防衛の責任を負うことに同意した。一千海里は尖閣諸島を含み、台湾との境界線に達する距離である。一九八三年、中曽根康弘首相は、ソ連艦隊をオホーツク海に封じこめるため、日本に隣接する三つの海峡を管理する能力を整備する、と述べた。一九八八年、竹下登首相はアメリカから米軍駐留経費の負担増を求められ、これに屈した。一九九〇年代、アメリカから日本は湾岸戦争への貢献度が低いとの批判を受け、国会は自衛隊が海外での国連平和維持活動に参加できるようにする法案を採択した。一九九七年版「日米防衛協力のための指針」——日米相互協力安全保障条約のための実施文書——には、「日本周辺地域における事態での協力」についての新しい規定が含まれた。それは、アメリカが朝鮮半島や台湾をめぐる紛争に介入することになった場合に、日本の関与を暗に求めるものである。二〇〇四年、日本はアメリカ主導の連合軍の一部として自衛隊の部隊をイラクに派遣した。その内容は、警察活動と海上での補給活動のみだったが、戦闘活動が行なわれている地域に日本の軍事要員が入ったのは第二次世界大戦以来のことである。二〇〇七年、日本の防衛庁は省に格上げされ、防衛省と改名された。日本はアフガニスタンにおけるアメリカ主導の戦争努力に対して巨額の資金協力を実施した。これらの政策転換はそれぞれ防衛費や防衛力の増加を伴った。

中国の政策立案者や一部の海外アナリストたちは、こうした流れを「再軍備」と呼んだ。[9] ソ連の脅威が消えた後、中国政府は、日本の軍備増強の理由として中国自身が挙げられるようになったことに気づいた。一九九五年、日本は、核実験を実施した中国に制裁を加えるため、一時的に政府開発援助（ODA）を停止した。日本の一九九七年版防衛白書は、中国の弾道ミサイル兵器および海軍力の拡大に懸念を示した。この当時、日本はアメリカと共同でミサイル防衛システムの構築を開始した。日本はその理由として北朝鮮の脅威を挙げたが、このシステムは中国の核抑止力の価値を低下させる恐れもあった。二〇〇四年、日本の防衛大綱は初めて、潜在的脅威として中国をはっきりと名指しした。二〇〇五年、日米の安全保障担当幹部の委員会が共同宣言を採択した。そこには日米の「共通戦略目標」として台湾問題の平和的解決が記されていた。中国の海軍力拡大に対する日本の懸念の結果の一つが、海上保安庁の年間装備予算を三倍以上に増額するという二〇〇五年の決定だった。海上保安庁は、公式には軍隊ではなく文民機関だが、たいていの国の沿岸警備隊よりも重装備である。[10] 日本の二〇〇八年の防衛白書は、中国の軍事的透明性の欠如に不満を表明している。二〇〇九年、日本はいわゆる「ヘリコプター搭載護衛艦」を就役させた。中国は、これは空母に等しく、日本の戦力投射能力の著しい増大を意味する、と考えた。二〇一〇年、日本は中国に対して、核兵器の増強をやめるよう公然と圧力をかけ、新防衛大綱を発表した。大綱は、北のロシアに向けていた戦力を、中国と係争中の南西の海上境界線周辺にふりむけるよう求めていた。中国から見ると、この一連の施策やその他の措置は、日本の中国に対する深い疑念を反映しているだけでなく、中国の台頭に対するアメリカの現下の防衛策に日本が参加していることを意味していた。その防衛策とは、中国に不利な形でアジアの軍事バランスを維持するというものである。

日本にとって、日米同盟の問題は——かつて毛沢東がフルシチョフとの交渉で悟ったように——安全保障のパートナー同士の利益が一致することはめったにない、ということである。アメリカは日本が重要視する利益を守らなかったことが何度もあった（たとえば、北朝鮮との交渉の際、日本人拉致問題の優先順位を低くした）。日本国民の大多数が望んでいない任務を日本に果たすよう要求した（たとえば、イラク戦争に資金と人員を提供するよう圧力をかけた）。自己の利益を追求して、日本の利益を無視した（たとえばリチャード・ニクソンは、日本に事前に知らせることなく、中国との関係に歴史的突破口を開いて日本に「衝撃」をあたえ、ビル・クリントン大統領は一九九八年に九日間にわたって中国に滞在したが、東京には立ち寄らなかった）。公式には認めないことになっている行為を陰で容認するよう日本の当局者に圧力をかけた（たとえば、核兵器の持ち込みを禁じる日本政府の公式方針に違反して核兵器を海軍の艦艇に積んで日本の港に持ちこんだ）。また、アメリカの関与の仕方は政治的に不安定であるように見えた。とくにアジアへの関与を後退させる姿勢を示したとき（たとえばヴェトナム戦争の後）や、一九八〇年代から九〇年代にかけて、対日赤字にアメリカ国民が怒りをあらわにしたときはそうだった。

これらの問題は、潜在的な新しい安全保障戦略についての日本国内での議論を促した。この戦略は一般に「普通の国」戦略と呼ばれている。この戦略の支持者は、日本はどの国でも持っている武力行使の権利を獲得するために、平和憲法第九条を改正すべきだと主張する。それより突っ込んだ話になると、「普通の国」政策は内容が曖昧になってくる。日本はアメリカとの協力を続けながらも、もっと自立した行動をとるべきだ、世界のどこであろうとも、けっして軍事的優位性など求めず、それでいて、これまでよりも積極的に軍事活動に参加すべきだ、という意見がある。そのいっぽうで、日本はアメリカとも中国とも等距離の立場に身を置いたほうがいいと考える人々もいる。さらには、なんとなく、もっと自己主張の強い、民族主義的な姿勢を示す人々もいる。この政策がどのように作用するのか、よくわからないが、かりに実施されれば、日本は脅威だという中国の認識が強まるだけだろう。ゆえに、中国から見れば、日米の同盟関係は、数ある悪い選択肢の中では、依然としていちばんましな選択肢なのだ。少なくとも、日米同盟があるからこそ、日本の核武装への意欲が抑えられている。日米同盟のこの働きは、ときに「ボトルに栓をしておく」という失敬な言い方で表現される[11]。

日本と中国のような関係にある国々にとって、安全保障問題の理想的な解決策は、理論的には、学者たちの言う「安全保障コミュニティ」を形成することだろう[12]。安全保障コミュニティは、たとえばEUのような国家グループである。この国家グループは相互の安全保障上の利益が矛盾なく一致していると考えるので、国家安全保障計画においてグループ内の他の国々からの脅威はもはや想定されていない。だが、ヨーロッパでそれを可能にした条件が、日本と中国の場合には欠けている。ヨーロッパの場合、相互の脅威よりも大きな共通の脅威（ソ連）と、アメリカという共通の安全保障保証人が存在した。技術が進歩した結果、経済や安全保障を目的として領土争いをする意味がなくなった。経済的繁栄と軍事技術の向上とが相まって、戦争がもたらすであろう潜在的利益よりも、損失のほうが大きくなった。互いに軍事的な「燃え尽き症候群」に陥った。そして、中核を成す文化的価値について深い合意があった――たとえばグループ内の国々のあいだで過去に起こった事柄について解釈が一致していた――そして、人と人との経済的関係が強かった。日中関係において、このような一連の厳しい前提条件がすぐに整う見込みはない。

それでも日本は、中国と利益コミュニティを形成しようと、できるかぎりのことをしている[13]。一九七二年、中華民国と国交を断絶し、中国と国交を正常化した。一九七八年、日中平和友好条約に調印した。第二次大戦中に中国で引き起こした残虐行為に対して一連の謝罪を表明した。二〇〇〇年以降、毎年七万人以上の中国人留学生を受け入れている。天安門事件後、中国に制裁を科したG７諸国の中で、日本は最初に制裁を解除した国である。また中国のＷＴＯ加盟を承認し、後押しした。一九七九年から二〇〇九年までの三〇年間で二一〇億ドル近いＯＤＡを提供した。これにより中国は日本のＯＤＡ最大の受け入れ国となり、日本は中国にとって最大の援助国となった。日中両国は文化、科学、技術交流のための多数の合意を結んでいる。一九九七年以降、日本は断続的に、東アジア・コミュニティ構想を推進してきた。この構想は、経済、医療制度、環境その他の分野における日本、中国、韓国およびＡＳＥＡＮ一〇カ国による協力を強化しようというものである。

最も重要なのは、経済の相互補完性によって、両国が貿易・投資関係を築いてきたことである。この関係は、それぞれにおいて最大の対外経済関係となっている。日本は一九七〇年代初頭以降、中国にとって最大の貿易相手国であり、中国は一九九〇年代以降、日本にとって最大の貿易相手国である。中国は日本から中位および先端技術製品、機械設備、自動車、金属を輸入し、日本に衣類、靴、情報技術製品、食料品、石油、石炭を輸出している。そして日本企業は、中国にとって最大の対内直接投資元の一つとなっている。

しかし政治的には、両国は遠く離れたままである。その経済関係には協力だけでなく多くの競争もある。両者にはそれぞれほかにもたくさんの重要な経済相手国がいるので、互いに経済的に依存しているわけではない[14]。日本は、中国からの移民や留学生に対して、欧米諸国ほどはオープンではなく、人と人との結びつきも少ない。それぞれの国民の態度も互いに対して否定的だ。安全保障コミュニティが形成されるどころか、それぞれの安全保障上の優先事項は基本的に対立している、というのが日中両政府の認識である。

日本を調教する中国

中国は日本から感じる脅威を取り除くことができないため、日本との関係における目標は、あまり積極的なものではなく、防御的な傾向が強い（第3章で述べた冷戦後の対ロシア戦略とは対照的だ）。中国は、台湾の本土からの独立に対する日本の支援を最小限に抑えこみ、領土問題については現状を維持しようとしている。とりわけ、日本がさらに進んで安全保障上の自己主張を強めることがないように仕向けようとしている。日本政府の現在の政策動向やアメリカからの圧力などを考えると、じゅうぶんありうることだと、中国は悲観的に見ているのだ。

これらの目標を追求するために中国が用いてきたのが、「調教」戦略だ。派閥化した日本政界の中で、中国の利益に配慮する政治家や利益集団には報酬を与え、そうでない者には罰を与えるわけである。プラスのインセンティブとして、協力的な企業に貿易や投資を奨励したり、好意的な党指導者や首相に対して微笑外交を展開したり、交流協力協定を結んだりする。マイナスのインセンティブとして、非友好的な企業の貿易や投資を妨害したり、海軍と空軍が示威行動を展開したり、国内各都市で反日デモを組織したりする。日本の政策が間違った方向に向かったときにはかならず、戦時中の残虐行為を引き合いに出して、その政策を声高に非難する。このような報酬と罰というやり方は、矛盾した印象を与えるが、比較的弱く、はっきりしない形で影響を及ぼそうとしていると考えるとわかりやすい。内外から強い圧力にさらされている隣の大国の向かう方向を変えようというわけである。日本を調教するとき、中国政府は民族主義的な国民感情を利用する。その感情は本当のものだが、それが表出する時期、長さ、激しさ、そこに含まれる問題はさまざまに変化する。中国の指導者は日本人の罪悪感を利用し、被害者として道徳的に有利な立場に立とうとしてきた。そうすることによって、経済的、政治的譲歩を引き出すのだ。歴史と記憶をめぐる対立は、政策のきっかけにはなるが、推進役にはならない[15]。

そんなわけで、一九五〇年代から六〇年代にかけて、日本が公式にアメリカ主導の対中国禁輸措置に参加する中、中国は日本の友好的な企業や政治家とのあいだでさまざまな貿易協定を結んだ。これは「友好貿易」とか「覚書貿易」として知られる枠組みを利用したものである。一九六九年、アメリカはニクソン・ドクトリンの下、日本に防衛態勢を強化するよう圧力をかけた。すると中国は佐藤栄作首相を軍国主義者だと非難し、貿易を奨励していた日本企業向けの条件を厳しくした。一九七二年、日本が中国を外交的に承認すると、中国は友好的な対応をしはじめた。中国政府は一九七七年、上海の近くの宝山における巨大製鉄所プロジェクトを新日鉄に発注した。同社の会長が中国にとって古くからの友人だったのも理由の一つである[16]。一九七八年、鄧小平が日本を訪問し、続いて一九八三年には、胡耀邦中国共産党総書記も来日した。鄧小平と胡耀邦は、新たな改革開放政策を促進するため、日本から援助と投資を得ようとしていたのだ。尖閣諸島の紛争について、鄧小平は、急を要する問題ではないので、将来の世代に託してもよい、と語った。

だが一九八〇年代、日本の指導者がアメリカとの防衛協力を強化したのに対して、中国は否定的なシグナルを発した。一九四五年の対日戦争勝利から四〇周年を迎えたとき、中国は全国で展示会、イベント、式典を開催したが、すべて中国侵攻時の日本の戦争犯罪に焦点を当てたものだった。中曽根首相が日本人戦死者の霊を祀る靖国神社を参拝したとき、中国は抗議した。この神社には第二次大戦の戦犯の霊も祀られていたからだ。中曽根の靖国参拝がきっかけとなり、学生による反日デモが始まったが、中国政府はデモが数週間にわたって断続的に継続しても黙認した。その後の数年間、中国は次から次に生じる問題に抗議した。日本の教科書における第二次世界大戦中の残虐行為についての記述の仕方、蔣介石を記念して東京で開催された会合、所有権が争われていた学生寮について、裁判所が中華人民共和国ではなく中華民国のものだという裁定を下したこと、映画『ラストエンペラー』の日本公開版で南京大虐殺のシーンが削除されたこと。また、中国の急速な経済成長によって日本とのあいだに貿易不均衡が生じ、中国側が大量の注文や契約を取り消し、同時に経済摩擦が激化した。

一九九〇年代初頭になると、中国はふたたび言葉づかいを和らげた。天安門事件後の制裁を最初に緩和したことに対する返礼である。一九九一年、海部俊樹首相が中国を訪問し、一九九二年には天皇が歓迎を受け、一九九三年、江沢民が日本を訪問し、一九九四年、細川護熙首相が中国を訪問した。天皇と細川は中国の懸念に配慮して、日本の侵略を謝罪した。そのため、日本の民間民族主義団体が日本の主権を訴えるために尖閣諸島の一つに灯台を建設したときには、中国の抗議は控えめだった。

一九九〇年代半ば、日本がさらに自己主張を強めると、中国はふたたびラウドスピーカーの音量を上げた。農産物をめぐる貿易摩擦では、日本の保護関税に対抗して、広範な商品に重い関税をかけ、日本は譲歩せざるをえなくなった。一九九六年、日本が尖閣諸島周辺を排他的経済水域であると宣言すると、中国はこれに抗議し、中国本土を本拠地とする民間愛国者団体が三度にわたって尖閣諸島に上陸する小規模な試みを実行することを容認した（このとき香港の男性活動家一人が溺死した）。人民解放軍の艦艇、潜水艦、航空機は日本の管理下の海域・空域の近くのパトロールを強化し、ときにはその内側へ入ることもあった。一九九八年、首脳会談のため東京を訪問した江沢民は、これまでの日本の謝罪は不十分だと述べ、もっと明確な表現で文書化するよう求めたが不成功に終わった。両国は東シナ海の係争地域にガス井を掘削する準備を進め、それぞれが相手の活動に抗議した。

二〇〇一年、新たに就任した日本の首相が打ち出した政策は、中国を警戒させた。小泉純一郎はアメリカとの防衛協力強化を推進し、弾道ミサイル防衛システムの導入、自衛隊の役割の拡大、イラクへの派遣、防衛庁の省への格上げなどを決定した。選挙運動のとき、小泉は、在任中、靖国神社に定期的に参拝することを誓った。中国は――韓国とともに――抗議し、日本との関係を凍結させた。二〇〇五年、中国共産党宣伝部は、対日戦争勝利六〇周年を記念する大規模な宣伝戦を展開した。激しい学生デモが発生し、靖国参拝、日本の教科書における南京大虐殺の扱い、日本の国連安全保障理事会常任理事国への立候補などに抗議した（立候補はコフィ・アナン国連事務総長の安保理改革の提案を受けたもの）。小泉の後継者たちはメッセージを受け取ったらしく、在任中、誰も靖国神社を参拝しなかった。中国はこの姿勢への返礼として、ハイレベルの相互訪問を再開した。

中国の対日調教政策にはリスクがある。中国国内では、民族主義的な感情が外国人嫌悪に転じ、制御が難しくなるかもしれない。たとえば、二〇〇四年にサッカー・アジアカップに参加した日本代表チームは、重慶の中心街での試合で罵詈雑言を浴びせられた。北京での決勝戦で中国チームが日本チームに敗れると、中国ファンは激しい敵意をむき出しにした。日本に立ち向かう姿勢を見せておかないと、日本に対する怒りが、中国政府への怒りに変わる恐れがある。日本では、中国が歴史問題を何度も蒸し返すと（韓国やフィリピンからも同様の問題について批判がある）、より深い謝罪ではなく、より民族主義的な反応を助長することがある。日本とアメリカの関係は中国に不快感を与えるが、もしも日米同盟が弱体化あるいは崩壊すれば、日本の軍備強化は、アメリカに促された場合よりも、ずっと早まるだろう。このため中国は、中ソ対立以来、日米同盟に終止符を打つように訴えることはなくなった。現実主義者である中国の指導者たちは、予見可能な将来において日本との関係が円滑化する、などという期待はほとんど抱いていない。彼らにできるのは、つねに日本の政策立案者の注意を喚起し、日本の行動が二国間の安全保障のジレンマを今より悪化させないようにすることくらいである。

朝鮮半島問題

日本よりもずっと中国に近いところに、二つの大きな隣国に挟まれた敏感な地域がある。この二つの国の存在は、互いに与える安全保障上の脅威を高めるばかりだ。朝鮮半島はよく、中国にとっても日本にとっても「心臓に突きつけられた短剣だ」と言われる。日中双方が相手を攻撃する場合、あるいはロシアやアメリカのような大国が攻撃に参加する場合、攻撃ルートとして利用される可能性があるからだ。ロシアを抑えこもうとするどの大国にとっても、朝鮮半島は戦略的に重要な地域だ（ロシアと短い国境線を接している）。たとえば冷戦時代にはアメリカにとってそうだった。朝鮮半島はその位置ゆえに、大国の対立の場として、地元住民の血が流された、不幸な地域の一つである。韓国の歴史は中国と日本による侵略の歴史だ。二〇世紀初頭には日本の植民地支配下にあり、一九五〇年代前半には戦火に包まれた。一九四五年に分断されて以来、絶えず危機的状態が続いている。

韓国・北朝鮮は、隣接する三カ国と比較しなければ、いかなる基準からしても大きな国とみなされるだろうし、もしも他の地域にあったならば、かなりの影響力を発揮するだろう。韓国と北朝鮮の総人口は七一〇〇万人と世界で一七番目に多く、トルコの次に位置している。朝鮮半島の総面積は二二万五七一平方キロメートルで、その広さは日本の三分の二、台湾の六倍に相当する。二〇〇九年の韓国の経済規模は八三三〇億ドルで世界第一四位。中国のおよそ六分の一に相当する（北朝鮮の経済規模はあまりにも小さいため、合計したとしても順位は変わらない）。韓国と北朝鮮の兵員数の合計は――約一八〇万人――中国に次ぐ世界第二位である。韓国軍は装備、訓練ともに充実している。北朝鮮の通常戦力は時代遅れだが、弾道ミサイル兵器を保有し、さらには兵器として利用可能なレベルに近い核爆弾を六個前後保有しているとみられる。もしも南北が統一すれば、恐るべき勢力となるだろう。

韓国と北朝鮮は歴史的に一つの国であり、そこに住む人々は文化とアイデンティティを共有している。南北国民すべての変わらぬ目標は、大国の干渉から独立を果たし、外国の支援に頼ることなく自ら安全保障を確保することである。半島が統一されるまで、韓国と北朝鮮の強さは分裂と争いによって浪費され、そしてその分裂こそがいつまでも外国が関与しつづける口実となる。だが、国民にとって悲しいことに、どの国外勢力も統一に公然と反対してはいないものの、積極的に支持してもいないのである。今では国外勢力が、一九四五年以前の中国や日本のように、統一された半島を支配したいなどと願うことはできない。世界中から反対されるからだ。周囲の大国はどこも、統一された韓国・北朝鮮が敵と同盟を結ばないともかぎらない、と考えている。だから、どの大国にとっても、最も無難な道筋は、できるだけ長いあいだ半島を分裂したままにしておいて、他の大国の支配を受けさせないことなのである。そんなわけで、北朝鮮は中国にとって、今後もアメリカや日本に対する盾の役目を担い、韓国は日本やアメリカにとって、中国に対する盾の役目を担いつづけるだろう。冷戦時代、ロシアに対する盾となっていたのと同じである。

たとえ外部からの干渉がないとしても、南北統一の達成は容易ではないだろう。なぜなら、北朝鮮と韓国の政治的・社会的システムには大きな隔たりがあるからだ。統一の過程で生き残るのは、一つの体制、一つの生活様式だけである。したがって、第二次大戦後、韓国と北朝鮮が出現して以来、統一への衝動が両者のあいだにもたらしてきたのは和解ではなく争いだった。一九五〇年、北の朝鮮民主主義人民共和国（北朝鮮）による先制攻撃は、南の大韓民国（韓国）を軍事的に征服しようとする試みだった。これが失敗に終わったとき、北朝鮮は北緯三八度近くを走る休戦ラインに沿って高度の軍事的威嚇を続けた。さらに、韓国の政権を不安定化させようと、スパイ・チームを送りこんだ。一九八〇年代には韓国要人を狙った国際テロ活動を展開した。北朝鮮は軍需物資と経済支援を隣接する二つの共産主義大国に依存した。一九六〇年に中ソ対立が始まると、ソ連と中国の両者にとって北朝鮮の存在価値は高まり、「小さな戦略的三角形」が形成された。北朝鮮の独裁者、金日成（一九一二－九四年）はこの三角形を巧妙に操り、自らの体制に多くの恩恵をもたらした。

韓国の戦略はいくつもの段階を経て進められた。弱体な民主的政権の後、韓国は軍の有力者、朴正熙（在一九六一－七九年）の監督の下、経済成長に重点を置きはじめた。増大する経済力を背景に、最初はアジアで、一九八〇年代には世界のその他の地域で、独立外交を展開した。このときすでに韓国と北朝鮮は、外交的、経済的、政治的にほぼ対等の関係になっていた。両者は同じくらいの成長率を達成しており、いくつかの分野では北朝鮮が韓国より優位に立っていた。韓国も北朝鮮も、完全な外交関係を樹立した国の数が劇的に増加した。一九六〇年代にはどちらも一〇カ国あまりだったのが、北朝鮮は七五カ国、韓国は九三カ国にまで増えた。中国と台湾の場合とは異なり、韓国と北朝鮮は他の国々が両者と同時に外交関係を維持することを認めた。統一がなされるまでは、どちらも正統な国家であるという理由によるものだ。だが、韓国と北朝鮮それぞれの主たる後援国は、互いの従属国を外交上承認しなかった。

一九八〇年代に入ると、優位性のバランスが変化した。グローバル化にリンクした韓国経済が年間およそ八パーセントの成長を遂げたのに対して、北朝鮮の孤立した経済は停滞した。韓国は一九八七年の民主主義への移行を経て国際的な名声を高めた。いっぽう北朝鮮は奇妙な個人崇拝を背景に王朝の継承を続け、金日成の長男、金正日が一九八〇年代半ばから一九九四年の父の死まで、次第に権力基盤を固めていった。韓国が成長するにつれ、北朝鮮と外交・同盟関係を結んでいた社会主義諸国がこぞって韓国と経済・外交関係を結ぶようになる。最初は一九八八年のソウル・オリンピックに乗じて（このプロセスは「スポーツ外交」と呼ばれた）、その後、社会主義圏が崩壊すると、完全な外交的承認によって関係を樹立した。このプロセスは、韓国と、北朝鮮の主要な後援国であるソ連（一九九〇年）および中国（一九九二年）との関係正常化でクライマックスを迎える。ソ連崩壊で北朝鮮への経済援助は終了、中国からの援助も減少した。一九九〇年代初頭以降、北朝鮮は深刻な経済困難に直面し、国民は飢饉に苦しむようになる。

こうして後援国がかつての従属国を見放し、北朝鮮が漂流しはじめると、韓国と北朝鮮は直接対話に入った。新たな環境で、それぞれが自らの立場を強化しようとした。直接の接触は、それ以前にも三回行なわれている。両者が米中和解によって戦略的な衝撃を受けた一九七二－七三年、韓国の朴正熙大統領暗殺事件後の一九七九－八〇年、北朝鮮が大洪水に見舞われた後の一九八四－八六年である。南北当局は、一九九一年に「南北間の和解と不可侵および交流、協力に関する合意書」、一九九二年に「朝鮮半島の非核化に関する共同宣言」、そして同年、不可侵議定書に署名した。だが、一九九三年、北朝鮮は韓国との交渉を打ち切った。その年に浮上した核危機によって、アメリカを直接対話に引きこむ好機がもたらされたと考えたからだ。

朝鮮半島の核危機

一九九三年以降の一連の朝鮮半島核危機の起源は、一九六〇年代に始まった核兵器および弾道ミサイル開発計画にまでさかのぼる。これらの計画には、さまざまな形で体制に恩恵をもたらす狙いがあった。核開発計画はエリート、とくに軍人に忠誠心を植えつけるための権威の象徴であり、同時に、イランやシリアといった国々にミサイルと核技術を売ることによって、北朝鮮の国家財政に何百万ドルもの利益をもたらす商業的事業でもあった。それは北朝鮮にとって、アメリカ・ドルの偽造をのぞいて、ほとんど唯一の外貨供給源だった。そして大量破壊兵器は、体制を脅かし、おそらく攻撃を仕掛けようとさえしている、と北朝鮮が考えているアメリカの戦略に対抗するための、抑止力だった(17)。

一九九〇年代初頭、北朝鮮の指導者たちは核開発計画の別の利用法を思いついた。アメリカが計画を中止させようと北朝鮮に圧力をかけはじめたとき、北朝鮮はこの計画を利用する好機だと考えた。アメリカ、日本、韓国を外交承認、安全保障、経済援助をめぐる交渉に引きこもうというわけである。一九八五年、北朝鮮はソ連の圧力を受けて、核不拡散条約（NPT）に署名し、核開発計画は平和利用のみを目的とすると表明した。ところが一九八九年、北朝鮮が核兵器を開発しているというアメリカの極秘評価資料がメディアにリークされた。メディア報道の誤りを証明するとして、北朝鮮は国際原子力機関（IAEA）の査察官が寧辺《ニョンビョン》の核施設に立ち入ることを認めた。査察官は北朝鮮が生産した可能性のあるプルトニウムの量について強い疑問を提起し、核分裂性物質についての北朝鮮当局者の説明には大きな矛盾があることを見抜いた。アメリカからの圧力が強まる中、北朝鮮は一九九三年三月、NPTから脱退すると脅しをかけ、五月には、ミサイル実験としてノドン一号を日本海に向けて発射した。その後、一九九四年五月に、北朝鮮はIAEAの監視を受けることなく、寧辺の原子炉から燃料棒の取り出しを開始した。つまり、燃料棒からプルトニウムが抽出され、核兵器製造に使用されたかどうかが確認できないということである。一カ月後、北朝鮮は、IAEAから脱退し、査察官を国外退去させると発表した。緊張が高まる中、アメリカのクリントン政権は、武力行使によって北朝鮮の核戦力を破壊することを真剣に考えはじめた。

この一連の出来事は、第一次北朝鮮核危機と呼ばれるようになる。この膠着状態は、ジミー・カーター元大統領の介入によって、どうにか打開された。一九九四年六月、カーターは平壌に飛び、高齢の金日成と対話を開始した。そして、IAEAの査察官を引きつづき滞在させるよう説得した。この対話がアメリカと北朝鮮の直接交渉へとつながり、その結果として、一九九四年一〇月、両政府は米朝枠組み合意に署名した（金日成が七月に死去したため、息子の金正日が引き継いだ）。この枠組みによって朝鮮半島エネルギー開発機構（KEDO）が設立された。その目的は、原子力発電のための核拡散防止型軽水炉二基を建設し、二基のうち一基目が完成するまでは年間五〇万トンの重油を供給して、北朝鮮のエネルギー需要を満たすことにあった。アメリカ、日本、韓国はKEDOの創立メンバーで、その後、他の数カ国が加わった。北朝鮮はこれと引き換えに、寧辺の原子炉を解体すること、NPTから脱退しないこと、国際的な監視を受け入れることを約束した。

体制の地盤強化、経済の安定化を背景に、金正日は朝鮮半島周辺の大国、そして韓国にも接触しようとした。自らの体制にとって利益となるものを引き出そうというわけだ。二〇〇〇年五月、金正日は経済援助や外交支援の約束を取りつけるため、一連のうちの最初の中国訪問を行なった。翌月、平壌で韓国の金大中大統領との首脳会談を開いた。金大中は北朝鮮との外交的雪解けを目指しており、自らの政策を「太陽政策」と呼んでいた。金大中と、その後継者である盧武鉉は救援物資、投資、外交的関与などを提供することによって、北朝鮮が「軟着陸」できるようにしたいと考えていた。二〇〇一年、金正日はモスクワでロシアのプーチン大統領と会談し、二〇〇四年にもふたたびロシアを訪問した。おそらく最も注目すべき外交的決断は、北朝鮮と日本のあいだで下されたものである。日本の小泉首相は二度（二〇〇二年と二〇〇四年）、平壌を訪問し、関係の正常化を試みた。努力は失敗に終わった。なぜなら、一九七〇年代後半から八〇年代にかけて北朝鮮によって拉致され、日本語教師その他の役目を負わされた日本人市民がその後どうなったのか、北朝鮮側がじゅうぶんな説明をしようとしなかったからだ。小泉は一握りの生きのびた拉致被害者とその子供たちを東京に連れて帰ってきたが、この決断によっても、とうてい問題が解決したとは言えず、関係の正常化には至らなかった。

こうしたさまざまな動きにもかかわらず、北朝鮮はアメリカとの関係を打開することができなかった。アメリカとの関係正常化について、北朝鮮は心を決めかねていた。関係正常化は北朝鮮により脅威の少ない安全保障環境をもたらすだろう。だが、そうなると、金正日の「先軍」政策と抑圧統治の根拠となってきた巨大な敵がいなくなることになる。それでも北朝鮮は、枠組み合意の下、約束どおり、寧辺の核施設の解体を開始した。だが、KEDOによる二基の原子炉の建設と重油の供給が遅れていた。その理由の一つが、資金援助をめぐって加盟国のあいだで意見が分かれたことである。西側諸国の注意を惹くためであろう、一九九八年、北朝鮮はテポドン一号の発射実験を行ない、ミサイルは日本を越えて太平洋に落下した。欧米の諜報機関は、北朝鮮がミサイルをパキスタン、イラン、中東諸国にも売却していると報告した。アメリカはまたしても軍事的オプションを検討したが、代わりに、北朝鮮を交渉の場に引き出そうと試みることにした。マデリン・オルブライト国務長官が北朝鮮を訪問し、クリントン大統領の訪朝・首脳会談の可能性について議論した。

だが、首脳会談が実現する前に、クリントン大統領は退任を迎えた。二〇〇一年一月に就任したジョージ・W・ブッシュ大統領は強硬路線をとることを決意した。第二回一般教書演説の中で、新大統領は北朝鮮を「悪の枢軸」の一部だと断じた。その後まもなく、アメリカは、北朝鮮の外交官がアメリカの外交官に対して、これまで知られていなかった、プルトニウムではなく高濃縮ウランによる第二の核兵器開発計画の存在を認めたとして非難した[18]。KEDOはこの計画について、枠組み合意の精神——条項ではなく——に反すると非難し、重油の出荷を停止した。これに対する報復として、北朝鮮はNPTから脱退し、IAEAの査察官を国外退去させて、寧辺の計画を再開した。これに対してKEDOは軽水炉の建設計画を停止した。今度はアメリカが北朝鮮の核開発計画に対して、「完全かつ検証可能で不可逆的な解体」——つまり一方的な軍備縮小——を要求し、これを交渉再開の前提条件とした。この一連の出来事は、第二次北朝鮮核危機として知られている。

中国の介入

この展開に中国は警戒した。北朝鮮の行為は、最初のNPT違反は別として、すべて国際法で権利を認められていることばかりだった。アメリカに対する約束はどれも破っていない。たとえば、北朝鮮は高濃縮ウランによる核開発計画を行なわない、とはひと言も約束していなかった——アメリカはそのような保証を求めることを怠っていた。北朝鮮の基本的な交渉の目的は、中国から見れば妥当なものだった。すなわち、北朝鮮を攻撃しないという保証をアメリカから取りつけることである。北朝鮮の体制は生きのびる能力、より強力な隣国から敬意と援助をもぎとる能力を示していた。そして、大混乱を伴う崩壊、貴重な緩衝国の喪失、隣接する吉林省、遼寧省への難民流入といった可能性を考えれば、北朝鮮の体制の存続は、中国にとって有益なことだった。

そのいっぽうで、中国政府は金正日を最も厄介な隣人だとみなしていた。金正日は体制崩壊の脅威を利用して、中国から食糧や油を引き出した。中国は金正日に、経済改革を進めて国民の食糧を確保し、政治的自由化を進めて近代化を促すよう忠告したが、黙殺された。金正日は中国とアメリカのあいだに緊張をもたらした。アメリカの政策立案者たちが中国に対して、金正日を抑えるように圧力をかけてくるからだ。金正日が日本の近くにミサイルを打ちこんだ影響で、日本がふたたび軍備を強化し、戦域ミサイル防衛システムを構築し、アメリカとの防衛関係を強化した。北朝鮮による一九九三年のミサイル実験と、一九九六年のさらなる実験準備（その後中止）がきっかけとなり、一九九七年版「日米防衛協力のための指針」に「日本周辺地域における事態での協力」という新しい文言が追加された。この文言は台湾にも適用されるものと中国政府は考えた。

おそらく悩みに悩んだ末に、中国政府は次のように判断した。金正日の瀬戸際政策によって、真の戦争の危険がもたらされた。それに付随して、近くに住む中国国民が核汚染の影響を受ける危険もあった。韓国が北朝鮮を奪取するかもしれないし、最終的にはアメリカ軍部隊が中国国境沿いに駐留するようなことになるかもしれない。アメリカはアフガニスタンとイラクへの侵攻で、武力行使を厭わぬことを明確に示したばかりだ。中国は、アメリカが今度は北朝鮮と戦うのではないかと心配した。[19] アメリカが北朝鮮との二国間交渉に踏みきろうとしないため、中国は多国間協議という構想を打ち出した。この構想はやがてすべての利害関係者——北朝鮮、韓国、アメリカ、中国、日本、ロシア——を巻きこむことになる。二〇〇三年、六カ国協議が始まった。中国はこの協議を、アメリカと北朝鮮のあいだの交渉のための隠れ蓑としていた。中国が両者の仲介役を務め、他の参加国は立会人にすぎないと考えられていた。

中国は主催者兼進行役を務めると同時に、いくつかのアメリカとは異なる自らの目的を追求した。国境地域における不安定化と戦争を心配する中国は、段階的かつ慎重なアプローチによって緊張を最小化することを支持したが、いっぽうアメリカは、北朝鮮がミサイルを使用して日本を脅かし、ならず者国家やテロリストに核およびミサイル技術を売り渡すことを懸念しており、北朝鮮の政策の迅速な変更を望んでいた。アメリカは中国が北朝鮮を譲歩させることを望んだが、中国はアメリカの強硬路線が解決を不可能にしていると考えていた。中国は米朝両国に柔軟な対応を呼びかけたが、北朝鮮よりもアメリカに対して、立場の変更を強く求めた。

中国は北朝鮮に対して、軍事衝突を自ら引き起こしておきながら、中国が助けに来てくれるなどと期待すべきではない、ということをはっきり伝えた。それでも、一九六一年の中朝友好協力相互援助条約を撤回することはなかった。中国はこの条約が多くの点でまだ有用だと考えたようである。第一に、この条約は、軽はずみな行動をやめるよう中国が北朝鮮に忠告する権利を認めており、北朝鮮がパニックに陥って暴れだす動機を弱める働きがある。第二に、他の国々に北朝鮮への攻撃を思いとどまらせる役目もある。そして最後に、中国が朝鮮半島に軍事介入する必要があると考えた場合、この条約が正当な根拠となる。

協議の主催者としての、紆余曲折を伴う中国の仲裁努力は、ある程度の成果をもたらした。二〇〇五年九月、第四回六カ国協議共同声明で、朝鮮半島の検証可能な非核化を目標とすることで六カ国は合意した、と発表された（韓国は核武装しない、アメリカは朝鮮半島に核兵器を配備しない、という約束も含まれていた）。ところが、この協議の直後、アメリカ財務省が――国務省とは連携していなかったらしく――北朝鮮のかなりの額の資産を預かっているマカオの金融機関、バンコ・デルタ・アジア（匯業銀行）が北朝鮮のためにマネーロンダリングを行なっていると告発した。アメリカによる制裁を回避するため、マカオの金融当局は同銀行の口座つまり北朝鮮の資金を凍結した。これに対して北朝鮮は六カ国協議への参加をとりやめ、二〇〇六年七月に七回のミサイル実験を、その三カ月後には地下核実験を実施した。北朝鮮の行動を非難し、象徴的な制裁措置を科す二つの国連安全保障理事会決議に賛成票を投じることで、中国は初めて北朝鮮を公然と非難した。これを最初として、中国はその後の数年間、安全保障理事会において北朝鮮に不利な票を投じるようになる。

中国によるさらなる調停努力の結果、二〇〇七年、アメリカはバンコ・デルタ・アジアを監視リストから外し、マカオの金融規制当局は北朝鮮の資産凍結を解除した。北朝鮮はふたたび寧辺の原子炉の停止、ＩＡＥＡ査察官の再度の立ち入り、および、過去の行動の全面開示に同意した（原則として、いわゆる高濃縮ウラン計画の開示も含まれた）。アメリカとその同盟国は、二基の軽水炉と重油の提供をあらためて約束した。

しかし、それからほどなくして、北朝鮮とアメリカのあいだで、相手が約束を守っていないという非難合戦が始まり、合意の履行は頓挫した。北朝鮮はその後もさらに緊張を高めた。二〇〇九年、新たに一連のミサイルおよび核実験を実施、二〇一〇年、韓国海軍の艦艇「天安」に魚雷攻撃を加えた。さらに高度な新型ウラン濃縮施設の存在を明らかにし、係争海域にある韓国の島に砲撃を加えた。これらの出来事は第三次北朝鮮核危機と呼ばれている。

中国の朝鮮半島政策

こうした不安定な情勢は中国にとって大きな頭痛の種だったが、同時にいくつかよい面もあった。長期にわたる危機によって、アメリカは複雑な外交的冒険に縛りつけられ、いっぽう中国は、六カ国協議によって、国際会議の主催者として、また国際社会の責任ある一員としての威信を与えられた。朝鮮半島は、つねにアメリカ軍による監視が必要であり、万が一、台湾をめぐって戦争が勃発した場合には、アメリカと日本は複雑な対応を要求される。アメリカは他の問題について、以前のように中国に異議を唱えることができなくなっていた。北朝鮮の支配者との橋渡し役として中国を頼りにしていたからだ。危機はアメリカとその同盟国である日本や韓国とのあいだに緊張をもたらした──日本の場合、六カ国協議でアメリカが拉致被害者問題を二の次にしたからであり、韓国の場合、ブッシュ政権の強硬路線が、戦争や北朝鮮の体制崩壊を回避することの重要性を無視したからだ（それとは対照的に、オバマ政権は立場を韓国寄りに調整した）。六カ国協議では、韓国の中国に対する信頼は深まった。漸進主義と安定性を重視する中国の姿勢が、韓国の懸念と一致していたからだ。とりわけ、危機の長期化は、北朝鮮国内の緊張を高める雰囲気を醸成し、軍の支配層に対する忠誠心を強固にし、他の国々からの経済援助や外交的配慮の流れを維持することによって、北朝鮮の体制を強化する役目を果たした。交渉が長引くにつれ、中国から見て、唯一失敗に等しい結果は、体制の崩壊だと考えられるようになった。その意味で、このプロセスは成功だった。

長期的には、朝鮮半島にとって最も影響力の大きな外国勢力である中国は、その朝鮮半島の予測できない変化の時代から抜け出したいと望んでいた。[20]戦略の一部は、とても弾みがつきそうには思えなかった。生きのびるための経済資源を生み出すため、中国式の改革を進めるよう北朝鮮を説得したが、うまくいかなかった。この目標を追求するため、中国の指導者たちは金正日を褒め称え、中国改革プロジェクト見学ツアーの機会を数多く提供して、営利企業家精神が政治的支配と両立可能であることを見せようとした。中国は北朝鮮を見捨てようとはしなかった──貿易、投資、援助を増大させた。伝えられるところによれば、中国の対外経済協力予算の少なくとも三分の一が北朝鮮に投入されたという。中国企業は北朝鮮の鉱業、食品加工、サービスなどの部門に投資した。[21]しかし、北朝鮮の抑圧的政治支配と隔離された社会を考えた場合、大々的な開放政策は体制の自殺に等しいと、金正日は判断したようだ。北朝鮮指導部は破綻した全体主義体制にしがみつき、国民は飢餓すれすれの生活を続けていた。二〇〇八年以降、金正日が体調不良の兆候を見せ、二〇一一年に死去すると、最年少の息子、金正恩が権力を受け継いだ。中国は新指導者を支持する声明を出し、経済援助を強化した。少なくとも当分のあいだは、北朝鮮に対して特別な影響を及ぼす立場を確保できるはずだった。

中国は並行して韓国との関係を強化する努力を進めた。自らの経済の引力で韓国を引き寄せ、信頼関係を築き、おそらく最終的には、安心感を得るためにアメリカ軍を国内に駐留させる必要はないということを韓国国民に納得させようというわけである。韓国経済は中国経済を補完する役目を担っており、技術的に優れた輸出志向の製造技能を備え、天然資源と安価な労働力を必要としていた。韓国は経済連携のパートナーとしてはとりわけ魅力的だった。産業ごとに日本の低コストのライバルとして立ち向かうことのできる比類ない能力を持っていたからだ。韓国の起業家たちは中国で快適に過ごすことができた。本社までは山東省と遼寧省から飛行機で黄海上空を横切って短時間で到着できる。一九九一年に北京とソウルに貿易事務所が開設され、一九九二年に国交が正常化すると、貿易や投資がにわかに景気づいた。関係の急発展を促すため、中国政府は省だけでなく市の当局が韓国企業と直接取引することを認めた。二〇〇四年、中国はアメリカに取って代わり、韓国の最大の貿易相手国となり、韓国は中国にとって四番目に大きな貿易相手国となった。二〇〇四年には、韓国が三番目に大きな中国への直接投資国となった。

中国の政策立案者は、韓国主導の南北統一に断固反対しているわけではないが、北朝鮮の体制崩壊を遅らせ、あるいは阻止するために全力を挙げることを決意しているようである。中国が恐れているのは、北朝鮮という緩衝国の体制転換によって、危険な不安定化が起こることだ。かりに半島の統一が成し遂げられた場合、中国がアメリカ軍の駐留終了、あるいは少なくとも規模縮小を求め、将来の安全保障戦略を中国との協力と結びつけて考えるよう韓国に促すことが予想される。しかし、その希望にはいくつかの障害が立ちはだかっている。朝鮮半島の両側の海では中国海軍の活動が拡大しており、統一された韓国と北朝鮮は安全保障が脅かされていると感じるかもしれない。たとえば二〇一〇年、中国は、排他的経済水域だと主張する海域内での米韓海軍合同演習の計画に激しく抗議したが、この海域は韓国の排他的経済水域にも入っていた。表立った国境紛争は存在しないが、中国と朝鮮半島の境界線の一部には未解決のものがある。[22] 韓国の一部の戦略家たちは、中国の歴史家たちが発表した見直し論による分析に不安を抱いている。古代の高句麗（紀元前三七—後六六八年）は、現代朝鮮半島の民族の祖先ではなく、中国人の王朝だったとするものだ。これについて、将来、中国人が朝鮮半島の領有権を主張するかもしれない前兆だと考える人々もいる。中朝国境に近い延辺朝鮮族自治州には少数民族の朝鮮族二〇〇万人が集中して居住している。世界最大の朝鮮族の集団で、言語的にも文化的にも朝鮮半島の人々と密接な関係を保っている。中国のこの少数民族に対する扱いは、統一を成し遂げて大胆になった韓国・北朝鮮とのあいだで問題になるかもしれない。

経済関係は良好な関係のための強力な基盤である——もちろんその関係にも対立の可能性はあるだろうが。しかし、中国としては、経済以外のさまざまな問題に、うまく対処する必要があるだろう。統一された韓国と北朝鮮が、すぐ隣の巨大な国に対抗して、アメリカ、日本、果てはロシアといったより遠くの大国との安全保障関係によってバランスをとり続けるという、自明の道を選ばぬように仕向けなければならない。そんなわけで、当面のあいだは、分断された朝鮮半島の脆弱なバランスを維持できれば、中国は満足なのである。

第一列島線に直面して

北東アジアの地域システムは、中国沿岸地帯からわずか数百キロのところに、日本の北端から台湾の南端まで、三二〇〇キロにわたる弧を形成している。台湾を含んでいるのは、日本の安全保障と、歴史的、地理的なつながりがあるからだ。日本と台湾のあいだに伸びる日本支配下の小さな島々も考慮に入れると、中国はこの島の鎖によってしっかりと閉じこめられている。中国の戦略家たちはこの弧を描く地域を、いわゆる第一列島線の北部セクションだと考えている。第一列島線はさらに東南アジアへと入り、フィリピン、ブルネイ、マレーシアの海岸線に沿って伸びる（第11章）。中国の防衛アナリストの見方によれば、この列島線はライバル諸国による潜在的な敵対行動の基地を形成し、中国海軍の近海から遠洋への展開にとって障害になっている。列島線の北部セクションの三つの構成要素——韓国、日本、台湾——はアメリカと密接な同盟関係を結んでいる。これらの国をアメリカとの同盟関係から離脱させるという戦略的目標は、中国の経済的台頭によって支えられている。だが皮肉なことに、その経済的台頭が、これらの国々に、中国に対抗する勢力としてのアメリカと親密な関係を維持したいと思わせているのだ。もしも中国の戦略的急務が地域での優位を追求することだとすれば、目標への道のりは障害物に満ちている。

第6章　中国のその他の近隣諸国
――アジア太平洋地域

中国にとって、周辺地域の難題は北東アジアだけでは終わらない。この地域――北の日本から南の台湾まで――は、中国を取り囲む円のわずか七分の一にすぎない。さらに五つの地域システムによって、円は完成する。これらの地域システムは北東アジア地域システムよりも中国の中心地から遠く離れているため、中国の安全保障に及ぼす重大な脅威は比較的少ない。しかし、これらの隣接する地域システムは、中国の領土保全と繁栄、そして体制の存続にとって、それぞれなりに重要である。

台湾から南西に続く海洋東南アジアは、南シナ海の三方を囲む次の六カ国で構成される。フィリピン、マレーシア、ブルネイ、インドネシア、シンガポール、ヴェトナム。これらの国々は互いに、そして中国と、漁業資源やエネルギー資源の利用権、およびそこを通過する重要な海上交通路を保護する権限をめぐって争っている。東南アジアのさらに南東にあるのがオセアニアで、オーストラリア、ニュージーランド、パプアニューギニア、フィジー、その他一二カ国のミニ国家で構成されている[1]。その経済、外交、軍事資産ゆえに、中国としては目が離せない地域である。

さらに西に目を転じれば、中国の南の国境に沿って大陸東南アジアがある。三つの国――ヴェトナム、ラオス、ミャンマー――が、中国の雲南省、広西チワン族自治区、チベット自治区と、長さ約三八〇〇キロにわたって陸上国境を接している。大陸東南アジアにはほかにカンボジアとタイも含まれる。これら五カ国は、中国でもとくに統治困難な山岳密林地帯や少数民族が密集する地帯に近い。中国はこれらの国を盾や陸路として利用して、自らを守り、他国に影響力を行使することができるかもしれないが、同時に、これらの国には難民、貿易、密輸、伝染病、文化的影響などを通じて中国の安定性や繁栄に影響を及ぼす力もある。海洋および大陸東南アジアの一〇カ国によって構成されているのがＡＳＥＡＮである。この機構の存在によって、中国は個々の加盟国と一対一で交渉することが難しくなっている。

そのさらに西では、中国は約一二〇〇キロにわたって南アジアと境を接している。この激動する地域には中国と直接国境を接するインド、ブータン、ネパール、パキスタンのほか、国境を接していないバングラデシュ、スリランカ、モルディブ諸島が含まれる。南アジアはチベットという中国の敏感な地域と境を接し、二基の原子力発電所を持ち（インドとパキスタン）、インド洋とアラビア海への経路を握っている。この海を通って運ばれる石油の大部分が東アジアの工業国で消費される。

国境を北にたどり、次に東へ曲がると、そこは中央アジアである。中央アジアを構成するのは、中国に隣接するアフガニスタン、タジキスタン、キルギス、カザフスタンと、この四カ国に隣接するトルクメニスタンとウズベキスタン、そして中国の北に独自の地理的位置を占めるモンゴルだ。中央アジアの国々は、中国新疆の安定のために、また豊かなエネルギー資源ゆえに、重要な存在だ。軍事的には中国にとって盾となる可能性もあれば、脅威の原因となる恐れもある。

冷戦時代、中国はこれらの近隣地域に関して、各国の超大国に対する方針を支持するという政策を定めた。つまり中国は「地域政策を持たない地域大国」だった。(2) 近隣諸国の大部分は、ほとんどの場合、アメリカかソ連と手を結んでいたため、たびたび中国との関係が悪化し、不信という遺産が生じた。冷戦が終わると、中国は「善隣外交」の姿勢を打ち出した。中国の台頭は近隣諸国の利益を脅かすものではないと説き聞かせ、各国が互いに協力したり、国外勢力と連携したりして、中国の経済拡大や海軍力増強に抵抗するのを思いとどまらせようとした。多くの近隣諸国との国境紛争を解決し、あるいは交渉を開始した。近隣諸国に働きかけて、相互不干渉、領土保全の尊重の合意を結ぼうと試みた。これには中国の少数民族地域を不安定化させようとしない、という約束も含まれた。中国政府は近隣諸国との首脳会談の回数を倍に増やした。他の地域への訪問も増えたが、アジア太平洋地域への訪問が全体の四三パーセント以上を占めた。(3) 中国が築いた経済的な連携によって、近隣諸国は中国の成長に積極的な利害関係を持つようになった。さらに中国は、さまざまな方法で、周辺地域におけるアメリカの影響力を減少させようとした。しかし、それでも中核となる戦略目標は一つも達成できなかったため、強引に推し進めようとすることもあった。

地域での影響力が増大したとはいえ、中国は近隣のどの地域に対しても支配的な力を持つには至っていない。それぞれの地域で、日本の強力な経済進出に直面している。中央アジアでは今もロシアが主要な国外勢力である。何より重要なのは、これら五つの地域すべてにおいて、中国の影響力がアメリカの強力かつ多面的な存在感によって打ち消されていることだ。北東アジアの場合とまったくおなじである。それどころか、中国の台頭によって、アメリカのアジアへの関心が強まると同時に、各国においてもアメリカの影響力を歓迎する気持ちが強まっているのである。[4]

海洋東南アジア——中国の南シナ海への関心

かつては未知の海だった南シナ海は今や、経済的にも戦略的にも世界で最も重要な海域の一つとなっている。商船のトン数を基準にすると、毎年、世界の海上貿易の約半分がこの海域を通過しており、世界で最も混雑した海上交通路である。海賊や敵対勢力によって海上交通が遮断されれば、周辺諸国および台湾、韓国、日本、さらにはその保護者であるアメリカの経済安全保障に影響を及ぼすだろう。現代の漁業技術により、南シナ海の年間漁獲量は一〇〇〇万トン以上に達している。また、新しい技術の登場で、膨大かつ無尽蔵に海底に埋蔵されていると思われる石油およびガスの開発が始まっている。中国の軍事的利害の観点から見ると、南シナ海の周囲の地形は、一連の障害物を形成し、中国海軍の遠洋への容易な展開を阻止している。第5章で述べた第一列島線は台湾の南から南シナ海の東南を回り、フィリピン、ブルネイ、ボルネオで構成されている。そこからインドネシア、シンガポール、半島部マレーシア、タイ、ヴェトナムが中国の海軍力投射に対する障壁を形成している。

一九七〇年代以降、南シナ海周辺諸国は、海軍力を整備して、地域の測量調査を行ない、領有権を主張するとともに、地域を開発するための商業的能力を獲得した。中国、ヴェトナム、マレーシアの海軍は少しずつ前進しながら海域を調査し、何百もの小島、岩礁、その他の陸地を見つけ、展望台、測候所、小さな港などを設置した（フィリピンとブルネイの海軍には、競い合えるだけの装備がなかった）。漁業船団はどんどん遠洋へと進出し、周辺諸国は海底油田・ガス田を国際企業にリースしはじめた。

周辺諸国のすべてが、南シナ海の一部とそこに浮かぶ島々について、さまざまな領有権を主張した。第5章で述べたように、国際法は国際海域の周囲に位置するすべての国に一定の権利を与えている。これらの権利には、「無害通航」（沿岸国の平和・秩序・安全を害さないかぎり、外国の船舶はその国の領海を自由に通航できる）の場合を除いて、他国の船舶を排除する権利（通常は関係する陸地から一二海里以内）から、排他的経済利用の権利（通常は二〇〇海里以内）まで、多岐にわたる。法律上の原則は小島、岩礁、環礁をとくに重要視している。なぜなら、それらの所有者が周囲の広い海域に特別な権利を主張できるからだ。島の領有権の主張として妥当とされる根拠は、最初に発見したとか、昔から所有しているとか、本国の大陸棚と地理的につながっているとか、じつにさまざまだ。南シナ海周辺諸国のように、海域の周囲にいくつもの国が密集している場合、領有権の主張が重なるのはめずらしいことではない――尖閣諸島をめぐって中国と日本が争っているのもその一例だ（第5章）。

南シナ海には主要な群島が四つあり、海域に広く点在している。パラセル諸島（中国名　西沙群島）は南シナ海の北部、ヴェトナムと中国からほぼ等距離に位置し、三〇以上の小島やその他の陸地が約一万五五〇〇平方キロの海域に点在する。スプラトリー諸島（中国名　南沙群島）はヴェトナム沿岸から南へ約四八〇キロ、中国の海南島から約一一二〇キロに位置し、一〇〇以上の小さな陸地が約四一万四三〇〇平方キロの海域に点在する。プラタス諸島（中国名　東沙群島）は香港からそう遠くない南シナ海北東部にあり、三つの島で構成されている。マックルズフィールド堆（中国名　中沙群島）はフィリピンの近くに位置する岩礁の集まりである（南シナ海にはこれらの島々以外にも無数の陸地がある）。これらの面積をすべて合計しても、水面から出ている陸地の広さはたったの二五平方キロほどである。ほとんどの場合、外から食糧と水の供給がなければ住むことはできない。しかし、二〇〇海里の排他的経済水域を主張する根拠に利用すれば、南シナ海の価値ある広大な海域に対する権利が手に入るかもしれないのだ。

中国はこれらの群島すべてに対して権利を主張している[5]。中国の主張はさまざまな形で、ヴェトナム（パラセル諸島とスプラトリー諸島全体の領有権を主張し、中国に次いで広範囲）、マレーシア、フィリピン、ブルネイの主張と重なっている[6]。もしも中国が領有権の主張をすべて押しとおし、全群島の周囲に二〇〇海里の排他的経済水域を実施した場合、周辺諸国の沿岸から少し離れた小さな海域を除いて、南シナ海全体が中国のものになるだろう。じっさい、中国の南シナ海全体に対する権利の主張は、最初に一九四七年に国民党政府が発行し、その後一九九二年に中華人民共和国が再発行した、「九《きゅう》段線《だんせん》地図」と呼ばれる有名な地図にあらわれている。中国が権利を主張する海域を、九個の長いダッシュが広く弧を描いて取り囲んでいるのだ。中国は一九九三年にも、南シナ海南端に位置し、インドネシアに属するナトゥナ諸島の領有権を主張しているように見える地図を発行した。しかし、この主張は明確にされたわけではなく、くりかえされることもなかった。

一九七〇年代以降、中国はじりじりと前進し、軍事、外交、経済などの手段を駆使してその地位を強化するいっぽう、ライバル諸国が警戒を強め、中国に対して共同戦線を張ることがないよう配慮した。(7) 一九七四年、中国海軍はパラセル諸島においてヴェトナム共和国（南ヴェトナム）軍と衝突した。規模に勝る人民解放軍の艦隊は、四隻のヴェトナム軍を撃破した。中国はパラセル諸島西部の島々を制圧し、諸島全体を支配下に置いた。一九八八年、人民解放軍海軍はスプラトリー諸島においてヴェトナム社会主義共和国軍と戦った。主な戦闘はジョンソン礁で行なわれたが、中国側が勝利し、ヴェトナムとフィリピンが領有権を主張する六つの珊瑚礁を占拠した。一九九二年、中国はアメリカのクレストン・エネルギー社に対して、スプラトリー諸島に隣接する南シナ海南西部での事業許可を与えた。一九九五年、フィリピンは中国海軍がミスチーフ環礁に進出していることを知った。ミスチーフ環礁はスプラトリー諸島の一部でフィリピンに近い。中国海軍はそこに永久構造物を構築し、そこに水兵を常駐させて、フィリピンの漁師を追い払った。一九九七年、中国国営のエネルギー企業がヴェトナム沖の係争海域で天然ガスを掘削した。これらの出来事の合間に、中国の海上警備部隊の艦艇とさまざまな国の漁船がたびたび衝突した。中国が権利を主張する海域での遭遇だった。

一九八八年、中国政府はさらに領有権の主張を強めるため、海南島を省に格上げし、権利を主張する南シナ海の小島、岩礁、環礁のすべてを海南省の行政管轄下に置いた。一九九二年、全国人民代表大会常務委員会は「中華人民共和国の領海および接続水域に関する法律」を可決した。それは中国の南シナ海に対する権利を、幅広く包括的な言葉で主張するものだった。

これらの行動は地域周辺の中国に対する長年の疑念を悪化させた。東南アジア諸国にとって、中国の遺産は革命を扇動するものだった。毛沢東時代の中国は、フィリピン、インドネシア、シンガポール、マレーシア、タイ、ミャンマーにおける共産主義者の反乱に支持を表明し、ときに物質的な支援も行なった。中国政府がそうした反政府活動と縁を切ったのは一九七〇年代以降のことである。たいていの場合、反政府活動には中国系の人々が多数参加していた。一九五四年以降、中華人民共和国は、東南アジア諸国に住むかなりの数の中国系の人々を中国国民だと主張することはやめていたものの、それでも彼らを「海外の中国人（華僑）」と呼び、勉強や定住のために中国に戻る権利を与えていた。一九七九年の中越紛争は、ヴェトナムの華僑に対する扱いも原因の一つだった。一九九五－九六年の台湾海峡危機（第９章）は東南アジア諸国に、中国が主張と威嚇を強めつつあるという新たな懸念をもたらした[8]。このように中国を脅威としてとらえる歴史的に根深い認識は、中国がさまざまな方法で南シナ海に対する主権を主張することによって、いよいよ強まった。

中国政府は、国のイメージに問題があることを認識し、これに対処しようとした。一九九七年、銭其琛《せんきしん》外相は、マレーシアで開かれたＡＳＥＡＮ地域フォーラムの年次会合の場を利用して、中国の「新安全保障構想」（第１章）について初めて各国閣僚に説明した。この構想は、一九五五年にバンドンで開かれた非同盟諸国首脳会議で周恩来が発表した平和五原則を踏まえたものだ[9]。一九九七－九八年のアジア金融危機での中国の対応もイメージを和らげるのに一役買った。中国は通貨切り下げをせず、地域諸国に低金利融資を提供することで、事態を安定させる役割を果たしたのだ。二〇〇二年、中国は南シナ海関係国行動宣言に署名した。この宣言は、南シナ海の土地をめぐる主な係争相手、ヴェトナムの要請でＡＳＥＡＮが起草したものだ。関係国は主権争いを平和的に解決することを誓ったが、宣言には解決のための具体的な条項が含まれていなかった。二〇〇四－〇五年、中国海洋石油総公司はフィリピンとヴェトナムの国営石油企業とのあいだで共同海洋地震探査協定を結んだ。南シナ海の海底エネルギー資源の採掘調査を行なうためである。しかし、この協調的努力はけっきょく破綻する。二〇一一年、中国はアメリカに促される形で、南シナ海のＡＳＥＡＮ諸国とのあいだで信頼を醸成する措置を講ずることに同意した。

しかし、これらのどの行動においても、中国が領有権について譲歩することはなかった。法的議論は避けた。領有権の歴史上、法律上の根拠を詳細に示さなければならないからだ。その代わり、物理的な存在感を強めることを推し進めた。中国の各種海洋関係機関の艦艇が東南アジア各国の漁船を銃撃したり、海軍艦艇に嫌がらせをしたりといった事件が頻発した。そのいっぽうで、中国は石油企業に対して、ヴェトナムから許可された石油の掘削をやめるよう警告した。二〇〇〇年代初頭、中国の空軍および海軍は、領海一二海里のすぐ外で偵察・監視任務を行なうアメリカ軍の航空機や艦艇を挑発するようになる。アメリカはこうした偵察・監視を国際水域および空域における正当な任務だと考えていたが、中国は挑発行為だと考えた。二〇〇一年、中国沿岸からおよそ一一〇キロ沖の上空で、中国の戦闘機がアメリカのＥＰ－３偵察機を追尾していたところ、偵察機に衝突した。損傷を受けた偵察機は海南島に着陸。その結果、数週間にわたる外交的な睨み合いが続くことになる。いっぽう中国側のパイロットは死亡し、国営メディアで英雄扱いされた。二〇〇九年の別の事件では、海南島の南約一二〇キロの海域で任務遂行中だったアメリカ海軍の音響測定艦インペッカブルが中国海軍に包囲され、航行の安全が脅かされた。中国の目標は明らかに、南シナ海におけるアメリカ軍の活動範囲を押し戻すことにあった。二〇一〇年、中国の指導者たちはアメリカ政府当局に対して、公式に明言したわけではないものの、南シナ海は「核心的利益」であると述べている。東南アジア諸国は中国のこのような行動を自己主張を強めるためのさまざまな手段の一部だと見ている。尖閣諸島問題や（第5章）、海軍力の増強（第11章）などにも見られるものだ。

中国は海軍の進出を拡大しているが、近い将来、すべての諸島とその排他的経済水域を支配するという中国最大の目標が達成される見込みはない。各国の海軍はときに中国に立ち向かうものの、人民解放軍海軍が戦力を増強し、ＡＳＥＡＮ諸国が集団であれ単独であれとても太刀打ちできないとなれば、アメリカ海軍の支援が頼りである。[10]

オセアニア

中国の周囲の六つの地域システムの中で、オセアニアは中国にとって最も重要性が低かった。比較的遠く離れていて、大国が含まれていない。そして——オーストラリア、ニュージーランド、パプアニューギニア、フィジーを除いて——広大な海に小さな国々が広く点在している。南太平洋全体に広がり、ミクロネシア、ポリネシア、メラネシアという三つの小地域を含むオセアニアは、一九世紀にはヨーロッパ列強に支配されていた（とくにイギリス、フランス、オランダ、ドイツ）。二〇世紀には、アメリカがミクロネシアのさまざまな信託統治地域を管理し、フランスとともにポリネシアを統治した。メラネシアはオーストラリアとニュージーランドの監視下に置かれた。オセアニアは四〇年以上のあいだ、中国の影響の届かないところにあった。

一九九〇年代、中国は三つの動機に突き動かされて、オセアニアに関わるようになる。第一に、中国と台湾のあいだで外交競争が激化した（第9章）。小さな国々は重要だった。なぜならその国々が台湾と正式な外交関係を維持することは、北京の政府を中国全体で唯一の合法政府だとする主張に異議を唱えるものだからだ。中国と台湾はミニ国家の内政に巻きこまれ、島々の政治家たちは外交関係を維持し、あるいは切り替えるのと引き換えに、資金や援助計画を引き出そうとした。二〇〇二年、ナウルは台湾と国交を断絶し、中国と国交を樹立した。伝えられるところによれば、数千万ドル規模の財政支援と債務免除があったという。三年後、政権が変わると、ナウルは台湾と国交を回復した。その見返りとして台湾はナウルの国営航空会社の数百万ドルの債務を全額支払った。二〇〇六年、海峡を挟んだ中国と台湾の競争はソロモン諸島の政治危機の引き金になった。暴動の直接の原因は、島の議会が評判の悪い人物を首相に選んだことだった。台湾の金で買われた不正投票だという説が有力だった。二〇一二年の時点で、一〇カ国――オーストラリア、ニュージーランド、クック諸島、ミクロネシア連邦、フィジー、ニウエ、パプアニューギニア、サモア、トンガ、バヌアツ――が中国と外交関係を維持し、六カ国――ソロモン諸島、キリバス、マーシャル諸島、ナウル、パラオ、ツバル――が台湾と外交関係を維持していた。

第二に、中国がオセアニアに大きな関心を寄せるようになったのは、天然資源への欲望が膨らんでいたからだ。推定では、オセアニアには世界のマグロの三分の二が生息している。南太平洋の小島嶼国の多くは、自前の漁業船団を持たず、排他的経済水域の漁業権を中国のような外国に売っているのだ。二〇〇五年には、中国はパプアニューギニアの最大貿易相手国にして、同国の木材の最大市場となっていた[11]。ある中国企業は、オーストラリアの大手鉄採掘複合企業リオ・ティントの株式を保有しており、二〇〇九年半ばには、大量の株式を取得しようとして失敗した。この地域から供給される他の主要な商品には、石炭、液化天然ガス、羊毛、ニッケルなどがある。

中国は一九八八年から太平洋諸島フォーラム（一九九九年以前は南太平洋フォーラム）に参加している。二〇〇〇年、中国はフォーラム事務局に三〇〇万ドルを寄付した。（とくに）加盟国が北京に貿易事務所を開設する資金を提供するためである。二〇〇六年四月、温家宝首相はフィジーを訪問し、中国・太平洋島嶼国経済発展協力フォーラム第一回閣僚会議に出席した。中国政府の指導者が南太平洋の島嶼国を訪れたのは初めてのことである。伝えられるところによれば、中国は二〇〇七年までに、他のどの国よりも多くの外交官をこの地域に派遣していたという。

中国の経済的な関与は、地域の小国にとってよい面もあれば悪い面もある。アメリカの関心が薄れつつある今、中国はこの地域に対する世界第三位の援助国になっている[12]（一位がアメリカ、二位がオーストラリアだ）。この援助が資金繰りの苦しい地元政府を救い、たくさんのプロジェクトを可能にしてきた。政府省庁にコンピューターを設置し（パプアニューギニア）、漁業船団を作り、水産加工場に出資し（クック諸島）、スポーツ複合施設を建設し（キリバス）、法科大学院を建て（フィジー）、国会議事堂を建設した（バヌアツ）。しかし、援助金がどうでもいいプロジェクトに使われる例もあり、資金の多くが不透明な形で提供されてきた。アフリカの場合と同じように、中国による貿易・投資は、ほとんどの場合、地元の人々から天然資源の略奪だとみなされるという結果をもたらしている。さらに地元の人々は中国人が合法的にせよ非合法にせよどっと流入してくることに憤慨している。中国人のことを、住民から仕事を奪い、地元の商売を潰しにくるよそ者だとみなしている人も多い。多くの場合、こうした見方は、外国人嫌いによる反発を引き起こした。その最悪の例が二〇〇六年にソロモン諸島で起こった反中国暴動だ。このときはパプアニューギニアの中国大使館が手配して、何百人もの中国人を首都ホニアラから航空機で脱出させなければならなかった。[13]

第三に、中国のオセアニアへの関心には、地政学的な一面もある。中国は海軍力を太平洋に展開しようと力を入れるいっぽう、オーストラリアとニュージーランドをアメリカ海軍との緊密な協力という習慣から引き離そうとしている。[14] 中国の首脳たちは一九九二年から二〇〇六年までのあいだに、オーストラリアを七回、ニュージーランドを六回訪問している。二〇〇三年にオーストラリアを訪れた胡錦濤は温かい歓迎を受けた。その数日前に訪れたアメリカのジョージ・W・ブッシュに対する冷ややかなもてなしとはきわめて対照的だった。二〇〇七年、露骨なまでに親米的な首相の後任として、ケヴィン・ラッドが就任した。ラッド新首相は中国語を流暢に話す元外交官で、最初の海外公式訪問先として北京を選んだ。しかしまもなく、根底にある緊張が、次のような出来事によってふたたび表面化した――中国はオーストラリアの天然資源企業の株式を取得しようと画策したり、オーストラリアの鉱山会社リオ・ティントの重役四人に収賄と産業スパイの罪で有罪判決を言い渡したり、メルボルン映画祭の主催者にウイグル人活動家ラビア・カーディルへの招待を取り消すよう迫ったりした。このような問題の影響で、オーストラリアやその他のオセアニアの国々で好印象を維持しようとする中国政府は、ますます困難に直面する。二〇一一年には、オーストラリアとアメリカの関係は復活していた。オバマ大統領はオーストラリアで温かい歓迎を受け、二国間防衛協力が拡大した（第11章参照）。

大陸東南アジア

中国のヴェトナム、ラオス、カンボジア、タイ、ミャンマーとの関係は、安全保障上の脅威と好機の両方をもたらす。これは、たいていどこの国でも、最も厄介な隣国との関係において直面する問題である。第一に、この起伏の多い密林地域の国境地帯は、今なお係争中である。第二に、複数の民族グループが国境をまたいで活動し、難民移動、犯罪、麻薬、密輸、公衆衛生などが問題となっている。第三に、北朝鮮やカザフスタンのような中国周辺の緩衝国と同様、中国に隣接するこれらの地域を、他国が中国を威嚇するために利用する可能性もあれば、中国が競争相手の大国に力を誇示するために利用する可能性もある。それはどの国が最も影響力を持っているかによって異なる。第四に、ミャンマーのような弱小国家の政治不安は、地域に混乱をもたらし、敵勢力を中国の国境近くまで引き寄せてしまう恐れがある。第五に、これらの近隣諸国は経済パートナーにも競争相手にも、そしてその両方にもなる可能性がある。そして第六に、これらの国々は国際外交の場で、台湾の地位、国際的な気候や貿易に関する交渉、アジア地域主義に基づく多国間政治（次のセクションで述べる）など、さまざまな問題をめぐって、結束して中国の味方になるかもしれないし、敵になるかもしれない。これらの国はどれも、かつてロシアがもたらし、今後日本がもたらすかもしれない、中国の存在を脅かすほどの脅威をもたらすわけではない。また朝鮮半島や台湾のように大戦争の危機をもたらすわけでもない。それでも中国にとっては、さまざまな意味で重要な国ばかりだ。

ヴェトナムは、韓国・北朝鮮と同じように、大きな国だが、隣に巨大な国があるゆえに小さく見える。これまた韓国・北朝鮮と同じように、第二次大戦後、冷戦の二つの陣営の中間に位置していたために、分裂した。南ヴェトナムと北ヴェトナムのあいだでは、アメリカ、ソ連、中国を巻きこんで、長きにわたって内戦が続いたが、一九七五年に統一され、共産主義体制になった。現在のヴェトナムは人口九〇〇〇万人で、兵力およそ五〇万人の大規模かつ優秀な軍隊を持つ。ヴェトナム戦争でアメリカを打ち破り、一九七九年には中国軍の攻撃に持ちこたえた軍隊である。安定した独裁政治体制の下、急速に発展する経済は、徐々に西側へ向きを変えつつある。

ヴェトナムにとって主たる外交上の課題はつねに、中国からの独立を維持することだった[15]。ヴェトナムは二つの戦略を用いてきた。隣国のラオスとカンボジアを支配下に置くことと、遠くの大国と手を組むことである。中国はこれら二つの目的を阻止しようとしてきた。ヴェトナムが中国の利益を脅かす強国にならないようにするためだ。

冷戦時代、中国はヴェトナムを、アメリカによる中国封じ込めに対抗するための戦場だと考えていた。アメリカに支援された南ヴェトナムと戦う北ヴェトナムに対して、かなりの経済・軍事援助を実施した。ヴェトナムの指導者たちは、中国が自分たちを支援するのは、戦争をできるだけ長引かせるためであり、できるだけ早く北ヴェトナムの勝利に終わらせるためではない、と思っていた。それでも中国の支援は役に立った。ヴェトナムが中国に隣接しているという事実によって、アメリカは北ヴェトナムに侵攻することができず、南ヴェトナムの共産主義運動への物資・人員の供給を断つことができなかった。そして、一九七二年、中国がアメリカに対して門戸を開放したことにより、リチャード・ニクソンはヴェトナムから撤退する大義名分を与えられた。これはヴェトナムの国益にかなっていた。

一九七五年、ヴェトナムが統一されると、中国は支援者から邪魔者に転じ、ヴェトナムとソ連の同盟を阻止しようとした。ヴェトナムに圧力をかけようとする中国の試みは、あからさまな対立につながった[16]。一九七八年、ヴェトナムとソ連は友好協力条約を締結した。これによりソ連海軍は南ヴェトナムにあるかつてのアメリカ海軍基地を使用できるようになり、南シナ海やインド洋への海軍力の展開能力を拡大した。同年、ヴェトナムはカンボジアに侵攻し、中国の支援を受けるクメール・ルージュ政権を排除、親ヴェトナム派の政権を樹立させた。その報復として、一九七九年、中国軍がヴェトナムに侵攻した。中国の指導者、鄧小平は、この戦争で「ヴェトナムを懲らしめる」と言った――国境問題や華僑への迫害も原因の一つだったが、最大の原因はヴェトナムの無遠慮な行動だった。ヴェトナムはソ連の支援を受けて隣国に侵攻することによって、中国の戦略的利益を脅かしたのだ[17]。その後の一〇年間、中国はカンボジア国内のクメール・ルージュの抵抗組織を支援し、ヴェトナム軍を長きにわたる紛争に縛りつけた。第3章で見たように、中国はヴェトナムによるカンボジア占領を中ソ関係正常化への「三つの障害」の一つだと明言した。この時期は、南シナ海の領有権争いで中国とヴェトナムのあいだの緊張が高まった時期でもある。

ソ連の崩壊によって、中国は、主要ライバルとの同盟を失ったヴェトナムという贈り物を手渡された。中国はこの機会を捉えて、安心政策を開始した。それは冷戦後のほとんどの周辺地域との関係を特徴づけた政策である。ヴェトナムは進んでこれに応じた。一連のハイレベル会談は一九九一年、首相および党書記長の首脳会談でクライマックスを迎えた。このとき両者は国と党レベルでの関係正常化を宣言した。一九九六年、両国をつなぐ鉄道が復活した。一九九九年、両国は友好善隣長期安定条約に署名し、国境問題は理論的には解決した。ただし、国境線の最終的な画定までにはさらに九年の歳月を要することになる。中国はヴェトナムにとって世界第二位の貿易相手国にして、主要な投資国となった。

それでもヴェトナムは依然として懐疑的だった。アメリカとの関係を強化して、中国の影響力に対してバランスをとろうとした。アメリカは一九九三年にカンボジアと、一九九五年にヴェトナムと関係を正常化した。二〇年ぶりにアメリカが東南アジア本土への関与を再開するしるしだった。二〇〇一年にヴェトナムとのあいだで「正常な貿易関係」(特恵関税待遇)を拡大し、二〇〇七年に同国のWTO加盟を後押ししたアメリカは、ヴェトナムにとって最大の輸出市場、最大の海外直接投資元、そして最大級の開発援助提供国となった。アメリカとヴェトナムは軍同士の控えめな交流プログラムも進めた。

さらに、ヴェトナムはASEANにも手を差し出した。一九九五年、ヴェトナムはこの地域グループに加盟し、ASEANとアメリカとのつながりを利用して、南シナ海問題に関する多国間交渉に中国を引きこもうとした。多国間のアプローチは、ヴェトナムにとっても、権利を主張する他の東南アジア諸国にとっても、国益にかなっていた。なぜなら東南アジア諸国はすべて中国に対して領有権を主張しているが、東南アジア諸国同士では権利の主張のぶつかり合いがほとんどないからだ。先に述べたように、二〇〇二年、ASEANは中国を説得して法的拘束力のない合意に署名させた。この合意において、締約国は南シナ海における紛争を解決するために武力は使用しないと約束している。二〇一〇年、アメリカの支援を引き出す戦略は成功をおさめた。アメリカが南シナ海における航行の自由はアメリカの「国益」だと表明し、南シナ海の領土紛争の調停役を申し出たのである。

カンボジアでは、ヴェトナムの撤退とともに、中国はクメール・ルージュへの支援を打ち切って、紛争後の和平調停に参加し、平和維持活動に部隊を派遣した。カンボジアの新政府(政権に就いたのは、かつてヴェトナムの手先だったフン・セン)を武器供給、貿易、外交的支援などによって支えた。カンボジアは中国とのあいだに緊密な経済関係を築き、同じ独裁政権として中国を支持し、欧米諸国は人権問題について介入すべきではないとする中国と同じ立場をとっている。こうしてカンボジアは戦略上重要な戦場として中立化され、中国の利益に対する脅威の一部を形成することはなくなった。

ラオスでは、中国は一九八九年に国境問題を解決し、関係を正常化した。ラオスにとって、ヴェトナムは依然として最も影響力の強い国外勢力だが、その関係はもはや中国を脅かすことはない。中国はラオスの主要な貿易相手国にして投資元となっている。

五〇年近くにわたる軍事政権下のミャンマーの情勢は、ヴェトナムの情勢とは正反対の理由で、中国の懸念材料だった。一九六二-二〇一一年の軍事政権は脆弱で、弾圧的だった。国の大部分は中央政府と対立する武装民族グループに占領されていて、人々は貧しく、山岳国境地域は、ほとんど無法地帯だった。混乱状態のミャンマーは、麻薬密輸、人身売買、組織犯罪など、国境を越えた「従来とは異なる安全保障」の問題を多数、中国に（のみならず東西の隣国、タイとバングラデシュにも）もたらした。二〇〇九年、ミャンマー国内の大変動が、中国にまで波及し、中国系のコーカン族の難民が国境を越えて大量に流入した。軍事政権の後、二〇一一年に発足した名ばかりの文民政権は、これらの問題のいくつかを新たな方法で解決しようと試みたが、成功はおぼつかなかった。

プラス面に目を向けると、ミャンマーは中国にとって、天然ガス、木材（違法に伐採されている貴重なチーク材を含む）、翡翠、真珠、宝石の豊富な供給源であると同時に、中国が生産する衣類、タバコ、ビール、車両、機械など、消費財の成長市場だ。ミャンマー北部から中央部には、雲南省やその他の省からの中国人移民がたくさんいて、ビジネスを展開しており、ミャンマーの市民権を取得している者も多い。マンダレーのような北部の都市では、建設業、商業への中国の影響が強い。ミャンマーとの貿易は、雲南省の活況を呈する国境の町の繁栄にとって、重要である。

中国にとってさらに重要なのは、ミャンマーの戦略上の有用性である。一九四八年の独立以来、ミャンマーの主要な外交方針は、外国による介入や支配を回避することだ。冷戦中、ウー・ヌ（在任一九四八－五八年および一九六〇－六二年）とネ・ウィン（在任一九六二－八八年）の政権下で、ミャンマーは、最初は中立、その後は孤立と非開発という政策を追求した。この時期、中国は、主にビルマ共産党を支援することによって、政権に圧力をかけた。この支援は一九八〇年代に打ち切られ、ビルマ共産党は一九八九年に解散した。その後中国は、ミャンマーが中国のライバル諸国と同盟を結ばないという条件で、政権を支援した。二〇一一年までこの国を支配していた軍事政権は、国際社会でのけ者扱いされてきたため、残された選択肢は限られていた。その結果、ミャンマーは中国に接近し、経済的にも軍事的にも中国の影響下に入ることになった。

ミャンマーは、政権による人権侵害のために外交上ほとんど孤立状態にあったので、支配者である将軍たちは、援助、武器、外交的保護の提供者としての中国との関係を強化した。それと引き換えに中国が手に入れたのは、インドに面したミャンマー西海岸沖のベンガル湾とアンダマン海の戦略的使用権だ。中国からの開発援助によって、ミャンマーの道路網は改善され、これにより、中国南西内陸部からミャンマーの港湾への商業的、場合によっては軍事的なアクセスが可能になった。中国はイラワジ川を下る航行可能な水路の建設を支援した。こちらも商業的、場合によっては軍事的な利用が可能だろう。首都ヤンゴンに達するイラワジ川から、ベンガル湾のチャウピュ港まで道が伸びており、これまた商業的、場合によっては軍事的な利用が可能である。中国は、ガスと石油のパイプラインの建設を支援している。ミャンマー西海岸と中国雲南省を結ぶパイプラインは、中国南西部にエネルギー源を提供する。パイプラインを使えば、南シナ海を船で運ぶよりも、より直接かつ安全に運ぶことができる。伝えられるところによれば、中国はまた、アンダマン海のミャンマーが領有する島に、少なくとも一つ、情報監視施設を建設したという。

近隣諸国はこのような動きを、インドを取り囲む海軍施設の鎖を構築する中国の長期的戦略の一環だと見ていた。また、南シナ海における中国の動きと関連させて、中東から日本その他の東アジアを結ぶ海上交通路の支配権をマラッカ海峡の両側まで拡大しようとしている、とみなしていた。ミャンマーの中国への依存を弱めようと、近隣のＡＳＥＡＮ諸国は、一九九七年にミャンマーの加盟を承認した。二〇〇九年にはアメリカが、ミャンマー政府への関与の可能性を模索しはじめた。二〇一一年に樹立された名ばかりの新しい文民政権は改革に着手し、その結果、中国、インド、欧米諸国から等距離の立場に身を置くことができるようになった。中国は特権的なアクセスを保持していたが、それがいつまで続くのかは不明だった。

中国が懸念するタイの問題は、主としてヴェトナムとミャンマーの問題から派生したものだ。冷戦後半、タイはアメリカや中国とともに、ヴェトナムによる占領に抵抗するカンボジア人勢力を支援し、前線基地としてクメール・ルージュに武器を供給した。中国は、タイがヴェトナムの侵攻を受けた場合には支援することを約束し、その目的のため、一九八五年に軍事ホットラインを設置した。中国は、銃器、戦車、装甲兵員輸送車、対空砲などを「友好」価格でタイ軍に売却した。カンボジアをめぐる紛争の過程で、タイの軍隊と商業エリートによって築かれた中国との密接な関係は、その後も引きつづき、双方の利益に資するものとなった。一九九〇年代以降、中国の対外貿易の急拡大で、タイにとって中国は日本に次いで二番目に大きな貿易相手国となった。しかし、関係が今以上に発展する可能性は限られている。両国がもはや重要な戦略的優先事項を共有していないからだ。両国の経済は今や、補完ではなく競争関係にある。

アジア地域主義——中国とＡＳＥＡＮ

冷戦終了時、アジアには、欧州のＮＡＴＯやワルシャワ条約機構のような幅広い安全保障を委任された包括的な多国間体制という意味での「安全保障構造」がなかった。中小の強国が寄り集まった東南アジアには地域を支配する主体も、二極化する戦略的競争関係も、焦点となる危機的状況もなかったので、そのような構造は生まれようがなかったのだ。アメリカは冷戦中、アジアの同盟国による「ハブ・アンド・スポーク」システムを組織し、その中心に自身を置いた。このシステムは二国間関係（日本、韓国、フィリピン、南ヴェトナム、台湾との防衛関係）と小規模な多国間関係（SEATOおよびANZUS同盟）の組み合わせによって構成された。[18]

今日「アジア地域主義」と呼ばれるようになったものは、一九六七年、インドネシア、マレーシア、シンガポール、フィリピン、タイによるASEANの形成とともに、控えめに始まった。ASEANは地域の分裂を補正するために設立された。東南アジアの島々、ジャングル、山岳部にはさまざまな民族グループが存在していた。一七世紀から二〇世紀にかけて、タイを除く地域全体が、ヨーロッパ列強によって植民地として分割され、その後、インド人や中国人の労働者、商人の移住が奨励された。第二次世界大戦後にできた独立国家は、国境紛争、民族的・イデオロギー的な反乱、脆弱な国家アイデンティティを継承した。[19]一九六三年に、インドネシアは新しくできた隣国マレーシアと対決状態（コンフロンタシ）にあると宣言した。近隣の三カ国はこの危機を緩和しようと、敵対する両国を合意形成のための構造の中に引き入れた。

四半世紀のあいだ、ほとんど話し合いの場にすぎなかったASEANは、一九九〇年代に入って発展した。冷戦後、地域の政治が流動的になり、グローバル化のおかげで加盟国が豊かになったためである。新たに五カ国が加わって、加盟国は全部で一〇カ国になり、東ティモールを除く東南アジア全域が含まれることになった（東ティモールは二〇〇二年にインドネシアから独立した新しい小国である）。ASEANは交渉の結果、域内関税障壁の引き下げを決め、ASEAN自由貿易地域の創設を目指し、域外の主要相手国とのあいだで貿易協定を結んだ。域外の大国を地域の問題や考え方に慣れさせるため、ASEANは中国、インド、日本、アメリカ、EU、オーストラリア、ニュージーランドといった「対話パートナー」との会合を開催するようになる。そして、次のような年次会合を創設した。ASEAN＋3（中国、日本、韓国）。アジア欧州会合（ASEAN＋3とヨーロッパ）。ASEAN地域フォーラム（ASEAN加盟国、対話パートナー一〇カ国、およびオブザーバー諸国）。東アジアサミット（ASEAN加盟一〇カ国、域外の大国九カ国、およびオブザーバー諸国の一部）。このような国際会合は、どちらかと言えば弱小の東南アジア一〇カ国が、自分たちの問題を、域外の大国の政治課題に載せるのに役立っている。ASEANは、健康、文化、教育、環境などの分野の地域プログラムを域内独自に策定した。二〇〇八年、加盟各国の元首はASEAN憲章を採択した。この憲章は、緊密に協力し、半年ごとに首脳会談を開き、いかなる危機も協議と合意を通じて解決することを、加盟国に誓わせるものだった。[20]

アジアにはほかにもいくつかの国際機関が存在し、あるいは創設が計画されているが――オーストラリアが提唱したAPEC（アジア太平洋経済協力会議）など――依然として地域活動の中心となっているのはASEANだ。東南アジアの外交官たちは、「ASEAN方式」をアジア文化の知恵の結晶だと言う。文化はさておき、ASEAN方式は、大国に対して、小さな力を結集して共同戦線を張っていることを示し、大国が協議と合意形成を通じて地域諸国に関わるよう仕向けるという、賢明な戦略の一例である。

ASEANの拡大は、中国の地域に対する大規模な安心戦略を、ある点では後押しし、ある点では失敗させた。当初、中国は警戒していた。ASEAN加盟一〇カ国をまとめて相手にするよりも、各国と一対一で交渉したほうが、多くの成果が得られると考えたからだ。しかし、そのうちASEANと協力したほうが得策だと認識するようになった。協力を通じて、中国の台頭への疑念を和らげ、人権問題について支持を集めてアメリカからの圧力に対抗し、ASEAN諸国と台湾のひそかな経済・外交協力関係を悪化させ、地域全体にまたがるさまざまな、古くからの、あるいは新たな安全保障問題に取り組む際に、中国の主張を認めさせることができる。安全保障問題には、海上交通の安全確保、著作権侵害、環境汚染、自然災害、ミャンマー問題などが含まれる。[21]中国は一九九四年からASEAN地域フォーラムに参加し、一九九七年にASEAN＋3の共同創設に協力し、二〇〇二年にはASEANとの四つの合意に署名した。合意には「南シナ海に関する行動宣言」が含まれる。二〇〇五年、中国はASEAN東南アジア友好協力条約に加盟し、その結果、年に一度の東アジアサミットに参加する権利を得た。

中国はまた、一部の国境紛争を平和的に解決することで、悪意のないことを示して東南アジア諸国の不安を取り除いた。中国は一九九〇年代から二〇〇〇年代にかけて、ヴェトナム、ラオスとのあいだで国境協定を締結した。中国とヴェトナムの陸上国境は二〇〇八年までに完全に画定され、同じくトンキン湾北部の海上国境も画定された。ただし、パラセル諸島、スプラトリー諸島を含む南部の国境問題は未解決のままだ。[22]中国の軍幹部および人民解放軍代表団は、ASEAN諸国への定期的な友好訪問を開始した。中国は二〇〇七年七月と二〇〇八年七月にタイと二国間軍事演習を、二〇〇七年五月にシンガポール海域で多国間海上演習を実施した。

一九八〇年代に始まった中国の海外からの直接投資に対する開放政策（第10章）によって、東南アジアの製造業者は、製造部門の労働集約的な工程を中国に移転し、本国で高付加価値の部品の生産を続けられるようになった。二〇一〇年に発効した中国ASEAN自由貿易協定の準備段階から実施段階にかけて、中国は東南アジアからの輸入関税を引き下げると、東南アジア諸国からの工業製品向け原材料と部品の輸入量を徐々に増やし、コンピューターチップ、衣類、消費者向け電子機器などの製品の輸出も増やしていった。製造業界にグローバル・サプライ・チェーン・システム（全地球的供給網）が登場し、アジアのすべての先進諸国と中国を、双方に有利な協力関係で結びつけた[23]。中国市場は、アジア各国経済の成長エンジンとなり、二〇〇八年にアメリカで始まった国際金融危機の影響を、各国が乗り越えるのに一役買った。このサプライチェーンの中にいる東南アジアの起業家の多くは中国系の人々で、中国本土との協力関係が強まるにつれ、台湾政府に対する支持は薄れていった。

しかし、例によって、密接な経済関係は、さまざまな領域で摩擦も生む。木材、翡翠その他の鉱物資源に対する中国の欲求はミャンマーの環境を破壊し、中国人商人たちは北部の地元業者を駆逐した。二〇〇八年、ヴェトナムでは中国企業によるボーキサイト採掘事業をめぐって民衆の怒りが爆発した。カンボジア、ラオス、ミャンマー、インドネシア、フィリピンといった国々への中国からの開発援助は、たいていの場合、インフラを整備し、中国とこの地域との物流を改善するためのものだった。これらのインフラ・プロジェクトには借款によって資金が提供されていたが、中国の供給業者、建設業者を使うことが条件となっている紐付き借款だった。これがたびたび反発を招いた。アフリカでも同様の政策がやはり同じ反発を招いている（第7章）。

おそらく、中国がらみの問題の中で、河川水系の管理ほど、大陸東南アジア諸国が懸念を感じた問題はないだろう。イラワジ川やメコン川を含む、この地域の五指に余る大型河川の源流は、中国領内にある。中国が水力発電や水管理のために建設する多数のダムは、下流域に深刻な影響を与えており、とくにカンボジアとヴェトナムの農業、漁業にとっては脅威である[24]。一九九五年、ヴェトナム、ラオス、カンボジア、タイの各国政府はメコン川委員会を結成し、対話パートナーとして中国とミャンマーにも声をかけた。自身の活動が下流域に及ぼす影響について中国に注意を促すためである。二〇一一年、ミャンマーの新しい文民政府は、国民の抵抗によって、中国の出資によるイラワジ川上流のダム建設計画を断念した。

東南アジアには民族的に複雑な側面があり、これが中国外交にとって特殊な問題を引き起こす。東南アジア全体に何千万人もの中国系の人々――華僑――が住んでいるのだ。華僑の多くは事業を営んでおり、その中には地域でも有数の起業家が含まれている。タイなど一部の国では、地元の文化に同化している華僑もいる。しかし、ほとんどの地域の華僑は、独自のアイデンティティを維持していて、他の民族グループから、中国に忠誠を誓っているのではないかと疑われることもある。じっさい、東南アジアにおける中国の支援を受けた共産主義者の反乱は、中国系コミュニティを拠点にしていることが多かった。毛沢東時代の中国は、祖国に帰還した中国系の人々に無償で教育を提供した。どこの国から帰ってこようが、関係なかった。中国が東南アジアと経済関係を結んだとき、その関係を発展させていくうえで中心的な役割を演じたのが華僑たちだった。中国はまた、可能なかぎり同胞を助けようとした。一九六五年にインドネシアで反華僑暴動が起こったとき、中国は被害者の一部を船で救出し、人道的な動機だと述べた。ヴェトナムが一九七八‐七九年、中国との国境沿いや都市部に住む華僑を弾圧したとき、中国はそのことを、ヴェトナムへの侵攻の理由の一つとして挙げている。二〇〇九年、中国は、ミャンマー北部から弾圧を逃れてきた華僑を、雲南省の難民キャンプに受け入れた。だが、同時に、中国は華僑の国籍をめぐって東南アジア諸国と対立することは避けようとした。前述のように、一九五四年、中国は二重国籍を禁じる国籍法を採用し、周恩来が、海外に永住する中国人は地元の国籍を取得すべきだと明言した。この立場は一九八〇年の国籍法で強化された。

東南アジア諸国の多くは、冷戦中、共産主義の拡大に抵抗しようとするアメリカと同盟関係にあり、台湾を外交承認していた。しかし、一九九〇年に、シンガポールが外交関係を中華人民共和国に切り替えると、中国は地域すべての国々と正式な外交関係を結んだ。しかし、台湾に対抗するために、外交的な全面支持を維持するには、努力が必要だ。東南アジア諸国は、けっして口には出さないが、台湾問題の「平和的解決」への関心を、アメリカと共有している。中国の台湾に対する主権を認めてはいるが、もしも中国が台湾を攻撃すれば、それは東南アジア諸国の安全保障を脅かす意図と能力があることを示すしるしだとみなすだろう。台湾はほとんどの東南アジア諸国において、強力な経済的、そして非公式ながら外交的な存在感を有している。

中国の影響は増大しつつあるが、東南アジアの不安を完全に取り除くことはできず、まして支配するなどできるはずもない。アメリカ、日本、EUは、東南アジアにとって、中国と同様、重要な貿易相手国だが、中国よりも歓迎されている。それは、戦略的な脅威とはなっていないからだ。軍事分野では、太平洋軍指揮下の第七艦隊が先頭に立つアメリカ軍が、人民解放軍に対する対抗勢力である。中国海軍およびミサイル部隊の増強、地理的な近さという利点などがあったとしても、依然としてアメリカ軍のほうが技術力、能力ともに優れている。そして、アメリカは東南アジア諸国から歓迎と暗黙の協力を受けている。なぜなら、アメリカの存在感が地域安全保障という全体の利益をもたらし、地域の強国同士が軍拡競争をくりひろげる必要性を減らし、何より、中国の影響力を中和してくれるからだ。東南アジアのどの国も中国の長期的な意図を完全には信用していない。ゆえに、シンガポールはアメリカ海軍艦艇に保守・修理サービスを提供している。インドネシアはアメリカの軍事訓練を受け入れている。フィリピンはアメリカ特殊部隊と協力して、国内テロと戦っている。タイは長年、定期的な演習など、アメリカ軍とは緊密な関係にある。ヴェトナム、そして最近ではマレーシアが、アメリカ軍との合同軍事演習に参加している。

ＡＳＥＡＮ諸国がアメリカの存在に深い戦略的関心を寄せていることに対して、中国がどんな形であれ異議を唱えようとすれば、ＡＳＥＡＮ諸国を警戒させ、ひいては中国の安心戦略を損なうことになるだろう。中国が本当に東南アジアで支配的な地位を占めるためには、アメリカが自発的にその存在感を減らす必要があるだろう。今のところ、アメリカがアジアから撤退しそうな兆候は皆無である。それどころか、オバマ政権は二〇一二年に、他の部分で軍事費を削減するが、アジアへの外交的、軍事的関与は増やしていくと明言している。

南アジア

インドは中国と並ぶ、アジアのもう一つの新興大国だ——巨大な人口を抱えるこの国は、二〇三〇年頃には中国の人口を追い抜くと予想されている。急成長する経済は世界第一〇位の規模を誇る。安全保障上の利益が関わる範囲は東アフリカから中東、中央アジア、東南アジアにまで及ぶ大陸の大国である。そして、核兵器を保有し、先進の海軍と空軍を持つ軍事大国でもある。

中国とインドは直接の競争相手ではない。少なくとも今のところは。中国の主な安全保障上の懸念が向けられる先はインドではなく、自身の東と南であり、いっぽう、インドの主な安全保障上の懸念の、すべてとは言わないが、多くが含まれる地域は、中国から遠く離れた、自身の南と西である。両国の対立はさしあたって、どちらかと言えば特定の問題に関するもので、ヒマラヤ山脈に沿って伸びる帯状の地域に集中している。ヒマラヤ山脈は西のパキスタンから東のミャンマーまで、中国とインドのあいだを横切っている。[25] 中国海軍の増強とともに、インド洋は新たな戦略的対立の場となるかもしれない。

主要な対立の場はチベットだ。中国の支配下にあるこの広大な地域は、長さおよそ二五七〇キロに及ぶインドの北部国境のほとんどすべてと、インドの従属国家であるネパール、ブータンと接している。チベットは、中国の中心部にとってはインドに対する、インドの中心部にとっては中国に対する、自然の緩衝地帯である。仏教文化と、サンスクリット語を基本とする書記体系を持つチベット人は、中国よりもインドに親近感を抱いていた。イギリス統治下のインドのチベットに対する政治的影響力は、中国より大きかった。一九五一年に中国軍がチベットを制圧して以来、インドはチベットが中国の一部であることを受け入れてきた。

しかし、インドは少ないコストで、可能なかぎり、中国の支配を弱めようとしてきた。一九五九年、ダライ・ラマが中国の支配に反対する蜂起に失敗し、チベットから逃れてきたとき、インドはダラムサラの丘の町に亡命政府を樹立することを認めた。その他の何万人もの亡命チベット人もインドで歓迎された。そこを拠点にして、ダライ・ラマは国際的な運動を展開し、チベットの自治権拡大を認めるよう、中国に圧力をかけてきた（第8章）。中国は、チベット自治区内の不穏な状況は、ダライ・ラマが扇動し、外部の勢力が支援したものだと主張している。そして中国は、インド軍の中に、主にチベット人からなる総勢九〇〇〇人の準軍事的な国境部隊が存在することを知っている。彼らはヒマラヤ山岳地帯で戦うための訓練を受け、装備を持っている。

そんなわけで、チベット人の亡命活動に対するインドの支援を弱体化させることが、中国外交の主要目標である。一九八八年から始まった中国とインドの外交関係の雪解けの過程で、中国はインドに対して何度も、チベットが中国の一部であることを認めるよう説得し、「インド国内でのチベット人による反中国政治活動を許可」しないよう約束させようとした。しかし、インド政府はインド国内におけるチベット人の活動の大部分は「反中国」ではないと主張し、ダライ・ラマとその仲間たちが亡命政府を維持し、自由に移動して、中国に国際的な圧力をかけることを許した。インドはさまざまな発言の中で、チベットは中国国内で「自治」を行なうべきだと強調しつづけた。中国政府が使うのと同じ言葉を使いながら、中国政府が認めているよりも高度な自治を示唆していた。チベットは歴史的に「つねに」中国の一部だったとする中国側の主張を、インドは一度も認めていない。この言葉は中国による支配が変更不能であることを示唆しているからだ。

国境の安全を確保し、チベット族に対する支配を強化しようとする中国の努力は、最近のネパールへの接近の推進力ともなっている。中国はネパールに圧力をかけ、ネパール在住のチベット人による政治活動を取り締まり、中国との国境の監視を厳重にするよう求めている。なぜなら何千人ものチベット人が、抜け穴だらけの国境を使ってインドに入っているからだ。その目的にはダライ・ラマへの謁見も含まれる。中国は見返りとして、さまざまな援助、交通網の改善、貿易および経済的投資の拡大という魅力的な提案を申し出ている。

中国とインドの第二の争いの場は、人口はまばらだが、戦略上重要な、チベット高原の縁に沿った三カ所の土地に関係している。西にあるのがアクサイチンという面積約三万七〇〇〇平方キロの地域で、中国の支配下にあるが、インドが権利を主張している。アクサイチンが中国にとって戦略上重要なのは、そこを通る道路が中国西部新疆ウイグル自治区と西チベットをつないでいるからであり、インドにとって重要なのは、紛争地域であるカシミールの東に位置しているからだ。カシミールはインドとパキスタンの双方が全体の領有権を主張しており、現在、両国によって二つに分割されている。アクサイチンの南東にも、中国とインドが領有権をめぐって対立している地域がある。面積はおよそ一九九〇平方キロで、大部分はインドの支配下にある。チベットからインドに入る複数の山道があり、ネパールの西端と接している。チベットとインドの国境の東側、インドのアルナーチャル・プラデーシュ州に属する面積約九万平方キロの地域に対して、中国が領有権を主張している。この地域が両者にとって重要なのは、戦略上重要な位置にあり、かなりの数のチベット族が住んでいるからだ。一九六二年の中印国境紛争は、これらの地域の支配権をめぐる戦いだったが、支配権に永続的な変化をもたらすことはなかった。毛沢東の死後、両国の雪解けで、国境に関する協議が始まり、断続的に続けられてきたが、いまだ問題の解決には至っていない。

第三の争いの場はパキスタンを中心とする地域だ。パキスタンはインドにとって最大の安全保障上の脅威であり、中国にとっては、北朝鮮を除き、一九五〇年代から一貫して友好関係を維持している唯一の国である。パキスタンはこれまで、インドに対する対抗勢力、イスラム世界への架け橋、外交上信頼できる友好国として中国を助けてきた——たとえば、一九七一年のキッシンジャー極秘訪中の便宜を図った。中国とパキスタンの関係は、中ソ対立の後に親密になった。なぜなら、インドとソ連が同盟関係にあったからだ。一九六二年の中印国境紛争、一九六三年の中国・パキスタン国境協定の締結によって、関係はさらに発展した。一九七四年にインドが核実験を実施した後、中国はパキスタンの核兵器開発計画をひそかに支援しはじめた。[26] 一九九八年、パキスタンによる五回の核実験によって計画は実現し、その結果、中国は少ないコストでインドに戦略的な圧力をかけつづけることができるようになった。一九七〇年代後半、中国はカシミールに対する立場を変更した。当初、中国はパキスタンの立場をはっきりと支持し、パキスタンに支配権を与える結果が予想される住民投票の実施に賛成していたのだが、それが一転、交渉を通じた平和的な解決を求めるようになった。しかし、インドの指導者は、いかにも中立的に聞こえるこの提案が、インドの領有権の主張は間違っているとするパキスタンの立場を強化するものではないかと心配した。

一九八〇年代に始まった長く、ゆっくりとした、中国とインドの雪解けのあいだも、中国はパキスタンとの関係を維持した。最近までとは言わないが、少なくとも一九九〇年代を通じて、中国はパキスタンに核・ミサイル技術の提供を続けていた。他のほとんどの取引相手国への提供はやめていたにもかかわらずだ。[27] 二〇〇〇年代、中国とパキスタンは先進的な戦闘機、JF－17サンダーの共同生産に着手し、二〇〇五年、善隣友好協力条約に署名した。

一九六〇年代から七〇年代にかけて、中国は新疆とパキスタン北部を結ぶカラコルム・ハイウェイを建設した。このハイウェイは、インドの国益に二つの打撃を加えた。カシミールのパキスタン管理地域に対するパキスタンの支配を支援し、アクサイチンにおける中国の立場を強化したからである。今後、さらに整備され、適切に維持されれば、このハイウェイは中国領内とアラビア海に面したパキスタンのグワダル港を結ぶ戦略上重要な輸送ルートになるだろう。ハイウェイの延伸には中国が出資している。このルートは、中東の石油やその他の商品の中国北西部への輸送に利用でき、また、アラビア海における中国海軍の作戦を支援するのに使われる可能性もある。

中国とパキスタンの関係は長いけれども、中国から見ると、その関係は限られた目的にしか活用できない。インドの力を相殺し、アラビア海への陸路を開くほかに、パキスタンはウイグル独立運動を抑えつけるのに協力してくれるかもしれない。これは中国が、上海協力機構にオブザーバーとして参加するようパキスタンに声をかけた理由の一つだった。パキスタンはウイグル人活動家の亡命受け入れを拒否し、中国当局に引き渡している。また、半年に一度、中国と対テロ合同演習を実施している。演習はパキスタンから新疆へのテロリストの浸透をどう防ぐかに焦点を当てている。だが、パキスタンは、領内にいるイスラム原理主義者やテロリストを規制する力を徐々に失いつつあり、それにつれて、パキスタンから広まるウイグルの脅威が増大している、と中国は見ており、両国のあいだで新たな摩擦が生じている。[28]

最後に、中国とインドはミャンマーへの影響力を競い合っているが、その戦いは互角とは言えない。ミャンマーの沿岸部はベンガル湾沿いの戦略上重要な位置を占めており、向かい側にはインド東岸と、インドにとって戦略上重要なアンダマン諸島とニコバル諸島がある。ミャンマーはインドとは歴史的なつながりがある。どちらもかつてイギリス領インド帝国の一部だった。インド経済にとっては天然資源の貴重な供給源だ。しかし、一九八八年、インドがミャンマーの民主化運動を支持したことから、軍事政権の不信を買い、関係の修復はあまり進んでいない。いっぽう中国は主要な武器供給国、外交支援国として影響力を持つようになった。

中国は、今のところ、インドによるアルナーチャル・プラデーシュ州の支配を除いて、インドとの係争地域四カ所すべてにおいて優位に立っている。その結果、インドの政策立案者は中国の動きを懸念している。その度合いは中国のインドに対する懸念よりもずっと大きい。中国の脅威は、一九九八年にインドが核兵器保有国であることを宣言したときに挙げた理由の一つである。もっとも、両国には、相手に対して核兵器を使用する現実的な理由も戦略もないのだが。パキスタン、ミャンマー、スリランカ（ハンバントタ港）、そして潜在的にはバングラデシュ（チッタゴン）など、近隣諸国の港湾整備を中国が支援していることについて、インドは警戒をもって眺めている。これらの港は商業利用のために整備されているが、インドは、中国海軍がインド洋、さらにはその先へ進出したときに、最終的には海軍基地として使われるのではないかと懸念しており、中国が一部のアメリカ人の言う「真珠の首飾り」を作ろうとしているように見えることに注目している――南シナ海からアフリカ東海岸にかけての、一連の友好国の海軍基地のことである。[29]

中国にとって最大の懸念は、インドがアメリカとの協力関係を強化していることだ。ソ連が中国の大敵だった時代に、インドはそのソ連と同盟を結んでいた。アメリカが中国の主要な安全保障上の懸念として浮上すると、インドはふたたび中国に対抗した。アメリカはインドの一九九八年の核実験を非難していたが、ビル・クリントンは二〇〇〇年にインドを公式訪問した。アメリカの現職大統領の公式訪問は四〇年ぶりのことだった。二〇〇四年、ジョージ・W・ブッシュは、核実験に抗議するためインドに科していた制裁を解除し、原子力の平和利用に関する協力合意に署名した。二〇一〇年、バラク・オバマは、インドが長きにわたって訴えてきた国連安全保障理事会の常任理事国入りの希望を支持した。二〇〇一年九月一一日以後の、アメリカのパキスタンへの深い関与、アフガニスタンへの侵攻、中央アジアへの軍事拠点設置、中国にはこれらすべてが中国包囲戦略の一部のように見えた。

インドとの緊張を和らげ、中国にとっては今のところ比較的好都合と思われる勢力均衡を強化するために、中国は、潜在的なパートナーとしての要素を増やそうとしてきた。中国とインドのあいだでは、一九八八年以降、継続的に首脳が往来し、国境に関する協議が行なわれた。その結果、解決に向けた進展はなかったものの、大規模な軍事衝突は回避された。二〇〇〇年代初頭、二国間貿易が活況を呈し、二〇〇〇年には三〇億ドル足らずだった貿易額は、二〇〇八年には五二〇億ドル近くまで伸びた。インドの輸出は主に原料と鉄鉱石で、輸入は付加価値の高い工業製品や機械なので、中国は一貫して大幅黒字を続けている。北京、上海、ニューデリーを直接結ぶ初の民間航空路線が二〇〇二年に開設された。四年後、両国は直行便を週七便から四二便に増やすことで合意した。二〇〇三年、中国とインドはナトゥラ峠の通行を再開させることで合意した。これは、国境越え輸送の改善に向けた一連の道路、鉄道開発計画の一つだった。さらに両国はミャンマー経由で中国とインドを結ぶ「ランド・ブリッジ」（陸路）の開発を進めつつあるようだ。言うなればビルマ・ロード〔ビルマ（現ミャンマー）のラシオから中国の重慶に至る自動車道路。第二次大戦中、連合軍の補給路として使われた〕の二一世紀版である。[30]

　両国の商業的、外交的影響力が増大し、海軍が増強されるにつれて、インド洋の周辺で、双方の敵対心が高まるかもしれない。インドは大それた「大国の夢」を追い求めている、と中国は考えている。[31] 中国はその可能性をにらんで、開発援助、武器売却、通商関係を利用して、南アジア地域システムの他のすべての国々――パキスタンだけでなく、バングラデシュ、ブータン、モルディブ、ネパール、スリランカ――と友好関係を発展させた。これらの国々はすべて、インドによる支配を恐れて、中国との関係を受け入れている。中国は、インドによる支配を回避する手助けをすることが国益となる唯一の国外勢力なのだ。パキスタンを除いて、直接インドに挑戦する国はありそうもない。しかし、中国は南アジアのライバルを静かに包囲するための基礎づくりを進めている。

中央アジア――親交を結ぶ

　中国の歴史全体を眺めてみると、歴代の支配者に対して、最も大きな難題を突きつけた地域システムは、中央アジアである。一三世紀と一七世紀の二度、中国は北から来た軍隊に占領されたが、占領者を中国化することによって、政治的、文化的な存在として生きのびた。西の辺境は、遠い距離のみならず広大な砂漠と険しい山脈によって中心地から切り離されていたため、北ほどの脅威ではなかったらしく、未開の辺境であるとともに、ヨーロッパ、中東へと通じる交易路――シルクロード――としての役割を果たした。だが、一九六〇年代から七〇年代にかけての中ソ対立時代、中国の北部と西部の辺境は緊迫し、軍備が強化された。しかし、一九八〇年代後半の雪解け時代、国境の両側で兵力が削減され、ソ連軍はアフガニスタンから撤退した。そして一九八九年、雪解けはゴルバチョフと鄧小平の首脳会談でクライマックスを迎える（第3章）。

それから二年後のソ連崩壊によって、中央アジアとの国境沿いに生じた新たな難題が、中国に突きつけられた。旧ソ連の衛星国だったモンゴルが民主主義国家となり、西側に傾斜しはじめた。脆弱な五つの独立国家――カザフスタン、キルギス、タジキスタン、トルクメニスタン、ウズベキスタン――が新疆の西に出現した。最初の三カ国は直接国境を接していた。イスラム原理主義者たちが、ソ連撤退後のアフガニスタンで、権力を握ろうとしていた。この冷戦後の脅威は今までにない脅威だった。圧倒的な強さを持つ一つの隣国が軍事侵攻を企てているのではなく、ひどく脆弱な複数の隣国が、国境を越えた民族運動の温床となり、新疆を不安定化させる恐れがあるのだ。中国は、このような不安定化を防ぐだけではなく、旧ソ連の後継諸国が、中国との国境紛争を平和的に解決し、国境を非武装化するという政策を継承、継続することを確認しようとした。さらに中国は、ロシアを説得して、このかつての立ち入り禁止地域における、中国の有力な役割の正当性を認めさせる必要があった。そして長期的には、地域のエネルギーその他の資源の恩恵を受けることを望んだ。全体として見て、中央アジアにおける中国の戦略は、地域の安定化を図り、各国政府に受け入れられ、なおかつロシアに脅威だとみなされない形で影響力を拡大する、というものだった。

中国は、これらの目標を達成すべく、慎重に動いた。第3章で見たように、中国の指導者は、ゴルバチョフの後継者ボリス・エリツィンへの嫌悪感をこらえつつ、ロシアとの外交的、経済的協力関係の制度化を進めた。中国は旧ソ連の後継諸国すべてをすぐに国家として承認し、新疆との国境を非武装化するための交渉を継続した。そして、一九九六年から一連の五カ国首脳会議を主催した。カザフスタン、キルギス、タジキスタン、そしてロシアが参加して、中国の主張する優先課題について議論した。すなわち、中国が「三悪」と呼ぶ、テロリズム、分離主義、過激主義を阻止すること、である（過激主義は、わかりやすく言えば、新疆を脅かしかねないイスラム原理主義のこと）。これらの動きは、二〇〇一年に正式な協力組織、上海協力機構を設立するための基礎となった。上海協力機構には当初の五カ国（上海ファイブ）とウズベキスタンが含まれた(32)。二〇〇三年、上海協力機構加盟国は北京に事務局を設立し、中国の外交官を事務総長として選任した。

上海協力機構は中国に利益をもたらした。第一に、中国の新疆支配に対する脅威を阻止することに中央アジア諸国の注意を集中させた。この政策は各国の利益にもなる。なぜなら、これらの弱小国家も少数民族やイスラム主義運動の脅威にさらされているからだ。加盟国は、情報共有、亡命拒否、指名手配中の個人の引き渡し保証などに関する一連の合意を締結した。[33]二〇〇二年に設立された反テロに関する情報共有センター、地域反テロ機構は、要注意人物リストを作成し、情報を共有する仕組みを提供する。この仕組みはとくに有用だ。なぜなら、中国国境外で最も多くのウイグル人が集中しているのが中央アジアだからだ。そして、その大部分――推定四〇万人――がカザフスタンに住んでいる。[34]二〇〇二年一〇月、キルギスにおいて、中国とキルギスの兵士数百人が、他の上海協力機構加盟国のオブザーバーが見守る中、二国間テロ対策訓練を実施した。中国にとっては国外で他の国といっしょに行なう初の合同訓練だった。翌年、中国領内において、初の多国籍軍事演習を実施した。中国の国防相、ロシア、カザフスタン、タジキスタンのオブザーバーが見守る中、一〇〇〇人以上の中国とキルギスの部隊が参加した。中国とロシアの二国間軍事演習、上海協力機構の多国間軍事演習も二〇〇五年と二〇〇七年に行なわれたが、これもテロ対策演習と思われる。このような演習は、信頼関係を築き、地域の軍隊間のコミュニケーションを円滑にするいっぽうで、既存の体制に挑戦しようと考える活動家を威嚇するシグナルにもなる。

第二に、上海協力機構は、中央アジアにおける中国の影響力に対するロシアの抵抗を和らげた。ロシアは今なお自身を地域の中心国家だと考えている。長きにわたる政治的、経済的な結びつきを持ち、域内貿易に使用される通貨ルーブルを支えており、ソ連時代から中央アジアに住むロシア系住民を保護しようと努め、タジキスタン、キルギス、カザフスタンにある軍事基地を維持している。ロシアは中央アジア全体を傘下におさめる包括的組織を設立した――独立国家共同体（ＣＩＳ）と集団安全保障条約機構（ＣＳＴＯ）である。どちらにも上海協力機構加盟の中央アジア四カ国とその他の国々が参加している。それでもロシアは上海協力機構を有益だと考えている。なぜなら、中国の影響力を地域に拡大するために、競争ではなく協調の枠組みを示しているからだ。また、上海協力機構は、加盟国の政権維持を支援することによって地域の安定に貢献している。他の国々から正統性を承認され、国内の反対派や外国からの批判に協力して対抗することによって、それぞれが恩恵を受けている。

第三に、上海協力機構は、この地域に戦略的な関心を持つ他の国々の接近に対して、門番の役目を果たしている。結成以来、上海協力機構には「オブザーバー国」四カ国（インド、パキスタン、イラン、モンゴル）、「対話パートナー」二カ国（ベラルーシ、スリランカ）、「ゲスト」三カ国（アフガニスタン、ＣＩＳ、ＡＳＥＡＮ）が加わった。上海協力機構に加盟していない国の中で、とくに目立っているのがトルクメニスタンとアメリカだ。トルクメニスタンは中央アジア五番目の旧ソ連後継国で、ロシア主導であれ中国主導であれ、いかなる地域的な仕組みにもほとんど関心を示さない。アメリカは加盟に向けて探りを入れてみたが、冷ややかな対応を受けた。それどころか、二〇〇五年の首脳会議で、六カ国は――中国ではなく、ウズベキスタンとロシアの強い要請で――声明を発表し、アメリカ主導の連合軍に対して、上海協力機構加盟国内の基地から撤退する「期限を決める」よう強く求めた。これらの基地は、アフガニスタンでの戦争を支援するために使用されていた。同時に、ウズベキスタンはアメリカに、カルシ・ハナバードの飛行場を閉鎖させた。キルギスは、巨額の補償金と引き換えに、アメリカがマナスの空軍基地を継続使用することを認めた。中国にしてみれば、こうした行動には、アフガニスタンにおけるアメリカの努力を妨害しようという意図はなく、中国の裏口にアメリカ軍が永続的に駐留することを阻止する意味があった[35]。

中国は中央アジアが大きな経済的潜在能力を持っていると見ており、急成長する中国経済は、ロシア経済よりも、このチャンスを生かせる状況にある。とくに重要なのは、中央アジアのエネルギー資源だ。中国へ運ぶのに南シナ海を通る無防備な海上輸送路を使わなくてもすむという利点がある。中国は油田開発権、パイプライン、石油供給を手に入れるため、アメリカ企業と必死に競い合ってきた。貧弱な交通網やインフラの不備もあって、開発の進行は遅い。一九九七年、中国石油天然気集団と中国、カザフスタン両政府は、石油パイプラインを建設することで合意したが、二〇〇四年九月まで建設は始まらなかった。パイプラインが原油をカザフスタン中部から中国西部へ送りはじめたのは、二〇〇六年五月になってからである。二〇〇九年一二月、トルクメニスタンから新疆への天然ガスのパイプライン輸送が始まった。ウズベキスタンとカザフスタンの険しい地形を通る、およそ一六〇〇キロの道のりだ。石油とガスに関する協力のほか、中国は地域全体の通商関係の急成長を促進してきた。中央アジアの共和国の大部分にとって、中国は最上位の貿易相手国となっている。二〇〇三年に北京で開かれた上海協力機構政府首脳会議の席上で、温家宝首相は、加盟国間の関係発展を加速するために自由貿易協定を設立することを提案した。

アフガニスタンは、中国の安全保障問題として、長さおよそ九六キロの両国国境が示唆する以上に、大きく立ちはだかっている。中国政府はこの国をイスラム過激主義の温床と考え、それが中央アジアに広がり、新疆に波及する可能性を恐れている。二〇〇〇年、パキスタン駐在中国大使がタリバンの指導者オマル師と会談し、伝えられるところによると、ある合意を得ようとして失敗したという。その内容は、タリバンが新疆のウイグル過激派を支援しないことを約束すれば、中国は国連でアフガニスタンを支持する、というものだった。二〇〇一年のアメリカの介入で、中国は不安を覚えたが、それでもアメリカがテロとの戦いに勝利することを願っている。そして、状況が改善し、銅、鉄、石油、その他の鉱物資源開発を始められるようになると、中国はすぐさまアフガニスタンに進出した。

モンゴルは一九九〇年代初頭にロシアの軌道から離脱した。多くの旧ソ連諸国とは異なり、もはやロシア軍の駐留を許可しなかった。ロシア系の住民もあまり多くない。アメリカとの緊密な関係を強めようとしてきた。二〇〇五年、ジョージ・W・ブッシュはこの国を訪れた最初のアメリカ大統領になった。モンゴルとアメリカは、重要だが控えめな安全保障関係を結んでいる。その一環として、モンゴルは、イラクおよびアフガニスタンに駐留する連合軍に小部隊を派遣している。独立したモンゴルの存在は、中国に住む約四〇〇万人のモンゴル系住民にとって魅力的だ。彼らの多くがモンゴルに隣接する内モンゴル自治区にいる。中国とモンゴルのあいだに領土紛争はなく、一九六四年に国境協定が成立している。モンゴルに対する中国の懸念は二つある。モンゴルとアメリカの関係改善が限られた範囲にとどまるようにするとともに、汎モンゴル民族主義を食い止めなくてはならない。中国の最大の強みは経済である。中国の他の小さな近隣諸国と同じく、モンゴルもまた、自国の繁栄が、活況を呈する中国経済にますます強く結びついていることに気づいている。そして、世界の他の地域へのアクセスは、中国経由の輸送ルートに依存している。

中国は、中央アジア諸国との関係を良好に保つことにおおむね成功している。その影響力は拡大し、次第にロシアの影響力に匹敵、いやもしかすると上回るまでになりそうだ。アメリカの関与は限定された状態が続きそうだが、それでもアフガニスタンを国家安全保障上の優先事項と考えるかぎり、アメリカは深く関与することになるだろう。

世界的重要性を持つ地域大国

中国はその劇的な台頭にもかかわらず、依然として真の世界的大国ではなく、地域大国のままである。これについては第7章で論じる。中国による天然資源の飽くなき追求は、世界を視野に入れているとはいえ、アジア太平洋地域にかなり集中している。中国の軍事力の増大は、この地域で最も早く、最も強く感じられるだろう。しかし、前章と本章で紹介したように、中国は自らの地域においてきわめて大きな存在となっており、その大きさは日本、ロシア、ブラジル、南アフリカなど、アジアその他の地域大国を上回っている。そして、アジアの中で突出した存在であるということは、南米やアフリカで突出した存在であるよりも、世界的な影響力が大きいことを意味している。中国という中核的存在を特徴とする広大なアジア太平洋地域には、世界人口の四〇パーセント、世界GDPの三一パーセント、ユーラシア大陸の四分の三以上が集まっている。国際政治の中で戦略上重要な中心地域である。この地域の地域大国は、国際的にも重要な存在なのだ。

中国の成長力と周辺地域に対する関心とがあいまって、モンロー主義のソフトな中国版が生まれた。他の大国との接触を拒否するのではなく、すべての地域問題について強い発言権を持とうとする。最低でも、安定した隣国という緩衝地帯を求めている。その隣国は強国の支配を受けず、中国の国益を尊重する国であってほしい。

だが、この探究は障害に直面する。中国は勢力を拡大するにつれ、以前よりも近隣諸国から尊重されるようになったが、同時に摩擦も増えている。周辺地域の陸上、海上あらゆるところで、アメリカの強力な存在感に直面している。中国が勢力を拡大すればするほど、近隣諸国のほとんどは、ますます対抗勢力としてのアメリカの存在を歓迎する。

第二と第三の円だけで、当面のあいだは、対外関係に費やすエネルギーの大部分をとられてしまうだろう。難題が山積みで、中国政府はずっと頭を悩ませることになるはずだ。陸と海の領土紛争、資源の獲得、海上輸送の安全、民族グループの流入、その他の従来と異なる安全保障上の問題、アメリカ、日本、ロシア、インド、その他の勢力との近隣諸国への影響力争い。こうした関心や懸念の対象となるさまざまな課題を抱えている以上、当面、中国はアジア以外の地域において、今よりもずっと大きな役割を果たすことはできないにちがいない。アジアにかなり多くのエネルギーと資源を吸いとられてしまう以上、世界の他の地域での政策目標は、経済と外交の優先事項だけに的を絞らざるをえないだろう。

第7章　第四の円の中の中国

世界第二位の経済大国として、またアジアの主要な地域大国として、中国は国際政治の中心に躍り出た。世界のあらゆる問題に対して発言権を持つ、国際社会の一員である。しかし、中国はまだ、かつてのソ連や、現在のアメリカのような、真の世界的大国ではない――つまり、世界の隅々において包括的、戦略的な利益と影響力を持つ国ではない。ヨーロッパ、中東、アフリカ、ラテンアメリカ、カナダでは、中国の利益と影響力は二つの分野に限定されている。経済と外交である。

われわれはこれらのさまざまに異なる地域を、中国の隣接地域の外側にあることから、「第四の円」と名づけた。第四の円の中の各国政府が中国の経済的、外交的利益に配慮するかぎり、中国は各国のイデオロギー的特徴、国内政治、軍事態勢、戦略的協力関係にはまったく無関心だ。第四の円における中国の戦略的利益は、安定性である。なぜなら、戦争や政権交代は、経済的アクセスや外交関係を混乱させる恐れがあるからだ。しかし、中国政府としては、その国がどのような形で安定しているか――民主制か独裁制か、軍政か民政か、部族制か階級制か――はどうでもいいことで、中国を締め出すような仕組みでないかぎり、問題はない。中国にはそのような問題を気にする余裕もない。なぜなら、第四の円の中で、特定のイデオロギーを推進し、政権を支援し、巨大な軍事的存在感を築くのに必要な資源を持っていないからだ。

中国が第四の円に関係する主体として登場したのはつい最近のことで、しかもそれは劇的な登場だった。毛沢東時代、中国のアジア以外の対外関係は、ソ連と対立し、多くの場合アメリカとも対立する少数の政府や政党に限られていた。東ヨーロッパでは、ソ連圏から離脱した三カ国のうちの二カ国、アルバニアとルーマニアとは関係を維持した（だが、ユーゴスラヴィアとは縁を切った。体制があまりにも自由主義的で、毛の好みに合わなかったのだ）。中東では、パレスチナ解放機構を承認するとともに、モハンマド・レザー・シャー・パフラヴィー国王政権末期のイランとの関係を深めた。何十年ものあいだ二つの超大国に支配されていた地域で勢力を拡大するためである。アフリカのアンゴラ、ローデシア、南西アフリカ、その他の地域では反ソ連の政権や反政府活動を支援した。それらがたとえ右翼でもだ。中国は、世界中に存在する小さく多種多様な親中派の共産主義政党を支援し、その中にはアメリカ共産党もあった。西ヨーロッパでは、中国は北欧四カ国とアメリカの主要同盟国二カ国によって外交上承認された――一九五〇年にはイギリスが、一九六四年にはフランスが中国を承認している。イギリスは香港を管理するため中国政府との対話ルートが必要だったし、フランスは外交政策の独自性を打ち出したかったからだ。

第四の円における中国の役割は、国連に席を占めた一九七一年以後、増大した。安全保障理事会の一員になると、ほとんどの国の政府から外交上の承認を与えられたが、アジアの外では依然としてあまり大きな存在ではなかった。二〇〇一年にＷＴＯに加盟し、商品や市場を求めて全世界に手を伸ばすようになって初めて、地域を超えた大きな利益と影響力を手に入れたのである。

第四の円における中国の政策は今日、三つの経済課題と三つの外交課題に集中している。第一に、中国は、経済部門では、拡大するエネルギー需要を満たすために、確実な石油供給源を探し求めている。第二に、より広く、世界中の石油以外の商品、市場、投資を手に入れようとしている。第三に、戦略的理由ではなく、主に利益を得るために、武器売却に携わっている。第四に、外交面では、経済的アクセスを保護するために、できるだけ多くの国の政府と協力関係を築こうとしている。第五に、中国の外交官は世界各国に働きかけて、台湾とダライ・ラマを外交的に孤立させる中国の政策を維持しようとしている。第六に、中国は国際的な規範や管理体制をめぐるさまざまな多国間交渉において、第四の円を構成する各国政府から支持を得ようとしている。

このように特殊な政策を追求するのではなく、世界的大国として、もっと包括的な役割を果たす方向へと転換するには、漸進的な変化以上のものが必要だろう。第四の円は、あまりにも大きく、あまりにも遠く、あまりにも政治的に複雑で、今もなお旧植民地時代、あるいは戦後の新植民地時代の宗主国の支配があまりにも強いため、そう簡単に遠く離れたアジアの大国の影響下に入ることはない。たとえ中国のように巨大で力強い大国だったとしてもだ。

石油安全保障の追求

中国では、輸出品の製造拠点としての発展と、国民の生活水準の向上とが相まって、一九九〇年代からエネルギー使用量が大幅に増え、それによって石油の輸入依存度が高まった[1]。

幸い、独自の安全保障上の観点から、中国のエネルギー供給源の大部分——二〇〇八年は七一パーセント——は、国内で生産される石炭である。これは発電に使用されるものだ。このため中国は世界最大の石炭消費国となっている。石炭には環境面で欠点がある。採掘するときも、運ぶときも、燃やすときも、環境を汚染するからだ。しかし、安全保障の面では有利な点がある。あまりたくさん輸入する必要がないからだ（ある程度は輸入されていて、その量は価格が安いときに増え、高いときに減る）。国内エネルギー生産には原子力発電、水力発電、風力発電なども使われている。しかし、エネルギーに占める割合が大きく、しかも増えつづけているのが、石油である。現在の技術では、石油に代わるものは存在しない。なぜなら、道路輸送でこれほど大規模に使うことのできるエネルギー源はほかにないからだ。また、石油化学製品、肥料、プラスチックなど、中国で最も重要な工業製品の多くにおいて、石油は主要な原材料となっている。中国は一九九三年に石油の純輸入国〔輸入額が輸出額を上回っている国〕となり、二〇〇七年までには全消費量の半分近くを輸入するようになっていた。その結果、アメリカに次ぐ世界第二位の石油輸入国になった。各種推計によると、中国は、二〇三〇年までに、使用する石油の七〇－八〇パーセントを輸入し、世界最大の石油輸入消費国になるという。主な輸入先は、サウジアラビア、アンゴラ、イラン、オマーン、ロシア、スーダン、イラク、カザフスタン、クウェート、ブラジル、リビアで、順位は年によって異なる。中国はこれら以外の多くの国々からも石油を輸入している。

輸入石油に依存することで、中国は他の石油輸入国と同様、価格変動にも、供給遮断にも、影響を受けやすくなる。エネルギー資源の輸入割合がはるかに高い日本、ドイツ、韓国、インド、その他の多くの国々に比べれば、中国の状況はそれほど悪くはない。それでも、石油の供給が途絶すれば、中国の経済、政治的安定性、軍備維持に深刻な打撃を与えるだろう。中国の戦略家は、石油の供給が途絶する場合、産油国の情勢不安、テロ、海賊行為、戦争など、複数の理由があるだろうと考えている。そして、次のことを心配している。このような不測の事態では、欧米諸国の政府と、欧米支配下の国際石油企業が、世界の石油埋蔵量の多くを所有していること、サウジアラビアやメキシコなどの主要供給元と馴れ合いの関係にあることを利用して、欧米の消費者を優先するかもしれない。あるいは、万が一、米中関係が悪化したら、アメリカは中国への石油供給を絞って、経済成長を止めようとするかもしれない。

この脆弱性を低減するために、中国は、他の石油輸入国と同じような、多面的なアプローチを採用している。政策立案者たちは、石油をもっと効率的に使うことを求めてきた（たとえば、車の燃費基準を引き上げ、徐々にガソリン価格を上げることによって）。天然ガス、原子力、水力、太陽光、風力など、他のエネルギー源の利用を増やそうとしてきた。中国は、東シナ海と南シナ海に巨大な石油・天然ガス埋蔵量があると考えており、その権利を主張してきた（第6章）。二〇〇〇年から戦略的石油備蓄を開始し、二〇二〇年までに九〇日分を備蓄できるようにすることを目指している。戦略的石油備蓄を実施しておけば、価格が下がったらタンクを満杯にし、価格が急騰したらタンクを空っぽにすることによって、政府は国内の石油価格を制御できるし、石油の供給中断に対処する備えにもなる。中国は中央アジアで、石油とガスのパイプライン建設を支援した。このパイプラインのおかげで、それまで手に入らなかった炭化水素の供給を受けられるようになった。提案されているパキスタンとミャンマーのパイプライン建設計画が実現すれば、中東やアフリカから中国内陸部まで、石油を陸路で運べるようになる。この経路なら、戦争が起こった場合、海上輸送による供給よりも妨害を受ける可能性は低い。しかし、パイプラインの建設には金と時間がかかる。

二〇〇六年、中国は、エネルギー政策を調整するため、中国共産党中央にエネルギー中央領導小組を設置した（第2章）。

エネルギー安全保障推進の一環として、中国政府は一九九〇年代後半、国有石油企業が「外に出て」石油を手に入れてくるべきだ、と判断した。ただ国際市場で石油を買ってくるだけではじゅうぶんではない。石油企業は、外国の石油資源に自分の持ち分を確保するよう努力しなければならない（「商品原油《コモディティ・オイル》」と区別して「利権原油《エクイティ・オイル》」と呼ばれる）。中国三大国有石油企業といえば、中国石油天然気集団（外国の証券取引所ではペトロチャイナと呼ばれる）、中国石油化工集団（シノペック）、そして中国海洋石油である。中国国有銀行の巨額の信用貸しの後押しを受けて、国際石油ゲームに参入した新参者たちは、欧米諸国と政治的に対立している国々、あるいは厳しい自然条件ゆえに資源獲得の余地が残されている国々に飛びこんでいった。そして、いくつかの石油事業にかなりの額の投資をした。一部のアナリストたちはこの政策を批判し、中国は利権原油に金を出しすぎだ、すべてに門戸が開かれている国際石油市場を利用するべきだった、と主張した。しかし、中国の政策立案者は、欧米諸国が石油を戦略資産として扱っているとみなし、自分たちもそうすべきだと考えた。たとえば、アメリカの露骨な政治的反応を、中国政府は記憶にとめた。二〇〇五年、中国海洋石油がアメリカの石油企業、ユノカルを買収しようとしたときに、妨害されたのである。また、中国は、投資するのに必要な外貨を大量に保有していた。そして、利権原油は中国の石油企業の事業利益に貢献した。なぜなら、石油生産は儲かったからだ。外国の石油資源に持分を確保したことで、企業の資産価値は増大した。二〇一〇年現在で、中国の国有石油企業の生産量の約二〇パーセントは、中国以外の油田から産出したものだった。

中国の利権原油への投資は五〇カ国近くに及び、アジアの国もいくつかあるものの、ほとんどの国は第四の円に属している。たいていの場合、現地の国営石油企業や国際石油メジャーの巨額の出資金に比べれば、これらの投資は控えめだ。そこでは、ほとんどの新興市場の巨額取引にはつきものの、よくある政治的な問題以上のものは出てこない。

とはいえ、二件のケースでは、よくある政治的問題に巻きこまれただけではすまなかった。中国企業が新規参入者として、世界でもひときわ近寄りがたい政治環境を持つ国々に、最大の投資をしたのは、偶然ではなかった。それができたのは、他の海外勢力が投資に慎重だったり、撤退したりしたからだ。

そんな国の一つがスーダンだった。広大な、開発の遅れた国、スーダンには、何百もの民族グループや部族があり、そのほとんどが武力紛争に関わっている。とくに大きかった二つの内戦は、アラブ系の北スーダンとキリスト教系の南スーダンの戦いと、アラブ人が多数派を占める中央政府とダルフール地域の非アラブ人（黒人系アフリカ人）部族の戦いだった。南北内戦は二つの段階を経て行なわれ、第二段階は二〇〇五年の和平協定で終結した。それが今度は二〇一一年の南スーダン共和国の独立につながった。ダルフール紛争は二〇〇三年に勃発し、いくつもの激しい戦闘が行なわれたが、多くの観測筋はこれらの戦闘を「大虐殺」と呼んだ。スーダン政府にダルフールでの攻撃をやめさせるため、欧米諸国は制裁を科し、国連は武器禁輸を実施し、アフリカ連合は和解を提案して平和維持軍を派遣した。そして、二〇〇八年、国際刑事裁判所は、スーダンのオマル・アル＝バシール大統領を、大量虐殺、人道に対する罪で起訴した。紛争は隣国チャドにまで波及した。チャド政府はスーダン政府とは敵対関係にあった。

そんな中で、中国は二〇〇六年までに推定一〇〇億ドルを投資していた。主な投資対象は大部分が南スーダンにある油田、南北間のパイプライン、北スーダンの石油精製所と港湾施設だった。スーダンは中国にとって、全部で六カ国かそこらの上位原油供給国の一つ、そして、中国の国有石油企業がアフリカで生産する原油の、群を抜いて最大の原油供給源となった。その結果、中国はスーダンにとって最大の貿易相手国にして投資元となり、スーダン内外の紛争にほとんど否応なく巻きこまれることになる。

しかし、中国の関心は、これらの紛争の結果よりも、紛争の当事者すべてとの関係を維持することにあった。自国の経済的資産と外交関係を保護するためである。スーダンのパイプライン、精製所、港湾施設は北スーダンにあったので、中国政府としてはハルツームのスーダン政府と良好な関係を保つ必要があった。また、油田の大半が南スーダンか南北の境界線沿いに位置していたため、南スーダン当局とも良好な関係を保つ必要があった。ダルフールの反政府勢力とも、できるだけ関係を維持しておかなくてはならなかった。中国のいくつかの施設を攻撃する能力を持っていたからだ。中国はチャドの石油にも投資していたので、チャドとの関係も維持しなくてはならなかった。アフリカの他の関係諸国とも関係を維持しなければならなかった。中国はそれぞれと外交関係を結んでいたからだ。そして欧米諸国との関係も維持しなければならなかった。これらの多様な必要性に対応するため、複雑な政策が生まれた。さまざまな関係主体からのめまぐるしく変転する圧力に対して、中国政府が急場しのぎで打ち出した政策である。中国は、ハルツームのスーダン政府を一国の中央政府として最大の敬意をもって扱った。国連が武器禁輸を実施するまで武器を売却し（禁輸後も売っていたという説もある）、アル＝バシール大統領を、公式訪問、高度な儀礼による式典、援助プロジェクトなどで手厚く遇した。この気前のよい扱いは、国際刑事裁判所によるアル＝バシール起訴後も続いた。中国は同裁判所の設立条約に加盟していないため、起訴を尊重する義務はなかった。

そのいっぽうで、中国は、自身の不干渉の原則を曲げて、二〇〇五年の南北和平を支援し、南における国連平和維持活動に警察と軍部隊を派遣し、ハルツームのスーダン政府にダルフール紛争の平和的解決を目指すよう働きかけた。胡錦濤はスーダンのアル＝バシール大統領にダルフール問題の解決を面と向かって強く促した。二〇〇六年にアル＝バシールが訪中したときと、二〇〇七年に返礼として自身がスーダンを訪問したときのことである。中国政府はあえてその事実を公式に発表した。二〇〇七年、中国は問題の平和的解決を促す特命を帯びた大使を派遣し、地域の人道支援に数百万ドルを投入した。同じく二〇〇七年、安全保障理事会において、国連とアフリカ連合による合同平和維持部隊をダルフールに派遣するというアフリカ連合の方針に、中国は支持票を投じた。ただし、ハルツームのスーダン政府がそれを受け入れることが条件である。中国は、この任務に工兵部隊を投入し、スーダン政府に部隊の展開に同意するよう促した。これらの動きは、国際人権団体からの圧力への対応の一環だった。人権団体はダルフールの大虐殺と来《きた》る二〇〇八年北京オリンピックを関連づけていたのだ。しかし、中国政府の行動の時期と微妙さから、投資へのダメージ回避を第一に重視していることがわかった。

　第二の国イランでは、巨額の炭化水素投資で複雑な政治的計算を強いられた[2]。ここでの問題は内紛ではなく（内紛はいくつもあったが）、イランが核兵器開発を目的としてウラン濃縮を試みたために起こった国際的な危機だった。二〇〇〇年代初頭、欧米諸国がイランに核兵器開発計画を中止するよう圧力を強める中、欧米の石油企業は、事業請負業者として、イランからの撤退を開始した（ただし市場でのイラン原油の購入は継続した）。だが、それと同時に中国企業が参入し、イラン国営石油企業によるイランの油田、ガス田の探査、開発を支援した。二〇〇五年、マフムード・アフマディネジャドが大統領に当選すると、イランと欧米諸国との対立が先鋭化する。国連安全保障理事会はイランに一連の制裁を科し、中国もこれを支持した。それと同時に、中国は増大するエネルギー需要に対応するため、イランへの投資を増やした。イランは中国にとって第三位の石油供給国となった。

　中国政府はイランの核兵器開発は支援していなかった。アメリカ、フランス、ロシア、その他の国々と同様、中国は以前、イランの原子力エネルギー開発計画を支援していた。この支援は、表向きは平和目的のために提供されたものだが、同時に、一九八〇年代から九〇年代初頭にかけての、核拡散に対する、中国の寛容な姿勢を反映していた。しかし、核不拡散体制に参加し（第10章）、イランとその近隣諸国からの石油供給に大きな利害関係を持つようになった中国は、イランの核化は地域を不安定化させるという懸念を抱いた。そこで、イランに対して、ＩＡＥＡに協力すること、兵器用ウラン濃縮を追求しないことを強く促した。

　しかし、中国は、イランの核兵器開発阻止を、欧米諸国ほど重要視していなかった。第一に、中国は、欧米の政策立案者が主張するほどイランの核開発計画が進んでいるとは思っていなかったのだ。欧米諸国はイランを封じこめ、ついでに中国のエネルギー探しを困難にするために、危機を誇張している可能性もある、とさえ中国は考えていた。第二に、強硬な制裁措置は、イラン政府を不安にさせ、欧米に抵抗しようとする決意を弱めるどころか強めるだけだと思った（中国はこれと同じ欠点を、欧米の北朝鮮やミャンマーに対する制裁政策にも感じていた）。第三に、原子力エネルギー推進派の中国としては、どの国にも平和目的の原子力エネルギーを開発する権利がある、という原則を損なう形で制裁が実施されるのは気に入らなかった（第10章）。第四に、中国はイランとの良好な関係を維持したかった。一九九〇年代初頭から続けられているイランの新疆に対する不干渉政策をこのまま継続してもらうためである。こうした不干渉の態度を引きつづき促すため、二〇〇四年、中国はイランに対して、上海協力機構にオブザーバーとして加盟するよう勧めた。第五に、イラン国内の、消費財や軍装備品などの、かなり大きな輸出市場を保護したかった。そして最後に、イランと欧米の争いが長引いた影響で、アメリカ軍は釘付けになった。でなければ中国のすぐ近くまで展開していたかもしれない。イランがまもなく核兵器を開発する、というわけではない以上、危機がこのままくすぶりつづけても、とくに問題はなかった。

外交的孤立を避けるため、ロシアと緊密に連携しながら、中国は国連安全保障理事会での立場を利用して、イランに対する制裁を認めつつ、それを遅らせ、軽くしようとした。中国はこの問題についてはけっして拒否権を発動しなかった。アメリカその他の西側諸国との良好な関係を維持したかったし、基本的には、イランに核兵器開発を中止させたかったからだ。

スーダン、イラン、その他の国々でのエネルギー安全保障の追求は、自国の国益を際立たせるどころか、不完全ではあったが、他の先進工業国と国益を合致させるのに大いに役立った。中国の投資は、欧米諸国が活用していない供給源から石油を生産することで、世界市場での供給と価格の安定に寄与した。いくつかの産油国で危機が勃発したとき、中国は欧米諸国と同様、早期に解決して、供給途絶が最小限に抑えられることを望んだ。たとえば、リビア——中国や多くの欧米諸国にとって重要な石油供給国——では、二〇一一年、カダフィ政権が広範な民衆の蜂起に直面するや、中国は、危機の早期解決を求めるという点で、欧米諸国と利益が一致した。もっとも、良好な関係を結んでいた政権が崩壊するのを見たくはなかったのだが。そんなわけで、国連安全保障理事会の軍事介入を承認する決議では、中国は棄権した。表向きは民間人への攻撃を防止するのが軍事介入の目的だったが、じっさいは、ムアマル・カダフィの権力からの退場を早めるためだった。スーダン、イラン、リビアのケースはすべて、中国と欧米諸国の利益が幅広く一致していることをはっきりと示している。それと同時に、独立した政策的立場を打ち出そうとする欲求、どの政策がうまくいくかについての意見の相違、そして、中国には現地の状況に影響を与える手段があまりないという事実も示している。これらのケースでは依然として欧米諸国が中心的役割を果たしていた。中国は、欧米諸国の介入を全面的に支持することなく、その恩恵を受けることができた。

商品、市場、投資

二〇〇〇年代、中国の政策立案者は、第四の円を構成する諸国からの、石油以外の商品の供給保護や、輸出、サービス、投資市場への参入を推し進めた。一九八〇年代から九〇年代にかけての中国の経済発展は、太平洋地域を中心としたもので、アジアの他の国々からの半製品の輸入と、それらの組み立ておよびアメリカへの輸出に依存していた。しかし、二一世紀に入って経済が急成長すると、中国は第四の円において重要な経済的利益を得た。今では石油のほか、さまざまな鉱物、農産物の主要輸入国となっている。そしてそれらが輸出産業と成長する国内消費市場をもたらしているのだ。とくに重要な輸入鉱物が銅、鉄、マンガン、鉛、クロム、銀、亜鉛で、とくに重要な輸入農産物が大豆、綿、木材である。同時に、中国の輸出業者は、第四の円に新たな工業製品市場を開拓した。そして、潤沢な資金を持つ中国企業や政府機関は、アメリカ短期国債よりも利回りのいい投資先を探した。

売買と投資によって、中国は第四の円のいくつかの国にとって、主要な――場合によっては最大の――経済パートナーとして浮上した。これらの関係を強化するため、中国は他の国外勢力が使い古した道をたどってきた。外交上のお世辞、開発援助、エリートとの政治的関係、そして――底なしの――汚職行為。しかし、中国はまだ、特定の政権、あるいは特定のタイプの政権に戦略的な利害関係を持つまでには至っていない。誰であれ、権力者として浮上した人物に友好関係を切り替える用意ができている。

アフリカでは、中国の主要な経済パートナーは、アンゴラ、スーダン、チャド、リビア、コンゴ、ナイジェリア、赤道ギニア、ガボン、カメルーンである。すべてが石油供給国だ。また、このうちの多くは銅、鉄鉱石、その他の鉱物、および綿の主要な供給国である。中国はいくつか驚くべき投資も行なっている。その一つがコンゴ民主共和国の銅やコバルト鉱山への投資だ。その見返りに、アフリカは中国にとって電化製品、軽工業品、機械・電気製品の成長市場となっている。近年、一〇〇万人くらいの中国人がアフリカに渡って、小さな事業を始めた。[3] アフリカにとって中国は、今やアメリカとフランスに次ぐ、巨大な貿易相手国となっている。

アフリカに進出している他の国外勢力と比べてみると、中国には有利な点と不利な点の両方がある。中国はアフリカを植民地として支配した歴史を持たない。政治的あるいは道徳的な制約なしに開発援助や事業契約を提供する。地元の指導者は中国人のビジネスの進め方に満足している。しかし、このように比較的有利に事を進められるのは、より腐敗した不安定な国の場合である。こういう国でこそ、ビジネス上の関係が最も危険で、最も扱いが難しく、中国人スタッフや労働者の身の安全が最も危ぶまれるのだ。アフリカのより安定した国々では、エリート層が旧宗主国と緊密な関係を維持しており、中国企業が競争に参加するのは難しい。中国はアフリカとより緊密な文化的関係を築こうと努力してきた。毎年、数千人のアフリカ人留学生を中国に受け入れ、二〇一〇年までにアフリカに二五校の孔子学院〔海外の教育機関と提携して中国文化と中国語を外国人に教える中国の公的機関〕を開校した。しかし、大陸全体で話される主要な外国語は今でも英語とフランス語である。中国に移住するアフリカ人はほとんどいない。そして多くのアフリカ人が中国を新手の新植民地主義国とみなし、かつてアフリカを支配した欧米諸国に劣らず搾取的だと考えている。中国はアフリカ大陸に軍隊を駐留させていないので、フランスやアメリカがときどきやってきたような形で、従属国を支援することはできない。

ラテンアメリカでは、中国の役割は、主に急成長してきた貿易を中心に築かれているが、それでも地域の対外貿易に占める割合は約五パーセントにすぎない。大陸一の経済大国ブラジルは、中国にとって地域で最も重要な貿易相手国だ。鉄鉱石や、大豆、穀物、肉などの農産物の重要な供給国であり、中国製品の大規模市場であり、航空機や衛星打ち上げなど、ハイテク分野のパートナーでもある。両国は他に先駆けて通貨スワップ〔資金調達コストの削減や為替変動リスクの回避のため異なる通貨の債権・債務を交換すること〕を利用してきた――あまりアメリカドルで取引をしなくてすむように、人民元とブラジルレアルで貿易取引を行なうわけである。チリとペルーは中国にとって鉄鉱石と銅の主要供給国だ。経済関係を拡大するため、中国はこの二カ国と、それぞれ二〇〇五年と二〇〇九年に、自由貿易協定を結んだ。アルゼンチンとの貿易では、中国は大豆、肉、その他の農産物を輸入し、工業製品を輸出している。ベネズエラでは、石油探査、石油生産、および交通機関プロジェクトに数百億ドルを投資した。この投資は、ウゴ・チャベス政権の、アメリカからの経済的自立を確立するための取り組みを支えた。キューバとの貿易でさえ劇的に拡大しており、中ソ対立の時代にキューバがソ連を支持して以来、長らく続いていた敵対関係は覆された。二〇〇七年までには、中国はキューバにとって二番目に大きな貿易相手国となっていた。

ラテンアメリカ諸国は、従来からのアメリカによる支配への対抗勢力として、中国の経済進出を歓迎しているが、摩擦も生じている。アフリカと同様、中国はラテンアメリカと、原材料輸入と製品輸出を基盤とする新植民地主義的な関係を築こうとしているのではないか、という懸念が持ちあがっている。中国との貿易赤字に苦しんだ後、アルゼンチンは、噂されていた中国による製品ダンピング（地元の競争相手を廃業に追いこむために、原価よりも安い値段で売ること）を調査した。メキシコと中央アメリカ地域では、中国の製造業者との競争で、対米輸出産業が損害をこうむった。アメリカは他のどの国よりも強い経済的、政治的、文化的つながりと、他を圧する軍事的存在感によって、依然としてこの地域の支配的な国外勢力だった。

中東では、さまざまな商品やサービスを売ることによって、石油輸入の代金を支払った。その中には工業製品や軍需品もあった（次のセクションで論じる）。ペルシャ湾岸諸国では大規模な建設プロジェクトにも着手し、技術者、労働者、設備、消耗品を供給した。石油供給を重要視しているため、中東との貿易では赤字が出ている。中国は、イスラエルとパレスチナ自治政府を含む、すべての中東諸国と良好な関係を保っているが、軍を駐留させておらず、中東の一国、イランの戦略的パートナーだと考えられる。

二〇〇四年、EUがアメリカを抜いて、中国の最大の貿易相手となった。ヨーロッパは自動車や航空機などの高度な工業製品を中国に輸出し、その代わりに、中国はコンピューター、携帯電話、デジタルカメラ、繊維製品をヨーロッパに輸出している。二〇一一年のユーロ圏金融危機では、中国は欧州債券市場に大規模に参入することになり、ギリシャ、ポルトガル、スペイン、イタリアなど、苦境に陥った国々の国債を購入して好意を得た。ただし、一部のヨーロッパ人が望む救済にはほど遠い額だったが。経済関係の拡大で、いくつか問題も生じている。ヨーロッパ人の中には、捕食者のような中国の経済行動を非難する者もいる。そうした行動が、ヨーロッパ市場を窮地に追いこみ、ヨーロッパ企業を低コストで買収することを可能にしている、というわけだ。このような見方から、EUは、二〇一六年よりも早く完全な「市場経済国」として認めるよう求める中国の圧力に抵抗した（市場経済国になると経済的アクセスの特権が増える）。二〇一六年というのは、WTO加盟合意に基づき、自動的に市場経済国になることが予定されている年である。中国は、高度な軍装備品をヨーロッパの供給国から購入することを申し出たが、アメリカはEUに圧力をかけ、一九八九年の天安門事件後に始まった中国に対する高性能兵器禁輸措置を維持させようとしている。

東および中央ヨーロッパの安定、増加しつつあるイスラム教徒の住民をいかにして社会に同化させるか、北アフリカからの難民や不法移民への対処、テロの防止といった、ヨーロッパが最も関心を寄せる安全保障問題に、中国は重大な利害関係を有していない。ヨーロッパ人は、昔から自分たちの影響下にあるアフリカに中国が進出することに不安を感じているが、なんの対抗策もとっていない。ヨーロッパはアジアでは軍事的義務を負っていない。お互いの地域に軍隊を駐留させていないので、ヨーロッパと中国はお互いに、軍事的脅威になることも、重要な軍事協力の可能性を提示することもない。

両者のあいだの主要な政治問題は人権問題である。ヨーロッパの指導者やEUの外交官は、自分たちの価値観に基づく安全保障戦略の一環として、中国との関係では、つねにこの問題を重視する。しかし、中国経済の重要性が増すにつれて、ヨーロッパの人々は、以前ほど一貫して人権問題を追求しなくなった（第12章）。

武器売却

第四の円における中国の通商関係の一部は、武器売却で構成されている。一九八〇年代、中国が世界経済に参入したとき、軍所有の軍需企業は、収入を補うために海外市場を探し求めた。このアプローチは、中国の武器移転が、いくつかの相手国に限定され、商業的動機ではなく、戦略的動機に基づいていたという、以前のパターンを打ち破るものだった。二〇世紀後半のさまざまな時期に、中国は北朝鮮、パキスタン、イランの核兵器およびミサイル技術開発を援助した（イランの場合、これに化学兵器能力が加わる）。どれも重要な同盟国を支え、ライバル諸国の防衛上の予測を複雑化させるのが目的だった（第11章）。しかし、一九九〇年代後半までに、中国は国際的な軍備管理・不拡散体制に参加しており――公に知られているかぎりでは――大量破壊兵器の移転からは手を引いた。

だが、中国は依然として、商業武器市場では活動しており、軍備管理体制に規定されていない武器や技術を、興味を示すあらゆる買い手に売っていた。これらの武器売却は、中国が締結している条約の下では合法的だったが、その一部がアメリカの反発を招いた。アメリカは、このような武器売却には地域の軍事バランスを不安定化させる影響があると主張した。たとえば、一九八〇年代、中国がイランに売却した地対艦ミサイル「シルクワーム」は、ペルシャ湾を航行するアメリカ軍の艦艇にとって新たな脅威となり、サウジアラビアに売却したCSS－2（東風二号）ミサイル、シリアに売却したM－9（東風一五号）およびM－11（東風一一号）ミサイル、アルジェリアに売却した原子炉は、アメリカの同盟諸国への脅威と、地域の軍備競争をあおる危険性をもたらした。厳しい交渉の末、アメリカは中国を説得して、これらの売却を中止させた。

これらの合意を経ても、中国には、一九九〇年代半ばには、小型武器、軽火器、航空機、装甲車、大砲、小型艦艇などの市場が残っていた。短期間ながら、中国は世界第四位の通常兵器輸出国となった。主な顧客のほとんどは、パキスタンとミャンマーを除いて、第四の円の国々で、イラン、イラク、エジプト、スーダン、ジンバブエが含まれていた。中国製武器への需要は一九八〇年代後半から一九九〇年代前半にかけて減少した。理由はさまざまだが、その一つが一九八八年のイラン・イラク戦争の終結だ。この戦争で、中国は敵対する双方に大量の武器を売っていた。また、一九九〇－九一年の湾岸戦争でアメリカ軍が目を見張る戦闘能力を発揮すると、その後、アメリカの先進技術への需要が高まった。さらにソ連崩壊後、ロシア製の武器が世界市場で手に入りやすくなった。今日、中国は上位六位か七位の中に入る武器輸出国だが（順位は年によって異なる）、輸出する武器の量も技術レベルも、アメリカとロシアには遠く及ばない。この両国はつねに世界の二大武器輸出国である。また中国はたいていの場合、ドイツ、フランス、イギリスにも後れをとっている。

武器輸出の関係には政治的な部分もある。パキスタン、ミャンマー、ジンバブエの場合のように、その国の政権との友好関係を支えることになるからだ。しかし、アメリカの武器輸出が防衛関係をより深く発展させるために利用されることが多いのに対して、中国の武器輸出は一度もそのようなことに利用されたことがない。近年の中国の武器輸出には、相手への配慮が見られない。武器は売るが、要員の訓練はしない。中国は他の国に対して、自国のものと互換性のある武器や装備の使用を促そうとする努力をまったくしなかった。なぜなら、他国の軍隊と戦場で同じ側に立って使用することを想定していないからだ。

友好外交

経済的利益の次の、中国の第四の円における第二の利益は、外交的利益である。中国は世界のできるだけ多くの国の政府と友好関係を結ぼうとしている。それは次の三つの明確な目標を達成するためである。第四の円の経済資源へのアクセスを維持すること、台湾およびダライ・ラマ問題の外交的解決に向けた協力を得ること、さまざまな多国間協議の場で、交渉における中国の立場への支持を獲得すること。中国の第四の円に関する課題には、重要な第二、第三の円を構成する日本、ヴェトナム、ミャンマー、パキスタン、上海協力機構などとの関係に影響を与えているような、複雑に絡み合った政治、領土、安全保障の問題は含まれていない。第四の円では、周恩来の平和共存原則、とくに内政不干渉、平等、互恵が全面的に適用される。この戦略には相互のやりとりがある。中国は物質的、象徴的、外交的支援を提供し、その代わりに経済アクセスと外交協力が得られることを期待する、というものだ。

友好関係を築くために中国に招かれた外国の指導者たちは、その国の大きさや重要さとは関係なく盛大なもてなしを受け、奨学金、借款、開発プロジェクト、貿易協定を手にして帰国する。その代わりに、中国の指導者は精力的に各国を回り、発展途上世界の忠実な一員としての中国を印象づけようと、行く先々に贈り物を持参する。二〇〇六年、中国の国家主席、首相、外相が訪問したアフリカの国々は全部で一七カ国に及んだ。南アフリカのアナリストによると、このような行動は「前代未聞」のことだった。アナリストはこう続ける。「タボ・ムベキ（南アフリカ大統領）も含めて、これほどたくさんのアフリカ諸国を訪問した国家元首は、ほかに思い浮かばない」[4]。エジプト、南アフリカ、メキシコ、ブラジルなど、とくに重要な地域大国とのあいだで、中国は「戦略的パートナーシップ」の構築を宣言した。欧米諸国がいくつかの国々をならず者国家として敬遠する中、中国はその国々を、他の国々と同じように、華麗な行列と儀式で迎える。

中国は第四の円の至る所で、多国間の協議や機構に積極的に参加している。米州機構のオブザーバー、米州開発銀行の出資国、アジア欧州会合の参加国など、さまざまな役割を担っている。また、中国・ラテンアメリカ・フォーラム、中国・南米共同市場対話、中国・アンデス共同体対話、中国・アラブ協力フォーラム、中国・アフリカ協力フォーラム、中国・カリブ経済貿易協力フォーラムなど、独自の多国間対話機構を組織した。入念に計画された会合で、外国の高官たちは、褒めちぎられたり、感心させられたりする。たとえば、二〇〇六年に北京で開かれた中国・アフリカ協力フォーラム閣僚会議には、アフリカ四八カ国からおよそ一七〇〇人の代表者が参加し、温かいもてなしと豪華な宿泊施設で迎えられた。このような機構は、相互尊重、相互協力という美辞麗句を浴びせつつ、中国の援助、貿易、投資を売りこむ場となっている。

毛沢東時代の中国は、アジア、アフリカの一部の国々を援助していただけだった。とくに有名なのはタンザニアとザンビアへの援助で、両国の内陸部と海をつなぐ鉄道の建設を支援した。毛沢東後の最初の数十年、中国は援助を受ける側だった。とくに日本、国連開発計画、世界銀行から支援を受けていた。二〇〇〇年代以降、今度は援助する側に回り、東南アジア、南アジア、アフリカ、ラテンアメリカに重点を置いた。東南アジアでは、中国の台頭に対する疑念をなだめ、経済的相互依存を高めようとした（第6章）。南アジアでは港湾施設へのアクセスを確保しようとした（第6章）。アフリカとラテンアメリカでは外交的支援と天然資源を獲得しようとした。

第四の円における中国からの援助は、依然として欧米諸国、日本、世界銀行からの援助には遠く及ばないが、中国から提供される資金には政治的条件がないため、たいていの場合、競技場、オフィスビル、道路、橋など、その国の政権の威信を高めるプロジェクトに使われる。どのような政権かは関係ない。ブラジルやチリなどの民主主義政権も支援してきたし、モザンビーク、ナイジェリア、コロンビアなどの、ある程度民主化されている政権も、アンゴラ、ガボン、赤道ギニアなどの独裁政権も支援してきた(5)。アジア以外で中国の援助を受けている主な国々の共通の特徴は、石油その他の商品の重要な供給国だという点である。中国の援助は批判されることが多い。なぜなら、返済を要する借款という形をとっていて、中国企業と中国人労働者を使うという条件付きで、政権の威信を高めるプロジェクトか、中国の資源採取に役立つインフラ建設に使われるからだ。それでも、このようなプロジェクトは、世界的大国で気前のいい友人としての中国、というイメージを促進する(6)。

また、中国にとっては、国連安全保障理事会の常任理事国としての立場も、友好外交の一手段となっている。拒否権はめったに行使しないが、中国は制裁決議を遅らせたり、軽くしたりして、第四の円の国々の利益を図ることができる。中国がそのようなことをしたのは、スーダンやイランの制裁のときだけでなく、イラク、リビア、セルビアに対する制裁についても同様のことをした。二〇〇八年、中国はめずらしく拒否権を発動し、ジンバブエのロバート・ムガベ政権を武器禁輸その他の制裁から守った(7)。また、安全保障理事会の非常任理事国選挙で、イランやベネズエラなど、論争の的となっている国々を支持して、恩を売った。

中国は国連主導の平和維持活動に参加することで、外交的信頼を獲得した。これらの多国籍軍は、国連安全保障理事会の承認の下に派遣され、通常は受け入れ国政府の同意を得て、国内紛争の後、和平に必要な条件を創出、支援する。そのような任務が最初に実施されたのは一九五三年にまでさかのぼるが、平和維持軍の活用が大幅に拡大したのは冷戦後である。中国は二〇〇〇年代に入って深く関わるようになり、二〇一一年までに、コソボ、レバノン、ダルフール、南スーダン、コンゴ、コートジボワール、リベリア、西サハラ、ハイチなど、一九の任務に一万七〇〇〇人以上の平和維持部隊を派遣している。このような派遣は中国の軍や警察関係者に学習機会を提供するだけでなく、受け入れ国の政府と反政府勢力の両方、さらには部隊を派遣している他の国々（多くは同じ地域の国）とのあいだに協力のルートを開拓する機会でもあっ

た。(8)

中国の兵士たちは、一九九〇年代以降、他の軍隊との交流を行なうことで、さらに友好外交に貢献してきた。二〇〇八年の時点で、中国は一〇九カ国に大使館付き武官を駐在させ、同様に九八カ国が北京に武官を駐在させていた。近年、人民解放軍は数百人の兵士を海外に留学させるいっぽうで、数千人の外国人士官を中国に受け入れている。また、二〇〇六年から、安全保障に関する国際セミナー、象山フォーラムを北京で年に二回開催しているほか、孫子の兵法に関する国際シンポジウムをたびたび開催している。オーストラリア、フランス、インド、ニュージーランド、パキスタン、南アフリカ、タイ、イギリス、アメリカ、ロシア、上海協力機構諸国など、さまざまな国の軍隊との、幅広い二国間、多国間軍事演習にも参加してきた。外国の兵士を軍事教育機関に受け入れ、幅広い国々の軍隊と交流している。二〇〇八年以来、中国政府はスエズ運河を通過する船舶を保護するため、アデン湾に三隻の艦艇からなる小艦隊を派遣している。

台湾とダライ・ラマの国際的空間を制限する

経済関係の扉を開くことに加えて、中国の友好外交の第二の目的は、台湾とダライ・ラマの外交的孤立を維持することにあった(第8章、第9章)。一九八〇年代以降、ダライ・ラマは国際舞台でチベットの自治への支援を求める戦略を追求した。中国はこの戦略に対抗するため、友好国に対して、ダライ・ラマにビザを発給したり、ハイレベル会合に応じたりしないよう働きかけた。ほとんどの場合、この外交戦は、ダライ・ラマが広く社会的な尊敬を集める欧米諸国で展開された。二〇〇八年、EUの輪番制議長国だったフランスのサルコジ大統領がダライ・ラマと会談したことから、中国はEU・中国首脳会議への参加をとりやめた。二〇一一年、中国は南アフリカ政府に圧力をかけ、ダライ・ラマへのビザ発給を拒否させた。ダライ・ラマはこのとき、同じノーベル平和賞受賞者であるデズモンド・ツツ主催の会合に出席する予定だった。

台湾については、一九九二年に韓国が外交承認を台湾から中国へ切り替えた後、中国による台湾の外交的孤立化戦略の主戦場はアジアから第四の円の国々に移った。当時、およそ三〇カ国が依然として台湾を承認していた。中国は、南アフリカ共和国、マラウイ、コスタリカなど、比較的重要な国々を味方に引き入れることができた。そのいっぽうで、ときどき、中国を承認していた国が、ふたたび台湾と外交関係を結ぶことがあった。たいていの場合、台湾から大規模な援助と貿易をセットで獲得した後のことである。後でわかったことだが、いくつかのケースでは、個人的に裏金が渡されていた。そのような国々には、ニジェール、リベリア、レソト、チャド、グレナダ、セントルシア、マケドニアが含まれていた。一進一退の戦いの中、中国はやがて巨額の資金を投入して、これらの国々を味方に引き戻そうとする。たとえば二〇〇七年には、グレナダからの外交承認を取り戻し、近隣諸国との関係を強化するために、グレナダ、ジャマイカ、アンティグアにクリケット競技場を建設した。このとき関係国政府は中国人労働者に給料を払う必要がなかった。おかげでこの年、これらの国々はクリケット・ワールドカップ西インド諸島大会を開催することができた[9]。

アジア以外の国々の外務省は、台湾の国際的地位をめぐる闘争を特徴づける儀礼上の細かい規定や「呼称問題」にたびたび困惑させられた。中華民国は、正式に中華人民共和国を承認した多くの国々に、引きつづき貿易その他の代表事務所を置いていた。そこに駐在する外交官たちは、台湾の国際的地位を強調するため、台湾が儀礼上、可能なかぎり最高の扱いを受けられるように努力した。中華人民共和国の外交官たちは各国政府に対して、中華民国の代表が、独立国の代表のように扱われることがないようにしてもらいたいと、嘆願しなければならなかった。国連では、中華人民共和国の代表団は、第四の円の国々の外交官たちに対して、中華民国の外交パートナーの国々が一九九〇年から毎年提示している、台湾のなんらかの形での国連参加を検討するという提案に中国が反対する理屈を説明しなければならなかった。WHOでは、中国の外交官たちは他の加盟国に対して、アメリカによる台湾の加盟承認への提案に反対するよう働きかけなくてはならなかったが、けっきょく、二〇〇九年に台湾のオブザーバーとしての参加には同意した。

中国は、台湾が二四以上の政府間組織に、さまざまな特別な呼称で加盟することを許した（第9章）。しかし、中国の外交官たちは、他の加盟国の代表に対して、次のように念を押さなくてはならなかった。中国が認めているような、台湾がある種の非国家的な資格で代表を送るということと、中国が認めていない、台湾が国家であるということとは、まったく別である、と。このような努力を進める中、協力を得るためには、本国政府との良好な関係が不可欠だった。

中国は、第四の円の国々で台湾政策を推し進めるのに、たいてい積極的なインセンティブに頼っていたが、ときには強硬手段をとることもできた。一九九五年、国連安全保障理事会での立場を利用して、ハイチでの平和維持活動を縮小させようとした。ハイチが新大統領の就任式に台湾の副総統を招待していたからだ（その後中国は前向きな姿勢に転じ、ハイチでの平和維持活動に警察と司法の専門家を派遣した）。一九九七年、中国は、グアテマラの停戦を監視する軍事監視団を派遣するための安保理決議に拒否権を発動した。グアテマラが台湾との外交関係を維持していたからだ（その後、グアテマラが台湾の国連参加への試みに対する支持をやめることに同意すると、中国は二回目の投票で決議を通過させた）。一九九九年、中国はマケドニアの国連予防展開隊の期間延長に拒否権を発動した。同国が外交承認を中国から台湾に切り替えたからである[10]。

この外交戦の場において暗黙の休戦が成立したのは、中華民国総統に馬英九が就任した二〇〇八年以降、台湾海峡両岸の関係改善が進んだ時期である（第9章）。伝えられるところによると、その頃、パラグアイが外交承認を中国へ切り替える準備をしているところだったが、中国政府は目的の達成を先延ばしにした。馬総統は、自分の政権は「小切手外交」を実践しないと約束した。しかし、台湾の地位の問題が消えてなくなったわけではなく、中国の外交官たちは引きつづき、台湾の国家としての地位を認めない中国の立場を一歩も譲ろうとしない。

国際規範と国際管理体制

最後に、中国は、第四の円の国々の政府との友好関係を利用して、グローバル化の時代に国家間の相互影響を統制する多くの国際規範、国際機関のシステムにおいて、自己の立場への支持を伸ばした（これも第10章を参照）。これらの国際管理体制は、ほとんどあらゆる分野の国際的な相互影響を網羅している――貿易と金融、航行、紛争解決、軍備管理、移民、人権、気候変動のほか、漁業権、種の多様性、知的財産権など特殊だが重要な問題も対象とする。国際管理体制は、加盟国間の相互影響の過程で、たえず進化している。相互影響は次のような場所で生じる。国際司法裁判所やＷＴＯ紛争解決制度のような紛争解決裁判。二国間の交渉。あるいは国同士の力比べという形をとることもある。しかし、主要な国際規範は、たくさんの国を含む多国間関係の中で生まれることが多くなっている。そこでは、決定は合意によって行なわれる。中国と弱小諸国との友好関係は、これらの交渉において連携を構築するのに役立っている。

国連は一九七〇年代から、国際規範の進化に大きな影響を与える世界会議や首脳会議を招集してきたが、その回数は一九九〇年代から二〇〇〇年代にかけて加速度的に増えていった。とくに注目すべき会議は次のようなものである。一九九二年の地球サミット、一九九三年の世界人権会議、一九九四年の国際人口開発会議、一九九五年の世界社会開発サミット、一九九五年の北京女性会議、一九九六年の人間居住会議、二〇〇二年の持続可能な開発に関する世界首脳会議、二〇〇三年の世界情報社会サミット、二〇〇〇年のミレニアム・サミット、二〇〇五年の世界サミット。会議が採択した成果文書は、国際社会のための大まかな願望を成文化するだけでなく、具体的な政策指針や規範を定めるもので、次のような重要分野を網羅していた。紛争の平和的解決、人道介入、移民、難民、国際犯罪、世界貿易体制、軍縮、環境、貧困と開発、性と生殖に関する健康と女性の権利、子供の権利と福祉、公衆衛生、人権、民主主義、インターネットの自由、国連自体の構造と機能。これらの文書には条約のような法的拘束力はないが、これを基準にして、国家の行動が他の国家や国際メディア、国際市民社会によって判断されるという点で、重要だった。成果文書はまた、今後の国際交渉の起点を定めるものであり、その交渉が最終的に法的拘束力を持つ条約や国連安保理決議につながることもあった。そして、こうした会議のほとんどは、再検討会議へとつながり、これによって加盟国政府に圧力をかけつづけることができた。これらすべての理由から、国連主催の国際会議は重要だった。

会議は熾烈なロビー活動の舞台となった。国家間の活動もあれば、市民社会組織に対する活動もあった。会議には数千人の代表者が出席していたのだ。小さな国々はたいてい、大きな国々と比べると、あまり立場が定まっていなかった。その理由は、利害が少ないから、という場合もあれば、問題に関する専門知識を持ったスタッフがいないから、という場合もあった。第四の円を構成する友好国への働きかけは、中国の外交官が成果文書の内容に影響力を行使する助けとなった。たとえば、中国は、政府が自国民を「保護する責任」を果たしておらず、国際的な介入につながる場合の条件を制限しようとした。また、選ばれた国だけでなく、すべての国を人権審査の対象とすべきだとする原則を確立した（非選択性）。そして、各国政府が国内のインターネットを規制する権利を守ろうとした。

中国は、より専門的な交渉においても、友好国に働きかけ、支持を得ようとした。たとえば、ＷＴＯでは、中国はできるだけ早期の「市場経済国」認定を求めており、アルゼンチン、ブラジル、チリ、ペルー、ベネズエラ、その他の友好国から次々に認められた。同じくＷＴＯで、アフリカ、ラテンアメリカ諸国と共同戦線を張り、豊かな国々が農業補助金を使って、第三世界の国々との競争から自国の農家を保護することに反対した。ＩＭＦでは、中国やその他いくつかの発展途上国が、各国政府の為替政策を批判するＩＭＦの権限の強化に反対した。気候変動交渉では、中国は（インドとともに）発展途上国の先頭に立ち、先進工業国がそれ以外の国々に対して温室効果ガスの排出削減コストを補償すべきだという原則を主張した。国連と密接な関係にあるジュネーヴ軍縮会議では、核兵器禁止地域の設立を訴え、核を保有する大国は核を保有する小国よりも先に軍備を縮小すべきだと主張し、兵器の宇宙空間への配備禁止を強く求めた[11]。国連人権理事会では、とくに人権侵害国だけを取りあげるのではなく、すべての国を同様に扱う普遍的定期審査の仕組み作りに主導的な役割を果たした（第12章）。

多国間交渉における成功は、他の多くの国々と共有する共通の利益を足がかりにしてなされたものだ。その国々とは、発展途上国、非西洋文化、非民主主義体制の国、帝国主義の過去を持たない国、他国への内政干渉に反対する国である。この成功は中国外交の取引的性格によるところも大きい。これが交渉の扉を開き、相違点の調整を容易にしたのだ。第四の円で拡大する中国の存在感は、将来の国際体制の進化に影響力を及ぼすための新たな手段を中国に与えた。

限られた野心、限られた手段

第四の円の中に新たな経済・外交大国が登場したことで、この地域のアメリカ、イギリス、フランスによる伝統的な支配に対抗する力がもたらされた。しかし、中国は欧米の影響力を排除していない。中国の存在が大きくなる中でも、他の大国は利害関係を維持し、場合によっては拡大させている。

第四の円における中国の役割は、いくつかの点で日本のそれとよく似ている。日本もまた世界各地で大規模な投資や取引を行ない、開発援助を提供し、協力的な外交関係を追求しているが、体制の種類、イデオロギー、開発モデル、民族間関係、国家間対立、超大国との協力関係、といった問題にはほとんど関心を持たない。たしかに、第四の円における中国の貿易と投資は、中国の経済成長とともに、日本を凌ぎつつある。だが、日本の場合と同様、利益は部分的だ。中国が第四の円における戦略的主体となるためには、経済進出の拡大以上のものが必要だ。中国はイデオロギー的、文化的影響力を高め、軍事基地を建設し、防衛条約を結び、自国の沿岸部から遠く離れた地域まで、相当な規模の軍事力を投射する方法を見つけなければならない。そのような活動には巨額の費用がかかるので、じゅうぶんな理由がないかぎり、中国が実行に移すことはないだろう。そしてその理由が生じるのは唯一、中国が経済的、外交的手段を用いて、第四の円の経済的資源と外交的支援を獲得するという限定された野心を果たせなかったときだけだ。

第Ⅲ部　国家統一——領土保全と外交政策

第8章　国家性の問題
——チベット、新疆、香港、台湾

世界的な影響力が増大する中、中国は大国としては異常なほど、政治学者の言う「国家性の問題」に悩まされている。チベットと新疆——西部から北西部の広大な内陸地域で、中国の面積のおよそ三分の一を占める——では、非漢民族の民族集団が長いあいだ中国の支配に抵抗してきた。南部沿岸沖の小さいけれども戦略的に重要な地域である香港と台湾の住民は民族的には漢民族に属しているが、独立した政治システムを持ち、台湾の場合、多くの住民から見ると、独立した国家アイデンティティを持っている。第一の円における他の安全保障上の問題とは対照的に、これら四つの地域での中国の支配に対する抵抗は、体制にとっての脅威（四地域を失えば、それを許した指導者に国民が反発するかもしれない）であるばかりか、国家そのものにとっても脅威だ。中国という国は、現在の国境線と、国民の多民族性によって規定されているからだ。

中国の領土はすべて交渉の余地なし、というわけではなかった。領土紛争を解決するため、中国は長年のあいだに、北朝鮮、ラオス、ミャンマー、パキスタン、タジキスタン、キルギス、カザフスタン、ロシア、その他の国々に、合計約三三六万平方キロの土地の領有権を譲ってきた[1]。しかし、チベット、新疆、香港、台湾となると話は別である。それぞれの地域に暮らす市民は、中国政府および中国と外交関係を持つ国々から、中国国民とみなされている。彼らの一部はそのアイデンティティを受け入れていないとしてもだ。中国以外に、これらの地域の領有権を主張する国はなく、独立すべきだと主張する国もない。これらの地域は経済的価値が高い。また、戦略的な観点からすれば、中国の安全保障上、きわめて重要な地域ばかりだ。どの地域も、ひとたび中国の支配から離脱すれば、中国を脅かす国外勢力の拠点になる恐れがある。地理的に遠く離れ、政治的に不安定な後背地の主要部分であり、漢民族の中心地の安全を確保するためには、統制下に置く必要がある。四地域における中国支配への抵抗は、二種類の帝国主義の遺産だ。一つは中国による帝国主義、もう一つは中国に対する帝国主義である。第一に、現在、中国として知られる実体は、何百年にわたる人口的、政治的拡大によって生まれたものだ。現在の形に近いものになったのは、最後の王朝、清の時代の後半、一九世紀に入った頃である。歴代の他の帝国と同様、清もまたこの拡大の過程で、多くの異なる民族集団を、程度や形はさまざまだが、直接の支配下に置いた。一九一二年、中国は帝国から、弱体ながら国民国家へと変わった。初代元首の孫文は、中華民国は多民族国家である、と宣言した。孫文が「漢」と呼んだ主要な人口集団と四つの主要な少数民族で構成される。孫文の言う四つの少数民族とは、チベット族、モンゴル族、満州族、回族である（回族とは中国のイスラム教徒の総称だったが、今日ではイスラム教徒の中の特定の下位集団を指す）。毛沢東政権は、孫文の多民族国家という考え方を継承しつつ、国が認定する少数民族の種類を五五にまで拡大した。このとき加えられた民族の一つが新疆のウイグル族だった。

現代の国民の概念では、中国人はさまざまに異なる民族的アイデンティティを持ち、同時に、すべてが国家に対する忠誠心を持っている、と考えられている。指導者たちは、当時欧米諸国で流行していた人種と国家に関する理論を借用し――毛沢東の場合はとくにスターリンから借用した――、次のように主張した。民族的アイデンティティなどというものは遅れた考え方であり、宗教的迷信につながることも多い。近代化によってやがては消滅し、国民的アイデンティティが勝利をおさめるだろう、と。

この理論は、時間が経つにつれて、中国の少数民族の多く――同化し、孤立した、小規模の民族――に対しては、ある程度成功した。中国最大の正式に認定された少数民族はチワン族で――じっさいには以前から存在していたさまざまな文化的集団の集合体――ヴェトナムと国境を接し、トンキン湾に面した広西チワン族自治区にその大部分が住んでいる。言語的に、そしてたいていの場合、文化的にも同化し、おおむね中国国民としてのアイデンティティを受け入れている。[2] 東北部の朝鮮族、タイに近い雲南省のタイ族、その他いくつかの民族集団は、中国の支配に憤慨しているようだが、数が少ないので、中国にとってはまったく脅威にならない。都市に移住してきた少数民族市民は、多くの場合、ほとんど同化しており、中国の支配に満足している。

内モンゴル自治区では、中国の支配に対する不満は大きい。北部国境沿いの草原地域で、かつては主にモンゴル族が住んでいた。一九五〇年代以降、漢族の入植者の流入によって、モンゴル族の人口に占める割合は減少の一途をたどり、今や全体の二〇パーセント未満である。一九六〇年代の文化大革命時には、政権は地域アイデンティティを表現するものを激しく弾圧した。改革の時代には、近代化によって環境が破壊され、モンゴル族の伝統的な生活様式が損なわれたことから、ときどき抗議運動が勃発した。中国のモンゴル族は、国境の向こうのモンゴル国にいる民族的同胞から、なんらかの支援を期待しているかもしれない。モンゴル国は一九二四年に独立し、一九九〇年から民主主義国家となった。だが、中国の軍事力、経済力に対する恐れから、モンゴル国政府は中国に異議を唱えることができずにいる。モンゴル国は世界最貧国の一つであり、かつてはソ連に経済的に依存していた。今では中国との貿易が盛んで、それ以外の対外貿易の多くも天津の港を経由している。その結果、モンゴル国は、国境を越えて相手の不満を助長するのはほとんど無益な行為だと考えている。そんなわけで、内モンゴル自治区における中国の支配は安泰だ(3)。

しかし、チベットと新疆では事情が違う。これらの地域の民族間関係は、この数十年、よくなるどころか、悪化の一途をたどっている。じっさい、ポスト毛沢東時代、中国政府が地域の経済開発に巨額の資金を投入すればするほど、地域の抵抗の規模は大きくなった。なぜなら地域の人々は、漢族が金を出す近代化は、自分たちの文化に対する攻撃だと考えているからだ。近代化の恩恵は自分たちには届かず、外から押し寄せてきた漢族へ流れている。

中国が抱える国家性の問題は、もう一つの帝国主義にも由来している。帝国主義時代に外国勢力に占領されていたか、影響を受けていた地域の中には、忠誠心の疑わしい地域がある。一九世紀、イギリスは香港に植民地を建設し、それを拡大した。また、インドの拠点からチベットに進出して支配を確立し、中国からの自治確立を支援した。ロシアは断続的に新疆の一部を占領し、独立運動を支援した。また、外モンゴルが中国（清朝）からの独立を宣言する際に後押しした。日本は台湾を植民地として占領した。第二次大戦で日本が敗れると、アメリカが介入し、本土中国による台湾占領を阻止した。やがて中国がふたたび支配を確立したが――今も独立を維持する外モンゴル（モンゴル国）と、独立を宣言しないまま中国からの分離が続く台湾は除く――、かつては中国から分離していたという記憶が、今なおこれらの土地に住む人々のアイデンティティを形成している。台湾、チベット、新疆から海外に離散した人々は、外国で明確なアイデンティティを育て、外国社会からの支援を得ている（香港からの離散者はいない）。外国政府は、さまざまな方法で、香港の半自治的地位を保証し、中国による台湾支配を阻止してきた。外国人の中にはこう考える人々もいる。これらの地域の多くの問題を中国政府は純粋な国内問題だと定義したがるが、そこには民族自決や人権など、原理原則に関わる問題が含まれている、と。帝国主義の時代は終わったにもかかわらず、中国の指導者たちは、これらの地域に支配力を行使するときに直面する問題は、少なくともその一部は、あいかわらず、中国の台頭を抑えたい海外利益集団が引き起こしているのだ、と考えがちである。

おそらく、国内の地域問題に関して、これほど多くの外部からの関与に直面している主要国はほかにないだろう。たとえば、ロシアでは、少数民族が人口に占める割合は二〇パーセントなのに対して、中国ではわずか八パーセントほどである。しかし、ロシアの少数民族は国土の約三〇パーセントに集中しているのに対して、中国の少数民族は中国の陸地部分の約三分の二まで広がっている。ロシア国内の自治共和国の大半は、戦略的に重要な位置にあるわけでもなく、外国との幅広い経済関係もなく、国境の向こうに民族的同胞が住んでいるわけでもないので、海外利益集団の関心を招く恐れはない。ロシア国内の少数民族が外国から大いに注目されている例は、唯一、カフカス地方――チェチェンとその周辺地域――だけである。ゆえに、中国にとって、戦略的後背地の支配を確立、維持することは、依然として重要な課題なのだ。地域を統制する国内戦略は、外交戦略と連携させて展開しなくてはならない。抵抗者たちへの外からの支援を遮断するためである。これらの問題の国際的な側面に対処するには、外交努力が必要だが、それは、中国が持つ、本来なら他の問題に投入できるはずの力を減殺することになる。好むと好まざるとにかかわらず、中国の国家性という国内問題は、対外関係の問題でもあるのだ。

チベットの脅威

チベットにおける中国の安全保障上の利害は、どの地図を見ても明らかだ。危険にさらされているのは、面積一二二万八四〇〇平方キロのチベット自治区だけではなく、チベット族が住むチョルカ・スム（チベット三州）全体なのである。チョルカ・スムは、チベット自治区を越えて広がり、隣接する青海省、甘粛省、四川省、雲南省の四省のかなりの部分にまで達する。中国が作ったチベット自治区を含むこのチョルカ・スムは、チベット自治区の約二倍の広さを持ち、中国の領土の約四分の一を占め、北京から約一三〇〇キロ以内に達する。地域の大部分を占めるのは、標高二七〇〇メートルを超える高原や山々で、人口密度が低く、守備隊の配置や物資の補給が難しい。

万一、チベットの支配権を失ったら、中国の安全保障は大きく損なわれるだろう。インドとの国境の大部分、さらにネパール、ブータン、そしてミャンマーの一部との国境を失うことになる。これらの国々に影響を及ぼす中国の能力は低下し、インドをはじめとするライバル諸国は、この機に乗じて中国を抑えつけ、あるいは威嚇しようとするにちがいない。乾ききった中国の中心地に水を供給する水源が危うくなる恐れがある。長江、黄河、その他多くの川はチベット高原から流れてくるからだ。中国はチベットの水力発電を利用できなくなり、チベットの金、銅、その他、中国が近年チベットで開発を始めたばかりの鉱物資源を失うことになるだろう。(4) 新疆と台湾の分離独立運動に反対する中国の決意も怪しくなるだろう。そして、国土の喪失は、漢族の民族主義的な反応を引き起こすだろう。

チベットはもともと単一の政治的単位ではなく、族長の支配地域や公国の集合体で、チベット仏教（黄帽派）への傾倒を共有していた。中国の歴代王朝は、時代によって、さまざまな地域に、大なり小なり影響を及ぼしていた。一七世紀、チベットはダライ・ラマの下、神政国家として統一された。ダライ・ラマは、チベット仏教の最高位にある僧として知られ、中国皇帝との特別な関係を認めていた。一九〇四年、チベットに侵攻したイギリスが、チベット政府と直接の関係を確立し、中国の軍事的、政治的影響力を打ち消した。チベットは、国際的に独立した主権を認められたわけではなかったが、一九一三年から一九五一年まで、事実上の独立国として機能していた。このような複雑な歴史ゆえに、中国政府とチベット独立運動家たちとの論争の中で、正反対の法的主張がなされることになった。両者の見解は、ともに歴史的事実に基づいている。チベットが長いあいだ中国の支配下にあったのは事実であり、そのいっぽうで、長いあいだ中国の支配から独立して機能していたのも事実なのだ。(5)

一九五〇年、樹立されたばかりの中華人民共和国の軍隊がチベットに入り、一九五一年、北京で、ダライ・ラマの代表団は、チベットは中国に属しながらも、中国国内での自治を享受する、という協定に署名した。この一七カ条協定（中央人民政府と西藏地方政府のチベット平和解放に関する協議）は、中国政府に宗教の自由を認めるよう求め、ダライ・ラマの役割を承認し、中央当局が既存の地域政治システムに変更を加えないことを約束し、地域の対外関係は中国政府が管理することを認めるものだった。しかし、チベットを統治するために派遣された中国人たちは、チベット仏教と地元支配層の地位を弱体化させ、各地の抵抗運動に火をつけた。一九五九年、首都ラサで抗議行動が発生し、人民解放軍がこれを鎮圧した。ダライ・ラマはインド北部に逃げ、ダラムサラに亡命政府を樹立した。ここを拠点にして、中国に対する国際的な圧力を高め、チベット人に政治的、宗教的自由を与えるよう求めた。

チベットを支配するため、中国は長年にわたり、いくつかの方法を組み合わせて実施してきた。大規模な軍の駐屯地を設置し、一九五九年、一九八九年、二〇〇八年に軍の力で騒乱を鎮圧した。文化大革命時代には、中国当局は僧院を閉鎖し、その多くを破壊した。鄧小平時代には、チベット仏教の実践再開を認めたが、僧院における人事、財政、教育を管理し、僧たちがダライ・ラマの写真を飾ることを禁じた。鄧小平の経済改革の一環として、交通、観光、建設、鉱業、その他の産業を育成することによって、チベット人の心をつかもうとした。

しかし、中国の支配に対する抵抗は弱まるどころか、強まるばかりのようだった。ほとんどのチベット人は、ダライ・ラマへの尊敬の念こそ信仰の中心だ、と考えている。生活水準は向上していたものの、住民の多くが、自分たちは経済の片隅に追いやられ、漢族の移住者に圧倒されている、と主張した。貿易業者や労働者が流入し、経済の新しい部門を牛耳っていたからだ。チベットの人々は、中国人がチベット問題を解決するために、チベット文化を排除しようとしているのではないかと恐れた。日常的な抵抗が続き、抗議デモや暴動が周期的に発生した。とくに激しかったのは一九八九年と二〇〇八年で、後者は一九五九年以来、チベット高原で起こった最大かつ最も広範に広がった騒乱となった。二〇一一年以降、中国の支配に抗議するチベット人の焼身自殺が相次いだ。そのほとんどは、チベット自治区以外のチベット人地域に住む僧侶や尼僧たちである。

一九八〇年代、ダライ・ラマは、暴力の使用を許可して独立闘争を展開してはどうかという、一部の信者の助言を拒否し、代わりに、チベット問題の国際化戦略を推進しようと決意した。そして、国際体制における完全なチベット国家の独立という目標はあきらめ、「中国とのつながり」を受け入れることを申し出た。このつながりの下で、チベットは軍隊を持たず、外交に関しては中国の管理を受け入れる。[6] そのいっぽうで、世界各地を飛び回り、外国から中国に圧力をかけさせ、交渉に持ちこもうとした。各国の元首を訪問し、議会に働きかけ、演説を行なった。亡命政府は、ワシントン、ジュネーヴ、台北、その他の都市に事務所を設立した。ダライ・ラマは世界的な有名人になり、一九八九年にはノーベル平和賞を受賞した。その結果、チベットの運命は、中国と欧米民主主義諸国とのあいだの重要課題となった。

しかし、中国政府は、交渉では得るものよりもリスクのほうが大きいと考えた。第一に、ダライ・ラマが求める自治の範囲は、中国が認めようとしているものよりもはるかに広い。たしかに、中国政府はすでにチベットを自治区に分類しているが、それはただ、チベット系住民がいくつかの官職に就くこと、一部の教育現場やメディアで地域の言語を使用すること、公的規制の範囲内でチベット仏教を実践することを認め、くわえて、少数民族の女性に対して、漢族の女性よりも多くの子供を産む権利を認めているにすぎない。これとは対照的に、ダライ・ラマによる自治の定義は、中国の影響力を実質的に排除するものだった。一九八八年、ストラスブールの欧州議会での演説の中で[7]、ダライ・ラマは中国のチベットとの関係を「侵略」「新帝国主義」と表現し、こう述べた。「チベット人の誰もが、わが国の独立が完全に回復されることを願い、祈っている」そして、以下のように主張した。チベット人は次のものを享受すべきである。民主的な自治と「チベットとチベット人に関わるすべての問題を自ら判断する権利」。チベット仏教を実践する完全な自由（チベット仏教では、僧侶が幅広い権威を持つため、宗教的指導者が巨大な政治的権限を持つことになる）。近隣諸国が保証人を務める「地域平和会議」を介してのチベットの平和地帯への転換。チベット政府が商業、文化、宗教、観光などの分野で他国との関係を維持する権利。漢族の移住の停止。そして、ダライ・ラマはこれらの譲歩を「チベット全体」で実施するよう求めた。つまり、チベット自治区だけでなく、隣接する各省のチベット人地域も含むということだ。この譲歩に同意すれば、中国の軍隊、宗教担当の役人、行政官、そして漢族の労働者たちがすべてチベット高原全体から出て行くことになる。実質的に、チベットは一九五一年以前の状態に戻るだろう。中国には名目上、特別な地位が与えられるが、これはかつて外交官たちが「宗主権」と呼んでいたものに近く、完全な主権ではない。これは中国が想定してきた少数民族の自治の枠組みをはるかに超えていた。ダライ・ラマの交渉における立場はずっと変わらなかったが、二〇〇八年、ダライ・ラマの使節が「チベット人のための真の自治権に関する覚書」を中国政府に提出した[8]。この文書では、中国政府にとって最も好ましくない言葉は省かれていたものの、自治権の範囲に関する核となる考えはそのまま残されていた。つまり、中国の政策立案者が考慮できる自治権の範囲をはるかに超えていた。

第二に、ダライ・ラマが長年にわたって外国の影響力を駆使してきたことから、中国はダライ・ラマの意図に不信を抱くようになった。なにしろダライ・ラマは、一九五一年の協定の規定する範囲内で努力することをせず、ライバル国であるインドに逃げたのである。一九五六年から七二年まで、チベットの抵抗運動はＣＩＡやインド、ネパール、そして（わずかながら）台湾の各政府から、訓練その他の支援を受けていた。一九七九年から八五年にかけて、ダライ・ラマは中国政府の許可を得て、四つの事実調査団と二つの政治代表団を中国に派遣してチベットの状況を視察させ、自分が中国でふたたび敬意を集める立場に戻る方法を検討させた。もっとも、チベットで暮らすことは認められないことはわかっていたが。(9) 二〇〇三年から二〇〇六年にかけて、中国当局はダライ・ラマの代表団とさらに八回の協議を行なった。しかし、ダライ・ラマは中国の出す条件を拒否しつづけた。自分の目標とする内容にはるかに及ばぬものばかりだったからだ。そして、国際キャンペーンを継続し、チベットの自治の範囲を広げるための交渉に応じるよう中国に要求した。中国は「中国の不可分の一部」としてのチベットの地位を受け入れるよう要求したが、ダライ・ラマは受け入れず、代わりに、外国の聴衆に向かってこう主張した。中国人の存在は、チベット人の政治、宗教、文化、環境に関する権利を侵害している。一九八九年、ノーベル平和賞委員会はチベットを「占領された国」と呼び、ダライ・ラマも受賞演説の中でそう呼んだ。国連の人権機関は中国のチベット政策を非難した。一九九三年、ビル・クリントン大統領は、米中貿易関係促進の条件として、「チベット独自の宗教的、文化的遺産保護」の推進を条件として掲げようとした。(10) こうしたさまざまな出来事について、中国の指導者は、外部の主体が進んでダライ・ラマと協力し、中国に圧力をかける手段としてチベットを利用しているしるしだ、と認識した。

第三に、中国政府はどうやら、ダライ・ラマがあまりにも人望を集めているため、もしもチベットに帰還した場合、激しい大衆運動が起こり、五〇〇万人以上もいるチベット族を、ダライ・ラマでも抑えられなくなるのではないかと恐れていたようだ（だからこそ中国政府は、チベットに居住することはできないという条件付きで、帰還を許可しようとしたのだ）。あるいはまた、中国軍が撤退した場合、急進的な独立運動家がチベット社会で権力を握り、要求を増大させるかもしれない。最悪の場合、中国が支配権を失うことにもなりかねない。

そんなわけで、中国のチベットにおける戦略は、ダライ・ラマが去るのを待つ、というものだった。二〇一二年当時、ダライ・ラマは七七歳で、健康に不安があった。(11) 慣例によれば、ダライ・ラマの生まれ変わりである後継者を見つける神秘的な能力を持っているのは、チベット仏教の二番目に重要な指導者、パンチェン・ラマということになっている。同様に、パンチェン・ラマの生まれ変わりが、ダライ・ラマにはわかるのだ。一九八九年にパンチェン・ラマ十世が亡くなった後、ダライ・ラマは自分に忠実な家の幼い少年をパンチェン・ラマ十一世として認定した。これに対して中国当局は少年を拘留するという手に出た。少年がどこにいるのか、今もわかっていない。中国政府は別の少年をパンチェン・ラマに指名し、教育を監督している。次のダライ・ラマを認定する時が来た際に、少年が中国政府の意向に従うことを期待してのことである。二〇〇七年、中国共産党は、継承権に対する規制を強化するため、今後は政府の承認がなければ、いかなる僧侶の生まれ変わりも無効であると定めた。ダライ・ラマは対抗戦略の第一弾を展開した。二〇一一年、亡命チベット人社会の政治的指導者としての職務を、選挙で選ばれた首相に移譲し、チベット以外の地での生まれ変わりの可能性について語った。

いっぽう、中国政府は引きつづきチベットの経済開発を促進し――たとえば、二〇〇六年に全長約一九〇〇キロの青海チベット鉄道を開通させた――同時に漢族の移住も推し進めた。その結果、取り返しのつかない人口的、経済的変化が引き起こされたらしく、チベット人運動家たちはそれを「文化的大虐殺」と呼んでいる。政府による一連の「愛国教育キャンペーン」で、僧侶や尼僧たちは、近代化の恩恵を与えてくれた祖国（中国のこと）に感謝し、ダライ・ラマの「分派主義」を非難するよう命じられた。二〇〇八年、若い僧侶や市民による街頭デモが暴動に発展すると、外国から騒乱を扇動したとして、中国政府はダライ・ラマを非難した。チベット自治区の漢族の党書記は（いつもの敬称「ラマ」を省いて）こう言った。「ダライは僧衣に身を包んだ狼だ、人間の顔と獣の心を持つ化け物だ。われわれは今、ダライ一味との血と炎の戦いの最中だ。これはわれわれと敵とのあいだの食うか食われるかの戦いなのだ」[12]。

中国政府は、チベットでも海外でも、ダライ・ラマ個人の威信を失墜させることにはあまり成功していないが、新興大国としての役割を利用して、ダライ・ラマへの支援を減らすよう、他の国々の政府を説得している。一九八八年、中国とインドの雪解けが始まったとき、インドはそれまでになく明確な声明を出し、中国のチベットに対する主権を認めた。両国の雪解けが進んだ二〇〇三年、インドは「インド国内でチベット人が反中国的政治活動をすることを許可しない」と約束した[13]。インド政府は、二〇〇八年の北京オリンピックや二〇〇九年のラサでの弾圧に抗議するチベット人のデモを規制するなどして、約束を果たした。アメリカでは、大統領やその他の政府当局者が、公然とではなく、「内密」に、ダライ・ラマと会談するようになった。二〇〇八年、イギリスは中国のチベットに対する宗主権ではなく、主権を認める方向へ転換した。一年後、フランスは「チベットのいかなる形の独立」にも反対すると発表した。これらの国々——そしてその他の国々——にとって、中国との良好な関係は、チベットの大義に支持を表明するよりも重要なことになったのだ。

ダライ・ラマは、彼個人の権威と、彼の大義に捧げられる広範な支持基盤を持った国際的な活動によって、中国の欧米やその他の国々との外交に不都合を生じさせることには成功したが、まだ中国政府を交渉に引きこむことはできていない。チベットの状況は中国政府にとって、依然として悩みの種だが、中国としては、今のところ戦略を変える理由がほとんど見当たらない。中国政府から見ると、これよりも最終的に成功する見込みがありそうな代替案がないのである。

新疆を掌握する

中国にとっての新疆の戦略的重要性は、チベットのそれと同じである。新疆ウイグル自治区は中国最大の省級行政区だ。中国の領土のおよそ六分の一を占める。モンゴル、ロシア、カザフスタン、キルギス、タジキスタン、アフガニスタン、パキスタン、インドと国境を接している。中国が近隣諸国に影響力を及ぼすときの、あるいは、国外勢力が中国を脅かすときの拠点として利用される可能性がある。チベットと同様、石油・ガス資源があるため、また、カザフスタンから来るエネルギー資源の通り道として、新疆には経済的な価値がある。また、中国の核兵器およびミサイル実験が行なわれる場所でもある。(14)

この地域は、古今を通じて、さまざまな勢力が保有し、あるいは領有権を主張してきた。何世紀ものあいだ、新疆の砂漠や山々を商人、移民、軍隊などが行き来した。その中には北京の時の権力者と同盟関係にある人々もいれば、北京から逃げてきた人々もいた。一九世紀以前、この地域にやってきた数少ない中国人たちは、多種多様なイスラム系住民に遭遇した。そのほとんどがチュルク系またはペルシャ系の言語と文化を持ち、中国人を不信心な異教徒とみなしていた。この地域が中国の行政機構に完全に組み入れられたのは一八八四年になってからのことで、このとき省にされて、「新疆」という名前をつけられた。「新疆」とは新たな領域という意味だ。しかし、中国による支配はまだ不安定だった。一九世紀から二〇世紀にかけて、中国とロシアが影響力を競い合った。中国の存在感が最も弱かった一九四四年、地域の人々は短命に終わった東トルキスタン共和国の樹立を宣言した。ソ連の支援を受けていたが、新しく建国された中華人民共和国がふたたび支配を強める一九四九年に終焉を迎えた。(15)

支配を強化するため、中国は他の周辺地域と同じ手法を用いた。植民地化、貿易、文化的同化、行政的統合、国際的孤立化。必要なときには警察や軍隊の力で支援した。早くも一八世紀半ば、清朝政府はウルムチの近くに漢族が入植する国営農場を設立した。一九世紀には漢族の貿易業者が大挙して押し寄せた。一九四九年以降、中華人民共和国はこの地域を国家計画の下に置き、商業取引を完全に中国国内に限定した。それまで不明確かつ未整備の国境線を越えて普通に行なわれていた貿易と移動は遮断された。一九五四年、中国政府は、新疆生産建設兵団という準軍事組織を設立した。除隊兵士やその他の漢族の移民を入植させ、農場、鉱山、企業で働かせるためである。強制労働収容所の設立とともに、さらに多くの漢族がやってきた。受刑者は出所した後も省内に留め置かれた。一九六〇年代の文化大革命期には、中学校を卒業した数十万人の青少年が都市部、とくに上海から「下放」され新疆にやってきた。彼らの大半は、生産建設兵団農場で生活した。二〇〇七年、公式には、新疆の人口およそ二〇〇〇万人のうち漢族が約八二〇万人を占めるまでになっていたが、おそらく、実数はもっと多いだろう。認定少数民族の中でも最大規模のウイグル族の人口は九六〇万人だった。

一九八〇年までの数十年間、起伏の多い地形と他地域からの遠さゆえに、また、当時敵対していたソ連の脅威などもあって、開発はなかなか進まなかった。しかし、一九八〇年代の鄧小平の改革の下、第10章で論じる沿海部開発政策を推進するため、新疆の石炭、石油、ガス資源が必要になった。その結果、新疆は中国でも屈指の化石燃料生産地となった。一九九〇年代、中国は、西の果てで採れる石油を内陸部の市場へ運ぶため、パイプラインの建設を開始した。二〇〇一年、中国政府は「西部開発」政策を発表した。新疆の資源開発をさらに進めるのが狙いだった。中央政府は数十億ドルを投入して、インフラを建設し、中国や外国の企業を呼びこむための刺激策を実施した。

中国政府は、新疆の住民が、もっと豊かになり、もっと教育が行き届いて、進歩的な考えを持つようになれば、中国国民としてのアイデンティティが強くなるだろうと期待していた。たしかに、一部のウイグル族はうまくやっていた。だが、チベットの場合と同様、中国政府にとっては理屈に合わない反応が、地元住民から返ってきた。中国国民としてのアイデンティティに抵抗したのである。毛沢東時代の大部分を通じて、ウイグル族だけでなく、カザフ、キルギス、その他の小規模な地元少数民族が、イスラム教を捨て、中国語を習得し、伝統的な習慣を放棄するよう圧力をかけられた。[16] 中国の守備隊が、ときどき発生する反乱を鎮圧した。最も大きな反乱は一九六二年に起こった。反乱が鎮圧された後、数万人のカザフ族とウイグル族が国境を越えてソ連側に脱出した。毛沢東の死後、宗教的慣習はふたたび認められるようになったが、厳重な管理下でしか許されなかった。ウイグル語やその他の地域言語は、学校の授業で使われる言語としては段階的に廃止され、教えられるとしても、第二言語としてしか教えられなくなった。[17]ウイグル族の人々は、事業者や役人として成功するためには中国語を習得しなければならなかった。ウイグル族の多くはいつまでも貧しいままで、新たにやってきた漢族ばかりが豊かになった。こうした身分格差によって、民族的な敵意が強まった。

チベットの場合と同様、ウイグル族の人々の多くは、自分たちの土地が、押し寄せてきた漢族の移民に侵食され、ありがたくない、外から押しつけられた生活様式に占拠されてしまった、と考えた。[18]一九九一年のソ連崩壊により、隣接する中央アジア三カ国、カザフスタン、キルギス、ウズベキスタンのウイグル人コミュニティでは、文化と宗教の復活が見られた。このとき、新疆のウイグル族のあいだに、新たな希望と権利意識が生まれた。一部のウイグル人は――中国政府による情報統制のため、その数は不明――、強い疎外感を感じるあまり、「東トルキスタン」の独立という構想を支持するまでになった。

一九八〇年代から二〇〇一年のあいだに、デモ、暴動、さらには暗殺や爆破テロの発生回数が増えていった。政府は次のように主張した。犯人の目標は新疆の中国からの分離であり、ウイグル族の分離主義者はテロリストであり、ウイグル分離主義運動はアルカイダとつながっている、と。これらの主張のすべてが物議を醸した。なぜなら、ウイグル人のほとんどは世俗の人々か、イスラム教スンニ派の穏健な信者で、抵抗運動は組織化されているようには見えず、ウイグル人コミュニティが特定の要求を中心に連帯しているわけでもないからである。中国当局は多くの事件についてテロや分離主義運動の一部だと発表しているが、見たところ原因や理由はさまざまで、中には個人的なものもあり、たいていの場合、犠牲者は少ないようである。[19]いずれの場合も、当局が一連の「厳打」運動を展開した結果、広範囲に逮捕、投獄、処刑が行なわれた。二〇〇一年以降、地方当局が弾圧を強めたため、表立った抵抗運動の回数は減ったが、あらゆる兆候から、ウイグル人コミュニティが中国の支配に、これまでになく憤慨していることがわかった。[20]二〇〇九年七月、一九八九年以来、中国国内で最も重大な騒乱が新疆で発生し、公式の死者数は一九七人にのぼった。

中国は、自身が言うところの、分離主義運動およびテロに対する、海外の離散ウイグル人コミュニティからの支援を遮断しようとした。最も脅威となる恐れのある近隣諸国から強力な援助があった。国境のすぐ向こうの国々である。中ソ対立時代、ソ連は中国支配への抵抗運動を支援していた。その一部はカザフスタンに拠点を置く秘密組織、「東トルキスタン人民党」を介して行なわれた[21]。しかし、対立の終焉、ソ連崩壊、二〇〇一年の上海協力機構の結成（第3章）とともに、近隣諸国の政府は、中国が「三悪」と呼ぶ、テロ、分離主義、宗教的過激主義に反対を表明し、テロ容疑者の相互引き渡しに同意した（第6章）。カザフスタン、キルギス、タジキスタンは、亡命ウイグル人組織の活動に新たな規制を設けた。上海協力機構のオブザーバー国となったパキスタンは、中国が指名手配中のウイグル人数人を逮捕し、送還した。それでも何人かのウイグル人は引きつづきパキスタンのマドラサ（イスラム神学校）で学んだ。それより離れた国々は、さほど協力的ではなかった。トルコは二〇〇〇年の江沢民国家主席の公式訪問の後、ウイグル人活動家への支援を縮小したが、その後も折にふれて、中国政府による新疆での弾圧に抗議した。ドイツは二〇〇四年の世界ウイグル会議の設立を許可し、テロ組織だという中国からの非難をはねつけた。

アメリカの方針ははっきりしていない。二〇〇二年、アメリカは、大統領令で謎のウイグル人組織、東トルキスタン・イスラム運動をテロ組織に指定したが、中国からの、その他のウイグル人組織もテロ組織に加えるべきだという要求は拒否した[22]（じっさい、ほとんどの亡命ウイグル人組織は暴力を強く否定している）。アフガニスタン駐留のアメリカ軍は、二十数人のウイグル人を逮捕し、グアンタナモ収容所に拘留したが、中国への引き渡しは拒否した。アメリカ政府は指導的ウイグル人活動家、ラビア・カーディルに政治亡命を認めた。彼女は中国から分離主義者と呼ばれ、暴動を扇動したと非難されている人物である。また、民間の基金だが、議会の出資を受けている全米民主主義基金は、カーディルが率いる組織に資金を提供した。アメリカ政府が出資するラジオ・フリー・アジアは、新疆に向けてウイグル語の放送を行ない、情報を伝えているが、中国では検閲され、中国政府は通常、この放送を電波で妨害している。

国際的なウイグル運動は、チベットを支援する国際的な運動に比べると、はるかに弱体なままである。中国はラビア・カーディルを、ダライ・ラマのような、国内の騒乱をあおる外部からの強力な扇動者として印象づけているが、じつは彼女の影響力は、ダライ・ラマほど大きくない。ウイグル族の中でもそれほど大きな影響力があるわけではなく、外国の政府や国民への影響力となると、なおさらである。ウイグル人コミュニティは内部分裂の状態が続いているのだ。新疆での中国政府による人権侵害に対して国際的な批判が高まっているが、かといって、ウイグル人国家独立という考えを支持する外国政府はどこにもない。亡命ウイグル人コミュニティのこれまでの主な成果は、ウイグル人のアイデンティティを維持できていることである。

香港――小さいが重要

中国の内陸アジア地域とは対照的に、香港とその近くのマカオは、住民のほとんどが漢族という狭い地域である。たいていの場合、住民は中華人民共和国の国民であると同時に、独自の地域制度下の住民でもあるという、二重のアイデンティティの中で快適に暮らしている。経済的、文化的には、本土に縛りつけられているが、それぞれイギリスとポルトガルの植民地としての歴史に根ざした制度や生活様式を享受している。これら二つの地域は特別行政区として中国に無事復帰した――香港は一九九七年、マカオは一九九九年。しかし、支配を取り戻す過程で、中国政府は、返還された植民地において他地域よりも多くの自由を認めるための条約義務と幅広い政治的義務を受け入れた。この地域の支配を失えば、体制の本土に対する支配力が危うくなるかもしれない。それは差し迫った可能性ではないが、現実のものである。とくに香港ではそうだ。それには次のような植民地時代の遺産が関係している。独立した地元の機関があり、中国政府に異議を唱える力を持っている。折にふれて地域の不満が燃えあがる。万一、中国政府が香港住民の特別な権利を侵害した場合、条約に基づき、外国には抗議する権利がある。ほかにも制約がある。中国政府と香港の関係が危機に直面したとき、もしも対応を誤れば、台湾の民衆を警戒させる恐れがあるのだ。

香港島と小さな九龍半島は、一九世紀に結ばれた二つの条約によって、植民地としてイギリスに割譲された。香港特別行政区のあとの九〇パーセントを構成するのが新界という地域で、イギリスが一八九八年に、九九年間という期限で租借した。香港も、その近くの飛び地であるマカオも、独立国家としてやっていけるとは、とうてい考えられなかった。おそらくそのためであろう、長いあいだ、中国にとって返還はほとんど急務ではなかった。イギリスとしては、法律上、香港島と九龍は永久に領有できたが、新界抜きで領有しても無意味だっただろう。新界の租借期限は一九九七年に切れることになっていた。そこでイギリスは、一九八二年に租借延長の可能性を提起した。しかし鄧小平は中国への主権返還を強く求めた。

スムーズな移行は、経済、政治の両面で、中国の利益になった。香港は地域の金融センターにして貨物集散地であり、当時のＧＤＰは本土のＧＤＰの二〇パーセントに相当した。香港の資本家たちは、中国にとっては最大の外国人投資家で、推定三〇〇万人の本土国民を工場で雇用していた。その工場で生産される製品は香港の最先端のコンテナ・ターミナルへトラックで運ばれ、そこで船に積みこまれて、アメリカその他の市場に向かった。多国籍企業は中国本土での事業活動のための拠点として香港を利用した（香港は引きつづき経済的に重要な地域である。たとえば、二〇〇九年現在、中国にとって香港は、アメリカ、日本に次いで三番目に大きな取引相手であり、相変わらず最大の海外直接投資元だった）。本土の腐敗が香港に広がり、香港の高度な金融、通信、交通、法制基盤が崩壊し、政情が不安定になれば、富をもたらす海外勢力が、シンガポール、東京、へたをすれば台北など、別の地域の中心地へ逃げ出し、本土における経済自由化の努力が台無しになってしまうかもしれない。

これらすべての理由から、鄧小平は「一国二制度」という解決策を示した。これは一九八四年の中英共同宣言で正式なものとされた。中国政府は、香港が一九九七年の返還後、少なくとも五〇年間は「高度の自治を享受する」ことを約束した。香港は香港の人々によって治められ、その社会・経済システムは変更なく維持される。一九九〇年に中国の国会で採択された基本法、すなわちミニ憲法は、かつての植民地のさらなる発展に備えるものだった。発展の目指す先には、いつか実施されるであろう行政長官と議会の完全に民主的な直接選挙があった。いっぽう、基本法では、行政長官および多数の議員の選出に対する中国政府の統制を保証する複雑な選挙の仕組みが講じられた。それとは別に、マカオ返還に向けた同様の合意が、中国とポルトガルのあいだで交わされた。

合意から一九九七年の香港の中国支配下への返還までのあいだに、香港で起こった出来事は、中国政府にいくつかの課題を突きつけた。共同宣言は、行政官を長とする体制の継承を示唆している、と中国は理解していた。イギリスはこの体制を、一五〇年間、植民地としての香港の統治にきわめて効果的だと考えていた。中国政府は行政長官を任命することになっていたので、イギリス政府がそうしたように、香港政府を容易に支配できるものと思っていた。また、香港の人々についても、これまでずっとそうだったように、現実的で政治には無関心だろうと思っていた。ところが、一九八九年の天安門事件が、思いがけず、香港の民主化運動の進展の引き金となった。このことが今度は、香港の民主化を、共同宣言と基本法の制約の範囲内で、できるだけ推し進めようという意欲をイギリスに起こさせた。

イギリス政府は、それまでの外務省外交官に代えて、ポピュリスト政治家、クリス・パッテンを最後の香港総督に任命した。パッテンは、一八歳以上のすべての香港市民に立法会（議会）議員の直接選挙権を与えること、立法会議員の半数以上を直接選挙で選ぶことを提案した。中国政府にとって、パッテンの改革はトロイの木馬のように思われた。欧米の影響を受けやすい、激動する香港を中国に渡そうという魂胆だ、というわけである。中国政府にしてみれば、異議や混乱の容認は、本土の民主化勢力やチベット、新疆、台湾の分離主義勢力に励ましを与えることになる。中国は強硬姿勢で臨むことにした。改革が実施されると、それを公然と非難し、改革が香港全体に広がるとすぐに、法令によって元に戻した。

地元経済界の支持を得て、中国は間接選挙制を維持した。これによって中国は、行政長官の選出と立法会の過半数の構成についての最終的な発言権を与えられ、直接選挙の約束を無期延期した。選挙政治には何も起こらず、香港市民は徐々に改革前の現実的で無関心な態度に戻っていき、民主化運動はしぼんだ。北京の全国人民代表大会は、いくつかの重要な段階で、基本法を解釈する憲法特権を行使し、香港の自治を望む、好ましからざる主張を阻止した。香港の人々は自由な生活を重んじていたが、中国の繁栄と国際的地位の向上を誇りに思ってもいたので、次第に中国の支配を受け入れていった。

それでも香港は依然として中国に対して政治的な異議申し立てをする可能性を秘めている。二〇〇二－〇三年、香港の民主化運動は、破壊防止法を可決させようとする行政長官の試みを阻止した。この法案は中国政府が可決を望んでいたものだ（基本法第二三条によって可決が義務づけられていたことから二三条立法と呼ばれた）。人権団体は引きつづき香港に事務所を置いている。禁止されている法輪功精神運動のメンバーは香港でデモを行なっている。地元のカトリック教会はヴァチカンとの公式な関係を維持している。地元メディアの中には、鋭い批判や、中国から漏洩した機密情報を伝えるものもある。一九八九年六月四日に起こった天安門事件の記念日には、毎年、多数の市民団体が参加して、中国政府が忘れることにしているこの事件で殺された人々を追悼する。民主化運動のある一派は、街頭政治と新しいメディアを活用して、より早い民主化の進展に向けて圧力を高めている。立法会議員選挙は四年ごと、行政長官選挙は五年ごとに行なうことになっているため、中国政府がいつ、どのようにして約束を果たし、基本法の下での直接民主選挙を許可するのか、という問題がいつも取りざたされている。

万一、政治危機が起こった場合、香港における中国の行動は、国内の他の地域よりも明るい国際的なスポットライトを浴びるだろう――それには次のような理由がある。香港にはたくさんの外国人実業家が住んでいること。基本法の下では、香港は中国の他の地域とは異なり、主権が返還される前にイギリスと結んだいくつかの人権条約が適用されること。共同宣言で中国が香港に約束したことは、国際法の下ではイギリスに対する条約義務とみなされること。また、返還後、イギリス政府は一部の香港住民に部分的に制限のついたイギリスのパスポートを発行し、その他すべての住民には、ビザなしでイギリスに入国できる権利を与えた。このため、政治、経済、行政のいずれかで失策があった場合、香港住民が大挙してイギリスに脱出し、政治危機が起こる恐れがあった。アメリカも、一九九二年、香港の政治的安寧に特別な利害関係を有することを表明するため、マコーネル法（アメリカ・香港政策法）を可決した。議会はこの法律の中で、アメリカが香港の経済的自治、政治的安定、人権に利害関係を有すると主張した。

中国政府と最後の植民地総督との熾烈な対立、そして香港の民主化運動は、経済的利益と思想の力が軍事力と同じくらい重要となった世界において、中国がいかに脆弱かを明らかに示している。中国は、ただ水道を止めるだけで、香港を取り戻すことができたはずだ。だが、交渉による平和的移行を選んだ。なぜなら香港における中国の利益は外国の利益とあまりにも強く絡み合っていたからだ。中国は異議申し立てに対しては慎重に対処した。なぜなら、弾圧を行なえばイギリスその他の大国との関係を損なうからだ。この賭けはこれまでのところうまくいっている。中国の台頭と、中国政府による香港政策の舞台裏での巧みな運営のおかげである。[23]

中国の台湾問題

すべての領土保全問題のうち、台湾問題は中国政府にとって最も失敗の危険性が高い問題である。台湾は、自己定義された中国国家の中で唯一、中国が支配していない部分である。本土から物理的に離れているため、中国政府の承諾がなくとも、独立した政治的実体として存続可能な唯一の地域かもしれない。さらに、新疆、チベット、香港とは対照的に、台湾には領土保全以上の問題がある。ライバルであるもう一つの中国政府[24]、中華民国の所在地なのだ。中華人民共和国が建国された一九四九年以来、中華民国は台湾を支配し、自立した国際的主体として活動してきた。台湾は、原則的には、すべての国から、中国の領土の一部として認められているが[25]、アメリカは、中台問題の「平和的解決」を確実にするために必要なら武力も行使する、と約束している――チベット、新疆、香港に関しては、このような約束はしたことがない。そして、一部の国々は引きつづき中華民国を、公式に全中国を代表する政府として承認している。だとすれば、前章まで見てきたように、台湾問題が異常なほど中国外交の中心となってきたことは、驚くにはあたらない。また第11章で見ていくように、中国の軍事力近代化の努力の多くがこの問題のために費やされてきたのも当然のことである。台湾の外交政策については

第9章で検討する。ここでは本土中国の視点から台湾問題を論じる。

中国政府は、台湾を支配下に置くことは、外敵から本土を防衛するために不可欠だと考えている。中国本土の海岸から、一六〇キロちょっとの距離に浮かぶこの島には、大規模な航空基地や港がある。中国南東部沿岸の海運通路にまたがり、ヨーロッパ、中東から中国、韓国、日本に至る航路を見渡すところに位置している。防衛が困難で、しかも発展を続ける中国沿海部の向かい側にある台湾は、つねに本土を脅かす立場にある。大国に軍事、諜報、プロパガンダ施設を提供している場合はとくにそうである。かつてアメリカのダグラス・マッカーサー陸軍元帥は台湾を「沈むことのない空母にして潜水母艦」と呼んだ(26)。一九四九年以降、国民党の水陸両用攻撃部隊を中国の海岸に上陸させ、スパイ活動を展開し、反共プロパガンダを放送し、朝鮮戦争、ヴェトナム戦争ではアメリカ軍の任務を支援するための拠点として、この島は長年利用された。アメリカがライバルによるキューバの軍事的利用を阻止しようと固く決意しているのと同様、中国の指導者たちも、台湾がふたたびライバルの大国の戦略的資産になることを阻止しようと固く決意している。

台湾は中国本土にとって、軍事的な脅威となる恐れがあるだけでなく、政治的な脅威となる可能性もある。台湾政府は、たとえば、民主化を支持する中国人が本土に向けて放送するために設立しようとした台湾を拠点とする海上ラジオ局のような、直接の政治的挑発は避け、本土の反体制派中国人には限られた支援しかしてこなかった。それより大きな破壊的可能性を秘めているのは、現在の台湾の姿そのものである——経済的に繁栄し、政治的に民主化を成し遂げた現代的な中国人社会である。さらに、どこか主要な地域の住民が、自分たちの文化は中国の文化とは異なると考えているという理由で、万一、中国がその地域に自決権を認めるようなことがあれば、それが前例となって、住民が疎外感を感じているその他の地域も、離脱する権利を主張するようになるだろう。

台湾と中国の関係は、ドイツや朝鮮半島に見られるような、現代史における他の国家分断の例とは異なる。ドイツや朝鮮半島は、第二次世界大戦後に超大国によって分断されたが、それは一時的なものだと考えられていた。再統一の日を待つあいだ、分断された政府はそれぞれ、相手を独立国家として承認した。どの国内勢力も国外勢力も、再統一という究極の目標に異議を唱えることはなかった。台湾の場合は二つの点で異なる。第一に、海峡を挟んだ両者は、たとえ一時的であっても、相手を国家として認めておらず、それぞれが全中国を代表する正統な政府であると主張している。第二に、台湾の相当数の政治勢力が、独立国家になることを望んでいる。

中国周辺の他の地域と同様、台湾の分離意識は歴史に根ざしたものである。かつてこの島にはマレー系の人々（原住民）がわずかに住んでいるだけだったが、一七世紀に入って中国南東部から漢族が移住しはじめた。中国が台湾の領有権を主張したのは一六八三年、台湾を省としたのは一八八五年になってからのことだ。一八九五年、中国は台湾を植民地として日本に割譲し、住民は日本語を話すよう教えられ、自分は日本の天皇の臣民だと考えるよう教えられた。第二次世界大戦中、連合国の指導者は、一九四三年のカイロ宣言と一九四五年のポツダム宣言の両方において、中国に台湾を返還することを約束した。戦争が終結すると、中国政府〔中華民国〕は台湾を引き継ぎ、中国の省であることを再確認した。一九四九年、中国共産党によって本土を追われた中華民国政府は、この最後の省に退却した。中華民国政府は北京政府の正統性を認めようとせず、「共産盗賊」と呼び、「本土回復」の決意を表明した。北京政府は台北政府の正統性を否定し、「蔣介石の徒党」と呼んだ。一九五〇年、中華人民共和国は台湾侵攻の準備を進め、ライバル政権を滅ぼそうとしたが、朝鮮戦争勃発後、アメリカが介入し、その後も、両者による武力紛争の誘発を防ぐため関与を続けた（第3章）。

中華民国と中華人民共和国の両政府は、数十年間にわたって、台湾は中国の一部だとする同じ主張を掲げていた。国連の中国の座席には一九七一年まで中華民国が座っており、大部分の国から中国を代表する政府として認められていた。一九七一年、国連総会は投票により、中華人民共和国に中国の席を与えることを決定し、その後、ほとんどの国の政府が外交承認を北京政府に切り替えた。両政府は、対立相手を承認するいかなる国の政府からの承認も受け入れようとしなかった。

しかしアメリカは、台湾の地位について、中国の一部だとする共通の立場に同意を求める本土中国と台湾双方からの圧力に抵抗した。中国共産党が本土の支配権を握った後、朝鮮戦争が進行する中、アメリカはカイロ宣言とポツダム宣言で示した立場から後退していた。一九五一年のサンフランシスコ講和条約で、アメリカは日本に台湾の領有権を放棄させたが、どの国に譲渡するかについては触れていなかった。中華人民共和国と中華民国双方からの異議に対して、アメリカは、「台湾および澎湖諸島（台湾に近い小島嶼群で、台湾海峡の台湾が支配する側にある）に対する主権については、未解決の問題として、将来の国際的な解決に委ねるべきである」という立場をとった[27]。米中関係が改善の方向に進んでいたときも、この問題が浮上すると、アメリカは中国の立場をまったく受け入れようとしなかった。一九七二年の上海コミュニケ、一九七八年の関係正常化共同声明の両方において、アメリカ政府は、中国の台湾に対する主権の主張を「認識している」と述べるだけで、支持もせず、異議も唱えなかった。また、両方の機会を利用して、台湾問題の平和的解決への関心を表明したが、これは中国が内政問題だとみなしている問題に自ら介入する権利を主張したようなものだった（第4章）。

そのいっぽうで、アメリカは一九五四年に台湾と相互防衛条約を締結した。このアメリカの軍事的関与がなければ、おそらく台湾はとうの昔に中国に統合されていただろう。だからこそ中国政府は、自ら「台湾問題」と呼ぶものの核心は、台湾の本土からの分離ではなく、それを持続させているアメリカの役割にあると考えているのだ。アメリカは永久に、それがだめなら、できるだけ長いあいだ、台湾を中国から分離しておきたいと思っている、と中国人の多くは考えている。分離は、アメリカの政策意図としては表明されていないが、今のところ、政策の結果となっている。台湾の安全保障に対するアメリカの関与は、大規模な戦略と国内政治の両方に根ざしている（第4章）。これは半世紀にわたって歴代の共和党、民主党政権によって維持され、議会によって支持されてきた方針なので、まず変わることはないだろう。

台湾分離主義について中国が抱く懸念には、根拠がないわけではない。現在の人口のほとんどは、中国南東部から渡ってきた移民の子孫で、渡ってきた当時、独自の方言と文化を持っていた。その後の世代になると、日本支配下の五〇年間に、いよいよ分離意識が強まった。植民地時代以降、台湾独立運動が活発化した。一九四五年、台湾が中国の支配下に戻ると、士気の低下した国民党軍が本土からやってきて、当初の台湾住民の歓迎に対して、弾圧と腐敗で応えた。本土から来た国民党政権は、一九八〇年代後半まで戒厳令を敷いていた。メディアや教育現場で台湾方言を使うことを非合法化し、独立したメディアや政党の設立を禁じた。

繁栄と世代交代によって、本土人と台湾人の対立は少しずつ緩和されていった。国民党は一九七〇年代から「台湾化」のプロセスを開始し、台湾人を党員や役人に採用し、昇進させた。一九八六年には蔣経国総統が民主化改革に着手し、その一〇年後には史上初の総統直接選挙が実現した。蔣経国の後任として国民党党首となったのは、自身、台湾出身の李登輝だった。

これらの展開によって、台湾の社会的緊張は緩和されたが、本土中国との統合に向けた熱意が生まれることはなかった。それどころか、一九八〇年代後半から、台湾海峡を挟んで経済的、文化的な交流が増えれば増えるほど、台湾出身か本土出身かを問わず、台湾住民は台湾の自主独立を重んじるようになった。彼らは本土を訪れたとき、自分がよそ者のように感じ、今も続く後進性と腐敗に反発を覚えたのだ。台湾住民の大部分は、本土当局が自分たちに実権を行使するような、いかなる形の再統一にも反対した。

一九五〇年代、中国の台湾政策は、アメリカの台湾への関与を後退させることに重点を置いていた。一九五四年と一九五八年、中国政府は、台湾海峡に軍事的緊張をもたらすことによって、アメリカと台湾の協力を阻止しようとしたが、試みは逆効果を招き、アメリカは台湾への関与をより強めることになった（第3章）。一九七〇年代、アメリカとの安全保障協力を発展させるプロセスにおいて初めて、中国はアメリカと台湾をいくらか引き離すことに成功し、台湾の国際的孤立化のプロセスに着手することができた。一九七一年、ヘンリー・キッシンジャーの中国秘密訪問が世間に知れわたるとすぐに、他の国々も台湾と縁を切った。そして中華人民共和国が国連における中国代表の席を獲得した。

一九七九年に、アメリカが国家承認を台湾から中国へ切り替えたことは、中国の戦略のもう一つの勝利を示していた。ただし、アメリカは台湾への軍事支援を打ち切ると約束した。同年、台湾問題の平和的解決への期待と結びつけていたが、アメリカで制定された台湾関係法を読めばわかるが、継続される軍事的関与の定義は、破棄された相互防衛条約よりも曖昧で、法的拘束力も弱かった。国家承認の取り消しで、台湾国民党政府の威信は大打撃を受けた。同政府は、民主化を支持する巨大な台湾中産階級の台頭という試練にも直面していた。その年の終わりに、台湾では暴力による政治弾圧という、一九四〇年代以降で最悪の事件が起こった。高雄で、警官隊がデモ参加者を殴打し、逮捕した。八人が長期懲役刑を科された。彼らの主張は、抗議運動の拡大を目指すスローガンとなり、台湾の人権侵害に対して国際的な批判が高まった。

しかし、まだ勝負はついていなかった。依然として二二カ国の政府が中華民国政府を中国の政府として承認しており、台湾はアメリカその他の国々とも準外交的な関係を享受していた。アメリカは引きつづき、中国による強制支配を阻止する措置を講じた。台湾は相変わらず自身を、原則としては中国の一部だと考えていたが、いまだ北京政府の統治下にはなかった。

拒むにはあまりにも魅力的な提案

平和的に進められるかぎり再統一を受け入れようというアメリカの意志が示されたとき、中国政府には機が熟したように思われた。そして、台湾の指導者に注意を向け、拒むにはあまりにも脅迫的かつ魅力的な提案を考えた。中国政府の政策の対象は、今も台湾を統治する本土出身の国民党指導者たち、とくに蔣経国総統だった。アメリカが台湾に対する外交承認を取り消したことで、全中国を代表する正統な政府という指導者たちの主張はその信頼性を失っていた。台湾の指導者たちは、中産階級の台頭と民主化運動（いわゆる党外運動）に直面し、独裁体制の廃止を要求されていた。中国政府は、新たな四面政策を立案した。それは、再統一を魅力的なものにしつつ、その他の選択肢を断とうとするものだ。

第一に、一連の対話の中で、中国政府は、もしも台湾の与党が本土による統治を受け入れるなら、与党指導者に地元統治者としての認可を与える、と伝え、対外的孤立と国内の政治的異議申し立てという二つの難題からの逃げ道を提供した。アメリカと中国が外交関係を樹立した一九七九年一月一日、中国の国会は「台湾同胞への書簡」を発表した。書簡は、両者の敵対状態の終結と、早期の平和的再統一の実現を求め、一九五八年以来実施されていた台湾が支配する沖合の島、金門島と馬祖島への象徴的な軽い砲撃をやめることを発表し、「三通四流」（通商、郵便、航空便の開通と、文化、芸術、スポーツ、科学技術の交流）を提案した。一九八一年、中国の国家元首（全人代常務委員長）、葉剣英はさらに九項目の補足を加え（葉九点）、台湾に「高度の自治権」を与えることを提案した（この表現はのちに、香港問題に関する英中合意文書に取り入れられた）。中華人民共和国の一九八二年憲法には特別行政区設立のための新たな規定が含まれ（のちに香港に適用される）、台湾もその一つになる可能性があった。一九八三年、鄧小平は、台湾の高度の自治権には独自の防衛力を維持する権利も含まれ、本土中国が軍当局者や文官を送りこむことはない、と表明した。最後に、一九八四年、香港をふたたび中国に組み入れるための原理として「一国二制度」の理論を明確化した鄧小平は、この原理は台湾にも適用される、とも述べている。

こうして次のような現実的な提案がなされた。再統一は、一九四〇年代に中国内戦を戦った二つの組織、中国共産党と国民党のあいだの、党と党との取り決めとする。中国政府は国民党上層部を手厚く遇する（たとえば、蔣経国を中国副主席に任命し、父親の亡骸を本土の生まれ故郷に移して再埋葬する）。中華民国は国際体制における実体としては消滅するが、国民党は引きつづき台湾領内を統治する。中国は戦力投射のために台湾の空軍および海軍基地を使用しないが、万一に備え、台湾と外部勢力との結びつきには拒否権を行使し、それによって、台湾が敵対的な目的のために他国に利用されることを防ぐという安全保障上の基本的な必要性を満たす。

第二に、中国は外交的孤立化戦略によって台湾の選択肢を狭めた。当時、中国と台湾の両方が認めていた「一つの中国」原則の下、中国を承認した国々は台湾との外交関係を断絶しなければならなかった。米中関係改善の直前、六六カ国が台湾を、五一カ国が中国を承認していた。ニクソン訪中から数カ月のうちに、台湾承認国四二、中国承認国八六と、バランスは逆転した。アメリカとの国交断絶で、台湾の外交的地位の低下に拍車がかかり、一九七九年一月一日には、台湾承認国はわずか二一カ国にまで減っていた。一九九〇年代、中国が世界的な影響力を拡大させる中、台湾は残っていた最も重要な外交パートナー数カ国を失った。何度か増えたり減ったりした後、二〇一〇年現在、台湾が正式な外交関係を結ぶ国は二三カ国で、どれも小国ばかりだった。ヨーロッパではローマ教皇庁（ヴァチカン）、太平洋の島嶼国六カ国（キリバス、マーシャル諸島、ナウル、パラオ、ソロモン諸島、ツバル）、アフリカ四カ国（ブルキナファソ、ガンビア、サントメ・プリンシペ、スワジランド）、中南米とカリブ海一二カ国（ベリーズ、エルサルバドル、グアテマラ、ホンジュラス、ニカラグア、パナマ、パラグアイ、ハイチ、ドミニカ共和国、セントクリストファー・ネーヴィス、セントルシア、セントヴィンセントおよびグレナディーン諸島）。国際機関においても、中国政府は、台湾の外交的地位の向上に目を光らせていて、たとえば、台湾のWTOへの加盟は、中国が加盟した後でなければ認められないし、「関税自治区」としてのみの加盟でなければならないと主張した。また、WHOへの加盟も妨害し、二〇〇九年になってやっと、オブザーバー国としての参加を認めた。

第三に、中国は蔣経国周辺の財界人に接触を図り、中国本土での取引や投資を奨励する積極的なインセンティブを与えた。中国政府は、「台湾同胞」の中国国内における移動、投資、自宅所有、居住、事業を可能にする一連の法令と優遇政策を実施した。台湾の財界人は投資や取引、税制の面で優遇され、特別な旅行書類を発行された。二〇〇〇年代初頭までには、中国は台湾にとって最大の投資の場になっており、台湾の対外直接投資の半分以上を吸収していた。そのほとんどは、それまで台湾で生産されていた欧米向け輸出品の製造工場の建設への投資だった。中国は台湾にとって最大の貿易相手にもなっており、対外貿易の二八・九パーセントが中国向けだった。中国は台湾が大規模な貿易黒字を維持することを容認した。この措置は、台湾の貿易依存型経済が一九九〇年代と二〇〇〇年代のいくつかの世界的な不況に直面したとき、台湾の繁栄にとって不可欠なものとなった。推定では一〇〇万人の台湾人ビジネスマン、学生、家族が中国に居を構えた。

台湾政府は経済統合のペースを落とそうとしたが、あまりうまくいかなかった。対中国投資に金融上限、技術的制限、許可要件を設け、さまざまな貿易障壁を設定するいっぽう、ヴェトナムなど、世界の他の地域との貿易、投資を促進した。しかし、比較優位の論理はあまりにも強力だった。台湾製品は、労働コストの上昇で、輸出市場では桁外れな高値がついていたが、依然として台湾は、優れた技術力、経営に関する専門知識、製造およびパッケージング技術、国際的な流通経路を持っていた。中国は、輸出品生産を奨励する政策環境にあったので、コスト効率の高い労働力を保有していた。さらに台湾とは言語とビジネス文化を共有していた。二つの経済は、流れ落ちる水のような勢いで合流した。政治的な結果として、中国で働き、中国を訪問し、拡大する中国との関係に生計を依存する台湾人のあいだでは、中国との断絶は弱まっていった。台湾有権者のあいだでは、穏健な両岸政策への支持が広まった。

第四に、いわゆる「微笑外交」は、強硬な姿勢によって補強された。軍事的圧力はつねに中国の台湾政策の一部となっていた。一九五〇年代、中国政府はアメリカから、武力行使の放棄を誓うよう要求されたが、これを拒否し、自国領内で軍事力を行使する権利は、主権の不可侵の属性であると主張した。一九九一年、台湾の野党が独立を求める綱領を採択したとき、中国の楊尚昆国家主席は、「火で遊ぶ者は、火によって滅びる」と述べた。

当初、中国政府には、予想されるアメリカの反対を押し切って、台湾海峡の向こう側へ軍事力を投射するという困難な問題を克服するための実際的な能力がなかった。一九九〇年代に入ると、この状況は変化しはじめる。第一に、防衛予算が長い停滞期を抜け、増加しはじめた。第二に、一九九〇－九一年の湾岸戦争におけるアメリカの勝利を目の当たりにした中国指導部は、「軍事における革命」に参加する必要性を痛感し、参加しなければ、この先永遠に軍事的劣勢に甘んじることになると考えた。第三に、第9章で詳述するように、その頃、台湾の李登輝総統の政策が、独立の方向へ進展しつつあるように見えたことから、中国は次のいくつかの部分で軍事力の増強を図った。台湾を威圧することを目的としたミサイル戦力。大挙しての海峡横断を可能にするための航空戦力、水陸両用戦力、および統合作戦能力の連携。アメリカの宇宙からの監視の目をくらまし、空母打撃群を撃退することによって、台湾戦域への接近を阻止することが可能な潜水艦、衛星攻撃兵器、その他の軍事力（中国の考えられる対台湾軍事戦略については第11章参照）。

軍事的選択の重大さを強調するため、二〇〇五年、全人代は反国家分裂法を可決した。同法第八条には次のように記されている。「万が一、台湾独立分離主義勢力が、名目や手段にかかわらず、台湾の中国からの分離という事実を引き起こす、あるいは、台湾の中国からの分離を伴う重大事件が発生する、あるいは、平和的再統一の可能性が完全に失われる、といった事態に立ち至った場合、わが国は非平和的手段その他の必要な措置を講じて、中国の主権と領土保全を守る」。一定の条件下では軍事力を行使するという方針を法律の形にすることで、中国は自国の利益を固守する決意の強さが、アメリカ議会が台湾関係法で表明した台湾を守る誓約の強さに劣らぬものであることを示した。

いっぽう、政治的内紛、景気の悪化、アメリカとの緊張などの影響で、台湾は自身の軍装備品、訓練、戦略方針を向上させることができなかった。二〇〇〇年代初頭には、かつては均衡状態にあった台湾海峡両岸の軍事バランスは、中国側有利に傾いていた。中国はアメリカと軍事的に対等な関係に立つことはできなかったが、ある程度の能力は確立していた。アメリカは、危機的状況の中で、身を守るために自ら犠牲を払おうとしないように見える同盟国を守るために命を危険にさらす前に、熟考せざるをえなくなっていた。

まだ残る問題

中国政府の創意に富んだ、そして犠牲を伴う努力にもかかわらず、チベット、新疆、香港、台湾に対する支配は不完全なままであり、さまざまな点で国際的な論争の的となっている。これらのどの地域も、分離独立する現実的な可能性はないが、それぞれが独自の形で、中国の外交政策における継続的な課題となっている。

これら四つの外交政策課題のうち最も複雑なのが台湾問題である。なぜなら台湾は今なお中国の支配の及ばぬところにあるからだ。一九八〇年代、中国が細心の注意を払って練りあげた、拒むにはあまりにも魅力的な提案は、けっきょく功を奏さなかった。蔣経国は、本土の台湾総督として権力を保持することを認めるという中国政府からの提案を拒否することにした。その代わりに、台湾における民主化改革を通じて政権の立場を強化する、という危険な決断を下した。一九八六年からの一〇年間に、蔣経国と後継者の李登輝は戒厳令を解除し、政治犯を釈放し、言論と報道の統制に終止符を打ち、野党の結成を許可し、国会に相当する立法院、総統、すべての地方行政区の総選挙を実施した。民主的な基礎の上に正統性を再構築することで、台湾政府は、本土からの外交攻勢と国際的孤立に耐えられるだけの国内的基盤を築いた。新たな民主台湾では、中国からの独立を主張することも合法化され、独立を訴える政治家もいた。

こうして台湾では統一への新たな政治的障害が出現し、さらにアメリカの台湾政策の転換によって補強された。一九九〇年代に米中の対立が悪化したことから、ワシントンでは台湾の防衛および外交ニーズへの共感が高まった。一九九二年、ジョージ・H・W・ブッシュ大統領は、一九八二年の米中軍縮共同声明にほとんど公然と違反して、F16戦闘機一五〇機を台湾に売却することに同意した。一九九四年、クリントン政権は、アメリカにおける台湾当局者の儀礼上の地位を、ささやかながら格上げした。最後に、一九九五年、アメリカ議会の圧力を受けて、ホワイトハウスは李登輝総統の訪米を許可した。母校コーネル大学を訪問し、名誉学位を受けるための訪米だったが、国交断絶以来、それまでアメリカが台湾の総統に与えてきた儀礼上の待遇よりも、高度な待遇で迎えることになった。

このような展開の結果、とくに台湾の有権者という新たな主体の登場によって、中国の課題は複雑化した。なぜならこの有権者たちは、いかなる結果に対しても有効な拒否権を持っていたからだ。民主化が始まると、台湾の指導者は、有権者が支持しなければ、中国とはいかなる合意も結ぶことができなくなった。しかも、台湾の有権者は再統一を望んでいなかった。台湾に対する四面政策の、最後の部分を所定の位置にはめこむときでさえ、中国政府は再考せざるをえなかった。次の章では、台湾内部での新たな展開と、それに対する中国政府の反応について詳述する。

第9章　台湾の民主主義への移行と中国の反応

台湾の民主主義への移行開始という蔣経国の決断によって、事態は変わった。中国にとってだけでなく、台湾問題の「平和的解決」の保証人を自任するアメリカにとってもそうだった。台湾民主制下の有権者が、自分たちの将来についての決定に発言権を持つようになった今、中国もアメリカも、台湾の有権者が何を望んでいるのか、彼らに対してどのように影響力を及ぼすべきかを把握しておかなければならなかった。中国は、台湾に対して主権を行使するという目標は変更せず、四面戦略——中華人民共和国内での特別な自治権の提案、外交的孤立化、経済的統合、軍事的威嚇——も変更しなかった。しかし、すぐそこまで近づいていたように見えた成功は今、いつとも知れぬ未来へ遠のいてしまった。国内政治の進化に根ざした台湾の両岸政策の変化に、中国政府が慌てて対応したためである。

蔣経国の選択

台湾が民主主義に移行する前、台湾と中国の両政府は、台湾の法的地位について正式に合意していた。両者ともに台湾は中国の一部だと考えていた。台湾の本土からの分離は、中国の支配権を争う二つの政党間の内戦がまだ終わっていないことを示すものである。内戦の終結とともに、分断された国の再統一がもたらされるのだ。一九七二年の上海コミュニケで、アメリカはこの見解に異議を唱えないと述べている（第4章）。一九七九年、アメリカが正式な外交関係を台湾から中国に切り替えたとき、中国は優勢に乗じて、これらの前提に基づく提案を出した――党と党の取引によって、国民党指導層に中国の政治体制の中で名誉ある地位を与え、引きつづき台湾の政権の座を維持することを認める。ただし、台湾の国際的な国家としての地位は失われる。

しかし、台湾の蒋経国総統はこう答えた。「交渉せず、妥協せず、接触せず」。その代わりに、何も選択肢がないように見えた瞬間、別の出口を見つけた。蒋経国はそれまでの一〇年間に、ある程度、下準備を進めていた。国民党の台湾出身の幹部を昇進させ（「台湾化」と呼ばれるプロセス）、立法院（国会）の限られた数の、いわゆる追加的議席に選挙制を導入し、与党の地元選挙対策組織を作り、草の根レベルで人民主義者としての自分のイメージを広め、党外《ダンガイ》運動と呼ばれる限定的な民主化運動を容認した。ところが、誰も予想していなかったことに、一九八六年、蒋経国は、党外運動勢力が既存の法律に反して新たな政党を結成することを許可する決定を下した。このとき結成されたのが民主進歩党（民進党）である。一九八七年、人々はまたしても驚かされることになる。一九四九年以来実施されていた戒厳令を解除する決定が下されたのだ。

学者たちは蒋経国の動機について、さまざまに推測してきた。その中でも確かなのは、以下のものである。糖尿病のため、死が迫っていることを意識していた。家族や内輪の人々の中に有望な後継者がいなかった。政権に対して、民主化勢力からの異議申し立ての声が大きくなっていた。アメリカが国家承認を中国に切り替えて以降、台湾政府は国際的に孤立していた。(1) こうした状況の下、蒋経国が率いる体制には、彼の死後も生きのびるための二つの道があった。一つは――中国の支援を受け入れ――強硬派を政権の座に残す道である。この道を選んでいたら、徐々に地元の支持は失われ、台湾は混乱に陥っていた可能性が高い。もう一つは――統治される人々の民主的代表としての政権をあらためて正統な政権として、必要なかぎり長期にわたって独立した存在を維持し、中国政府と最も有利な取引をするという――蒋経国が選んだ道である。後者の選択には、最終的に台湾が中国から分離独立するというリスクがあった。蒋経国のような愛国者の目から見れば、それは歴史的な犯罪だっただろう。しかし、この選択によって、二三〇〇万人の台湾の人々には、蒋経国が深い疑念を抱く中国政府を相手に、自分たちの命運をかけた交渉をするチャンスが与えられたのだ。

一九八八年の初め、蒋経国が死去した。後継者として総統に就任したのは、蒋経国の下で副総統を務めていた台湾人、李登輝だった。二〇〇〇年まで総統を務めた李登輝は、台湾の完全な民主主義への移行を果たした。選挙は次々に実施された。一九九二年に最初の立法院総選挙が行なわれ、以後は三年ごとに新たな選挙が行なわれた。一九九六年に第一回総統直接選挙が行なわれ、以後、四年ごとに実施された。一九八〇年代後半から、市長、県首長、地方議会、その他の地方行政区の選挙がほぼ毎年のように実施された。李政権は、学校やメディアでの台湾方言の使用を許可した。また、国民党軍占領下の一九四七年二月二八日に発生した政府による民間人虐殺事件を調査し、公式に謝罪し、犠牲者を追悼する記念碑を建てた。大学では、それまで禁じられていた台湾史の研究、授業が始まった。音楽、文学、建築、料理――これらはすべて、台湾独自の歴史的成果に対する誇りの復活と、多くの場合、植民地時代、独裁制時代に民衆が味わった苦しみと悲しみを反映するものだった。

台湾の有権者は何を望んでいるのか?

台湾の有権者は、環境、経済、社会福祉政策など、議論すべき政策課題には事欠かなかった。しかし、選挙における最大の争点は本土との関係だった。この問題をめぐって、政治家たちは有権者に、アイデンティティと現実主義という相反する重要課題を検討するよう訴えた。

アイデンティティの問題は、台湾の民族的な歴史に根ざしていた。およそ五〇万人の先住民は別として、台湾住民の八五パーセントは自分のことを台湾人だと考えている。なぜなら、彼らは一九四五年以前に移り住んだ漢族の子孫で、ほとんどの人々が閩南語《びんなん》（南福建語）や客家語《はっか》を話すからだ（客家は漢族に分類される独自の文化を持つ集団で、台湾のほか中国南部のさまざまな地域に集中している）。残りの一五パーセントの人々は自身を本土人だと思っている（台湾の外の省から来た人々という意味で「外省人」と呼ばれる）。なぜなら、一九四五年から始まった国民党政権とともに本土からやってきた役人、兵士、実業家の子孫たちだからだ。一九四五年から一九八〇年代まで、国民党一党独裁政権は全住民に対して中国人としてのアイデンティティを強要し、学校やメディアで台湾方言を使うことを非合法化し、全中国を代表する政府としての中華民国への忠誠を教えた。

民進党は、感情的なレトリック、シンボル、音楽などを用いて、台湾人の誇りを守る側に身を置いた。政治体制の民主化が進むにつれて、国民党も次第に、党の政治家のほとんどが地元出身であることを強調し、「台湾第一主義」への取り組みを訴えるようになった。中国政府は台湾のアイデンティティを非難し、もしも有権者が独立支持派の当局者を選んだら武力を行使すると威嚇したために、図らずも、そのアイデンティティの高まりを招いてしまった。世論調査では、「自分を中国人だと思う」と答えた回答者は、一九八九年には五四パーセントだったのが、二〇〇八年には四・二パーセントまで減少した。自分を台湾人だと思う人は、一八パーセントから五〇・八パーセントに増え、「両方」だと思う人は二八パーセントから四〇・八パーセントに増えた(2)。

アイデンティティの問題には、政策選好という問題も関係していた。有権者が望んでいるのは、本土との再統一か、独立か、それとも現状維持か？ 台湾のアイデンティティが高まるにつれ、独立への欲求も高まった。一九九一年から二〇〇三年までの調査では、「中国政府との平和的な関係を維持できるならば」独立を望むという人は最初四二・一パーセントだったのが、一九九六年には七五・八パーセントまで増え、その後二〇〇五年には六三・二パーセントに下がっている。統一を希望する人――ただし「中国と台湾が社会的、経済的、政治的に同じ条件下にあるならば」――は、一九九一年には七六・三パーセントという多さだったが、二〇〇五年には四六・六パーセントまで減少している。

しかし、このような仮定の問題に対する犠牲を伴わない臆測は非現実的だ、ということを台湾の有権者は知っていた。それゆえ、一九九六年から二〇〇八年までの世論調査で、即時統一を支持するかという質問に「イエス」と答えた人は、わずか一－五パーセントだった。同様に、有権者は、もしも台湾が独立を宣言したら、中国との平和的な関係を維持することはできないとわかっていた。だから、何がなんでも独立を望むと答えた人は、三－一四パーセントしかいなかった。圧倒的多数の人々は、次のいずれかの現状維持を望んでいた。「現状を維持したのち、どうするか決める」「無期限に現状維持」「現状を維持したのち、独立する」「現状を維持したのち、統一する」。現状維持を支持すると答えた人々がどう考えていたのかを正確に知ることは難しいが、少なくとも本土との武力衝突は避けたいと思っていたのは間違いない。政治指導者たちはこうした選挙環境に制約を受けながらも、創造性を発揮する余地は残されていた。政府としてはなんらかの形で台湾のアイデンティティを主張しなければならなかった――そこには中国政府から提案された統一を受け入れるという選択肢はない――が、同時に、台湾海峡両岸の平和を維持し、両岸経済関係によって恩恵が増えることを容認する必要があった。こうした制約の中でも、政治指導者たちは、両岸関係政策を追求することができた。

李登輝と「二国論」

これらの流動的な政治状況の下、蔣経国の後継者、李登輝は、台湾の国内政治体制のみならず、台湾の国際的な立場にも革命をもたらした。総統に就任した当時、李登輝は一党独裁体制の最高指導者であり、台湾は中国の一部であるとする前任者の立場の擁護者だった。だが、退任するときには、台湾の完全民主化を果たし、台湾は二国のうちの一国として、中国と対等な地位にあると主張した。李はこれについて「特別な国と国との関係」と呼んだ[3]。

李登輝は驚くべき革命家だった[4]。蔣経国が一九八四年に李登輝を副総統に指名したのは、李が体制に忠実な典型的テクノクラートだったからだ。たしかに、一九四〇年代に一時、マルクス主義をかじったことはあるが、その後は、忠実な国民党員にして長老派教会の信徒となった。アメリカのコーネル大学で農業経済学の博士号を取得し、台湾の農業政策官僚として働きはじめたのち、台北市長、台湾省長など、行政の重職を歴任した。一九八八年、蔣経国の後継者として李登輝が総統に就任したとき、台湾の本土出身高齢支配層も中国政府の指導者たちも、李が台湾は中国の一部だとする従来路線を堅持するものと思っていた。だが、後になってわかったことだが、李は優れた戦術家だった。静かに好機の到来を待ち、自分の計画をぎりぎりまで隠しとおすことができた。李登輝の総統としての仕事は——少なくとも、のちの中国政府の観点からすると——つねに抱いていたにちがいない野心のあらわれだった。それは、自分の任期中に、本土からの政治的な永久分離を最終的に主張するための基盤を確立することである。第一に、制度化された民主主義的統治システムを通じて表現された住民の意思を根拠とすることで、この主張を政治的に正当なものとする。第二に、中華人民共和国とは異なる独立した実体として台湾が存在の承認を受けることによって、分離の主張を国際的に合法なものとする。李登輝は台湾と本土を結びつけるいくつかの形式的な枠組みを自発的に考案することはあっても、完全な政治的統一という中国政府の目標を実現させようとはしなかった。中国の圧力をかわすための李の戦略は、両岸関係の改善プロセスを長引かせ、その間に国内の政治改革を指揮し、外交主導権を握って台湾の国際的地位を強化する、というものだった。

李登輝の両岸戦略には三つの要素があり、李はそれらを時間をかけて段階的に導入した。第一の要素は、評論家から「現実的」「実質的」「臨機応変」と評された外交である。この要素は、悪化していた中華民国の国際体制における地位を強化するために、唯一中国を代表する政府として認められなければならないとする従来の立場を変更し、ドイツや朝鮮半島のモデルに近づけようとするものだった。そうすれば、諸外国の政府は、統一されるまでのあいだ中国と台湾を二つの国として承認できる。李は次のように主張した。中華民国は曖昧に定義された広い中国の中に含まれるが、中華人民共和国とは別個の体制あるいは「政治的実体」である。一九一二年に本土で成立して以来、これまで途切れることなく主権を保持し、現在も一定の領土に対して実質的な支配権を維持している。したがって、正統な独立国家としての特質を有する。この主張は、何年も前にアメリカが中華民国と国交を断絶したときに、蔣経国が述べた主張と同じだった。(5) 新しい点は、李が、当然の帰結として、中華人民共和国政府を並立する実体として認めたことである。もはや反政府勢力（かつて国民党から「共産盗賊」と呼ばれた）ではなく、中国の他の部分を統治する正統な国家だった。ゆえに、広い中国という実体は「二つの政府を持つ一つの国」になった。

このことを踏まえて、台湾は懸命の努力を続け、資金豊富な国際合作発展基金会〔台湾外交部所管の財団法人で日本の国際協力機構（JICA）に相当〕を利用して、小さな国々と外交関係を結ぼうとした。そのため中国は「金にものを言わせる外交だ」と台湾を非難した。これらの努力がもたらした利益は短命に終わった。台湾を外交承認した国々は、一九八八年に二一カ国だったのが、一九九五年には三一カ国にまで増えたが、その後ふたたび減少した。台湾政府は、中華人民共和国を承認している国々からの台湾承認も受け入れることを明言した。つまり、台湾を承認する際、中国と国交を断絶する必要はないというわけだ。だが、中国政府はこのような二重承認を認めようとしなかったため、いくつかの第三国による両国承認の試みはうまくいかなかった。

完全な外交的承認を得られなかった国々では、台湾は事務所を開設することで準外交的な存在感を高めていった。事務所は領事、貿易促進、外交などの役割を担い、大使館や領事館という名はなくとも、外交的な地位を享受することさえできた。この取り組みの手本となったのが、一九七二年に日本が外交承認を中国へ切り替えたときに、日本と台湾のあいだで確立された代表事務所システムである。アメリカも一九七九年に外交承認を切り替えた際、これを手本として、中国と正式な外交関係を結ぶと同時に、台湾とのあいだに表向きは非政府的な関係を確立した。アメリカは台湾に米国在台湾協会を設立した。国務省を休職中の外交官が配置され、台湾政府との関係調整を行なった。いっぽう台湾はアメリカに北米事務協調委員会（のちに台北経済文化代表処に改称）を設立した。台湾は世界の他の国々にもこうした代表事務所を設置した。冷戦が終わると、台湾の代表者は、共産主義崩壊後、貿易と援助を求めるほとんどの国々の首都で歓迎され、今なお共産主義国であるヴェトナムの首都でも歓迎された。二〇〇〇年代初頭、台湾は全世界におよそ一〇〇カ所の、さまざまな名前の準外交的事務所を持っていた。

台湾はまた、WTO、アジア開発銀行、アジア太平洋経済協力フォーラム、常設仲裁裁判所、世界税関機構、中西部太平洋漁業委員会、国際種子検査協会、北太平洋まぐろ類暫定科学委員会など、できるだけ多くの政府間機構に加盟した。中国政府は台湾がそのような機構に加盟することに反対していたが、場合によっては反対を取り下げた。自身も加盟を求めているから、という場合もあれば（たとえばＷＴＯ）、台湾との接触の機会が増えることを期待して、という場合もあった。台湾と中国双方にとって許容できる分類、つまり、台湾が政府に相当する実体ではあるが国家ではないものとして参加する場合の分類を案出しようとして、両者は「呼称ゲーム」を展開した。台湾はＷＴＯには「台湾、金門、澎湖、馬祖からなる関税地域」として、みなみまぐろ保存委員会には「台湾漁業主体」として参加した。しかし、最も一般的な呼称は「チャイニーズ・タイペイ」である。これは、国際的なオリンピック・ムーブメントの中で中華人民共和国が中国代表の席を獲得した後、台湾のオリンピック復帰に便宜を図る目的で、一九八一年に、国際オリンピック委員会による仲介の結果、生まれた名前だ。この「オリンピック方式」は、多くの国際会議に出席する台湾代表団の呼称としても用いられるようになった。なぜなら、その曖昧さゆえに、台湾と中国双方にとって許容できる呼称だったからだ。中国政府はこの呼称を「中国台北《ゾングオ・タイベイ》」と翻訳し、「中国に属する台北」という意味に解釈した。台湾側は「中華文化を持つ台北（中華台北《ゾングア・タイベイ》）」と翻訳した——違いは一音節だけである。

台湾はまた、できるだけ多くの国際ＮＧＯにも加盟するよう努めた。中でも野球の国際リトルリーグでは大いに活躍し、何度も優勝している。また、とくに重要視したのは、国家としての強力なシンボルであるオリンピック活動への加盟だった。これらの手段を用いて、台湾の国際的地位を安定化し、のちに国家としての地位を主張するための最初の概念的基礎を、ほとんど人知れず築いていたのである。

李登輝は、一九九〇年代初頭から少しずつ、戦略を第二段階へと進めていく。まず、中国の政策立案者にとって融和的と思われるいくつかの提案をすることで、本土との関係に雪解けをもたらした。次に、この緊張緩和を利用して、他の政府と交渉する一つの政府として、台湾を中国と同等の立場へとさらに前進させようとした。一九九一年には、数十年前に蔣介石が出した「共産主義者による反乱状態」という宣言を取り消した。このとき、李登輝は中華人民共和国を「本土地域を統治する政治的実体」であると正式に認め、中華民国については「台湾にある主権国家」と表現した。表面上はありのままの事実の陳述だが、これらの文言は、中国全体を代表する唯一正統な政府だとする台湾政府の従来の主張とは決定的に違っていた。文言は、中華民国の本土に対する支配の主張を取り消し、したがって、台湾に限定された地域に独立した国家が存在することを論理的に示唆していた。

一九九一年三月、台湾政府は国家統一綱領を発表した。綱領は統一を肯定的に思い描き、三つの段階を経て行なわれるものと仮定した。それは中国政府の要求を満たす方向への一歩であるように思われたが、綱領によれば、これらの段階はひじょうに長期間に及び、要求に応じる代わりに中国側に厳しい条件を課すもので、再統一のプロセスはいつまでかかるかわからなかった。その見返りとして、第一段階では、台湾は人と人の接触を続ける。本土中国は軍事力に訴えると言って威嚇したり、政治的実体としての台湾の存在を否定したり、国際舞台での台湾の活動を制限するのをやめる。同時に、経済改革と民主化を実行し、より好ましい統一相手に変わる必要がある。本土がこれらの条件を満たすということは、台湾に対する交渉力を完全に失うことを意味していた。綱領では、政府間の接触や統一に向けた最終的な協議といったプロセスの確立は、第二、第三段階に入ってから、ということになっていた。

その間、李登輝は中国政府との直接交渉を続けていた。第一に、香港の仲介による秘密会談を行なうことで信頼関係を構築した。そのいっぽうで、台湾は一九九〇年に、名目上は民間だが、じつは政府出資機関である海峡交流基金会（ＳＥＦ）を設立し、中国政府と交渉を行なった。ＳＥＦの政策方針は、新しい政府機関、行政院大陸委員会によって提示された。民間組織であるＳＥＦは、中国側の同じく表向きは民間組織である海峡両岸関係協会（ＡＲＡＴＳ）と、対等のパートナーとして交渉することができた。ＡＲＡＴＳの会長は元上海市長の汪道涵だった。一九九二年、両者は、「一つの中国、各自の解釈（一個中国、各自表述）」という原則に合意することによって、交渉へ向けての障害を取り除いた。のちに「九二年合意」と呼ばれるこの文言は、中国の「一つの中国原則」を満たすいっぽうで、台湾側にはとくに何も求めていなかった。一九九三年、双方の代表者がシンガポールで会談し、それぞれが相手方の遺言書、不動産譲渡証書、婚姻証明書をどう認証するか、書留郵便の紛失にどう対応するかといった専門的な事項に関する合意書に署名した。これらの合意によって、海峡両岸の市民の交流が促進され、漁業紛争、密航者、ハイジャック犯への対処など、その他の問題解決に向けた道筋が示された。

しかし、両者は三回目の会合に向けた基本原則について、なかなか合意することができなかった。いっぽう、李登輝は中国からの「一国二制度」の提案を不適切だと酷評し、台湾は香港のような植民地ではなかったと指摘した。李は、台湾の経済的、政治的なモデルは中国のそれより優れていると公言し、個人的には日本語や日本文化が好きだと語った。それらは植民地時代、学生だった頃に学んだものだ。李は、教育政策の変更を通じて、また一九四七年二月二八日の国民党による台湾住民弾圧を記念することによって、台湾のアイデンティティを促進した。台湾の省レベルの政府を廃止した。その結果、台湾は、国民国家であるかのように、国家レベルから直接統治されることになった。民主化改革がどんどん進み、台湾はますます独立した国家らしくなった。一九四九年に本土から持ちこまれた制度は見直された。国民大会〔総統任免権、憲法改正権を持つ最高機関〕は廃止され、立法院議員と総統は台湾の有権者のみによって直接選出され、本土の代表者はいなかった。

中国政府は最初、李登輝が、最終的に統一された中国において、より広い自治を得ようとしているのだと考えていたが、今や、独立への意欲に気づきはじめた。一九九三年、李登輝に警告を発するため、『台湾問題と中国の再統一』と題する白書を発表した。

ここで指摘すべきは、台湾当局は一定の緊張緩和措置を講じているものの、現在の対本土政策が依然として両岸関係の発展と国家再統一を著しく阻害している、ということである。台湾は、中国再統一の必要性について語っていながら、その行動はいつも、「一つの中国」の原則からかけ離れている。彼らは台湾の本土からの分離を長引かせようと試み、平和的再統一に向けた協議を開こうとしない……中国政府は、情勢の流れを注意深く追い、「台湾独立」に向けたいかなる策略もけっして容赦しない。(6)

中国政府は、一九九五年の旧正月に中国共産党のトップ、江沢民の声明――いわゆる「江八点」――によって、さらに念を押した。声明は、あらゆる事柄について「一つの中国」原則に基づいて交渉するという、いつもの提案を再度主張したが、同時に、いかなる手段を用いてでも、「増大する分離主義的傾向」に対抗する、という決意を示して警告した。

これに対して、李登輝はさらに強気の姿勢で臨み、対中国戦略を第三段階へと進めた。李は江沢民に応える形で六つの項目を提案し（李六点）、次のように主張した。一つの中国――李は引きつづきその存在を認めていたが、中国政府はそのような発言は偽善的だとみなしていた――には二つの政治的実体が含まれ(7)、そこに上下関係はなく、対等な立場で交渉しなければならない。李は中国政府に対して、この事実を認め、武力行使を放棄し、両国政府が対等な立場で国際機関に参加できるようにするよう求めた。同じ頃、台湾政府の依頼を受けた企業によるロビー活動の結果、アメリカ議会は「議会の意向」決議を採択し、アメリカ政府に、母校コーネル大学の同窓会に出席する李登輝に入国ビザを発給するよう促した。李のコーネル大学訪問は中国政府に衝撃を与えた。それは、台湾の国家元首には厳しい制限付きの通過ビザしか発給しないというアメリカの従来の方針に反していたからであり、同時に、コーネル大学における李のスピーチ――中華民国総統としての公的な立場で行なわれた――が台湾のアイデンティティを讃えるものだったからでもある。

李登輝のしたたかさは、中国政府のそれに匹敵した。圧力を強めるため――李だけでなく、クリントン政権に対しても――、中国はSEFとARATSの協議の次の段階についての交渉を中断した。一九九五年七‐八月、さらに一九九六年三月に、台湾海峡でミサイル演習を実施して、台湾独立反対の決意を示した。これに対して、アメリカは二つの空母打撃群を台湾海峡付近に派遣した。

にらみ合いは軍事衝突に発展することなく終わり、一九九六年三月の李登輝総統再選の一助となった。だが、同時に、アメリカが政策を見直すきっかけにもなった。クリントン政権は、国家としての地位を追求する李登輝の政策を推進するために中国政府との関係を凍結するわけにはいかないと判断した。一九九八年、クリントンは中国を訪問した。一九八九年の天安門事件以降初めてのアメリカ大統領訪中である。クリントンはこの機会を利用して、長年の政策をあらためて強調した。アメリカは「台湾の独立を支持しない。「二つの中国」も「一つの台湾、一つの中国」も支持しない。台湾は国家としての地位を必要とするいかなる機関にも加盟すべきではない、とわれわれは考えている」。これら「三つのノー」は米中関係の修復に役立った。だが、ライバルである中国の首都において、大統領の声明として発表されたことから、李登輝にとっては痛手となった。

李登輝は総統任期最後の年を迎え、自分が獲得したものをまとめて、誰であれ、後継者に贈ることにした。そして、自身の顧問たちには知らせず、国際法の専門家、蔡英文を長とする研究班を招集した。蔡英文はのちに野党民進党に加わって、党主席となり、二〇一二年には総統候補となる。一九九九年七月、研究班の計画に基づき、ドイツの国際ラジオ局、ドイチェ・ヴェレとのインタビューを利用して、李は次のように述べた。台湾と本土の関係は、正統な政府と反逆者集団の関係ではなく、中央政府と地方政府の関係でもなく、「特別な国と国との関係」である。台湾は独立を宣言しない。なぜなら、すでに独立しているからだ、と。(8)

李登輝の二国論は中国政府からごうごうたる非難を浴びた。中国政府は李に「水に落ちた犬」「国民の屑」といったあだ名をつけた。台湾の選挙のわずか数週間前、中国はふたたび台湾に関する白書を発表し、中国が武力を行使する三つの条件を、これまでになく明確に述べた。「台湾の中国からの分離につながるような憂慮すべき情勢の変化があった場合、または、台湾が外国によって侵略、占領された場合、または、両岸再統一問題の交渉による平和的解決を台湾当局が無期限に拒否する場合」[9]。第三の条件は新しく、最も台湾を威嚇するものだった。なぜなら、漠然とだが、期限を示唆していたからだ。

李登輝の遺産を弱体化させる
──陳水扁の対中国政策

李登輝の後継者は民進党主席の陳水扁で、二〇〇〇年から二〇〇八年まで総統を務めた。これは野党が政権を奪取する初めての機会だった──国民党が持つ膨大な資源を考えると、二度目の機会はそう簡単には来ないだろうと、民進党の党員の多くは考えた。陳はほとんどの場合、戦術的な理由から、自分の目標をわざとぼかしていたが、陳とその助言者たちは、李登輝が主張していた台湾の法律上の独立を確固たるものにし、後戻りできないところまで推し進めようとしていた。しかし、これらの目標は、有権者の抱く二つの相反する思いと、中国政府の強硬な姿勢と、アメリカの反対によって頓挫する。[10]陳水扁が退任するとき、台湾の立場は、就任時より弱くなっていた。

総統選挙運動期間中、陳は、自分が当選すれば中国と戦争が起こるという国民党からの批判を和らげようと、本土への「平和の旅」を約束し、両岸の交通および経済のつながりへの関心を表明し、いわゆる「新中間路線」を打ち出した。陳によれば、その路線は、いっぽうで統一を、もういっぽうで戦争を回避するものだった。陳を支援するため、民進党は「台湾共和国」の樹立を求める党の従来の「独立綱領」を、もっと耳あたりのいい決議文に代えた。そこでは李登輝時代にすでに耳なじみになった言葉が使われた。「台湾は独立主権国家である」そして、たまたま中華民国と呼ばれているだけである、と。だが、決議文には、国民投票以外の手段によって国の地位を変更することはできないというひねりが加えられていた──この考え方は中国政府の意に沿わなかった。なぜなら、台湾の自己決定権を暗示していたからだ。[11]陳の真の意図は、李登輝が勝ちとった台湾の国家としての要素を強化し、それらを可能なかぎり拡大することにあると、中国もアメリカも確信していた。中国は、陳の融和的な言葉が本当かどうか、わざわざ試すようなことはしなかった。

その代わり、選挙の二日前、中国の朱鎔基首相がテレビに出演し、人差し指を振りたてて、台湾の有権者を脅した。「衝動的に行動するべきではない。これは海峡両岸の未来を決する重大な局面だからだ。私は心配している。あなたがたが、もう二度と後悔できなくなることを」[12]。それでも陳が当選すると、中国は軍事演習を実施した。新たに構築した戦力によって、その気になれば、台湾支配下の沖合の島を制圧できることを示すためである。緊張が高まると、アメリカ政府は警戒した。クリントン政権は、正式に立候補する前の陳水扁をワシントンに招待し、中国を挑発しないよう内密に警告していた。陳は、アメリカが直接起草に関わった総統就任演説の中で、「四つのノー」を約束した。陳は述べた。「中国共産党政権に台湾への武力行使の意図がないかぎり」、わが政権は独立を宣言せず、国の呼称を変更せず、特別な国と国との関係の理論を憲法に記さず、統一か独立かをめぐる国民投票を実施しない、と。

二〇〇一年にアメリカ大統領に就任したジョージ・W・ブッシュは台湾に好意的だった。大統領就任後まもなく、ブッシュは武器一括売却を発表し、テレビのインタビュアーに、台湾が攻撃を受けた場合には、「なんとしても」台湾の防衛を支援すると述べた。しかし、二〇〇一年九月一一日以降、新たなテロとの戦いにおいて、中国との関係が優先されるようになると、アメリカは陳に対して冷淡になった。陳水扁は、李登輝がすでに確立していた修辞的な境界を少しでも踏みこえるたびに、中国とアメリカの両方によって押し戻された。このプロセスは、二〇〇三年の陳に対する痛烈な非難につながった。ブッシュは訪米中の中国の温家宝首相とともにテレビ出演した際に、こう述べた。「台湾の指導者による発言と行動は、一方的な現状変更を決断する意志がある可能性を示すものであり、われわれはこれに反対する」。

陳水扁は、両岸関係を少しでも進展させる必要があった。自分が中国政府を政治的にうまく扱うことができることを、アメリカ政府に、そして、なにより台湾の有権者に示すためであり、さらには、有権者が中国の経済成長の恩恵を受けられるようにするためである。中国は台湾との経済関係を強化することに関心を寄せていたが、そうした進展を利用して、政治的な利益を得ようとする陳水扁の企てを警戒した。陳が政権を握った直後、中国は興味深い修辞的な譲歩をし、「一つの中国」原則の新バージョンを提示した。通常の「台湾は中国の一部である」という文言が、「本土と台湾はどちらも一つの中国に属している」という新しい文言に変更された。両者の地位がより対等のように聞こえる表現だった。

しかし、この文言の変更で、中国が経済的躍進と引き換えに求める基本的な代償が変わったわけではない。台湾は、主権国家以外のなんらかの立場で、協約に署名しなければならない。選挙で選ばれた台湾の指導者は、誰もこの代償を払うことができなかった。そんなわけで、陳水扁は、経済的にあまり重要ではない一方的な措置を講じることしかできなかった。たとえば、二〇〇一年、中華民国の前線基地となる島々、金門および馬祖と、中国の複数の都市のあいだの郵便、交通、貿易を直結させた。そして、たいへんな苦労を伴う交渉の結果、陳政権は二〇〇三年、旧正月の台湾と本土のチャーター機運航を実現し、さらに二〇〇六年には、貨物機と旅客機のチャーター機を増便することができた。だが、これら以外には、公式レベルでの両岸経済関係には、ほとんど進展は見られなかった。

陳の主要課題は台湾内にあった。二〇〇〇年、激戦の末の陳の当選は、中国全土において、史上初の二大政党間の民主的な政権交代だったが、台湾内での陳の政治的立場は依然として弱かった。新しい政党である民進党は、官僚組織に基盤を持っていなかった。官僚組織から支援を引き出すことができれば、各地に集票組織を構築できるのである。民進党の訴えの大部分は、台湾のアイデンティティを基礎にしていたが、アイデンティティ問題と、対本土関係で危険を冒すことのあいだで揺れ動く有権者の複雑な感情の影響で、立法院選挙での民進党の得票率――選挙における基本的な強さを知る最善の尺度――は、三九パーセントを超えたことがなかった。二〇〇〇年の選挙で、陳は過半数には届かない相対多数で勝利した。なぜなら、国民党候補と分離支持の候補のあいだで、過半数の票が割れたからである。二〇〇四年には、わずか一パーセントの一〇分の一という僅差で再選された。アナリストによれば、不審な状況下で同情票が集まったからだという。選挙が始まるほんの数時間前までは国民党候補が優勢だったのだが、陳は謎の暴漢から銃撃を受け、そのおかげで優位に立つことができた、というわけである。傷は軽傷で、撃った男が遺体で発見されたことから、事件は自作自演だったのではないかという疑惑が浮上した――これまでのところ立証はされていない。

そのように辛勝した民進党が、競争力ある政党として長期政権を維持できるようにするために、陳水扁は相容れない二つの目標――支持者層の士気を保ちながら、自分の訴えを中央にまで拡大する――を達成しなければならなかった。この板挟み状態の影響で、陳は台湾の国際的地位について、さまざまな聴衆に対して、曖昧な発言をすることになる。そんなわけで、独立を支持する聴衆に向かっては、台湾海峡の「それぞれの側に一つの国」（一辺一国）があると語りながら、二度目の就任演説では、両岸の「協力的互恵関係」を訴え、「一方的な現状変更はしない」と約束した。

陳は、危機的状況を引き起こし、そこで自らを中国とアメリカの圧力から台湾の民主主義を守る戦士として位置づけることが有用だと判断した。そして新たな憲法の起草を提案した。既存の中華民国憲法はずっと昔に本土で書かれたもので、今では修正条項だらけになっていて、無駄が多かったからである。この提案は中国政府から非難を浴び、アメリカからは内密の警告を受けた。なぜなら、新憲法の起草は台湾と中国の歴史的な法律上の関係を断つことになるからだ。二〇〇四年と二〇〇八年、陳は国民投票を実施し、台湾は自衛力を強化すべきか、国連への再加盟を目指すべきか、どのような名前で再加盟すべきか、といった問題を有権者に投げかけた。質問があまりにも漠然としていたので、かりに結果が承認されていたとしても、政策を導くことはできなかっただろう(結果は承認されなかった。投票者数が少なく、有効な結果が得られなかったからだ)。だが、またしても中国とアメリカの反発を招いた。国民投票の実施そのものが、台湾の自己決定権をほのめかしていたからだ。

陳水扁政権は、李登輝の外交政策上の遺産を強化するどころか、弱体化させてしまった。台湾はアフリカ、中央アメリカ、カリブ海地域のパートナー諸国六カ国の外交承認を失い、陳の任期末には台湾承認国は二三カ国にまで減っていた。アメリカの支援を受けたにもかかわらず、陳の任期中、台湾は毎年、WHOでオブザーバーの地位を獲得することができなかった。毎年、なんらかの形で国連の代表権を得ようと運動を展開したが、なんの進展も見られなかった。軍事的態勢も後退した。一つには、二〇〇一年のブッシュ大統領からの武器一括売却の申し出を受けるための資金が、国民党優勢の立法院での予算闘争の影響で、凍結状態になっていたからだ。アメリカとの関係にはほころびが生じていた。陳は自分の政治的利益をアメリカの安全保障上の利益よりも優先させているとアメリカの政策立案者たちが考えるようになったからだ。任期を終えたとき、陳水扁の支持率は最低になっていた。原因は、経済の不振、国民が陳のリーダーシップのスタイルにうんざりしていたこと、そして、汚職スキャンダルの波が押し寄せたこと、などである。このスキャンダルでは、陳の部下、子供、妻、そして——退任直後に——陳自身も疑惑に包まれた。

いっぽう、中国の台湾政策は前進を続けた。二〇〇五年、陳政権が二期目に入った直後、中国の国会は反国家分裂法(第8章)を採択した。中国政府はミサイル戦力の増強を続け、軍事演習を実施した。演習は、海峡を越えて戦力を投射する能力、介入しようとするかもしれないアメリカ軍の接近を阻止する能力の増大を示すものだった。中国は、陳の頭越しに、台湾の民間起業家や市民に手を伸ばして、経済関係を強化し、教育、文化、メディア交流を発展させた。このような関係は、台湾の有権者の中国政府に対する疑念を和らげ、台湾の多くのコミュニティの繁栄と中国本土の経済を結びつけるのに役立った。中国の指導者は、党と党の関係に基づき、国民党指導者を喜んで北京に迎え、有権者が民進党を退陣させれば、両岸関係がいかに好転するか、というメッセージを送った。

また、民進党の穏健派と見られる指導者にも接触し、党内の進化を促そうとした。ワシントンでは、陳は、中国政府を挑発し、アメリカ軍を巻きこむであろう無用な戦争の危機を引き起こし、台湾の自衛力を維持できていないと非難された。アメリカの台湾防衛への関与は、政治的には弱まったようだった。

馬英九と中台関係の未来

二〇〇八年の選挙の結果、国民党が権力の座に返り咲いたことは、さして驚くにはあたらなかった。国民党の馬英九候補は、中国との緊張を緩和し、アメリカとの関係を改善すると約束した。馬は本土の出身で、ニューヨーク大学とハーヴァード大学ロー・スクールを卒業後、蔣経国の補佐官、李登輝政権の法務大臣、台北市長などを歴任した。中華民国は一九一二年以来存在する独立主権国家であるとする李登輝の立場について、中華民国憲法と矛盾していないと馬は考えていた。しかし、中華民国は本土支配権の主張を撤回し、台湾にある主権国家として歴史的に連続した存在でありつづけることができるとする、李の論理的に当然の帰結を押しとおすことはしなかった。理屈から言えば、馬の立場は、従来の中華民国の本土に対する主権の主張を示唆していたが、この微妙な問題について、馬が自分の立場を明確に述べることはなかった。

その代わり、民進党候補の謝長廷（両岸問題については比較的穏健派）に対抗する選挙運動で、馬は、台湾の地位に関する理論的議論を保留し、本土との関係を実際的に改善することを提案した。馬の計画は、旅行、観光、貿易、投資、金融取引を妨げる障害を取り除き、台湾経済が不振にあえいでいるときでも、本土との経済関係の恩恵を受け入れられるようにする、というものだった。政治的緊張を緩和するため、馬は、陳水扁が破棄した九二年合意——「一つの中国、各自の解釈」（一個中国、各自表述）——を、台湾が再度承認することを提案し、中華民国憲法を変更しないことを約束し、本土との平和共存の合意を模索していくと述べた。アメリカ政府に対しては、「驚かすことのない」関係を約束した。防衛については、長らく遅れていたアメリカからの武器購入を進展させると述べるいっぽう、軍に対して、本土からの攻撃を抑止する効果的な戦略を策定するよう求めた。全体としては、馬の政策は「三つのノー」すなわち「統一しない、独立しない、武力を行使しない」を支持していた。

中国政府はすぐに反応した。馬が総統に就任した後、SEFとARATSは協議を再開し、さまざまな経済協定を締結した。中国は、パラグアイからの外交承認の切り替え提案を辞退して、馬からの外交競争休戦の提案を受け入れた。また、中華民国が「チャイニーズ・タイペイ」の名の下に世界保健総会（WHOの運営組織）にオブザーバー代表団を送ることを容認した。海と空の旅客および貨物の直行便の運航が始まった。二年にわたる交渉を経て、二〇一〇年、両者は経済協力枠組み協定を締結し、海峡両岸の貿易、投資、観光が大幅に増加した。

それでも、中国政府は依然として、台湾の法的な立場や権力の座の不安定さを警戒していた。中華民国の独立した主権を少しでもほのめかすものに対しては強硬な姿勢を崩さず、台湾代表団は「中国台湾」または「チャイニーズ・タイペイ」の名前でなければ国際会議に出席できないと主張した。二〇一一年、アメリカが台湾の老朽化したF16戦闘機全機の装備更新に同意したとき、中国は激しく抗議した。この中台の部分的な関係改善によって誰が恩恵を受けるのかは、はっきりしなかった。本土は台湾の経済的繁栄に対する支配力を強めたが、同時に、台湾が活力と自信をつけるのに一役買った。複雑な交渉のすべてにおいて、最も重要な主権の主張については、両者ともに一歩も譲らなかった——台湾は独立した政府として主権を有すると主張し、中国は台湾に対する主権を主張した。こうして両岸関係が不確かながらも進展する中で、二〇一二年、馬英九は二期目の当選を果たした。

台湾と本土の関係は、相互の脆弱性というジレンマにずっと支配されている。本土が台湾の選択肢を制限しようとすればするほど、台湾は不安を感じる。台湾が行動の自由を拡大しようとすればするほど、中国は不安を感じる。両者の要求に応える解決策は、理屈の上では想像できるが、じっさいに実行するのは難しい。相互の信頼が築ければ、安全保障のジレンマは解消するだろうが、このジレンマは、信頼の構築を困難にする。中国の次世代の指導者たちは、これまで中華人民共和国を統治してきた指導者たちほど、台湾の本土復帰に、民族主義的な熱意を抱かないだろうが、それでも台湾の国際的な関係を管理したいと考えるだろう。他国が敵対的な活動の拠点として利用するのを阻止するためである。本土の経済的繁栄と政治改革によって、台湾人の離反意識は弱まるかもしれないが、それでも台湾の人々は、本土からの支配を受けることなく、独自の政治体制、生活様式、外交政策を維持したいと思うだろう。

馬英九総統の一期目の任期中、アメリカの一部の政策アナリストたちは、もはや台湾を中国から保護する必要はないのだから、アメリカは台湾問題への関与を終わらせるべきだと主張しはじめた。[13] しかし、台湾攻撃を想定して中国が軍の配備を続ける中で、本土による武力行使から台湾を守るための関与から手を引けば、アジアの同盟国としてのアメリカの信頼は損なわれるだろう。台湾問題は、今後も長きにわたって、中国の外交・安全保障政策と米中関係の中心を占めることになりそうである。

第Ⅳ部　力の手段

第10章　門戸開放のジレンマ
――グローバル経済における力と脆弱性

一九七〇年代後半に始まった驚くべき「中国の台頭」は、何よりもまず経済現象だった。中国のGDPは一九七八年以降、平均年率九・六パーセントの急増を見せ、二〇一〇年には六兆ドルに達した。この経済力の急成長がなければ、中国は一九九〇年代からの近代的な軍事大国化を推進する資源を手に入れることはなかっただろう。これについては第11章で論じる。また、第12章で述べるような形で、威信を享受してソフトパワーを行使しはじめることもなかっただろう。そして、言うまでもなく、貿易、援助、投資はそれ自体が影響力の直接の源だった。だが、中国にとって、経済成長は、いいことばかりではなかった。安全保障の観点からすれば、急激な経済成長とそれを実現するための戦略的選択は、大きな犠牲も伴った。成長はグローバル経済に深く関わることによって達成されたが、その結果、中国はかつてないほど外の世界からの圧力や影響にさらされやすくなった。

鄧小平の「改革開放」政策は――この革命（反革命だという者もいたが）によって急速な経済成長が可能になった――第3章で述べた毛沢東の自力更生という対外経済政策を覆した。通常、それは当然の選択であり、純粋な成功だと見られているが、グローバル化を受け入れるまでには、躊躇と、犠牲と、深い葛藤があった。そして、自力更生政策における同等かつ正反対のジレンマと同じくらい厄介な一連のジレンマを受け入れた。安全保障の面では、数十年が経過した今も、中国は鄧小平の賭けの恩恵を受け、さらにその賭けを拡大しつづけているが、同時に、代償も払いつづけている。自力更生から相互依存へ転換することによって、中国は他者の運命を左右する自身の影響力だけでなく、自身の運命を左右する他者の影響力をも増大させた。

毛沢東にとっても鄧小平にとっても、外の世界に対する安全保障戦略を採用するということは、同時に経済戦略を採用することでもあった。その意味で、「関与」は、外部世界が中国を変えるために利用する戦略であると同時に、中国がより有利な形で外部世界と関わる方法を見つけるための戦略でもあった。毛沢東の政策の魅力は、外国の資本や市場への依存を回避することで、中国自身の生活様式と政治システムを完全にコントロールできるということだった。欠点は、自力更生による発展では、国は資本を蓄積し、国内資源を使って産業の発展を図らなければならないことだ。つまり、生活水準の向上に資本を投入できないのである。そのためには、もっといい生活をしたいという人々の願望を抑えつけなければならず、さらにそのためには政治的な規律が必要となり、今度はそれが全体主義的な政治体制の構築を促すことになり、その結果、人々が苦しみ、最終的には自力更生を持続できなくなる。純粋に経済的な観点から評価すると、毛沢東の発展モデルは、産業経済の構築には成功したものの、効率が悪く、高度な技術を利用できないという代償を払った。もう一つの欠点は、自力更生経済では、他の国々は中国の繁栄にまったく利害関係を持たなかったため、中国は多くの近隣諸国から敵として扱われやすくなったことである。

鄧小平の発展モデルは、毛沢東のそれとは反対の恩恵と代償をもたらした。グローバル化を受け入れたことで、中国は欧米の技術、資本、市場を利用できるようになり、その結果、経済成長を加速し、生活水準を劇的に向上させ、政府による政治的な抑圧を緩和することができた。政府は、軍の近代化に着手するのに必要な財政資源と、国際体制に参加し、その恩恵を受けるのに必要な専門知識を手に入れた。中国を相手に貿易や投資を行なう国々は、中国の利益に配慮するようになった。だが、マイナス面としては、政府は経済に対する統制を弱めなければならなかった。中国は、貿易、金融、財産権、製品の安全性、その他の項目に関する国際ルールを守る義務を負った。外国の機関、あるいは市場や文化の力が、政府の統制の届かないところまで浸透し、人々の思考や行動に影響を与えた。中国の繁栄は、他の国々の安寧と繁栄と切り離せなくなった。かつての自力更生政策では、一種の万里の長城が築かれ、中国は外部の影響力から守られ、その代償として、国力は弱いままだったが、その後、国際社会と関わることによって、万里の長城は解体され、中国は新たな資産を手に入れたものの、その代償として、押し寄せる外部の影響に国をさらすことになった。

これらの問題はどれも新しいものではなかった。グローバル市場が長期にわたる拡大を開始した一九世紀初頭、イギリスの交易船が中国の国境にあらわれ、アヘンを売って茶を買う取引を試みた。一連の戦争で、諸外国は中国に、貿易、投資、布教活動に門戸を開くよう強要した。一九世紀の終わり頃、中国の指導者たちは、経済的後進性こそが軍事的な弱さの主な原因だということで意見が一致した。いかにして近代化を進めて富と力を手に入れつつ、国の独立を維持するか、が最重要課題となった。中国の人々は、世界経済との統合を図るべきか、自力更生を追求するべきか、議論を戦わせた。

しかし、その選択は、世界経済の情勢と中国の戦略的状況の制約を受けた。第一次世界大戦後の世界貿易の活況で、中国はある程度、対外貿易を進展させた。もっとも、ほとんど売るものもなく、あまり多くのものを買う余裕もなかったが。一九三〇年代、世界に保護主義が広がる中、中国は自立的な発展についてもっと考えざるをえなくなった。一九四九年以降、しばらくのあいだはソ連から資本と技術を借りることができたが、一九六〇年代に入って、毛沢東がソ連との決別を決めると、自力更生以外に選択肢はなくなった。

毛沢東は死ぬ前に、西側との小さなパイプをいくつか再開させた。だが、その間、他のアジア諸国の多くは、欧米市場向けの製造業を基盤として奇跡的な発展を遂げていた。一九七〇年代から始まるグローバル化の離陸期に、国際的な貿易と投資の量は過去最高に達した。その結果、鄧小平が権力を握った一九七八年後半、二つの流れが一つになった。中国は世界に参入する準備ができていたし、グローバル経済は中国を統合する準備ができていた。中国が新たな発展モデルを試す条件は整っていた。

対外貿易と外国資本の導入を認める

鄧小平は、青写真に沿って政策を進めたわけではなく、「石を手探りしながら川を渡った」という。鄧の最初の考えは、限られた物質的奨励策を利用して、政府が管理する集団農場での農業生産を活性化し、国有工業企業経営陣の自主性を刺激しようというものだった。それを補完するものとして、鄧は一部の外国の技術やマーケティングの専門知識に対して経済を開放することを厭わず、いくつかの合弁事業による輸出向け生産を可能にした。これらの第一段階がうまくいくと、助言者や外国の協力者たちから、もっと開放を進めろという圧力に直面した。新しい案に同意するたび、鄧は新たな政治的反発を招いた。それは中国が図ろうとしている新たな妥協への懸念から生まれたものだ。同時に、改革を次の段階に進めよ、という改革派からの新たな圧力にも直面し、鄧はまたしても厳しい決断を迫られた[1]。

経済の開放は、二つの分野で始まった。貿易と投資である。毛沢東時代、中央の計画立案者たちは、対外貿易を残余活動として扱った。つまり、国内経済における残り物を処分し、まだ国内で生産されていない少数の必需品を手に入れる手段だった。[2] 中国が輸出する農産物、鉱物、燃料は、たまたま余っていたものであり、それによって工業化推進のために必要な機械、設備、鉄鋼の輸入コストをカバーした。中国の対外貿易は、ほぼ完全にソ連圏に限定されていた。一九五九年には四三億八〇〇〇万ドルと好調だったが、一九六二年には二六億六〇〇〇万ドルまで減少した。その後、少し盛り返し、繊維製品、食料品、金属鉱石をソ連に輸出して、開発援助債務を返済した。まだ毛沢東が生きていた一九七三年、中国は、ソ連から支援を受けていた時代以来、最大の輸入額を記録した。欧米諸国から工業プラントを輸入したためである。毛沢東の人生最後の年となった一九七六年までに、対外貿易は一三〇億四〇〇〇万ドルに達していた。最大の貿易相手は日本と香港だった。[3]

毛沢東の存命中、当時副首相だった鄧小平は、貿易政策の限定的な開放をさらに進めるよう主張していた。毛沢東の「自力更生」というスローガンを否定することなく、次のように述べて新たな解釈を加えた。「自力更生とは、国民独自の力と知恵を頼りに、自らの経済の生命線を掌握し、保有する資源を最大限に活用することである」[4]。そして、外国の優れた先進技術を厳選して輸入し、その費用を賄うため、美術工芸品、工業および鉱業製品の輸出を増やすよう求めた。鄧小平のライバルたちは、こうした考えを、資本主義世界に媚びへつらい、近代的な産業よりも時代遅れの芸術品や工芸品の生産を促し、国の資源と主権を売り渡すものだと非難した。このような非難は、一九七五年に鄧小平が失脚する一因となった。

毛沢東の死後、権力の座に返り咲いた鄧小平は、改革を推し進めた。対外貿易は、対外貿易部配下の十数社の専門企業によって独占されていた。これらの企業は国家計画に従って輸出入の事務処理を行なうだけだった。鄧小平政権は、外国の商品を売買する権利を拡大させ、最終的には数千社にのぼる貿易会社のあいだで売買が行なわれるようになる。これらの会社は、中央省庁、省政府、国有企業に所属していたが、精力的に事業を推進した。なぜなら、会社とそれを後援する諸機関は、稼いだ利益の一部を保持することが認められていたからだ。こうした刺激策の下、中国の対外貿易額は、一九七八年にはＧＤＰの一〇パーセントだったのが、ＷＴＯに加盟した二〇〇一年には三八パーセントに達した。[5]

投資の分野では、鄧小平は外国資本の導入を認める方向へ動いた。毛沢東はソ連との決別以降、外国からの投資も融資も受け入れていなかった。鄧小平は、外国からの投資を、国有経済の輸出部門に資本とノウハウを導入して輸出の成長を加速するための数少ない手段の一つだと考えていた。貿易の場合と同様、投資に関しても、鄧小平は毛沢東の存命中から、穏やかな変革を提唱して批判された。批判者たちは、外国人投資家たちが中国の主権を害し、労働者を搾取し、国の利益を盗むと信じていたのだ。毛沢東死後の一九七九年、中国は合弁事業法を可決した。それは外国資本の出資率を企業価値の半分未満に制限するものだった。改革期の最初の十数年間、ささやかながらも重大な意味を持つ外国からの直接投資が中国に流れこんだ。

外国人投資家からの圧力の下、一九八〇年代に入り、政府はためらいつつも制限を緩和し、外国からの投資環境を改善した。プロジェクトの規模の上限を引き上げ、外国企業に最長七〇年間の土地使用権の購入を認め、外資系企業の為替制限を緩和し、利益に対する免税期間を設けた。地理的に見ると、政府は最初、外国からの投資を四つの小経済特区に限定しようとした（そのうち最も有名なのが深圳）。その後、一九八四年にはこの奨励策を沿海部一四都市および海南島にまで拡大し、一九八八年には、北は遼寧省から南は広東省までの沿海地域すべてを外国からの投資に開放し、一九九〇年には残っていたほとんどすべての地理的制限を解除した。部門別に見ると、海外からの投資は最初、輸出向けハイテク製造業に集中していたが、次第に、鉱業、国内市場向け製造業、労働集約型ローテク製造業、金融サービス業、さらには高速道路、発電所、電気通信設備などのインフラ計画への投資も認められるようになった。一九九〇年代半ばまでに、国民的伝統産業（工芸品、漢方薬など）、メディア、国家安全保障に関係する部門を除いて、ほとんどすべての経済部門が外国からの投資に開放された。

投資形態の制限も解除された。合弁事業モデルは次第に緩和され、完全外資系企業のほか、資産運用投資（株式や債券）、商業融資など、海外からのあらゆる形の直接投資が認められるようになった。投資流入額は着実に増加し、一九八〇年代前半には年間数億ドルだったのが、八〇年代後半には数十億ドル、九〇年代前半以降は数百億ドルに達していた。一九八五－二〇〇五年における海外からの直接投資総額のうち、香港からの投資が推定で四七パーセントを占めた（そのうちどの程度が本土の投資家から還流しているかは不明である）。台湾からの投資は一二パーセント、アメリカ、日本、EUからの投資がそれぞれ約八パーセントだった[6]。

外国資本は、開発融資や無償資金協力の形でも中国に入ってきた。一九七八年、中国は、（少ないながらも）もっぱら援助する側だったこれまでの伝統を破り、国連開発計画からの支援を受け入れた。一九八〇年、国際通貨基金（ＩＭＦ）と世界銀行[7]に復帰して両方から援助を受け、一九八六年にはアジア開発銀行に加盟した。二〇〇一年までに、中国は、世界銀行、国連開発計画、その他の国連機関を含む数多くの多国間機関や、日本、カナダなどさまざまな国から、総計で四〇〇億ドル近くを受けとった。二〇〇〇年代に入っても、引きつづき年間一〇億ドル以上のＯＤＡを受けていた。

対外貿易と海外からの投資に門戸を開放するには、規制環境を改革し、対外経済交流のための支援体制を整える必要があった。一九七九－二〇〇〇年、中国は何百もの法律や規制を制定し、外国との経済関係を統制した。専門の裁判所や、その他の紛争解決の仕組みを設置した。ビザの制限を緩和して、誕生しつつある観光産業を育成し、外国人ビジネスマンが簡単に訪れることができるようにしなければならなかった。外国人訪問者数は一九七九年には一八〇万人だったが、二〇〇〇年には八三四〇万人にまで増え、その後も増えつづけた。これらの外国人訪問者を受け入れるため、ホテルの部屋数が急増し、ソ連式のホテルから、欧米の基準を満たしたホテルへの大規模な転換が行なわれた。同様の外国人向けの転換は、銀行、通信、交通その他の分野でも実施された。だが、これらの転換は、中国がＷＴＯに加盟した二一世紀初頭に必要となる、これよりはるかに劇的な変化への土台作りにすぎなかった。

世紀の変わり目までの安全保障上の利益と損失

中国のグローバル経済への参入は、結果としては、いいタイミングだった。グローバル化の長きにわたる歴史的プロセスは、一九八〇年代半ばに、新たな飛躍の時を迎えた。一九八〇－二〇〇七年、世界のＧＤＰは年平均三・一パーセントで増加した。同じ期間の世界貿易は五倍強になり、四兆ドルから二七兆五〇〇〇億ドルに増加した。水に飛びこんだ中国は、潮流に流されていった。中国の貿易は、一九八四年には二五八億ドルだったのが、二〇〇五年には七六二〇億ドルと、三〇倍に増加した。二〇〇四年までには、中国の工業生産高の三〇・八パーセントが外国からの出資を受けた工場による生産だった。対外貿易と外国からの投資は、中国の供給業者、消費者、ライバル企業に連関およびデモンストレーション効果を及ぼし、それが経済全体の質の高いパフォーマンスにつながった。外国との協力関係を通じて、中国企業は新技術を獲得し、新しい経営手法を学び、世界市場に参入した。格差はあったものの、成長は全体に広まった。国のすべての地域、すべての社会階級が分け前を受けとった。公式貧困線以下の生活をしている中国国民の数は、一九七八年には二億五〇〇

〇万人だったのが、二〇〇五年には二五〇〇万人まで減少していた。(8)

しかし、これらの恩恵を受けるために、鄧小平は、世界市場の論理によって、予想していた以上に、国の自主独立を損なうことを余儀なくされた。一九九〇年代半ばには、諸外国の当局が、中国の関税、輸入割当、認可要件、工場の衛生管理、金融サービス、小売ネットワークを監視していた。ムーディーズおよびスタンダード&プアーズは中国の国債の価値を判定した。アメリカ関税局、食品医薬品局、商務省の当局者たちが、中国の工場を立ち入り検査した。外国人弁護士たちが法の執行の失敗を指摘し、法律や規制の見直しを提案した。中国は、株式市場、証券会社、リスクファンド、商品先物市場、コンサルティング会社といった、なじみのない制度を導入しなければならなかった。制度の設立に必要なスタッフを養成するため、学生や幹部を海外に派遣して、訓練を受けさせなければならなかった。さらに一九八二年、憲法を修正しなければならないことがわかった。外国人投資家の「正当な権利と利益」を保護する義務を条文に明記するためである。

世界資本主義の主要な管理者、とくにＩＭＦと世界銀行は、保守派に対抗する改革派を支援することによって中国の政治に関与した。(9)アジア開発銀行に加盟するため、中国は欧米諸国の懸念に対して譲歩を示し、台湾の「中国台北」の名前での加盟継続を認めることに同意した（第9章）。一九八九年六月の天安門事件後、アメリカは世界銀行やアジア開発銀行における支配的な議決権を行使して、中国への新たな融資の大部分を向こう数年間凍結し、日本はＯＤＡ融資の一部を延期した。一九九五年、日本は中国による地下核実験に抗議するため、ＯＤＡ無償資金協力（融資ではない）の大部分を中止した。

より間接的な意味では、繁栄への道を進むにつれ、中国の経済状況は海外市場、とくにアメリカおよびＥＵ市場の状況に左右されるようになった。アメリカは二〇〇七年まで中国にとって最大の輸出市場であり、その後ＥＵが最大の輸出市場になった。中国の繁栄はまた、アメリカドルとユーロの状況とも結びついていた。ドルとユーロは他の国々と同様、中国でも、対外貿易を行ない、外貨を保有する際の主要通貨だった。

安全保障の観点から、最もリスクが高かったのが、開放がもたらした社会、文化への甚大な影響である。一九七八年から二〇〇三年までのあいだに、中国は七〇万人以上の学生を海外、とりわけアメリカの高等教育機関に留学させ、高度な技術を獲得しようとした。卒業と同時に帰国する学生は全体の二五パーセント足らずで、帰国した学生はたいてい、中国の公式イデオロギーを害する思想を持ち帰ってきた。欧米で教育を受け、欧米志向になったエコノミスト、銀行家、弁護士、貿易業者たちは、政策形成への発言力を強めた。若い人々は古い価値を信じなくなり、保守的な中国の批評家たちに言わせると、多くの若者が「欧米では月でさえ中国より明るい」と信じているという。キリスト教が人気を呼び、国民のあいだに広まった。そこには違法とされている「家庭教会」（ハウス・チャーチ）の信徒数千万人が含まれる。閉鎖しようとすれば大混乱が起こりかねないため、多くの場合、地方当局は教会を容認していた。

南部の広東省の住民は香港のテレビを視聴し、香港のソフトドリンクを飲み、香港流のファッションに身を包み、さらには、一部の取引で香港ドルを使うまでになった。福建省の人々は台湾文化の多くの要素を取り入れた。上海や北京の住民は、欧米流のスタイルやテイストを取り入れた。沿海部のすべての都市の若者たちは、韓国の音楽やテレビ番組、日本のアニメに熱狂した。内陸部の貧困地域の労働者たちは、製造業、建設業、家政婦などの仕事を求めて沿海部に移住した。国営企業は海外の市場と投資の獲得競争に参加するため、従来持っていた社会福祉機能を放棄しなければならなかった。汚職も増加した。開放政策によって、良くも悪くも、「開いた窓から外国のハエが入ってくる」という状況が増えた。改革の開始からわずか数年後の一九八〇年代半ば、中国の経済、社会、文化は外国の根深い影響にさらされていた。その影響は、ソ連の支援を受けていた一九五〇年代に比べても、はるかに甚大だった。

このような事態の進展は、指導部保守派を警戒させた。保守派は中国が、自分たちの戦いの目的である社会主義革命を打ち切って、その代わりに消費者革命を推し進めていると懸念し、消費者革命を「精神汚染」だと断言した。保守派にしてみれば、一九八九年の民主化運動は、矛盾に満ちた欧米の影響から生まれた悪魔の酒だった。民主化運動は、開放政策によって生じたインフレと腐敗への国民の反発がきっかけとなった。だが、そのいっぽうで、親欧米的な民主主義、個人主義の精神を表明し、香港や欧米の人々から支持され、物質的な支援も受けていた。

それでも、鄧小平の開放政策は存続し、一九九二年にはさらに弾みがついた。この年、鄧は南部の輸出産業地域への象徴的な歴訪を行ない、グローバル化を通じた経済成長への取り組みをあらためて主張した。この歴訪は、一九九七年に死去する鄧小平の、最後にして最大の政治活動だったが、その影響はいつまでも続いた。鄧小平の権威、鄧の政策に疑いを抱いていた保守派長老たちの死去、そして改革によって続く経済的成功とが相まって、グローバルな関与の原則をめぐる政策闘争には終止符が打たれた。もっとも、国際的な関与をどのように実行するかについての具体的な結論はまだ出ていなかった。グローバル化をめぐる論争は、知的な議論の場でのみ、今日も続いている。左派の思想家たちは、社会主義の理想を捨てたことで中国は道を見失ったと主張し、リベラル派は、経済的繁栄と独裁的政治体制の矛盾を解消するために、さらに改革を推し進めなければならないと主張する。(10) 門戸開放に対する国民の複雑な感情は、インターネットや大衆デモなどで断続的に表現される外国人嫌悪にあらわれている。しかし、政策レベルでは、もはやグローバル化するかどうかではなく、グローバル化のプロセスをどう管理するかについての議論が進んでいる。

開放政策は、国内の反発に直面しただけでなく、海外の貿易相手とのあいだにさまざまな衝突を引き起こした。貿易量が増えるにつれ、国内の改革半ばの計画経済と、外の世界の市場とが接する境界領域では、さまざまな不合理が蔓延した。(11) 計画に基づいて価格を低く抑えられた商品や製品は、輸出で大きな利益を生むことができたが、それは中国の消費者のための補助金の恩恵を外国人に与えることを意味していた。計画によって国内価格を高く設定された製品は、外国ではもっと安く手に入るので、輸入業者に思いがけない利益をもたらしたが、このプロセスは外貨を浪費し、国内製造業者に打撃を与えた。政府は取引の急増を制御し、不合理の穴をふさごうと、次のような応急処置を施した。輸入許可証、輸出補助金、関税、税金の還付、為替相場の操作、外貨支出の行政管理、貿易会社が保持できる利益または外貨の割合の変更。これらの措置によって、中国は、今度は貿易相手国との衝突に巻きこまれることになる。貿易相手国は中国政府の保護主義とダンピングを非難した（ダンピングとは、製品を原価より安く輸出すること）。先進工業諸国は中国に対して、繊維製品などの輸出割当量を受け入れ、衛生、包装、表示、および輸出向け商品の環境配慮に関する外国の基準を尊重するよう迫った。軍縮、核不拡散（第11章）、人権（第12章）の場合と同じく、中国は、気がつけば、これから加わろうとする国際体制の既存の規範を遵守せよとの圧力にさらされていた。

貿易相手国の中で最も反発したのがアメリカだった。理由は三つある。第一に、第二次世界大戦の終結以来、グローバルな貿易と投資を促進するための機関の設立に主導的な役割を果たしてきた国として、アメリカは、国際規範に反すると思われる行為を、ためらうことなく批判した。第二に、アメリカは一九七一年から貿易赤字を計上し、一部の例外を除いて、赤字は年々増加していた。そのいっぽうで、アメリカ市場向けの製品を生産する企業――とくに香港、台湾、韓国の起業家たち――は、中国の投資に優しい環境と安い労働コストを利用して、製造拠点を中国へ移していた。中国で組み立てられる前に、製品の価値の大部分がどこか別の場所で生み出されているのに、全体の最終的な価値としては、中国からの輸出品とみなされた。そのため、他のアジア諸国のアメリカとの貿易黒字は、中国へとシフトした。そして、アメリカの貿易赤字の総額が増えるにつれ、対中国の赤字が多くを占めるようになる。アメリカの対中赤字は、二〇〇〇年には対日赤字を抜き、アメリカ最大の二国間貿易赤字となり、その後も増えつづけた(12)。第三に、赤字が単一の貿易相手国に集中したことで、中国は、グローバル化で利益を損なわれたアメリカの有権者の格好の標的となった。とはいえ、中国は問題の根本的な原因ではなかったのだが。アメリカの有権者は、民主的に対応するアメリカの政治システムの、議会その他の利用可能な手段を通じて自分の意見を表明することができた。

アメリカ側は自国の法律の条項を挙げ――その法はアメリカで法制化されたいくつかの商取引における公正な基準を満たしていない海外の貿易相手に制裁を加えることをアメリカ政府に要求している――、中国の貿易体制の広範囲にわたる変更を求めた。一九九二年、中国は市場アクセス合意を結んだ。それは、前例のない規模で中国市場への参入をアメリカに認めるもので、その結果、中国の自動車、製薬、化学、その他の産業は外国との熾烈な競争にさらされることになった。しかし、中国が約束を実行するまでには時間がかかった。その最大の理由は、地方政府が、貿易促進のために与えられていた権限を利用し、あの手この手で地域産業を保護していたからだ。これがアメリカとのあいだに引きつづき摩擦を生んだ。

アメリカと中国の両政府は、知的財産権をめぐっても長きにわたって争いをつづけた（知的財産権とは、化学薬品、医薬品、コンピューター・ソフトウェア、書籍、ビデオテープやＤＶＤに収録された映画などの特許および著作権のこと）。毛沢東時代、知的製品は社会の共有財産だと考えられ、保護するよりも、普及させるべきものだった。一九八五年、中国政府は初の特許法を制定したが、欧米の企業はそれでは不十分だと考えた。一九九一年までに、ソフトウェア、音楽、映画の著作権侵害によって、アメリカの著作権者は推定で年間数億ドルの損失をこうむっていたことから、アメリカは中国に対して、著作権料を支払わなければ、貿易制裁を科す、と最後通告を突きつけた。著作権侵害による損害額が推定で年間二〇億ドルに達した一九九四年と九六年にも同様の最後通告が出された。圧力をかけられるたびに、中国は最初、逆制裁で対抗すると威嚇したが、やがて大幅に譲歩した。どのケースでも、アメリカ側は不満を表明し、さらなる改善と取り締まりの強化を要求した。これらの交渉の過程で、中国政府は、アメリカの助言に従って（たとえば一九九二年の中国特許法に修正を加えるなど）、さらに多くの法律と規制を制定すること、そして対立がある場合には、中国の国内法よりも「文学的および美術的著作物の保護に関するベルヌ条約」のような国際基準を優先することに同意した。中央政府が外部からの要求に譲歩を重ねていくあいだ、現場の政策がそれに追いつくことはなかった。地元の保護主義、腐敗、不十分な法律制度などが、その原因だった[13]。中国の約束不履行は、アメリカ以外の国々との新たな紛争の波を引き起こした。

こうした問題の解決策の一つが、改革を深化させることだった。一九八〇年代から九〇年代にかけて、中国はとくに価格改革と外国為替改革を実行しようと必死だったが、遅々として進まず、困難に直面し、論争が巻き起こった。なぜなら、インフレのリスクがあり、国内の利益の多くが影響を受けるからだ。鄧小平時代、価格統制の解除が断続的に進められた。一九八〇年代中頃には、外国為替取引に対する政府規制の緩和が始まった。一九九四年、政府は管理変動為替相場制を導入した。二〇〇〇年代に入ると、巨大経済の舵を取る中国の指導者たちは、賃金の引き上げ、国内需要の拡大、輸出依存の縮小を目指し、中国の通貨の交換性を高めようとした――だが、そのような変化はいつも、貿易相手国が望むよりもゆっくりと進んだ。

深く関わることで窮地を脱する――WTO交渉

開放政策につきまとう国内の批判や国際的な摩擦から脱出する唯一の道は、グローバル化した経済システムに、より深く関与することだった[14]。そのためには、WTOに加盟するしかなかった。WTOは国際貿易のルールを定める政府間組織である。WTOに加盟することにより、中国は、グローバル化に反対する国内保守派の動きを封じ、もめ事の絶えない他国との経済関係を、規則に縛られた基盤の上に載せることになる。その基盤は、ある程度外国の政治的圧力から隔離されるはずだ。しかし、WTOへの加盟によってこれらのことを可能にするためには、中国は貿易相手国とこれまで以上に深い相互依存関係を結び、複雑な相互関与システムとより強く結合する以外になかった。

鄧小平による改革の他の要素と同様、中国の指導者たちは当初、WTOへの加盟をそれほど遠大な観点から思い描いていなかった。どちらかというと、中国は、一九八六年にWTOへの加盟立候補を開始したとき（当時の組織は「関税および貿易に関する一般協定」略称GATT）、それまで中華民国が握っていた外交上の地位を取り戻そうとしたまでであり、ついでに輸出品の低い関税率を手に入れようとしただけだ。当時の中国当局者は、協定の仕組みについて専門的知識がほとんどなかったが、いずれにせよ、組織は絶えず変化した。ルールが書き直され、加盟国が拡大し、一九九五年には再編されてWTOになった。

WTO加盟交渉は本質的に厳しいものである。中国にとっては、それに輪をかけて厳しかった。WTOは市場経済とされている国々のクラブであり、加盟国は貿易、投資、紛争解決を管理する一連の規則について合意している。社会主義中央計画経済の国々、またはそこから市場経済へ移行中の国々は、特別な譲歩をして、「非市場」の状態を打ち消さなくてはならない。加盟を希望する国は、各加盟国とのあいだで二国間合意に達する必要があり（中国が最初に加盟申請したときの加盟国は九〇カ国、交渉が終了したときには一四二カ国になっていた）、その後、全加盟国に対して同じ便宜を供与しなければならない（「最恵国待遇」）。加盟を希望する国はすべての譲歩を呑み、各国と二国間合意を結ぶ。この合意が出発点となり、次の交渉相手からさらなる要求を突きつけられるわけである。

各国の交渉担当者たちはとりわけ中国には厳しかった。なぜなら中国は、加盟を希望する国の中で最も巨大な非市場経済国だったからだ。中国の指導者たちは、化学薬品、医薬品、自動車、エレクトロニクスなど、保護された（たいてい非効率な）国営産業を、長い調整期間を置かずに、壊滅的な打撃を受けるかもしれない海外との競争に投げこむことには消極的だった。中国の交渉担当者は、自国の貧困と後進性を理由に、緩和措置を求めた。緩和措置とは、WTOが途上国に対して、要求されている改革の多くを延長することを認めるものである。欧米諸国の交渉担当者たちはこう言い返した。中国は国際貿易国として大成功をおさめており、長期にわたって多くの免除を受ける資格はない、と。最小限の条件でWTOに加盟させてしまったら、中国はもうこれ以上市場を開放しなくてもいいと思うのではないかと、欧米諸国は懸念していた。この巨大な貿易国を、なんとしても国際貿易体制に参加させなくてはならなかったが、近い将来、中国を真の市場経済に転換させられるような、実行可能な譲歩はなかった。

したがって、中心となる問題は、中国が世界市場にもっと深く関わる手助けをするために、世界がどれだけ大きなコストを支払うことになるか、WTO加盟国市場へのアクセス拡大と引き換えに、輸入および海外からの投資に対する障壁を、中国がどれだけ迅速に引き下げるか、ということだった。これらの問題は、中国においても、欧米においても、政治的に危険な問題であったため、交渉は一五年も続いた。アメリカと中国が最終的に合意を結んだのは一九九九年である。その他いくつかの加盟国とのあいだで残っていた問題を片づけたのち、中国は二〇〇一年一一月に加盟合意書に署名、一二月に加盟した。

加盟合意書は八〇〇ページ以上もあり、経済のほとんどあらゆる面を対象とする具体的な義務が何千項目も記されていた。この合意書に基づき、中国は経済政策の抜本的な改革を約束した。そして、次のような改革を実施しなければならなかった。一九九三年に平均三六パーセントだった関税率を、二〇〇四年には工業製品は八・九パーセント、農産物は一五パーセントまで引き下げた（これにより中国経済は世界で最も開かれた経済の一つになった）。輸出入許可証や割当量など、多くの非関税輸入障壁を取り除いた。生産者向けの輸出補助金を廃止した。外国製品に対して国産品と同じ条件で中国市場へのアクセスを提供した（「内国民待遇」）。知的財産の法的保護を改善した。流通、フランチャイズ、輸送、通信付加価値サービス、銀行・金融サービス、保険、証券、法務・会計サービス、建設、教育など、これまで参入が禁止されていた繊細な分野への外資系企業の参入を可能にした。政府はWTOと矛盾する数千もの法律や規制を廃止し、裁判所、法制度、銀行制度、関係行政機関の改革を実施しなければならなかった。

中国は、これらの義務を履行する場合は言うまでもなく、それについてただ交渉するだけでも、たくさんの政府機関を設立および再編し、何千人もの専門の官僚を雇用および教育し、そうすることによって政府組織のDNAに変更を加える必要があった。また、疑い深いアメリカの交渉担当者を納得させるために、経過的審査メカニズムに同意しなければならなかった。このメカニズムによって、WTO加盟国の中で唯一、中国だけが、加盟合意書を遵守しているかどうか、八年間、毎年、審査を受けることになった。経済自由化の義務を果たすのと引き換えに、中国は二〇一六年に「完全な市場経済地位」を得る予定になっている。これによって、ある種の貿易摩擦を回避できるようになる。だが、そのいっぽうで、アメリカなどの貿易相手国は、WTO紛争解決メカニズムを用いて、たびたび中国をダンピングで提訴し、勝訴してきた。

北京コンセンサス

しかし、中国はWTO加盟によって、何もかも手放したわけではない。欧米式経済への完全な転換を強制される代わりに、中国の政策立案者たちは、加盟プロセスを利用して、国の管理下にありながら自由市場化、グローバル化された独特の経済モデルの創出を促した。この経済モデルは、少なくともしばらくのあいだは、市場経済よりも競争力があることがわかった。中国の政策エリート層以外の人々は、この新しい中国式経済モデルが、WTO交渉の最終段階を指揮した指導者たち（江沢民中国共産党総書記と朱鎔基首相）によって、あらかじめ明確に概念化されていたことを誰も知らない。しかし、中国がWTO加盟のために実施した改革から生まれた経済は、経済成長における国内市場の主な役割を損なうことなく、グローバルな貿易と投資から力を引き出した。急増する民間および外資系部門から恩恵を受けながらも、それらに支配されることはなかった。とりわけ、経済の管制高地〔経済を左右する重要産業〕を支配する国の能力を損なうことなく、市場メカニズムを利用して効率化を促進した。

WTO加盟後の中国の経済モデルを「北京コンセンサス」[15]と呼ぶ著述家もいる。「ワシントン・コンセンサス」と対比させた表現である。「ワシントン・コンセンサス」とは、欧米の経済において長年流行している市場主導型のアプローチのことで、国際金融機関の基本理念にもなっている、アメリカが主導してきた経済モデルである。中国特有の巨大さや独特の社会制度を考えると、他の国々が中国モデルを完全に真似することはできないかもしれない。だが、なんらかの理由で、アメリカの助言を拒絶したいと考えたいくつかの国の指導者たちは、中国の例を見て励まされ、グローバル化の時代には、経済を管理する正しい方法は一つとは限らないのだと考えた。

たしかに、WTO加盟後の中国経済は、いくつかの点では、欧米のような民営化された市場経済だった。外国人を含む民間の資本家は、ほとんどの部門に投資することができた。一九九〇年代から二〇〇〇年代にかけて、民間企業が国営企業よりも急速に成長した。ほとんどの商品の価格は市場メカニズムによって決まった。それでも、欧米諸国に比べれば、依然として国の支配はきわめて強力だった。政府は引きつづき、農村部でも都市部でも、すべての土地を所有した。エネルギー産業、上水道、銀行、鉄道輸送を直接管理した。名目上は民営化されている旧国営企業を、党が経営陣を任命し[16]、内部に党委員会を設置し、政府が銀行融資を指示することで支配した。一〇〇〇社ほどの大手国有企業が、統合された「ナショナル・チャンピオン」〔利潤と国益の追求を目的とする垂直統合型の国営大企業〕となり、エネルギー、電気通信、重工業、防衛産業、鉱業、メディア、金融、運輸といった戦略的部門を支配した[17]。二〇一〇年までに、中国企業四二社がフォーチュン・グローバル５００に入り、その大半は五〇パーセント以上国有の企業だった。直接、間接の政策介入によって、政府は土地、労働、住宅、エネルギー、信用の価格決定に大きな発言権を持った。農業も民営化されていたが、国は土地利用を統制し、補助金を出し、輸入障壁を設けるなど、さまざまな手段を使って、引きつづき農産物価格に影響を及ぼした。

中国の通貨、人民元は簡単には外貨に交換できなかった。貿易が目的の場合、誰でも（当座勘定で）外貨に交換できたが、投資が目的の場合（資本勘定）、長期間にわたり、額も大きいため、一定の種類の投資を行なう資格を持った投資家しか交換できなかった。為替相場は狭い範囲内で浮動した。政府が外貨を売買することで制限を設定していたのである。すべては政府の手の中にあった。資本勘定での自由な通貨交換を制限することは、人民元の国際投機に対する強力な障壁になった。通貨の上昇が雇用やインフレに及ぼす影響を考えると、もしもこの障壁がなかったら、政策立案者たちは、望んだ以上に人民元の価値が急上昇するのを、黙って見ているしかなかっただろう。一九九七年のアジア金融危機では、アジア諸国の一部通貨の価値が暴落し、多くの国で経済成長が停滞する中、交換できない中国の通貨は、相変わらず投機圧力を免れていた。このとき中国は、輸出市場での競争力強化に向けた通貨切り下げを実施していなかったことを、近隣諸国から感謝された。もっとも、依然として輸出が好調だった中国政府には、通貨切り下げに踏みきりたいという気持ちがまったくなかったのだ。

　ＷＴＯ加盟によって中国経済は外国企業に門戸を開いたが、外国企業が企業を買収することはできなかった。その代わりに、経済の大陸的な規模と複雑さのおかげで――そしてもちろん、ＷＴＯのルールをかいくぐり、ＷＴＯに違反する公式・非公式の保護主義的手段を用いて――国内企業は引きつづき、その数と売り上げで中国の国内市場を支配していた。そして、ＷＴＯ加盟後すぐに開始された「走出去」〔積極的海外進出〕政策の下、中国政府は他国との相互経済開放を利用して中国企業を刺激し、世界市場競争での成功を促し、国有銀行からの融資によってそれを支援した。

　けっきょく、ＷＴＯに加盟しても、中国は成長を対外貿易に依存することはなかった。たしかに、中国の対外貿易比率（対外貿易のＧＤＰに占める割合）は、巨大な大陸経済としては高く、二〇〇八年には五一・九パーセントにまで達していた。そして経済は貿易の恩恵を受けて、雇用を創出し、投資を呼びこんだ。さらに海外からの投資に伴うデモンストレーション効果〔個人の消費行動が周囲の人々の消費行動に影響されること〕と後方連関効果〔多くの労働者が都市に集まった結果、企業の立地、産業の集積が促進され、さまざまな消費財の供給が進むこと〕を享受した。しかし二〇〇八年の中国の対外貿易比率は世界第一九位にすぎず、インドネシア（五四・五パーセント）の下、フランス（五一・八パーセント）の少し上だった。それでも、中国の対外貿易比率の高さは誤解のもととなっている。なぜなら、これはドルに換算した場合の比率だからだ。つまり、中国の通貨が過小評価されていることを考えれば、分母はじっさいより小さくなっていて、対外貿易の相対的な大きさが誇張されているのである。

経済成長の原動力としての対外貿易の重要性を正しく把握するには、中国の輸出の中心が、輸入された部品を中国人労働者が組み立てた海外ブランド製品であることを考慮しなければならない。一九八〇年代半ば、中国の政策立案者たちは、この戦略を「両頭在外」と名づけた。なぜなら、部品の供給元と製品の市場がともに中国の外にあったからだ。このようなグローバルな供給網においては、工学技術および設計、ブランド価値、マーケティングなどに起因する利益は、海外のブランド所有者に握られている。高付加価値部品の製造による利益は、国外（多くの場合、他のアジアの国）のメーカーのものになる。そして、中国経済にもたらされる利益は、組み立て作業に対する賃金だけである。ある報告書によると、二〇〇〇年代半ばの中国は、「中国製」と表示された二〇ドルの人形一体につき、たったの三五セントの利益しか得ていなかった。[18]

したがって、中国の経済成長は、全体としては、一九五〇年代から七〇年代にかけての、いわゆるアジアの虎（韓国、台湾、香港、シンガポール）の場合と比べると、さほど「輸出主導型」ではなかった。恒常的な貿易黒字に依存していたわけではなかったのだ。それどころか、世界的規模で見ると、改革開放期のほとんどにおいて中国の輸出入はほぼ均衡しており、大きな貿易黒字を計上するようになるのは二〇〇五年以降のことである。対アメリカ貿易黒字の着実な拡大（およびそれよりも少ないが、他の国々、とくにヨーロッパ諸国に対する黒字）は、ほとんど毎年、部品、原材料、エネルギー供給国に対する赤字で相殺された。輸出は経済成長に貢献してはいたが、成長の最大の原動力は、生産性、効率性の向上と、富裕層による国内需要の高まりだった。二〇〇八年、海外市場が景気後退に陥ったとき、中国の国内市場はじゅうぶんに大きくなっていたので――政府の大規模な景気刺激策の助けもあり――景気後退の影響による成長率の急落を回避することができた。

要するに、中国は、自身の運命を他国や国際機関の手に委ねるのではなく、むしろいろいろな意味で自律性を強化する形で、押し寄せるグローバル化の潮流に身を投じる方法を見つけたのだ。国内政治においては、ＷＴＯ加盟への努力によって、グローバル化を懸念する国民の反対は押しきられた。指導者が加盟を決意し、加盟合意書に署名した以上、その影響を受ける省庁と地域は適応するしかなかった。競争力のない企業が多数倒産したが、そうした企業が消滅したことによって、経済効率が改善され、残った企業は以前よりも強くなった。グローバル化で国内が不安定化するという、多くの消息筋の予想に反して、政権は繁栄から力を引き出した。政府は、膨れあがる予算財源を利用して社会福祉網を整備することで、国内の反対意見を鎮めた。また、高まる国際的な信用を利用して国民自身の誇りを育て、それが政権の強化にもつながった。

国際政治においては、WTO加盟によって、中国は多くの問題を含んだアメリカの貿易政治から解放された。貿易と投資をめぐる紛争は今やその大半がWTO紛争解決メカニズムに委ねられた。この延々と続くプロセスは、あまりにも専門的なため、議会やメディアの注意を惹かなかったが、その結果については、アメリカと中国の双方が、拘束力のある決定として受け入れた。そこでは、ときに中国が勝利することもあったが（たとえば、二〇〇二－〇三年の紛争では、アメリカの鉄鋼関税は違法だと裁定され、二〇〇八－一一年の紛争では、アメリカがタイヤ、パイプなどの中国製品に科した反ダンピング措置に不利な裁定が下された）、とはいえ、やはり負けることのほうが多かった（たとえば、二〇〇八年の紛争では、中国の自動車メーカーに一定量の部品を地元製造業者から調達するよう強制する規則は無効だと裁定された）。いずれにせよ、アメリカはWTOのルールによって、中国に貿易制裁をちらつかせて、経済紛争（ときには経済以外の紛争）を、アメリカ側の意向に沿った形で解決させる、という選択肢を奪われた。中国のWTO加盟への道を開くため、アメリカ議会は「恒久的に正常な通商関係」〔最恵国待遇〕を承認しなければならなかった。これによって、中国に対する関税率は、もはや議会の審査の対象ではなくなった。むろん、米中経済交渉はさまざまな問題をめぐって継続されたが、以前ほど政治的な干渉の影響を受けなくなった。その理由の一つは中国の経済的影響力の増大だが、最大の理由は、両国がともにWTOの制約を受けるようになったことである。

ついに中国は、WTOの加盟国として、世界貿易体制における将来の変化を形作る強い発言権を得た。二〇〇一年から二〇〇八年までの貿易交渉、いわゆるドーハ・ラウンドでは、豊かな国々からの農産物輸入が急増した場合に、第三世界の貧しい農家を保護する手段をめぐって、中国をはじめとする大きな途上国と欧米諸国とが衝突した。この対立がきっかけとなって、貿易自由化交渉のこのラウンドは崩壊した。多国間交渉を通じて世界貿易の普遍的なルールを定めようとするWTOのプロジェクトは、この崩壊によって後退した――プロジェクトは近い将来、行き詰まるだろうという人々もいた――が、中国は引きつづき、さらに貿易を拡大する方法を模索し、個々の交渉相手（たとえばチリ、オーストラリア、タイ）や、集団（たとえばASEANとの自由貿易協定が二〇一〇年に発効した）と協定を結んだ。こうした協定が貿易量に与える影響は目に見えて大きいものではなかったが、多極化、そして中国の総合外交戦略に一致する第三世界との協力に関するメッセージになった。

貿易、援助、投資――その他の手段による力の政治の継続

貿易および投資相手国としての中国の重要性は、中国の戦略的状況に根本的な変化をもたらした。[19] 二〇一〇年までに、中国は世界第二位の貿易国となっており、世界のすべての主要国にとって、さまざまな意味で、重要な経済パートナーだった。かつての封じ込めの時代のように、欧米諸国が協力して中国を孤立させることは、もはや考えられなかった。たしかに、一九八九年の天安門事件の後、主要先進国は限定的な貿易および投資制裁を実施したが、実際的な影響はほとんどなく、制裁の大半はすぐに解除された（ただし、高度な武器の売却禁止は例外だった。二〇〇〇年代にヨーロッパ主要国は解除しようとしたが、アメリカが説得して継続させた）。継続的な人権侵害とたくさんの経済紛争があったにもかかわらず、これらは中国に科された最後の制裁となった。中国は顧客、供給者、債権者としてあまりにも重要な国になり、経済的な手段で処罰することはできなくなっていた。中国に圧力をかけることを支持する有権者――人権運動や労働運動の組織、中国の競争相手に潰された製造業者、著作権や特許権侵害の被害者――は中国との関係に具体的な利害を持つ有権者――金融業界、輸入業者、中国に工場を持つ企業など――に政治的に完敗した。欧米では中国との関係安定化のために活動する強力なビジネス・ロビー団体があらわれた。貿易分野での脅しは通用しなくなった。[20]

経済的な結びつきによって、中国と周辺地域との関係は改善した。香港の実業界は、一九九七年の香港の中国支配下への返還を支持した。本土との経済的な結びつきのほうが、政治改革よりも香港のためになると考えたからだ。台湾では、台湾海峡両岸の貿易および投資が独立に反対する動機を強めた。貿易と投資の将来性は、一九九二年に韓国が外交承認を台湾から中国へ切り替える一因となった。二〇〇〇年代、オーストラリアは中国との良好な関係を重視するようになった。自国の繁栄が中国による鉱石・エネルギーの購入や鉱業投資とますます結びつくようになっていたからだ。中国がアジアの先進諸国にとっての製造・組立拠点として台頭した結果、史上初のアジア経済統合の時代が訪れ、アジア地域における中国の安心戦略を支えることになる。[21] 原材料を必要とする中国は、アフリカ、ラテンアメリカ、中東の多くの国々にとって主要な顧客となり、それゆえに主要な外交パートナーとなった。

経済的な結びつきは、戦略的アクセスへの道を開いた。各国の政府は、中国による道路、パイプライン、港湾、鉄道の

建設を歓迎した。その結果、中国の交通ネットワークは、ヴェトナム、ミャンマー、ネパール、スリランカ、パキスタン、トルクメニスタン、ウズベキスタン、カザフスタン、モンゴルの奥深くにまで広がった。このようなプロジェクトによって、エネルギー輸入が容易になり、中国内陸部との越境貿易が開放されただけでなく、近隣諸国の経済と中国経済がより密接に結びつき、場合によっては、軍事利用が可能な後方支援施設が整備された。(22)

堅調な発展でじゅうぶんな資金を獲得した中国は、外国から援助を受ける側から、主要な援助・融資提供国へと、劇的な変身を遂げた。一九五〇年代、中国は厳選したアフリカの国々に開発援助を提供していたが、対外援助専門機関である対外経済貿易部（のちに商務部に改称）が設立されたのは一九八二年になってからである。一九九〇年代、政府は国際的な責任を担う三つの銀行――中国国家開発銀行、中国農業発展銀行、中国輸出入銀行――を創設した。中国輸出入銀行は、長期低利の対外借款を手がけた。二〇〇七年には、中国開発銀行が、中国アフリカ開発基金を創設した。(23)

こうした大規模な取り組みにもかかわらず、中国は依然として対外援助に関する公式の数字を公表していない。ある研究者の推定によれば、一九九六年には五億ドルだった中国のＯＤＡは、二〇〇七年までに三〇億ドル以上に跳ねあがっていた。それでも、二〇〇七年の中国の対アフリカＯＤＡは、世界銀行とアメリカがそれぞれアフリカに提供している額のわずか二〇パーセント程度にすぎず、ドイツ、日本、イギリス、フランスそれぞれのＯＤＡよりも少ないのだ。また、世界銀行と中国輸出入銀行からの借款を比較するのは、「リンゴとライチを比較するようなもの」である。なぜなら、世界銀行の借款のほとんどは無利子で、返済期間は三五－四〇年なのに対して、中国輸出入銀行の借款は有利子で、返済期間も一〇－二〇年と短い。(24)

グローバルなシステムにおける脆弱性の共有

マイナス面としては、グローバル化に深入りすることで、中国にとってまったく新しい部類の安全保障問題が浮上した。高度なグローバル化という状況下では、中国だけでなく、中国の味方も敵も同じように、グローバルな「システム効果」の影響を受ける(25)――「システム効果」とは、これらの国々が共同で創り出す、しかし制御できない力のことである。この効果のリスクは、経済的つながりを利用して故意にお互いを傷つけることができるということではなく、自国の経済を運営しようとする過程で、意図せずに他国に損害を与える可能性がある、ということである。一九七〇年代、八〇年代の中国では、他国に管理されたグローバル経済システムに参加することの賛否をめぐって論争がくりひろげられ、最終的には、誰にも制御できないグローバル経済システムに身を委ねることへの懸念が大勢を占めた。

中国がWTOに加盟したときには、グローバル化した経済は――中国人であれ、他のどこの国の人であれ――誰も予見しなかったレベルにまで巨大化し、相互依存度が高まっていた。世界のGDPに占める国際貿易の割合は、一九八〇年には三八・五パーセントだったのが、二〇〇五年には五四パーセントまで増えていた。世界のGDPに占める国際投資の割合は、〇・五パーセントから二・三パーセントまで上昇した。その後、どちらも上昇を続けた。

このグローバルな巨大化の流れは、とくに労働市場、商品価格、為替市場、環境、公衆衛生などの分野に、歴史上かつてないほどの圧力を及ぼした。そして、政治においても、新たな圧力を生み出した――多くの国で、保護主義を求める声があがり、反グローバル化運動が起こった。とくに中国に関しては、先進国でも途上国でも、自国の経済的繁栄にとって「中国は脅威だ」という不安が広がった。激化するグローバル化によって、新たなレベルの相互脆弱性が生じるいっぽうで、システムの問題を解決する責任をどう分担すべきかの判断が、ますます難しくなった。これらの問題に立ち向かう中国には、その経済および政治システムに根ざした特有の強みがあったが、同時に、世界経済における中国の位置から生じる明らかな弱みもあった。

第一に、グローバル化によって、労働市場が国境を越えてつながった。労働者が仕事を見つけるために自由に移動できるというわけではないが、さまざまな種類の仕事を、高品質、低コストでできる場所へ、以前よりも容易に移転させることができた。一九八五年から二〇〇四年にかけて、中国の末端行政区である郷、鎮、村の企業は、推定で年間三五〇万人分の製造業の雇用を創出した。働き手の大半は、農業経済の効率化で不要になった農業労働に従事していた人々で、そのほか、労働市場には毎年新しい労働者が二〇〇〇万人以上参入した。[26] これらの労働者は一九八〇年代当初、衣類、玩具、靴、自転車、電気スタンド、電動工具などの生産に従事していた。その後、テクノロジーの階段をのぼり、コンピューター、家電製品、特殊鋼、自動車、船舶を製造するようになる。中国の製造業者は、その後、航空機、高級電気自動車、エレクトロニクス製品、医薬品、環境技術など、さらに上のハイテク・グローバル市場に狙いを定めた。

中国の輸出向け製造業の雇用が増大したからといって、かならずしも他の地域の雇用が減少したわけではない。一つには、グローバル経済の成長とともに、中国だけでなく他の国々でも製造業が拡大していたからだ。また、中国の生活水準が上昇したことで、貿易相手国の次のような部門に新たな雇用が生まれた。農業（肉、大豆、リンゴなどを中国に供給するため）、製造業（組立用部品を中国に供給するため）、ハイテク産業（航空機、発電所、精密工作機械、医療機器などを中国に輸出するため）、知的財産（映画、音楽、ソフトウェアなど）、サービス（法務、金融サービスを含む）。これが原動力となって、アメリカの対中国輸出は二〇〇一年以降、年々増加した。ただし、対中貿易赤字も同時に膨らんだが。第三に、他の国々では、中国で起こっていることとは無関係に、独自の国内発展プロセスを経て、労働市場が変化していた。豊かな国々では、技術の進歩によって生産性が向上した結果、より少ない労働力で、より多くの商品を生産できるようになったため、労働者は製造業からサービス業へと移動する傾向にあった。発展途上国では、経済が変化するにつれて、労働市場もたえず変化した。

しかし、いくつかの仕事は中国へ移動した。その仕事の大部分は、欧米諸国ではずっと以前、賃金の上昇で低価格品の製造では利益が出なくなったときに消滅した仕事である。そのような仕事は、他のアジア経済諸国やメキシコのような国々を離れて、低賃金で品質が向上しつつある中国へ移動していた。これにより他の発展途上国には、中国のみならず他のライバル諸国に対抗するためにも、競争上の新たな強みを見つけなければならない、という重圧がかかった。先進国から中国への仕事の移転による先進国の直接的な雇用の喪失は、統計的には小さかったが、政治的には注目された。たとえば、アメリカのオハイオやドイツのドルトムントの工場が中国の新しい場所にそっくり移転したとき[27]、あるいは、イタリア人労働者には考えられないような低賃金でデザイナー衣料品工場で働くため、中国人労働者コミュニティがイタリアのプラートに移ってきたときがそうだった。

グローバル経済の影響は中国の労働市場でも感じられた。海外の労働市場が縮小すれば、中国の労働市場も、拡大するどころか、縮小するはずだった。このことを知った政策立案者たちの行動の自由は狭まった。たとえば、アメリカドルの価値が下がり、実質利回りが低下、あるいはマイナスになっても、アメリカ国債の購入をやめることはできない。なぜなら、中国にとって最大規模の市場に与える影響を考慮しなければならないからだ。事実上、アメリカ国債の購入は、アメリカの消費者に金を貸して、中国製品を買わせつづける手段だった。それにより中国国民は働きつづけること――そしてアメリカの消費者を援助しつづけること――ができるわけだ。どちら側にとっても、このメリーゴーラウンドから降りることは困難だった。

いっぽう、ヴェトナムのような新興輸出国が高品質な製品を競争力のある低価格で生産しはじめると、中国の政策立案者たちはどうしても心配になった。たしかに、中国という輸出大国は、安価な労働力だけに頼っていたわけではない――労働力の質の高さと信頼性。港湾、通信、金融サービスの質の高さ。いわゆる「産業集積」から生まれる効率の高さ[28]。しかし、中国製造業の賃金が生活水準の全般的上昇とともに否応なく上昇すると、価格に敏感な商品の製造業者は圧迫された。このような力学が働くと、中国政府は労働法を執行することが難しくなった。理屈の上では問題なかったものの、執行すれば企業を廃業に追いこむ恐れがあったからだ。競争圧力の影響で、中国は人民元の交換価値を急速に高めることも難しくなった。政策立案者たちにしてみれば、インフレを抑制し、輸入される投資財〔生産設備、建設資材など〕やエネルギーの価格を下げるために、人民元の価値を高めたかったのだが、人民元が高くなると、輸出品の価格が上昇し、賃金が圧迫されるのである。

　こうした複雑な事情があるにもかかわらず、中国はその巨大さと成長率の高さゆえに、欧米の雇用喪失の原因として非難を浴びることになる。ソフトウェアには「インド製」の表示がなく、航空機には「ブラジル製」の表示がないので、消費者にはわからない。しかし、靴、ラジオ、玩具、衣料品などの「中国製」の表示は目にとまった。だが、中国製とは名ばかりで、中国で組み立てられただけの製品も多かった。欧米および日本では、労働者団体や産業団体が中国に対して最も多くの反ダンピング調査を要求した。労働者の権利団体は、中国の輸出向け製品工場における権利侵害を暴露した。中国政府はこの政治的反発に対処するため、次のように主張した。欧米諸国全体の広範囲の選挙区から材料や部品を輸入しているし、中国製の低価格、高品質の商品が欧米の生活水準を向上させている、と。発展途上国では、中国は自らを経済上の良き隣人として位置づけようとした。しかし、これらのどれ一つとして、世界で加速する雇用移転によって生じた、グローバル化全般、とくに中国への敵意を鎮めることはできなかった。

　第二に、グローバル化の高まりは、商品市場における相互脆弱性が増大することを意味した。二〇一〇年までに、中国は世界でもトップクラスの戦略物資消費国――そして多くの場合、トップクラスの輸入国――になっていた。戦略物資には石油、食糧穀物、羊毛、綿、ゴム、銅、鉛、亜鉛、錫、ニッケル、酸化アルミニウム、レアアースなどが含まれる[29]。世界の成長とともに世界的な需要が急増すると、供給の中断や需要の急増によって市場が上昇し、価格が上がって供給を受けることが難しくなった。短期的なインフレ効果を回避するため、政府はとくにガソリン、電気、交通、肥料などの料金や価格に補助金を出した。補助金は、政府の財源を枯渇させただけでなく、生産物の浪費を助長し、財政と環境への損害という遺産を残した。

長期的には、中国の政策立案者たちは、いくつかの方法で、物資不足を防ごうとした。「穀物安全保障」の名の下に、穀物の輸入を消費量の五パーセントに維持するため、耕作に適した土地を維持し、一ヘクタールあたりの生産性を引き上げ、減税や補助金を利用して小作農家に食糧穀物といっしょに収益性の高い特産農作物を作るよう奨励する政策を実施した。「エネルギー安全保障」の名の下に、エネルギーの効率的な使用を促進した。国内の石油・石炭生産、水力発電（三峡ダムなど）のほか、原子力、太陽光、風力エネルギーにも資金を投入した。世界的な石油不足が起こったときにも供給を確保できるよう、海外の「利権原油」（エクイティ・オイル）の獲得を図った（第7章）。海外の銅、鉄、コバルト鉱山の株式を購入した。レアアースの輸出を制限し、電子製品、電池、太陽電池パネルの国内生産向け供給を維持した。

だが、急成長の中にあっても、長期的な政策でさえ、物資安全保障の低下を遅らせることはできても、止めることはできなかった。工場、道路、空港、住宅の拡大で、耕作地が潰されていった。水不足のため、緑の革命〔技術改良による穀物増産〕で生まれた米や小麦の品種が一エーカーあたりの生産を向上させるのに必要な集中的な灌漑を提供することができなかった。人口が増えるだけでなく、人々の食生活も変化していた。人々が新たに手にした富を使って、より多くの卵、肉、養殖魚、ビールを購入するようになると、それぞれのニーズを満たすために、より多くの穀物が必要になった。新しい工場、自動車、飛行機は、中国の炭鉱、油田、さらには中国が所有する海外の供給源が供給する以上の炭化水素エネルギーを必要とした。

中国の需要の劇的な増加は、たいてい、他の地域でも見られ、心配性の人から見れば、世界市場の安定を乱す主な要因となっていた。じっさいの影響は、物によってさまざまだ。たとえば、中国の巨大な石油需要は原油価格上昇の一因となったが、少なくとも一九九五－二〇〇四年には、世界の生産量も増えていたので、価格への影響は緩和されていた。二〇〇四年、中国の石油消費量は世界の消費量のわずか八パーセントにすぎず、いっぽうアメリカは世界の石油生産高の二五パーセントを消費していた。これとは対照的に、木材パルプ（紙の主原料）などの製品の価格は、同じ一〇年間に中国の需要が増加していたにもかかわらず、基本的には一定のままだった。鉄金属スクラップ（鉄鋼の製造に重要）の場合、同じ時期に劇的な価格上昇があった。ある程度は中国によって押しあげられていたが、同時に韓国やトルコなどの他の鉄鋼生産国の需要増も原因だった。

人々は心配した。中国の人口の大きさと経済成長のスピード（そしてインドやその他の国々の台頭）によって、物価が影響を受けるどころか、かねがね議論されてきたように、ついに地球が容量の限界に近づいたのではないか、と。[30] 世界的な「成長の限界」や「ピークオイル」（石油供給が不足する危険性）などの理論は、中国の安全保障を脅かすものだった。なぜなら、これらの理論によれば、政府は、国内の安定にとってきわめて重要な、生活水準の上昇を厳しく抑制しなければならない、という圧力がかかるからだ。

グローバル経済における相互依存的な脆弱性の第三の分野は、通貨および外国為替の管理に関わる分野である。国内企業が外国企業と取引をするためには、ドル、ユーロ、円などの、限られた種類の国際的な準備通貨を使わなければならなかった。二〇〇五年頃、中国の貿易が世界的な黒字に突入すると、中国の口座にはこれらの通貨の余剰分が大量に蓄積された。世界規模の取引はほとんどがドル建てで行なわれるので、黒字分のほとんどはドルで入ってきた。中国の対外貿易のごく一部だけが「通貨スワップ」で行なわれていた。そこでは人民元とブラジル・レアルのような他の非準備通貨が使われた。このような状況で、政府は二つの政策決定を下さなければならなかった。中国と外国の通貨のあいだの為替レートをどのように扱うか、そして、貿易黒字によって生じた外貨準備高をどうするか。

政府は、為替レートと外貨準備高の両方を管理下に置いておくことにした。中国人民銀行が人民元と国際的な準備通貨とのあいだの為替レートを設定し、国家外為管理局が外貨準備高を管理した。これらの機能に対して政府の統制を維持する第一の理由は、外貨価値の変動が国内経済にインフレを引き起こし、中国国民の繁栄と政治的忠誠に影響を及ぼすのを防ぐためだった。第二の理由は、為替レートを、中国の輸出を促進するのに有利な水準に維持するためである。第三の理由は、アメリカやその他の外国政府の有力高官との政治的関係を円滑にするように外貨準備高を管理するためである――たとえばアメリカ国債を購入して、アメリカ政府の財政赤字の穴埋めを手伝うわけだ。

しかし、そのような政策は経済的にも政治的にも落とし穴だらけだった。経済面では、低い人民元の対ドル（または円またはユーロ）為替レートによって輸出が促進されたが、その際、中国の消費者から欧米の消費者へ利益が移転するという代償が支払われた。要するに、政府管理の為替レートのせいで、中国の労働者は低い賃金を受け入れ、欧米の消費者の高い生活水準に補助金を与えていたのである。人為的に引き下げられた人民元の価値は、過剰投資、浪費、投機資本の流入、株式市場バブル、不動産バブル、インフレ圧力などをもたらす一因となった――政府はこれらすべてについて対処し、解決する努力を求められた。

同様に、外貨準備高の保守的管理は、中国経済に、莫大な投資に対する少ない（ときにマイナスの）利益を押しつけた。二〇一一年、中国は三兆二〇〇〇億ドル相当の外貨準備高を保有していた――これは他のどの国よりも巨額だった。この外貨準備高の構成は秘密だったが、ほとんどの専門家の推定では、二〇〇〇年代には、資金のおよそ七〇パーセントがドル建て資産で保有されていた。ただし、他の準備通貨との関係ではドルの価値は下がっていた。二〇〇七年、中国は政府系投資ファンドである中国投資有限責任公司を設立し、外貨準備高の一部を、より多くの利益を狙って、より積極的に投資したが、同社の当初の運用成績はひどいものだった。外貨準備高の総額が、とにかくあまりにも巨大なため、その大部分をそんなふうに管理することはできなかったのだ。保有する大量のドルを他の通貨に交換すると、かならず保有するドル建て株式の価値が下がった。同時に、中国にとって重要な市場の一つの経済的繁栄を損ない、その市場での中国製品の価格を押しあげた。そんなわけで、アメリカドルを保有することで、中国の経済的繁栄は、ある程度、ワシントンの財務管理者の知恵によって人質に取られていた――二〇〇八年にアメリカで始まった経済危機以降、中国はこの知恵をほとんど信じなくなった。

為替レートの統制と外貨準備高の管理は、「中国脅威論」の追加項目になった。中国脅威論は主にワシントンで議論されていたものの、ワシントン限定ではなかった。一つにはアメリカ政府からの圧力への対応として、一つには人民元を国際為替通貨にするという長期的な目標に向かって進むため、中国政府は二〇〇五年に為替レートの「管理変動」相場制を開始した。人民元の価値は、二〇〇五年には一ドル八・二七元だったが、二〇一一年には一ドル六・三六元となり、二三パーセント上昇した。しかし、平価切り下げは、米中の貿易バランスになんの効果も示さなかった。ゆっくりとした、不規則なペースでの人民元高の進行は、ワシントンの中国批判者たちをなだめることはできなかった。この批判者たちは、おりにふれて、中国がもっと迅速に、市場で決定される為替相場に移行しなければ、貿易制裁を科すと脅した。

その他のグローバルなシステムにおける相互脆弱性

相互脆弱性の論理は、経済を超えて拡大し、その他の相互につながった生活領域にまで及んだ——とくに重要なのが環境と公衆衛生だった。ここでも新たな論理が適用された。国々が互いに損害を与え合うのは、故意にではなく不注意による可能性が高いとしても、それが重大な損害になることもある。そのようなことが起こる可能性がいよいよ高くなっているのは、グローバルなシステムが複雑すぎて制御できないからである。

自然環境における相互脆弱性は、この論理の一例だ。中国は世界でもとくに汚染のひどい国である。汚染の大部分は、海外消費者向け製品の生産によって引き起こされている。欧米諸国で用済みとなった後、中国に戻ってきた電子廃棄物を投棄することによって生じる汚染も多い。このように、世界経済に参加することによって、中国の人々は経済上、衛生上の重いコストを強いられている。(31)

そのいっぽうで、中国の行動が海外の人々の環境を損なっている例もある。中国の工場が松花江に廃棄した有毒物質が、一度ならず、ロシア極東の下流域の住民にまで到達している。海や川への廃棄物投棄によって、中国沿岸沖の水が汚染された結果、中国の漁師たちはもっと遠くの周辺海域まで出ていかざるをえず、他国の漁船と競い合うことになった。偏西風の影響で、中国の工場からの排出物質が、酸性雨や「黄砂」となって韓国、日本に到達している。ロサンゼルスの煤でさえ、化学的に調べてみると、中国の工場から出たものだった、ということがたまにある。もしも、二〇一一年に日本の福島で起こった原子炉災害と同じ規模の原発事故が中国沿海部のどこかで発生したら、放射性物質は日本、韓国、台湾に住む多くの人々に到達するだろう——どの原子炉が事故を起こすかによって状況は異なるが——その場合、影響を受ける人口は中国国内の住民よりも多いはずである。さらに遠くへ目を向ければ、中国の経済成長によって生まれた需要は、東南アジア、アフリカ、ラテンアメリカでの森林減少、水質汚染、生息地破壊の間接的な原因となっている。

こうした環境問題の解決を支援することは、中国にとっては長期的な利益になる。環境問題はたいてい非効率性から生じるので、それを改善することが、すべての人に利益をもたらすだろう。汚染排出産業で雇用が失われるいっぽう、環境浄化・緑化産業で新たな雇用が生まれる可能性があるが、その種の雇用の移行は痛みを伴い、費用がかかるので、うるさい有権者の機嫌を損ねる恐れがある。他の国々と同様、中国でも、環境規制の実施は公約どおりには進まず、誰がコストを負担するのかがいつも問題になっている。外国の批判者たちは、中国が遅れた環境基準を利用して、輸出品に補助金を出し、不当に雇用を獲得していると主張している。それに対して中国側は、先進国は環境保護基準を利用して中国製品に対する輸入障壁を築いていると批判する。

環境における相互脆弱性の壮大な一例が気候変動（地球温暖化）である。なぜなら、地球の大気の動きがあらゆる汚染を混ぜ合わせ、無差別に有害な効果をもたらすからだ。二〇〇九年現在、国民一人あたり年間二・六トンの石炭を燃やしていた中国は、二酸化炭素などの温室効果ガス排出国第一位になった。しかし、石炭は依然として、中国の右肩上がりのエネルギー需要の大部分を満たす唯一の手段となっている。再生可能エネルギー源への全面的な転換、という選択肢はない。中国は原子力開発を進めているが、原子力発電所の建設には巨額の費用と時間がかかり、高度な安全装置が必要なうえに、故障の場合には環境破壊の危険性がある。三峡ダムなどの大型の水力発電プロジェクトは、生息地破壊と住民移転を伴うため、国際的に物議を醸している。石油と天然ガスの使用を増やせば、中国は世界各地の供給源に依存することになる。また、これらの燃料にもそれぞれの環境問題がある。国内自動車産業を発展させ、中国の新興中産階級に乗用車を供給するという政府公約の実施によって、この環境問題はますます悪化するだろう。

中国政府は、国際公共財（グローバル・コモンズ）（地球規模の人類共有資産。大気、大地、太陽、海洋、水、気候、氷層界、宇宙、サイバー空間、国連、国際条約など）において利益を共有していることを認め、つねに変化する世界標準と協調する意欲を示している。国家環境保護総局（二〇〇八年に環境保護部に格上げ）を創設したほか、各地方に環境保護機関を設置し、いくつもの国際環境協定に署名した。政府は、調理や暖房に豆炭を使用することを段階的に廃止しており、国有工場に対して、石炭をより効率的に燃焼させ、大気汚染防止装置を設置することを義務づけている。しかし、中国は、発展のペースを落としてまで汚染問題を改善しようとはしない。汚染問題は先進諸国が引き起こしたものだと主張している。二〇〇九年のコペンハーゲン気候変動会議において、中国は次のような立場をとった。先進諸国が自身の排出量を徹底的に削減し、中国その他の途上国に排出削減コストを埋め合わせる大規模な援助を行なわないかぎり、中国は排出量低減のための追加措置は講じない[32]。

中国とその他の国々は、公衆衛生の分野でも相互に脆弱である。HIV／エイズは外部から中国に入ってきた。現在、三つの地域で流行しているが、そのうち二つの地域の流行は国境を越えた感染によるものだ――ミャンマー国境沿いでの静脈内薬物使用、東海岸での売春（第三の流行は河南省での輸血による感染だが、売血の禁止、患者の死亡によって、流行は徐々に終息しつつある）。これまでのところ、中国に起源を持つ病気が大きく世界に広まったことはない。しかし、重症急性呼吸器症候群（SARS。二〇〇二年）や鳥インフルエンザ

（二〇〇三年）の、中国から近隣諸国への感染拡大は、中国が病原媒介生物を生み出す可能性があることを世界に知らしめた。そのような生物は、現代の状況下では、瞬時に世界に広まるだろう。その結果、WHOなどの国際保健機関が、中国当局に対して、もっと迅速かつ正確に情報を伝えるよう圧力をかけた。こうして——長い目で見ればひじょうに有益なことではあったが——中国の慣れ親しんだ自主独立がまたも失われることになる。

相互脆弱性の第三の例は、インターネットをはじめとする、さまざまな新しい情報技術の中にある。中国でインターネットが始まったのは一九九〇年代半ば頃で、利用者数は最初の一〇年でおよそ五億人に達した。二〇〇〇－〇九年、携帯電話の加入契約者数は、一〇〇人中七人から五六人へと、約八倍に増え、メールやツイッターの利用者数も段階的に増加した。政府は、情報技術を経済成長の中心に据えて利用を促進するとともに、多層制御システム、グレート・ファイアウォール〔インターネットへの接続を規制、遮断する検閲システム〕にも主要な資源を投入し、情報による国内政治の不安定化を防止しようとした。二〇〇九年、政府は新疆で六カ月にわたってインターネットを遮断した。反抗的な住民のあいだに反政府思想が広がるのを防止するためである。二〇一一年、当局は、中東の政情不安に関する情報の流布と、インターネットや携帯電話を使った平和的な中国版「ジャスミン革命」への呼びかけを抑えこもうと必死だった。インターネットは、中国国内から国外の利用者を脅かすための経路としての役割も果たした。たとえば、アメリカ国防総省やグーグルをはじめとする中国国外の多数の機関や個人ユーザーが、中国国内からハッキング、フィッシング、ウイルス攻撃を受けたことを報告している。ハッカーがいつ私人として活動し、いつ政府機関の人間として活動しているのかは不明だった。

グローバル化によってさまざまな問題が生じたが、中国にとっても、パートナー諸国にとっても、もはや政策方針は後戻りがきかないようだ。もしも中国がグローバル市場から撤退すれば、中国と外国両方の労働者が打撃を受け、中国経済と外国勢力が中国の経済的台頭を阻止したいと思っても、阻止する実行可能な方法はない。グローバル経済から中国を切り離せるものがあるとしたら、グローバル不況など、すべての関係当事者に予測不可能な悪影響を及ぼす破綻くらいのものだろう。

中国の国際体制への関わり

このように、さまざまな相互脆弱性に直面した世界の国々は、かつてないほどたくさんの――そして複雑な――国際体制を創出するという手に打って出た。国際体制は、国際システムのさまざまな領域における相互作用を調整する規範や制度のシステムである。具体例は多岐にわたる。世界の平和と安全保障の維持を目的とする国連。グローバル金融を監督する世界銀行やＩＭＦなどの国際金融機関。さらに特定の分野に的を絞ったＷＴＯや、国際的な航空交通、移民、郵便、警察協力、兵器拡散、人権、その他大小無数の分野を管理するシステムがある。国際体制の中核をなすのは条約、協定、合意などの形の公式の規定である。多くの場合、国際体制は国連安全保障理事会やＷＴＯ事務局のような規制組織を設立する。ときには、国際体制内で国家はどう行動すべきかに関する非公式の規範のようなものもある。ほとんどの国際体制は「政府間的な」性質を有している。ＮＧＯその他の主体もなんらかの形で参加しているが、あくまで主役は国家である。中には「非政府的な」国際体制もある。そこで国を代表するのは、たとえばオリンピック委員会のような、形式上は民間の組織だ。

　世界システムに参加することで、中国は事実上、既存のあらゆる国際体制の現役メンバーになった――毛沢東時代に比べると、たいへんな姿勢の変化である。当時、中華人民共和国は、社会主義陣営の一部を構成する機関を除いて、ほとんどいかなる国際機関にも属していなかったのだ。[33]　一九七一年まで、国連で中国の席に座っていたのは中華人民共和国ではなく、中華民国だった。その座を奪取した中華人民共和国は、ＷＨＯや食糧農業機関など、国連に関連するその他の国際機関にも加盟しはじめる。また、人権に関わる複数の国連機関において積極的な役割を担うようになった（第12章）。世界銀行、ＩＭＦ、ＷＴＯ、アジア開発銀行、国際オリンピック委員会などの機関でも中国の座を取り戻した（第8章）。

　最も劇的な変化の一つは、中国のグローバルな不拡散体制への参加という形で訪れた。毛沢東時代の中国は、ミサイル、核兵器、その他の大量破壊兵器の拡散に対するあらゆる国際的な制限を拒否し、そのような規制はたんに二大超大国の覇権を強化するのが狙いだと主張した。中国は一九八〇年代半ばから多くの条約に加盟し、一九九〇年代に加速した――生物兵器禁止条約（一九八四年）、ＮＰＴ（核不拡散条約。一九九二年）、化学兵器禁止条約（一九九三年）、包括的核実験禁止条約（一九九六年）――そして、さらにたくさんの合意、機関、委員会にも参加した。外交活動を通じて、北朝鮮とイランの核兵器開発計画を阻止し、あるいは後退させようとした。また、非核地帯設置案や、核分裂性物質の流通禁止、核の先制使用の禁止、弾道弾迎撃ミサイルの開発禁止、宇宙軍拡競争の禁止などを提案する条約への支持を表明した。こうして軍備管理・不拡散体制のさまざまな部分に参加する動機は多種多様だが、このような姿勢の変化は、おおむね、拡散を防止することは中国の安全保障にとって有益だという中国政府の判断を反映していた[34]（第11章）。

中国は、ひとたび国際体制に参加すると、他のメンバーと同じようにルールを遵守した。ルールを遵守するには、たいてい、核不拡散や知的財産権保護の分野に見られるような段階的導入期間が必要だった。なぜなら、中央政府は、官僚組織や地方政府に国際ルールの遵守を徹底させるのにたいへん苦労するからだ。官僚組織や地方政府にとっては、ルール遵守を回避するほうが都合がいいのである[35]。中国によるルール遵守については、ルールの意味をめぐって、他の加盟国とのあいだで論争が巻き起こることが多かった。たとえば、中国はＷＴＯ紛争解決メカニズムを利用して、ダンピングという用語の意味をめぐってアメリカを提訴したり、「国際的な平和と安全保障」を目的としてセルビアやイラクのような国々の内政に干渉する国連安全保障理事会の正当な権限の範囲をめぐってアメリカに異論を唱えた。中国のルール遵守は、組織の投票ルールやその他のルールを変更しようとする中国の努力を妨げるものではなかった。だから中国はやみくもにルールを遵守していたわけではなく、力を増すにつれて――それして外交官たちがそれぞれの国際体制のルールに精通するにつれて――ただルールを守るだけでなく、ルール作りにも参加するようになった。しかし、これらの点で、中国の行動は他の大国のそれと何も変わらなかった。どの大国も、さまざまな協議の場で自己の利益を追求していたのだ[36]。国際人権体制においても、中国は必要な会合に参加し、必要な報告書を提出した。たとえ中国の国内行動が、国際ＮＧＯが主張するように、協定の本来の目的に違反しているとしてもだ[37]（第12章）。

他の国々と同様、中国の場合も、国際体制への参加には、いいところもあれば、悪いところもあった。国際体制に参加すると、自主独立を放棄して、国家の共同コミュニティや、ときに中立的な国際官僚、あるいはＮＧＯその他の民間の主体の影響を受けた曖昧な国際世論に従わなければならない。だからといって、国際体制に参加しなければ、グローバル化の恩恵の多くを手放すことになるだろう。国際ルールを遵守することは、国益の追求をあきらめるということではなく、新たな状況において、新たな方法で、どのように国益を追求するかを知ることなのである。

将来を見据える
——チャイナ・アズ・ナンバーワン

鄧小平が中国を国際経済システムに参入させて以来、そのシステムの中での中国の役割はつねに変化してきた。[38] もしも中国が世界最大の経済大国になったときには、さらにどれだけの変化が起こるのだろうか？　中国経済がこのままの軌道をたどれば、二〇二〇年頃までにはそうなると言われているのだ。国内の不安定化やグローバルな経済的打撃によって、この予想は外れるかもしれないが、中国が最終的にナンバーワンになると仮定すれば、中国の世界における位置はどうなるだろうか？

ナンバーワンとしての中国は、いくつかの点で、過去に世界一になった他の経済大国とは違うだろう。第一に、そのナンバーワンの地位は、卓越した技術ではなく、突出した人口規模の上に築かれたものにちがいない。たしかに、中国政府は、研究開発だけでなく、産業スパイやリバース・エンジニアリングといった近道にも資金を投入してきた。中国のハイテクおよび軍事産業は進歩を続け、輸出産業は価値連鎖を上昇している。政府は各種研究機関に資金を投入し、それぞれが植物バイオテクノロジー、ゲノム研究、素粒子物理学、核エネルギー技術で世界の主導権を握ろうと奮闘している。しかし、他のハイテク諸国が競争をやめないかぎり、中国が幅広い分野でライバルに大きく差をつけ、一九世紀のイギリスや二〇世紀のアメリカのように、グローバルな技術の源泉となることはないだろう。[39] 世界最大の人口を抱えている中国が世界一の経済大国となるのはまちがいない。しかし、国民一人当たりで見ると、依然として、まだ比較的貧しい部類に入るだろう。

第二に、たとえナンバーワンとしての中国が莫大な財源と市場支配力を握ったとしても——最大の市場を抱えるゆえにグローバルな貿易と金融の基調を決めるとしても——その繁栄は依然として、アメリカや日本のようなグローバルなライバル諸国の繁栄と相互に依存しているだろう。中国は、一九世紀の植民地大国のように、他の社会を搾取し、貧窮させることによって繁栄するということはないはずだ。また冷戦時代のアメリカやソ連のように、排他的経済圏を樹立して利益を得ることもないだろう。一六世紀にポルトガルと競い合ったスペイン、一六－一七世紀にスペインと競い合ったオランダ、一九世紀にフランスと競い合ったイギリスなどとは異なり、ライバルの発展がなければ、中国の発展もない。ライバル諸国の経済的な衰退や崩壊は、中国の助けにはならない。グローバル化によって、気候変動や公衆衛生などの問題を中心に相互依存が強まる中、こうしたつながりはますます強くなっている。

第三に、中国はその経済規模ゆえに、石油その他の原材料をますます貪欲に求めるだろうが、一八－一九世紀の植民地大国のように他国を征服したり、二〇世紀のアメリカのように新植民地主義に基づいて間接的に支配することで、物資安全保障を確保することはできないだろう。資源を競い合う他の大国の存在を考えると、征服や支配という選択肢はない。中国は経済的な手段を通じて物資を確保するしかないのだ。

ナンバーワンの地位は、すでに中国のビジネスのやり方によって獲得されている影響力を、さらに拡大するにちがいない。中国語や中国式の「人間関係」術を学ぶために、さらに多くの若い欧米人が中国に押し寄せるだろう。中国の音楽や映画は、幅広い人気を集めるだろう。人民元は国際準備通貨となり、中国当局は、あまりインフレ・リスクを心配せずにお札を印刷できるようになるだろう。また、中国は、通貨発行益《シニョリッジ》という特権を獲得できるだろう。それは、アメリカその他の準備通貨発行国が享受してきた特権である。通貨を他国に蓄積させることで無利子融資を受けられるのだ。

二〇〇〇年代に始まった、中国を「ブランド超大国」にする計画は、さらに拡大しそうである。中国は世界銀行やＩＭＦでも、貿易、気候、インターネット・セキュリティなどの問題をめぐる国際交渉でも、より強い発言力を持つだろう。より大きな市場では、多国籍企業の行動を規定するルールを決める能力を増すことになるだろう――たとえば、二〇〇八年に独占禁止法を制定したのがその始まりだった。その結果、中国は多国籍企業の合併を規制することができる（アメリカ、ＥＵとともに）三つの市場のうちの一つになった。

もちろん、ナンバーワンの地位に登りつめるまでのあいだに、中国自身も、われわれには予想できないような形で変貌を遂げているだろう。民主化が実現すると言う人もいる。あるいは、経済的成功によって独裁体制が強化される可能性もある。いずれにせよ、そのときの指導者が誰であれ、新たに得た経済力を利用し、そのとき直面している戦略上の課題に基づいて国益を追求することだろう。

第11章　軍の近代化
――人民戦争から戦力投射へ

一九七〇年代後半に鄧小平が権力を握る前、人民解放軍――中国の全軍事部門の総称――は四〇〇万人の将兵からなる巨大な軍隊だったが、戦闘の経験は国内および国境に隣接する地域での陸上戦に限られていた。指導部は高齢の革命家ばかりで、その戦闘実績の多くは一九四〇年代以前の話だった。兵士は主に地方の農村部から選抜され、読み書きのできない者が多かった。軍は時代遅れの兵器、原始的な兵站および通信技術を使用していた。空軍と海軍の構成部分は小規模で、遅れていた。最も近代的な部門は、小規模な核ミサイル部隊だった。鄧小平は人民解放軍の抱える問題をこう要約した。「膨張、弛緩、驕慢、浪費、無気力」[1]。

安全保障環境の変化に対応するため、軍の改革が必要だった。鄧小平が権力を掌握したとき、アメリカへの門戸開放でソ連の脅威は軽減されてはいたものの、なくなったわけではなかった。アメリカは依然として台湾に武器を供給し、北朝鮮と対決し、日本の軍備増強を促進していた。そして近隣諸国とのあいだでは、南シナ海島嶼群の支配権争いが激化していた。また、鄧小平の経済改革プログラムの初期の成功によって、資源を輸入し、製品を海外市場に輸出するため、中国は遠く離れた海上交通路の安全にますます依存するようになった。新たな軍事的使命が明確になる中、近隣諸国の軍隊は近代化を進めていた。人民解放軍はなんとかして新しい能力を獲得し、それに追いつく必要があった。

それでも、鄧小平は、権力の座に就いてから最初の一〇年間は、軍事改革よりも経済改革を優先した。鄧は将軍たちにこう言った。軍の近代化には資金と技術が必要だが、それらは経済改革なくして手に入れることはできない、と。しかし、この第一段階においても、鄧は軍に対して、改革に取り組むよう強く求めた。中華人民共和国建国当初の数年間と、一九六〇年代後半の文化大革命の時代、軍隊は経済のあらゆる側面に密接に関わっており、兵士が食物を栽培し、将校が地方政府を運営し、工場を管理した。鄧小平は、軍を経済および国民統治から切り離し、同時に、兵員数の削減に着手した。将校の退役制度を設け、専門的軍事教育制度の復活に着手し、人民解放軍の戦闘教義を、時代遅れの「人民戦争」という概念から、「現代の状況下での局地戦争」という新たな概念へと転換した。この方針は、地理的に限定されているが高度な技術が要求される紛争において、近隣諸国の軍隊に対抗する必要があることを示した。

これらの取り組みが不十分だったことが、一九八九年に始まる一連の戦略的に重大な事件によって、はっきりとわかった。一九八九年の天安門事件と、一九九〇－九一年の東欧諸国およびソ連の共産党政権の崩壊は、国内治安維持能力と準軍事組織を強化し、軍の政権への政治的忠誠を強固なものにする必要性を浮き彫りにした。一九九〇－九一年の湾岸戦争では、アメリカ主導の連合軍がイラク軍に対して圧倒的勝利を収めた。それが全世界のテレビで報道されると、中国の将軍たちは、戦争には新たな技術領域が存在することを認識した。それがアメリカの「軍事における革命」である。この革命は情報技術の利用に重点を置き、大規模で複雑ないくつもの作戦を調整しつつ、正確な攻撃を行なうことを可能にした。当時の人民解放軍にはとうてい手の届かない能力だった。一九九五－九六年、アメリカは台湾海峡周辺に二つの空母打撃群を派遣して中国を驚かせた（第9章）。これにより中国は次のような結論に達した。政治的・経済的戦略が失敗した場合、台湾問題を解決するためには現実の――ただのこけおどしではない――軍事的選択肢が必要であること。そして、その軍事的選択肢にはアメリカの介入を阻止または撃退できる能力が含まれなくてはならないこと。アメリカ海軍の展開をきっかけに、中国の海軍戦略家たちは次のように主張するようになった。海洋において重要な新しい戦略的フロンティアに直面している今、中国は安全保障を確保するため、海軍力を増強しなければならない、と。(2)

軍の改革と再編

これらの事件を受けて、鄧小平はもっと厄介で金のかかる軍の近代化の第二段階に着手し、鄧の死後は、後継者たちがそれを引き継いで推し進めた。そこには戦闘教義から兵器まで、軍事組織のあらゆる要素が含まれていた。

戦闘教義の見直し

戦闘教義とは、軍隊に対して、いかなる戦争に備えるべきか、そして、いかにして戦うかを教えるものである。軍隊はまず安全保障環境を評価し、次に潜在的な敵とその戦力を特定し、相手と自身の強みと弱みを見きわめる。人民解放軍の戦闘教義が最も信頼できる形ではっきりと記されているのは、中央軍事委員会が発表する文書である。これらの文書の中で最も重要なのが『軍事戦略方針』だ。『軍事戦略方針』の修正版や新版はめったに発表されない。発表されるのはたいてい、安全保障環境や戦争の性質が大きく変化して、その必要に迫られたときだけである。毛沢東時代、将軍たちは、アメリカかソ連またはその両方による侵攻に備えるか、あるいは中国に甚大な巻き添え被害をもたらすであろう二大超大国間の核戦争に備えるよう命じられていた。侵攻を受けた場合、国内で延々と消耗戦が続き、その間、人民解放軍を中核とする中国社会全体が、侵攻する敵に打ち勝とうとする。超大国との戦争では、大規模な人民解放軍は、ただ民衆のそばにいて、核による大量殺戮が過ぎ去り、巨大な人口を抱える中国が灰の中から立ち上がるのを待つしかない。

毛沢東は、これら二つのシナリオが「初期大規模核戦争」という共通の範疇に入ると考えた。どちらの事態に備えるためにも、人民解放軍は大規模で、分散し、ローテクで、政治的に国民と強く結びついていなければならなかった。一九四九年以前のゲリラ軍としての経験に頼り、複雑な後方支援がなくてもできるだけ自給自足でしのぎ、民衆とのあいだに良好な関係を築き、ひたすら耐える覚悟を持って、敵を疲弊させるという作戦をとる。兵士は民間人の海の中を泳ぐ魚として行動する。膨大な数の農村部の民兵は三つのレベル（通常、初級、武装）に分けられ、ゲリラ戦士を支援し、敵を苦しめる。住民は民間防衛を実践し、「深いトンネルを掘り、ありとあらゆる場所に穀物を貯蔵する」。その核となるのが縦深防御（「敵を奥までおび寄せる」）という考え方で、そうすることによって空間と引き換えに時間を稼ぐのである。毛沢東はこの戦略を「人民戦争」と呼んだ。毛は言った。「もしもアメリカが航空機と原爆によって中国に侵略戦争を仕掛けるつもりなら、中国は雑穀とライフルによって必ずや勝利を収めるだろう(3)」。

鄧小平は、その後の変化した戦略的状況の下で、こう考えた。戦争が起こる可能性も、全面戦争になる可能性も低くなったが、もし起こるとすれば、高度な技術が要求される戦争になるだろう、と。そして、一九八〇年代以降の世界の主たる潮流は「平和と発展」である、と述べた。戦争が起こるとすれば、中国国内ではなく、台湾海峡、南シナ海、東シナ海、ヴェトナム、朝鮮半島など、中国周辺の限られた地域で起こるだろう。敵――アメリカ、日本、その他の近隣諸国――は、高度な技術を駆使するにちがいない。戦争は長くは続かず、一方の軍が壊滅するようなことはないだろうが、決定的な打撃が戦争を終わらせ、勝者に精神的な勝利をもたらすだろう。かくして人民解放軍は「短期決戦」に備えるよう命じられた。

こうした考えに従って、一九八五年、中央軍事委員会は「現代的状況下の局地戦」に備える新しい『軍事戦略方針』を採択した。この『軍事戦略方針』は一九九三年に修正され、「現代的状況下」が「ハイテク状況下」に書き換えられ、二〇〇二年にはふたたび、「情報化状況下の局地戦」と書き換えられた。これらすべての記述において、「局地戦」(中国語では「局部戦争」と言い、「部分的戦争」や「限定戦争」とも訳せる)という言葉が意味していたのは、限られた地域で起こり、限られた期間しか続かず、目標が限定されていて、全軍を動員する必要のない戦争である。中央軍事委員会は、「現代的」「ハイテク」「情報化」という表現を用いて、高度な後方支援技術と、リアルタイムで戦場の状況を把握できる包括的情報システムと、命中精度の高い兵器を備えたアメリカとその同盟国に対抗できなければならない、ということを示したのだ。この文脈において、中央軍事委員会は、毛沢東の「積極的防御」の概念を、戦術および運用上の基本思想から、戦略レベルの原則へと再構成した。敵の攻撃を待ち受けるのではなく、迫りくる攻撃を阻止する必要がある、もしくは領土権の主張を実行する能力が急低下することを防ぐ必要がある場合には、人民解放軍は先制攻撃を仕掛ける準備を進めるのだ。

このような戦争は主に海で行なわれる可能性が強かったので、海軍には、中国沿岸からはるか遠く離れた海域で活動し、アメリカや日本のようなハイテク艦隊による干渉行為を阻止するための新たな戦力が必要だった。中国軍の幹部たちは「軍事における革命」のカギは情報技術――コンピューター、衛星、感知および照準装置――にあると見ていた。この技術があれば、広範囲に散らばった軍部隊間で瞬時に連絡がとれるようになるのだ。この専門領域――情報活動と情報戦――では、中国の戦略は、台湾海峡でアメリカ軍を妨害、阻止、そしておそらく撃破するニッチな戦力の獲得を重視した。人民解放軍は、アメリカの人工衛星を無力化し、コンピューターネットワークを破壊し、西太平洋のアメリカ軍基地および艦艇を弾道ミサイルで叩くことを目標とした。アメリカ軍のアナリストが「接近阻止」「領域拒否」戦略と呼ぶ戦略を実行するためである。

二〇〇四年、胡錦濤は、中央軍事委員会での重要演説の中で、人民解放軍の四つの広範な任務領域について明言し、すぐさまそれらを「新たな歴史的使命」と呼んだ。使命の第一は、「党の支配的地位を確固たるものにするために重要な力の保証を提供すること」。第二は、「国家発展にとって重要な戦略的機会の期間を保護するため、強力な安全保障を保証すること」。第三は、「国益を守るための強力な戦略的支援を提供すること」。第四は、「世界平和を守り、共通の発展を促進する上で重要な役割を果たすこと」[4]。この演説によって胡錦濤は、戦闘教義に自分の刻印を押すことができ、それゆえに、人民解放軍の戦略の進化に寄与した前任者たちの名声を、わがものと主張することができた。胡錦濤が挙げた四つの使命は次のことを浮き彫りにした。中国軍にとって第一の円の安全保障が依然として重要であること。第二の円における領土問題がますます重要になっていること。中国の経済成長にとって資源へのアクセス確保が必要であること。他の大国が中国に大規模な戦争を仕掛けてこないようにする抑止力の維持が必要不可欠であること。

軍事組織の合理化

新たな種類の戦争に備えるためには、より小さく、より高度な教育を受け、より訓練を積んだ、そして空軍と海軍を拡大した人民解放軍が必要だった。政府は三度にわたって動員解除を実施し、軍の人員削減と能力向上を図った。一九八五－一九六年、推定一一〇万人の兵士が除隊した。一九九六－二〇〇〇年、さらに推定五〇万人以上の軍人が兵役を解かれた。さらに二〇〇三－二〇〇五年に実施され、三度目は二〇万人の人員が削減された。こうして二〇年のあいだに行なわれた人員削減で、人民解放軍の規模は半分近くにまで縮小した。二〇一二年現在、人民解放軍にはおよそ二二五万人の男女将兵がおり、依然として世界最大の軍隊ではあったが、他との差はだいぶ縮まっていた。政府は国の総力を挙げて、退役将兵の再就職の世話をした。多くは新たに再建された人民武装警察（のちに詳説する）に配属された。その他の者は、治安専門機関、地方政府、学校、企業に配置された。就職先探しは困難をきわめた。なぜなら、人員削減の対象となったのは主にじゅうぶんな教育を受けておらず、読み書きができず、とくに技能を持たない者たちで、そのため、新たな仕事に就かせるのが難しかったからだ。それでも、任務は混乱なく遂行され、体制の組織的な権威が証明された。

人民解放軍の地上部隊のほとんどは、それまで「軍」と呼ばれる単位に編制されていた。それぞれが三つの大規模な歩兵師団で構成され、任務や任地が違っても、装備はすべて同じようなものだった。一九八〇年代の改革で、「集団軍」という新しい単位ができた。各集団軍には三万－五万人の将兵がいるが、規模としては以前の軍のおよそ半分である。現在は通例、師団（およそ八〇〇〇－一万人規模）ではなく旅団（およそ三〇〇〇－五〇〇〇人規模）で構成され、より融通性のある歩兵、装甲、砲兵などの混成部隊も含まれる。各軍区には少なくとも一個の即応部隊、通称「拳骨部隊」が所属し、それぞれが中国領土内のどこへでも四八時間以内に到着できることになっていた。二日という時間が必要なのは、たいていの場合、部隊は道路または鉄道輸送に依存しているからだ。中国にはまだ、この任務に対応できる空輸能力がないのである。

人民解放軍の予備軍は一九八〇年代に再編成され、一九九〇年代には、戦時に正規軍を支援・補完できるように刷新された。およそ五一万人の予備兵がおり、その大半は現役として軍務に服したことがないが、軍務に必要な専門技能を持っている。予備軍は、優れた即応能力を備え、正規軍と一体化している点で、民兵とはまったく異なる。予備軍部隊は、正規の人民解放軍部隊とともに訓練を行ない、個々の予備兵は、正規軍の部隊で正規兵の代わりが果たせるように訓練されている。

人民解放軍は八〇〇万人の民兵によって支援されている。改革の初期、農村部の男女住民が、農業生産の拡大と、個人的利益を目的とした副業生産に専念するようになり、民兵は活動を休止した。しかし、二〇〇〇年代に入って復活し、都市部にまで拡大する。民兵は、戦時に正規軍と予備軍を補助するほか、国内秩序の維持を支援し、国境警備に協力し、道路、鉄道、橋梁の監視にも一役買い、地震、洪水、暴風雪の後の災害救援に参加する。

人民解放軍の合理化の次の重要なステップは、一九八五年に軍区の数を一一から七に減らしたことである（二〇一六年に軍区は戦区に改編）。軍区が減れば、司令部の数も減ることになり、その結果、膨張した官僚組織を縮小することができた。ソ連の崩壊とともに、北部の三軍区（北京、瀋陽、済南）では、正規軍部隊の人員削減が実施された。一九九〇年代後半以降、北京軍区（政治的安定に重要）、瀋陽軍区（朝鮮半島に接する）、済南軍区（日本に面する）に六つの集団軍が再配置された。チベット自治区の大部分と雲南省、四川省を含み、ミャンマーと接している成都軍区と、新疆ウイグル自治区、西端のチベット自治区その他の省を管轄し、中央アジアと接している蘭州軍区に駐屯する集団軍の数に変更はなかった。南の南京および広州軍区に駐屯する集団軍の数にも変更はなかった。

軍の規模が徐々に縮小し、テクノロジーが向上し、専門的技能が重視されるようになると、政府は、国内治安維持任務の主要責任から切り離した部隊編制を実施した。文化大革命中に消滅した準軍事組織、人民武装警察（武警）が一九八三年に再建され、大規模な民衆騒乱の発生に対処する任務を負った。所属する人員数は最終的には一五〇万人に達した。その多くは、一九八〇年代の動員解除によって人民解放軍から移籍してきた者たちである。人民武装警察には暴動鎮圧部隊のほかにも、国境警備、消防、さらには金鉱山、森林、水力発電施設の警備、政府高官の警護などを専門とする部隊がある。訓練や装備の面では、憲兵隊として活動する、より重武装の人民解放軍と、より軽武装の公安部との中間に位置している。人民武装警察は二重の指揮系統の下で動いており、中央軍事委員会と、文民機関である国務院の両方に対して責任を負う。

要員のプロ化

毛沢東時代の末期、中国軍の幹部の多くは、勤続年数が数十年に及び、正規教育をほとんど受けておらず、近代的な軍事技能もほとんど身につけていなかった。一九八〇年、鄧小平は、幹部の中には地図も読めない者がいる、と不満を述べた。その頃、鄧は定年制を導入し、昇進に必要な教育水準を引き上げた。二〇〇〇年までには、人民解放軍の将校のうち、なんらかの大学教育を受けた者の割合は、かつての一〇パーセントから七五パーセントまで上昇した。中央軍事委員会のメンバーの平均年齢は、一九八九年には七五歳だったのが、二〇〇三年には六三歳まで低下し、それより下の階層でも同様に平均年齢が低下した。(5)

文化大革命中は、人民解放軍の教育訓練施設のおよそ三分の二が閉鎖されていた。一九八〇年代から九〇年代にかけて、職業軍事教育制度が復活し、上から下まで徹底的な見直しが行なわれた。その頂点に位置していたのが二つの大学である。アメリカの同名の大学を手本にした国防大学は、一九八五年、北京に創設され、「将軍のゆりかご」という愛称で呼ばれるようになった。湖南省にある国防科学技術大学は、一九七八年に再開され、一九九九年に再編された。これら二つの大学の下に、数十校の士官学校や技術専門学校が再建された。人民解放軍はまた、民間の大学を活用し、野心的な予備将校訓練プログラムを通じて、軍務に望ましい学科を専攻する何千人もの聡明な若者を集めている。さらに、少数だが無視できない数の将校が、視野を広げるため、海外へ行くことを認められた――留学する者もいれば、代表団の一員として、あるいは平和維持活動のために、そして最近では、海賊対処任務のために派遣される者もいた。この制度出身の指導者は、高度な教育を受けており、工学や兵器の知識・経験が豊富で、ハイテク兵器を好む。

一九九九年、人民解放軍は、下士官団の規模と役割の拡大に着手した。下士官は、現代のほとんどの軍隊の根幹をなすものであり、兵士の訓練、規律、指導において重要な役割を担っている。彼らのおかげで上級将校たちは、兵卒たちを監督するという日々のつまらない任務の大半から解放されるのだ。人民解放軍の指導者たちは、アメリカ軍のシステムを研究した結果、こう結論した。現代において、戦闘効率を高めるには、経験豊富な職業的下士官の有能な幹部が不可欠である、と。下士官団の拡大によって、人民解放軍将校団の人員削減が可能になり、伝えられるところでは、七万の将校用宿舎が下士官用に転換されたという。兵卒レベルでは、中国は依然として徴兵制に依存しており、各軍区には定員がある。徴集兵の兵役期間は最低二年だ。人民解放軍は、どんなに優秀な兵士でも兵役期間を超えてつなぎとめておくことは困難だと考えている。

将兵の技能を高め、共同作業能力を向上させるため、人民解放軍は訓練の改善を図り、より実際的な対戦演習と実弾射撃演習を導入した。そして、捜索救助、対テロ作戦、水陸両用作戦などの専門的演習を実施するようになった。諸兵科連合訓練を実施し、合同演習も試みており、これまでのところ、ある程度の成果を収めている。[6] 長期的には、たとえば台湾攻撃の際に必要となるであろう複雑な軍事作戦には、各部門、各軍のあいだの円滑な連携が不可欠になる。外部観測筋の一致した意見によれば、水準は大幅に向上したものの、地域の最も優秀な軍隊やアメリカ軍の戦力と比べれば、依然として不十分である。人民解放軍の演習の見学に招かれた外国の駐在武官たちは、兵士の作戦技能よりも、勇敢さ、身体能力、訓練内容をほめることのほうが多い。

人民解放軍はまた、他の国々との多国間演習を実施するようになった。外国で実施したその種の最初の演習が、二〇〇二年にキルギスで行なわれた二日間にわたる二国間対テロ演習である。装甲車とヘリコプターの支援を受けたおよそ三〇〇人の部隊が参加した。中国国内での最初の多国間演習は、上海協力機構の後援で、二〇〇三年に新疆で行なわれた。演習には中国軍とキルギス軍が参加し、ロシア、カザフ、タジキスタンがオブザーバーとして出席した。小規模な演習については、インド、パキスタン、タイ、アメリカといった国々の軍隊と合同で実施している。これまでで最大かつ最も野心的な多国間演習は、「平和の使命二〇〇五」である。およそ八〇〇〇人の中国軍部隊と二〇〇〇人近いロシア軍部隊、さらに空軍と海軍も参加した。このような演習にはいくつかの目的がある。部隊に貴重な経験をさせ、隣国とのあいだに信頼関係を築き、潜在的なライバル諸国に決意を示すのである。

予算の増大

近代化によって、人民解放軍は、従来の民間経済との相互浸透から解放されることになった。一九四九年以前の時代には、人民解放軍の兵士たちはゲリラ戦士であり、地元の農民に過度の負担をかけずに、自給自足で生きようとした。毛沢東時代、国の経済はひたすら国防を目的としており、社会はつねに敵の侵略に備えるよう命じられていた。人民解放軍と民兵は、経済と有機的に不可分かつ複雑に絡み合った関係にあり、国はつねに戦時体制にあった。一九八〇年代に入っても、予算が逼迫していたため、経済自由化が進む中、鄧小平は人民解放軍が資産の一部――土地、飛行場、人員など――を商品化することを認めていた。工場、ホテル、交通機関など幅広く事業を展開して資金を稼ぐためである。しかし、一九九〇年代半ばから後半になると、政府には国防予算を増やせるだけの資金がじゅうぶんにあったので、鄧小平とその後継者、江沢民は、軍所有の商業企業を売却させた。二〇世紀末までには、人民解放軍はもはやビジネス帝国を手放し、軍需生産にも直接関わることはなく、海外への武器売却業務のほとんどを民間国防企業が引き継いだ。だが、軍は引きつづき農場を運営して自らの食糧需要を満たし、生産物を売って、その利益を軍のために使った。

政府は、それまで軍が自ら稼いでいた収入分の損失を、予算配分の増額によって補償した。毛沢東時代、人民解放軍が中央政府から受けとっていた金額は比較的控えめで、一七〇億人民元を超えることはなかった。この金額は、朝鮮戦争後の中央政府の支出の二五パーセント超に相当する。一九八九年以降、軍事予算は年々、大幅に増えはじめた。増額の時期にはいくつかの理由があったかもしれない――天安門事件のときに忠誠を示した軍に報酬を与える必要があった。台湾およびアメリカとの関係がますます緊迫していた。「軍事における革命」を認識しはじめた。経済成長の結果、また、税制改革によって対GDP比で中央政府の財源が増えはじめた結果、今までより多くの資金が手に入るようになった。一九九〇年以降、公式に発表される国防予算は、実質的に毎年、二桁の上昇を示しており、一九八九‐九八年で倍以上、一九九八‐二〇〇三年でもふたたび倍以上、さらに二〇〇三‐〇八年でも倍以上増加している。二〇一〇年、国防予算は公式には五三二一億人民元に達した。[7] これらの予算増大は、インフレ調整すると、見た目ほど劇的ではないことがわかるが、それでも、かなり増えているのは間違いない。とくに一九九〇年代後半以降に増えている。増えた予算が各軍のあいだでどのように配分されているかは不明だが、その後の軍備増強の内容から見て、海軍が極端なまでに大きな配分を得たようだ。次いで空軍、ミサイル部隊の順で、陸上部隊への配分はそれより少なかったようである。

じっさいの軍事支出は、公式の予算額よりも大きい。なぜなら、中国の国防予算には、他の国々の国防予算に見られるいくつかの大規模な支出が含まれていないからだ。これらの支出には、外国からの武器購入、研究開発、兵器システムのテスト、年金、予備役の費用などがある。また、国防予算は、部隊が駐屯する省やその他の地域の地方政府が提供する資金によって補完されている。また、中国の国防費一ドルで買えるものは、他の国の国防費一ドルで買えるものよりも多い。なぜなら中国経済では労働力も食糧も安いからだ。ほとんどのアナリストはこう考えている。中国の国防支出の総額を他の国々の国防予算と同一の基準で、もっと正確に試算すれば、公式の数字の二倍になるだろう、と。たとえば、アメリカ国防総省の推定によると、二〇〇九年の中国の公式の国防予算は米ドルにするとおよそ七〇〇億ドルだが、じっさいの軍事関連支出の総額はおよそ一五〇〇億ドルだった(8)。

中国の国防費はアメリカに次いで世界第二位になっているが、中国の実際レベルの推定支出と、アメリカの国防支出(二〇一〇年でおよそ六九〇〇億ドル)とのあいだには依然として大きな差がある。また、中国の場合、自国の防衛にはすべて自国で備えているのに対して、アメリカ軍はオーストラリア、イギリス、ドイツ、日本といった緊密な関係にある同盟国から支援を受けている。これらは、アメリカ、中国に次いで、世界最大規模の国防予算を持つ国々である。もちろん、それぞれの軍の戦闘力の真の尺度は、装備と人員が遂行すべき任務に合致しているかどうかである。

兵器と装備の高性能化

予算増加のかなりの部分は、兵器と装備の高性能化に費やされた。兵器の入手方法を見ると、中国の戦略の進化がよくわかる。最優先事項は、人民解放軍海軍の増強だった。一九九〇年代から、中国の造船複合施設は、高度な兵器システムを備えた十数隻の新型遠洋艦を建造している。具体的には、四種類の潜水艦、五種類の誘導ミサイル駆逐艦、三種類の誘導ミサイルフリゲート艦などである。これらの艦艇を手に入れたことで、中国海軍は、沿岸防衛軍から外洋海軍への転換に着手することができた。アメリカがとくに懸念しているのが超水平線レーダーと電子戦能力の開発である。これらを中国が手に入れれば、台湾をめぐる戦争にアメリカが首尾よく介入することを阻止または妨害することができるのだ。中国海軍の主な強みはディーゼル潜水艦と対艦巡航ミサイルで、アメリカの空母を破壊、撃沈することも可能だ。海軍は「サンバーン」対艦巡航ミサイルを装備したロシア製のソブレメンヌイ級駆逐艦と、中国製の海紅旗9対空ミサイルの誘導を支援するレーダーを備えた中国製の旅洋《ルヤン》型駆逐艦も保有している。さらに、沿岸海域に展開する巡視船と、台湾上陸作戦のために設計された水陸両用艦の能力の向上と増強を図った。

そのほかに取得した艦艇を見ると、中国海軍が海外派遣任務に備えていることがわかる。最近、新たに加わった外洋艦の中には病院船と給油艦が含まれているのだ。さらに、海軍は空母の配備に向けて積極的に動きまわっている。最初の空母はワリャーグになりそうだ。一九九八年にウクライナから購入後、大連で改装され、二〇一一年に試験航海が行なわれた。ワリャーグは、中国人乗組員や海軍パイロットが、この複数のシステムからなる複雑なシステムの運用を習得するまで、しばらくのあいだ練習艦として使われることになるだろう。中国海軍は、海上艦隊の拡大に加えて、高性能の兵器とセンサーによって潜水艦戦力の増強も図った。二〇一〇年現在、艦隊は少数の攻撃型原子力潜水艦と五〇隻以上のディーゼル潜水艦で構成されている（弾道ミサイル潜水艦については本章後半で述べる）。これらの軍備増強には、中国が海洋領有権の主張を実行し、西太平洋の海上交通路を保護できるようにする狙いがあるようだ。二〇〇〇年代後半、海南島に新しい大型海軍基地が完成したことは、引きつづき潜水艦計画を着実に進め、南シナ海の島々の領有権保護に全力を挙げるという中国政府の意図を示していた。

中国空軍は、兵器・装備の全面的な近代化を進めてきた。一九九〇年から二〇一〇年までに、全航空機のおよそ七〇パーセント、約三五〇〇機を退役させ、より領土保全能力の高い数百機の高性能戦闘機を調達した。二〇一一年、中国は第五世代ステルス戦闘機J－20（殲－20）のプロトタイプのテストを実施した。また、空母から発艦可能な戦闘機を開発中である。中国は空中給油能力を持っているが、給油部隊が小規模で、空中給油可能な航空機の数も限られているため、その能力は依然として限定的だ。空軍はH－6（轟－6）爆撃機部隊の高性能化を図り、対地巡航ミサイルの搭載を進めている。地上部隊を国境の外へ――国境内でさえ――輸送する能力は、依然として弱点である。たとえば、ロシアとの合同軍事演習「平和の使命二〇〇七」に参加した一六〇〇人の中国軍部隊のほとんどが新疆から鉄道で移動し、約九六〇〇キロ離れた演習場に到着するまで二週間もかかった（カザフスタンが中国軍の通過を拒否したため、遠回りしなければならなかったのだ）。物資供給、後方支援、警備はすべてロシア側が提供した。さらに、二〇〇八年春、四川省大地震で道路が通行不能あるいは完全に損壊したとき、被災者の救助に向かう人民解放軍の固定翼機、回転翼機（とくに後者）はまったく足りなかった。部隊、装備、物資の一部は空輸またはパラシュートで送られたが、救助隊と物資の大半が車両か徒歩での移動を余儀なくされ、被災地への到着が遅れた。伝えられるところでは、空軍はIl－76（イリューシン76）輸送機三二機をロシアに追加発注しているが、納入が遅れているため、

I1-76S二〇機と各種Y-8輸送機でしのいでいる状態だ。また、中国は防空能力の向上にも力を注いできた――それは、長いあいだ強大な空軍力を持つ敵との交戦に備えてきた空軍にとって、引きつづき優先すべき課題である。中国空軍は世界最大級の地対空ミサイル部隊を保有し、少数の空中早期警戒管制機の活用など、攻撃感知システムの増強を進めている――アメリカの空中指揮統制システムの低性能版だ。

地上部隊も、他の部隊の新兵器ほど注目を集めていないが、新しい兵器を取得している。とくに重要な兵器が第三世代の99式主力戦車で、中国全土の集団軍に少しずつ導入が進んでいる。装甲兵員輸送車や歩兵戦闘車も同様である。新世代の大砲と多連装ロケット砲も導入が進んでいる。

中国の弾道ミサイル戦力を指揮するのが第二砲兵隊である〔二〇一五年にロケット軍と改称〕。ミサイル戦力には核弾頭と通常弾頭の両方が含まれ、大陸間弾道ミサイル（ICBM）、中距離弾道ミサイル、準中距離弾道ミサイル、短距離弾道ミサイルによって目標到達可能である。最大の軍備拡大が行なわれたのは短距離弾道ミサイルで、その数は二〇一一年までに一二〇〇発に達した。その数の多さ、改善された精度、高度な機動性によって、これらの通常弾頭ミサイルは、台湾にとって、そして潜在的には中国の周辺諸国にとっても、重大な脅威となる。

サイバー作戦は、総参謀部の管轄下にあって、人民解放軍の戦力増大の中核となっている。アメリカ、ドイツ、台湾、イギリスなど、世界中の企業、NGO、個人、政府機関が、中国からのハッカー攻撃の被害を受けている。攻撃が民間人ハッカーによるものか、中国軍や諜報機関によるものか、特定するのは難しいが、最も有力な説は、この攻撃が大規模なサイバー・スパイ活動の一例であり、インターネット妨害能力を構築しようとする、より大きな企ての表面的現象だ、というものだ。アメリカ軍をはじめとする情報技術依存度が高い先進的な軍隊と衝突した場合に備えよう、というわけである。アメリカでは文民機関（アメリカ航空宇宙局）が宇宙計画の先頭に立っているが、中国では、有人宇宙計画を含む宇宙探査のかなりの部分が、人民解放軍総装備部に属している。中国その他九六カ国は一九六七年の宇宙条約の規定に拘束されており、同条約は調印国に対して、地球の大気圏外の「平和目的」のみの利用を追求することを求めている。しかし、条項の表現が曖昧なため、自由な解釈が可能だ。アメリカやその他の国々が宇宙資産を軍事目的に利用している現在、中国もまたこの新たな軍事的分野でライバル諸国と競い合う能力の開発を進めている。二〇〇三年、楊利偉中佐が地球軌道の周回飛行に成功し、中国は人間を宇宙に送りこんだ世界で三番目の国になった。二〇〇八年、中国は三人の乗組員を乗せた神舟7号を打ち上げた。この有人飛行計画の軍事用途は不明だが、中国の宇宙計画には、航法衛星および遠隔探査衛星打ち上げ等の衛星計画、改良型打ち上げロケットの開発、海南島の衛星打ち上げセンター建設など、国防的側面が多く見られる。二〇〇七年、およそ九六〇キロ上空の軌道上にある老朽化した気象衛星を地上発射弾道ミサイルで破壊することによって、中国はその能力を示した。先進的な軍隊——とくにアメリカ軍——は情報と通信を衛星に大きく依存しているため、衛星破壊という行動は、紛争が起こった場合に備えて、中国がアメリカ軍の目を封じる能力の開発に取り組んでいることを示していた。

一九八〇年代半ば、中国は「国家高技術研究発展計画」に着手し、国家的優先課題として、軍事計画を含むハイテク・プロジェクトに重点的に取り組んだ。鄧小平の承認を受けたこの構想は、「八六三計画」としてよく知られている。発案された年と月にちなんで名づけられた。この計画では、文民である一流の科学者と軍の上級幹部からなるグループが指揮をとり、伝えられるところでは、開始以来、一万以上のプロジェクトに数百億ドルの資金が投入されたという。最初の七つの研究分野のうちの二つ、宇宙技術とレーザーの分野については、軍の研究者によって研究が進められた。宇宙技術分野のあるプロジェクトから宇宙船「神舟」が生まれ、レーザー分野の別のプロジェクトでは、合成開口レーダーが大幅な進歩を遂げた。このレーダーは衛星監視、偵察、精密誘導兵器に大いに役立つ高解像度の画像を提供できる。

一九九八年、人民解放軍は総装備部を創設し、ハイテク兵器の国内調達の任に当たらせた。新システムの研究、テスト、開発、評価を行なうため、政府は文民組織である国防科学技術委員会を再編成した。同委員会はその後、二〇〇八年に国家国防科学技術工業局と改称され、省庁レベルから部局レベルに降格され、新たに設立された超官僚組織、工業情報化部に吸収された。そのため、国家国防科学技術工業局は、軍の指揮系統からかなり独立した地位にあり、研究、テスト、開発、評価のプロセスは調達任務から切り離されている。同局は、大手国防企業一〇社からなる軍産複合体を監督しており、これらの企業は少なくとも二五〇万人の民間労働者を雇用している。[9]

国の産業基盤の改善によって、人民解放軍は独自の先進装備をより多く生産できるようになった。グローバル化の結果、中華人民共和国への極秘技術の流出を制限するために欧米が利用していた規則や規制の有効性は低下した。[10] 外国の商業用技術の利用、ロシア、イスラエルからの技術支援、諜報活動などを通じた技術移転と、国内での研究開発との融合によって、航空宇宙、情報、通信、造船の技術は世界レベルに近づいた。弾道ミサイル、対艦巡航ミサイルなど、多くの分野で、また戦闘機、フリゲート艦、潜水艦、主力戦車、装甲兵員輸送車などの近代的システムにおいても、軍需製品の国内生産に成功している。

これらの成果にもかかわらず、国防当局は中国製ハイテク兵器システムの研究開発、量産、展開をタイムリーに進めることができず、人民解放軍の要望のすべてには応えられていない。軍産複合体は、長いあいだ、高性能の航空機や艦艇をロシアから購入するか、許可を得て中国でロシアと共同生産するかのどちらかしかなかった。たいていの場合、基本フレームは中国で建造されているが、電子機器その他のハイテク部品は輸入しなければならない。要するに、軍需製品の国内生産力はここ数十年で大幅に改善しているものの、しばらくのあいだは、引きつづき、いくつかの種類のシステム全体と、多くの構成部分をなすシステムを輸入する必要がある、ということだ。

中国共産党による軍統制メカニズムの強化

人民解放軍の中国共産党に対する忠誠心は依然として強いが、政軍関係はより複雑になってきている。文民による統制と調整のメカニズムは、とくに権力の頂点において、制度化が不十分である。中央軍事委員会（第2章）は、党による統制のメカニズムというよりは、人民解放軍の組織的な利益のために、軍が党に働きかける場である。文民統制の中枢機構は、最高指導者という準公式の職であり、統制を実行する立場にある文民である。江沢民、胡錦濤といった「長征」より後の世代の最高指導者たちは、年長の軍人たちから敬意と忠誠を得るために、たいへんな苦労をしなければならなかった。彼らは主に、持続的な予算の増加を支持し、積極的な国防の近代化を擁護し、年長の軍首脳との関係を深め、人民解放軍の戦略と基本方針への自身の貢献を大々的に喧伝することで成功してきた。[11]

党への忠誠は、軍の至る所で強化されている。その役目を担うのが政治委員制度、部隊内の党委員会、規律検査委員会である。各管轄領域——軍区、集団軍、部隊、その下——ごとに、指揮官は政治委員と組になる。指揮官は総参謀部の指揮系統に属し、政治委員は総政治部の指揮系統に属している。指揮官と政治委員は共同で指導力を発揮するのだ。

人民解放軍における、いわゆる「政治活動」の目的は、毛沢東思想の細かい部分を兵士に執拗に吹きこむことではなく、党と軍の神聖な結びつきを叩きこむことにある。二〇〇四年、胡錦濤によって明言された、いわゆる「新たな歴史的使命」の核心は、特別新しいものではなかった。人民解放軍の第一の、そして最も重要な使命は、つねにあらゆる敵から党を守ることである。中国共産党の定義によれば、国家安全保障には体制の安全が含まれ、国益には党の利益が含まれる。

軍の近代化によって、中国共産党とは異なる、人民解放軍独自の組織アイデンティティの意識が表面化してきた。同時に、陸軍に対抗する形で、海軍、空軍、第二砲兵隊がその影響力を増すにつれて、各軍がそれぞれ独自のアイデンティティを持つようになった。軍の一部には、特定の政党に忠誠を誓う軍隊から、国家に忠誠を誓う軍隊に変わりたいという願望の兆候が見られる。そのようなアイデンティティを近代的で、国際的だと考える兵士もいる。しかし、この願望はまだ、中国共産党に対する裏切りという具体的な行為としてはあらわれていない。だが、そうした忠誠にもかかわらず、党の指導者たちは、「国家化」「非政治化」という考え方をきわめて危険であるとして、国営メディアで公然と非難している。

軍の精神と組織の性格上、人民解放軍がクーデターを起こしたり、その他、党指導部の意志に反する政治的介入を行なうことは、まず考えられない。一九四九年以降、唯一クーデターと言える事件は、一九七六年の四人組の逮捕である。この事件は、毛沢東の死の直後、権力の継承をめぐる危機の最中に起こり、逮捕は党指導部の一部からの強い要請を受けて実行された。鄧小平以降、指導部の権力移行が制度化されたことから、文民指導部内でこの種の政治的対立が起こる可能性は低くなった。また、クーデターの可能性に対する反証として、大がかりな安全機構が、ひじょうに複雑な形で組織されているという事実がある。重複する機関、競合する指揮系統があまりにも多いため、いかなる軍や治安部隊の指導者も、いかなる組織も、誰にも見つからずにクーデターを計画することは困難であろう。

核となる使命

これらの国防近代化の取り組みはすべて、人民解放軍に、今日、三つの具体的な使命を果たし、将来、四つ目の使命を果たすよう備えさせるためのものだった。中国国内では、人民解放軍は他の機関と共同して、国内の安定を維持できなければならない。国境では、人民解放軍は、領土保全を図る準備をしておかなければならない。つまり、中華人民共和国がすでに支配している領土を攻撃から守り、台湾など、中華人民共和国が権利を主張しながらもまだ支配していない領土に対して領有権を主張する競争相手が、その領土への支配を強めようとする動きを阻止しなければならない。国境の外では、人民解放軍は、アメリカその他の核保有国からの核攻撃を抑止する戦力を維持する責任を負う。これら三つの能力が強化されると、人民解放軍は第四の使命を果たそうとするだろう。それは、隣接する周辺地域を超えて戦力を投射するという使命である。将来の指導者が第四の使命をどのように定義するかは、そのとき中国が直面している戦略地政学的な課題をどう評価するかで決まるだろう。

第一の使命——共産党一党支配を守る

人民解放軍の第一の使命は、支配政権を国内の脅威から守る他の治安部隊を、万一の場合に援護することだ。国内治安の防御の最前線に立つのは公安部である。その任務には、住民登録、地域警備、犯罪取り締まり、消防、交通規制などが含まれる。また公安部には、政治的反体制派の監視および弾圧を任務とする専門部署（通称「国保」すなわち国家安全保衛局）や、インターネットの統制を行なう専門部署（婉曲的に公共情報網安全監察局と呼ばれる）がある。公安部の総人員は一七〇万人と言われている。この数字が正確だとすれば、中国の国民一人当たりの警察官の数は、アメリカの五〇パーセントにも満たないことになる。一つには、治安任務が他の集団に別に委任されているからだ。その集団には、地元で雇われる補助的な「契約警察」や人民武装警察も含まれる。[12]中国財務省の統計によると、二〇一〇年に中国が治安に費やした金額は、国防に費やした金額よりも多かった。この比較は参考程度にしかならない。なぜなら公式の国防予算にはすべての国防費が含まれておらず、中国の治安予算には省など地方当局の国内治安支出が含まれていないからだ。さらに、ほとんどの政府機関や政府系企業が独自の治安部隊を持っており、この追加的な人員が、比較的控えめな規模の公安部の任務を補完する役目を果たしている。

公安部と並ぶもう一つの治安機関が国家安全部である。国家安全部は、諜報と防諜の両方を担当している——一つの機関がＣＩＡの諜報任務とＦＢＩの防諜任務を並行して行なっているわけだ。国家安全部の人員や予算についてはいっさい公表されていない。

国内騒乱に対する第三の防御線が準軍事組織である人民武装警察だ。人民武装警察は中国全土に展開し、地方政府機関および軍区と連携している。人民武装警察の隊員は、人民解放軍と同様の訓練を受けているが、その装備は異なる。装備の内容は、警棒、ゴム弾、電気牛追い棒、盾、催涙ガス、装甲車などである。これらの組織に加えて、国内の安全を守る主要な役割を担っているのが、党および国家の規律検査委員会と、警備・保安を専門とするさまざまな部隊だ。規律検査委員会の要となる職務は汚職の疑いのある高官を調べることであり、警備・保安部隊の主な仕事は、主要な経済関連機関、主要な党および国家機関の警備と、最高首脳陣の警護である。[13]

人民解放軍は、国内防衛の最後の防御線を担当する。この国内治安の最後の砦としての役割は、人民解放軍の歴史に深く根ざしている。革命軍として創設された人民解放軍の使命は、内戦において国民党軍を倒すことにあった。一九四〇年代後半の内戦の最終段階で、人民解放軍はゲリラ部隊から正規の歩兵部隊へと移行した。内戦に勝利した後、人民解放軍の主な使命は、国内に残った中国共産党の敵を征服することだった。本土に分散して残っている国民党軍部隊、地主が率いる民兵、部族軍、盗賊、チベットその他の少数民族の武装戦士たち。いくつかの勢力は国民党やアメリカの支援を受けていた。人民解放軍はのちに、大躍進政策（一九五八－六二年）が引き金となった大飢饉や、文化大革命（一九六六－七六年）が引き起こした大混乱などによる人々の国内移動を規制し、騒乱を鎮めるためにも動員された。

文化大革命の第一段階が終了すると、毛沢東は軍に、国に介入し、国を直接動かすよう命じた。党と政府の組織が政争の中で破壊された。約二〇〇万人の兵士が、いわゆる「革命委員会」の指導者や幹部になった。革命委員会は郷、県、市、省などの地方政府および中国全土の人民公社、工場、学校の日常的運営を受け持った(14)。この時点で、毛沢東政権は事実上の軍事政権だった。軍は、国家による社会統制の道具としてだけでなく、毛沢東が行政機構を支配するための道具として、また毛沢東個人の、政敵との権力闘争の主な手段としての役割も果たした。毛沢東が、その激動の政治的キャリアを通じて、絶対に手放さなかった二つの権力手段があった。中央軍事委員会主席の座と、中南海警備部隊に対する直接指揮権である。中南海警備部隊は、最高首脳陣の全員を警護するとともに、毛沢東の命令を受けて、首脳陣の誰でも逮捕することができた。

毛沢東の政治生活の後半では、その権力はもっぱら軍事的な基盤に基づいていたが、鄧小平とその後継者たちの権力も、引きつづき、ある程度まではそうだった。毛沢東の死後、将軍のグループと党の文民指導者の一部が、毛沢東の妻とその近しい盟友たち――いわゆる四人組――の逮捕に踏みきった。このときの将軍たちが、鄧小平の権力掌握の支援に大きな役割を果たした。鄧小平は軍を徐々に日常の政治から切り離し、治安維持の役割を減らすために、人民武装警察を復活させた。それでも軍が体制存続のための最後の防波堤であることに変わりはなかった。一九八九年、文民当局は人民武装警察にラサのデモを鎮圧するよう要請したが、このとき人民武装警察は人民解放軍の支援を受けていた。同じ年、北京の群衆を分散させるために人民武装警察を投入したが、最終的には、人民解放軍に要請して天安門のデモ隊を鎮圧しなければならなかった。一九八九年以降、人民武装警察は強化され、中国全土で日夜、暴動の対処に出動している。それでも、二〇〇八年のラサ騒乱や二〇〇九年のウルムチ暴動のようなとくに深刻なケースでは人民解放軍の支援を受けている。

一九八〇年代以降、人民解放軍の国内治安維持の役割は、法的文書に成文化された。一九八二年憲法は、国務院または全人代常務委員会が戒厳令を布告することを認めたが、戒厳令を維持する部隊の作戦行動については、なんの指示もなかった。全人代は一九九六年に戒厳令法、一九九七年に国防法を可決した。戒厳令法は、戒厳令の布告を要する状況を明確に定めた（「国家の統一、安全、治安を危険にさらす深刻な混乱、暴動、騒乱」が起こった場合）。国防法は、秩序の維持という人民武装警察の第一の使命を強調しているが、同時に、人民解放軍が「この法律に基づいて、公共の秩序維持を支援することができる」とも述べている。文民当局からの要請を受けた後、人民解放軍を展開させるかどうかの決定権は、中央軍事委員会に与えられている。これは実質的に、中央軍事委員会主席も務める党の最高幹部に最高権力を掌握させる条項である。戒厳令を維持するために投入された部隊は、ひとたび展開すれば、次のような権限を与えられる。集会、行進、デモ、ストライキ、その他の集団的活動の禁止。報道、通信の統制。移動の制限。戒厳令の実施。特定区域への一般人の立ち入り禁止。それ以外にもさまざまな手段をとることができる。そこには、脅威とみなされた人物を銃撃することも含まれる。

二〇〇四年の憲法改正で、一九八九年以来、不快な記憶がまとわりついていた「戒厳令」という法律用語は、もっと無難に聞こえる「緊急事態」という言葉に置き換えられた。その三年後、全人代は緊急事態法を可決した。緊急事態法では、非政治的な出来事も、社会の安定を脅かす事柄も、幅広く緊急事態に含まれた。人民解放軍の役割に関しては、緊急事態法は必要に応じて軍に次のような権限を与えている。非常線や検問所の設置。重要施設の警備。燃料、電力、水の供給の統制。抵抗鎮圧のための武力行使。

人民解放軍の国内における使命の重要性は、その展開の仕方でわかる。地上部隊は軍の総人員の約七〇パーセントを占めている。中国の七つの軍区それぞれが、国境の外の潜在的な戦線に直接面しているが、部隊の大部分は国境の近くには展開しておらず、全国各地の主要人口密集地の中または周辺の駐屯地に配置されている。主要な各市では、警備区司令部が、地元文民当局と連絡を保ち、市内外に配置された人民武装警察、予備軍、民兵などの部隊と連携を図っている（比較してみると、アメリカの地上部隊は軍の総人員の約五三パーセントを占めている。アメリカ軍はアメリカの五〇州と属領のほか、海外にも幅広く展開しているが、国内よりも海外での任務遂行や支援が中心である）。

最も強力な二つの集団軍は、国境ではなく、国の政治的中心地に配置されている。第三八集団軍は北京軍区、第三九集団軍は瀋陽軍区である。その他の集団軍の大部分も東部の人口密集地帯に配置されている。それとは対照的に、広大な西部地域——新疆とチベットを含む蘭州および成都軍区——は、比較的駐屯する兵士の数は少ない。各軍区のいくつかの部隊が国境線近くに展開しているが、最大の部隊は主要な人口密集地の近くに配置されている。新疆は新疆生産建設兵団の本拠地でもある。新疆生産建設兵団は、軍と民の両方の性格を持つ組織であり、守備隊としての役目と、農工業生産集団としての機能を担っている。同兵団は、およそ二五〇万人の人員を擁し、そのうちの一〇万人は、伝えられるところでは、民兵部隊として組織されているという。中国中央政府と新疆自治区政府の共同監督下にあり、人民解放軍の公式の人員数には含まれていない。

公安部、国家安全部、人民武装警察、その他の専門部隊の拡大の結果、人民解放軍の国内治安維持の役割は、毛沢東時代に比べれば、限定されている。だが、国内治安の維持は、依然として、きわめて重要かつ広範囲にわたる任務であるため、軍のさらなる人員削減を妨げる「国内的な足枷」となり、技術的にもっと負担の大きな海外での使命に投入できるエネルギーと資源を減少させてしまうのだ。

第二の使命——領土防衛

人民解放軍の第二の使命は、外国の脅威から国土を守ることだ。中国の国境は長く、係争中の部分も多い上に、数々の潜在的な手強い敵が存在するため、この使命は複雑である。使命はこれまで、以下の三つの形で遂行されてきた。外国からの攻撃や侵略を抑止または阻止する。中国領土への攻撃態勢を整えていると見られる国境の向こうの部隊に先制攻撃を仕掛ける。中国が領有権を主張しているが支配していない領土について、中国の立場を支持する。

第一に、冷戦中、人民解放軍は、潜在的な攻撃または侵略に対処するよう備えなければならなかった。たとえ、けっきょく起こらなかったとしてもだ。少なくとも四度、そのような攻撃の可能性があると思われたことがあった。朝鮮戦争中、中国政府はアメリカ軍の核または通常兵器による攻撃を恐れていた。その後、一九五八年の台湾海峡危機では、中国は、核弾頭搭載可能なマタドール地対地ミサイルに立ち向かうことになる。その前年に、アメリカが台湾に船で持ちこんでいたのだ。ヴェトナム戦争中、アメリカ空軍は中国領空にたびたび侵入したため、つねに状況が悪化する可能性があった。すべての中で最大の脅威は、一九六〇年代の、中国東北部または北部へのソ連軍による大規模な侵攻の可能性だった（第2章）。

もしもこれらの攻撃をじっさいに受けていたとしたら、いずれの場合も抵抗することは難しかっただろう。アメリカには大きな空軍力と戦略核兵器があり、ソ連には戦車部隊と戦略および戦術核兵器があった。中国の遅れた軍隊には、そんな相手を国境で食い止めることなどできなかった。その代わりに、毛沢東の人民戦争戦略は、中国の弱点――低い技術、巨大な人口、広大な領土、農民大衆、じゅうぶんな教育を受けていない将校団、国内の貧弱な通信・交通網、同盟国の不在――を強みに変えると果敢に主張した。そんな美辞麗句にもかかわらず、毛沢東がこれらの弱点を理想的な強みだと思っていたとは考えにくい。ただたんに、それらを手段として用いるよりほかに仕方がなかったのだ。毛沢東が侵攻の可能性と規模を誇張した可能性もある。そうすることで、国内の政治的緊張をつねに高めて、持続的な国内革命という自身の計画を支え、経済と社会の軍事化を正当化しようとしたのかもしれない。いずれにせよ、毛沢東の戦略は、アメリカとソ連からの考えられる攻撃や侵略を抑止するのに役立った。どちらの超大国も、中国という、あまりにも巨大かつ支配不可能な、「征服者を吸収する」ことで知られる国で、泥沼にはまりこむことを恐れた。

冷戦の終結により、攻撃を受ける危険性は減ったが、縦深防御の使命は引きつづき人民解放軍の行動指針の重要な位置を占めている。将来の潜在的な敵――最も可能性が高いのは、中国の台湾攻撃に反応した場合のアメリカだが、より長期的に見れば、日本、インド、さらにはロシアが敵になる事態も考えられる――は、地上軍よりも空軍力を用いる可能性が高いと見られている。空軍および海軍基地、ミサイル基地、その他、中国領内奥深くにある標的を叩くためだ。そのため、各軍区は、対空砲の訓練と統合防空体制の整備に全神経を注いでいる。一九九四年に設立された国防動員委員会の全国的なシステムを通じて、各地の地方政府と軍区が共同して、攻撃または侵攻に抵抗するため、民兵、人民武装警察、人民解放軍の連携を図っている。

第二に、中国はこれまでに四度、支配下にある領土への予想される侵攻を阻止するため、国境のすぐ向こうの敵を攻撃したことがある。これらの戦争は陸上で行なわれ、また中国による先制攻撃だったため、相手方の領土または中国側でなく相手方が支配する係争地で行なわれた。そのような最初のケースが起こったのは、一九五〇年の後半、朝鮮半島でアメリカ軍が北の中国国境に向かって進軍していたときのことである。アメリカ軍が国境を越えるかどうか、まだわからないうちに、中国は鴨緑江を渡って予防攻撃を開始したのだ。一九六二年に起こったインドとの国境紛争は、中国が支配する係争地にインドが偵察隊を送りこんだことがきっかけだった。

中国軍はインドが支配する地域を攻撃したのち、本来の境界線まで後退した。一九六九年、中国はソ連軍とのあいだで一連の国境紛争を戦った。最初の交戦では、中国政府の周到な準備により、中国軍がソ連軍を待ち伏せした。挑発的だが慎重な行動によって、中国はソ連に対して戦う用意ができていることを示そうとした。ソ連と比べれば軍事的には弱く、政治的には文化大革命の激動の最中だったにもかかわらずだ[15]。一九七九年、中国はヴェトナム領内に軍を派遣した。この侵攻にはいくつか目的があったが、争点となっている国境線沿いでの一連の衝突事件に対応する意味もあった（第6章）。

四つの紛争すべてにおいて、あまり離れていない場所に通常陸上戦力を投射する必要があった。起伏が多い辺鄙な地域だったため、装甲部隊や大規模作戦による軍事行動には不利だった。中国軍は機械化がほとんど進んでおらず、海軍もなく、朝鮮半島を例外として、空軍力も使用しなかった。中国の戦術は、二〇世紀初頭から中期にかけての陸上戦特有のものだった。歩兵が攻撃地点に集結し、可能な場合には集中的な砲撃支援を受け、隠密奇襲作戦を用いて優位に立った。

今日、中国の陸上国境が脅かされる可能性は減っているが、完全になくなったわけではない。中国とインドの関係は改善し、信頼を醸成するさまざまな措置によって緊張が緩和されている。しかし、領土問題は依然として未解決のままであり（第6章）、越境事件がたびたび発生している[16]。中国は北朝鮮との国境については敏感である。近年、極端に穴だらけになっているのだ。同盟国であるあいだは、中国と北朝鮮が国境をめぐって衝突することはなさそうだが、両国の関係に亀裂が入るようなことがあれば、緊張が高まるかもしれない。中国は北朝鮮に対して、少なくとも限定的な軍事介入を行なう用意を整えておく必要がある。万が一、北朝鮮の体制が崩壊した場合に、中国の国益を守る必要があるからだ。

その他の陸上国境も侵入者や難民から守らなければならない。新疆に隣接する中央アジア三カ国との国境と、ミャンマー、ラオスとの国境である。平時において国境警備の主な責任を負うのは公安部と人民武装警察だが、人民解放軍も重要な支援任務を担っている。各軍区は、より深刻な緊急事態に対処できるようにしておく必要があり、その場合には、防御的または先制的に対応しなければならない。中国の中核的利益——中国市民の安全、エネルギー資源へのアクセスなど——が脅かされた場合には、周辺諸国への限定的な介入が考えられる。上海協力機構加盟国とのあいだの信頼醸成措置として必要とされているのが、国境付近の軍の廃止ではなく、撤退のみであるのは、こうした理由による。

軍の領土防衛任務の第三の側面では、軍は、中華人民共和国の係争地域に対する領有権の主張を実行することを求められる。このような任務の最初の例が、一九五一年のチベットへの侵攻だった。このとき、中国が主権を主張していた広範囲かつ戦略的にきわめて重要な地域の支配が確立された。

その他の領有権防衛の例は、海でも起こっている。最も重要な例は、台湾を支配もしくは制圧するための戦力の増強だ。これについては次のセクションで論じる。もう一つの重要な優先課題は、アメリカ海軍および空軍による、中国が言うところの領海侵犯に対抗することである。国連海洋法条約は、他の大国が中国の二〇〇海里の排他的経済水域内あるいは大陸棚沿いで軍事偵察を行なうことを禁じている、というのが中国の立場である。この大陸棚は、中国政府によれば、はるか沖縄の西まで広がっていることになっている。アメリカは、まだこの条約を批准していないが、条項には従うと述べており、条約によれば、この海域全体で偵察作戦を実施することは幅広く認められている、と考えている。[17] この意見の相違によって、たびたび摩擦が起こり、ときに対立が起こった。数ある中の二つの例としては、二〇〇一年、中国沿岸からおよそ一二〇キロのところで、中国のジェット戦闘機がアメリカのEP－3偵察機と衝突した。その結果、中国人パイロットは死亡、アメリカの航空機は海南島に緊急着陸した。二〇〇六年、人民解放軍海軍の潜水艦が、米空母キティホークに危険なほど接近して浮上した。


海洋領有権の行使という任務は、人民解放軍海軍だけでなく、海警局、国家漁業局、国家海洋局、海監によっても実行される（海軍指揮下にあると見られる商船の支援を受けることもある）。中国の領有権を行使するため、中国海軍は一九七四年と一九八八年にヴェトナム軍と衝突、一九九〇年代には数度にわたりフィリピン軍と対峙、一九九〇年代から二〇〇〇年代にかけて、尖閣諸島周辺で作戦行動を実施、二〇〇〇年代初頭には南シナ海でさまざまな作戦を実施した。中国の船はたびたび日本、ヴェトナム、フィリピンの艦艇や商船を威嚇し、衝突することもあった。このような行動をとる国は中国だけではなかった。中国以外の国の海軍も、領有権を主張する他国の船に対して同様の行動をとっていた。しかし、中国は地域諸国の中で最も広範囲に領有権を主張し、最も大規模な海上保安部隊を有する国だった。

領有権を主張する中国の行動は、自己主張的なものであり、拡張主義的なものではなかった。かつての清朝が今日の中華人民共和国よりもはるかに広大な領土を持っていたことから考えると、中国がロシア極東、中央アジア、朝鮮半島、東南アジア全体に広がる未回収領の領有権を主張する可能性もあるが、まだそこまではしていない。たしかに中国は、新たに成立し、一九九四年に発効した国連海洋法条約を最大限に利用して、周囲のすべての海洋に対して、ときに信じがたいほど広範囲の領有権を主張したが、国連海洋法条約をそのように解釈したのは中国だけではなかった。現在の朝鮮半島にあった古代国家、高句麗に関する新しい中国史の記述に、拡張主義の兆候を見てとる人々もいる（第5章）。しかし、中国政府がそのような歴史書を利用して、領有権を主張することはまず考えられない。韓国・北朝鮮やその他の近隣諸国に対して新たに領有権を主張することは、国境の安定を図り、近隣諸国の不安を取り除こうとする、中国のより大きな戦略と矛盾するだろう。

第二の使命　その二――台湾

国の領土を守るという第二の使命の中で、人民解放軍の最も重要な任務は、台湾に対する領有権行使の準備をすることだった。万が一、中国政府の長年にわたる平和戦略がうまくいかなくなった場合に備えてのことである。台湾問題が解決するまで、人民解放軍は台湾について、主として戦闘を想定して考えている。この任務のための準備には、一九九〇年代半ばから進められてきた軍の近代化努力の成果が最大限に取り入れられている。

アメリカが台湾海峡に軍を展開した一九五〇年以降、台湾に対する中国の戦略は、非軍事的な面に重点を置いた。一九五四－五五年と一九五八年の二度にわたる台湾海峡危機は、台湾島を奪取しようとする企てではなく、台湾に対する主権を放棄しないという中国政府の決意を示す試みだった。しかし、一九九五－九六年の第三次台湾海峡危機によって、中国指導部は、台湾とアメリカの政治動向が引きつづき反中国的な方向に向かうならば、軍事的選択肢が必要だと考え直した（第9章）。この決意は二〇〇五年の反国家分裂法第八条に、次のように表現されている。「万が一、台湾独立分離主義勢力が、名目や手段にかかわらず、台湾の中国からの分離という事実を引き起こす、あるいは、台湾の中国からの分離を伴う重大事件が発生する、あるいは、平和的再統一の可能性が完全に失われる、といった事態に立ち至った場合、わが国は非平和的手段その他の必要な措置を講じて、中国の主権と領土保全を守る」。この任務に備える責任を負うのが人民解放軍だった。

それは至難の業である。第一の障害は、地理的条件によるものだ。台湾は島であるため、比較的容易な陸上侵攻という選択肢はない。制空権を獲得し、幅一三〇キロの荒れる台湾海峡の制海権を確保し――潮の流れが独特で、悪天候が多いのがこの海峡の特徴だ――、そして言うまでもなく、台湾の岩だらけの海岸に海から上陸することは、軍事作戦として、きわめて困難なのだ。

第二に、人民解放軍は中華民国軍の抵抗に直面するだろう。

人員は削減されたが、台湾軍は依然として、世界最大の軍隊トップ二〇の中に入っている。現役兵士は約二七万人で、国防費はおよそ一〇〇億ドルだ。台湾は、数百基の高性能のアメリカ製地対空ミサイル、PAC－2、PAC－3によって、ミサイル攻撃から守られている。領空を防衛するため、フランス製ジェット戦闘機、ミラージュを五〇機以上、アメリカのF16を約一五〇機、国産防衛戦闘機一三〇機を保有している。海軍は従来に引きつづき、台湾独自の雄風3型対艦ミサイルのより進んだ次世代機種の開発を進め、電子戦および早期警戒／偵察機をアメリカから調達している。さらに、アメリカおよびフランス製の駆逐艦（四）、フリゲート艦（二二）、ミサイル艇（六一）、少数のディーゼル潜水艦からなる控えめだが優れた戦力を保有している。

二〇〇〇年代、国内および国際的に不利な動向の影響で、中華民国の軍備は弱体化した。国内では、国民党が支配する議会により、民進党政権から提出された軍事予算案が否決された。海外では、中国がアメリカ、フランス、その他の供給国に圧力をかけ、台湾に高度な兵器を供給しようとする意欲を減退させた。それと同時に、皮肉なことに、台湾人の多くがあまり脅威を感じなくなっていたため、より万全な自己防衛努力に対する大衆の支持が低下していた。それは台湾の国防支出水準の大幅な低下を見てもわかる――一九九三年から二〇〇五年までのあいだに、インフレ調整後で、五〇パーセント以上も下がっていたのだ。この安心感は、次のような仮定に根ざしている。中国は吠えるばかりで嚙みつくことはない。もしも中国が攻撃を仕掛けてきたら、アメリカが助けに来てくれる。アメリカの軍事専門家たちは、こう批判する。台湾の指導者には明確な防衛戦略がなく、軍隊は訓練がいい加減で、プロ意識が薄弱だ、と。[18]

二〇〇八年以来、馬英九政権の下、中華民国政府は中国に対して、より融和的な姿勢をとると同時に、「強硬な中華民国」（hard ROC）防衛政策を追求してきた。依然として軍備の問題は残っているが（希望する兵器システムの調達が困難であること、徴兵制から完全志願制への移行、引きつづき存在する主要施設の脆弱性）、中華民国は中国軍攻撃に多額の費用をかけることが予想される。

第三に、人民解放軍は、アメリカの介入に対処しなければならないと考えている。アメリカは「戦略的曖昧さ」政策をとっているが、ワシントンの意思決定者たちは、一九七九年の台湾関係法やその他の政策声明によって、台湾への介入は正式に認められたものと理解している。少なくともこの介入では、台湾への攻撃を撃退するため、おそらくアジア太平洋地域の米軍基地から空母打撃群および航空機が派遣されるだろう。人民解放軍としては、そのような戦闘が著しく激化し、台湾海峡の範囲を超えて拡大して、より広範囲の戦争に発展し、本土の一部に影響を及ぼし、あるいは、近隣のアメリカの同盟国を巻きこみ、あるいはその両方の事態に陥る可能性も見過ごすわけにはいかない。

これらの障害に直面した人民解放軍は、台湾攻撃を余儀なくされた場合の四つの包括的戦略オプションから、複数の要素を組み合わせて利用する準備を進めてきた[19]。

封鎖――中国は台湾が反乱状態にあると宣言する可能性があり、そうなると、自ら主張する主権を行使して、台湾との空と海の交通をすべて禁止するかもしれない。ただ台湾島の周囲を封鎖すると宣言するだけでも、大きな心理的影響があるだろう。その結果、大量の資本が流出し、台北株式市場が急落する恐れがある。封鎖の脅威に現実味を持たせるにあたって、人民解放軍の最大の武器となるのがミサイルと潜水艦である。これらはほとんど目に見えないが、強力な威嚇になる。中国は高雄、基隆、左営、蘇澳といった台湾の主要港に機雷を敷設することができるし、そこまでしなくても、比較的容易に、これらの港に台湾の海軍艦艇や商船を封じこめることができる。このような措置は、中国のほんのちょっとした行動で実行でき、すぐに双方に死傷者が出るようなこともない。運がよければ、迅速かつ容易に勝利できるかもしれない。

しかし、封鎖によって、台湾住民が抵抗を強めて事態が悪化し、海峡を挟んだ意地の張り合いが長期化するかもしれない。その間、台湾空軍および海軍が封鎖線を越えて、封鎖部隊や護衛の航空機、艦艇を攻撃する可能性がある。挑発された人民解放軍が反撃した結果、最初の死傷者が出れば、世界から厳しい非難を浴びるだろう。そうなれば、長年にわたって、近隣諸国に好意を示して不安を取り除こうとしてきた外交努力が水の泡になる。危機が数日で終わらず、長引いた場合、アメリカがこの争いに加わることはほぼ確実だ。そのとき人民解放軍は、電子戦力、対艦ミサイル、潜水艦を駆使して、アメリカの空母打撃群を攻撃しなければならず、その結果、自ら事態の悪化を招くことになるだろう。アメリカ軍が中国本土のミサイルおよび航空基地を攻撃する可能性があるからだ。台湾の抵抗とアメリカの関与によって封鎖が破られた場合、中国は引き下がるか、攻撃を激化させるか、難しい決断を迫られることになる。

ミサイル攻撃――これらのリスクを軽減するために、人民解放軍は封鎖に先立って、台湾に一連のミサイル攻撃を加えるかもしれない。海峡を挟んで台湾と向かい合う南京軍区の各地に配備してある一〇〇〇発以上の短距離ミサイルを用いるはずだ。ミサイルには通常弾頭が搭載されている。台湾への核攻撃は、台湾に損害を与えるだけでなく、中国の評判を傷つけ、中国本土にも損害を与える。そしてそれらの損害は、攻撃の軍事的価値を上回る。ミサイルはおそらく飛行場、海軍基地、インフラ施設を標的にするだろう。台湾はミサイル防衛能力を備えているが、第二砲兵隊の攻撃によって、台湾におびただしい数のミサイルが降り注げば、その防衛能力は圧倒されてしまうにちがいない。精密誘導ミサイルによる攻撃で、十数カ所の滑走路が破壊されれば、台湾空軍の航空機は離陸できなくなるだろう。停泊中の海軍艦艇も動く間もなく破壊される。インフラが破壊されれば、台湾の指導者も住民も士気をくじかれ、降伏するかもしれない。唯一じゅうぶんに効果的なアメリカの対応は、中国領内のミサイル発射台を攻撃することだが、それはアメリカが躊躇するであろう戦争行為である。もしもアメリカ軍の支援が迅速に到着できなかった場合、台湾の戦う意志と能力は急速に低下する可能性がある。そして、もしも中国が短時間で制空権を獲得できれば、海からの侵攻が容易になるだろう。

しかし、中国のミサイル攻撃によって、台湾住民が抵抗を強め、国際的な反発が起こり、その間に、アメリカ空軍と海軍の援軍が到着するかもしれない。これらの反応によって、台湾は抵抗の意志を強め、台湾独立への国際的な支持が広まる可能性がある。最終的には中国の敗北ということになるかもしれない。

海からの上陸――封鎖でも、ミサイル攻撃でも、台湾が降伏しなかった場合、人民解放軍は海からの侵攻作戦を考えざるをえなくなるだろう。中国はこの能力を開発中であり、領空から敵を一掃するジェット戦闘機、部隊を運ぶ水陸両用揚陸艇など、適切な装備を調達している。一九九九年以来、人民解放軍は合同作戦、上陸作戦の訓練を実施してきた。中国は、アメリカと台湾の関係が悪化する、アメリカと中国の関係が改善する、アメリカがどこか別の場所の危機に関与するなど、絶好の機会をとらえて、アメリカが介入する可能性を減らそうとするかもしれない。台湾住民の軍隊離れと潜在的な孤立を考えると、上陸拠点を一つ確保できれば、あっという間に戦いに終止符を打つことができるかもしれない。

しかし、海からの上陸作戦は、戦争において最も複雑な作戦だ。後方支援、通信、共同行動、現場指揮官たちの戦術的柔軟性に大きな負担がかかる――これらはすべて、今なお中国の軍事組織の弱点である。元来、守る側のほうが有利なのだ。なぜなら、敵が上陸しようとしている場所に部隊を集結させるだけでいいからだ。強襲上陸作戦が失敗した場合、中国の台湾に対する主権の主張には、永遠の終止符が打たれるかもしれない。

斬首——人民解放軍指導部が考えているかもしれない第四の手段（じっさいに考えているかどうかはわからない。なぜなら、かりに計画しているとしても、目に見える証拠がほとんど残らないからだ）は、台湾の最高首脳部を標的にした異例の作戦である。台湾の軍、治安部隊の上級将校の多くは、本土出身者の家系だ。政府高官や実業家がときどきスパイ容疑で逮捕される。長年にわたり、本土のスパイが学生、漁師、台湾人の配偶者などを装って、台湾に潜入していることは間違いない。一九八〇年代以降、ビジネス、観光、研究のために両岸を行き来する人の流れが増えていることが、中国のスパイ・ネットワークの拡大に一役買っていることも確かである。これらの勢力が、中華民国の最高首脳部を襲撃し、わずかなコストと最小限の犠牲で、台湾のインフラにほとんど、あるいはまったく損害を与えることなく、台湾を奪取する可能性もある。[20]

もちろん、そのような作戦はたいてい計画どおりにはいかないものである。試みて失敗した場合の代償は、実行者との関係を完全に否定することで、減らすことはできるだろうが、その否定が最終的に虚偽だとばれてしまう危険性が高い。人民解放軍と文民の上司が、そのような選択肢について、計画する価値があると考えているのかどうか、不明である。

人民解放軍は、おそらく、これら四つの選択肢のうち少なくとも最初の三つの準備はしていそうだが、それは中国の兵士たちが、どれかを実行したがっているという意味ではない。四つの軍事戦略をどのように組み合わせても、大きな軍事的困難のみならず、重大な政治的リスクをもたらす。たとえば、台湾民衆が本土とのいかなる形の統一にも反対するようになり、もはや取り返しがつかなくなる。関与から封じ込めへ、アメリカの対中国政策の転換に拍車がかかる。日本の再軍備が進む。東南アジア諸国の大半がアメリカの腕の中に逃げこむ。そして、インドが中国に対してはっきりと警戒を強めるようになる。とはいえ、政策決定者たちは、自らの戦略のうちの政治的、外交的、経済的な手段を好むし、もちろん、それらがうまくいくことを期待している。当分のあいだ、軍事的選択肢は、作戦上の目的ではなく、他の三つの部分を支援する役目を担うことになる。

しかし、これらの選択肢はこけおどしではない。一部のアナリストによると、台湾の軍備が中国の軍備増強に追いついていないために、海峡両岸の軍事力バランスに変化が起こっているという。用意はできている、とアメリカ軍は主張しているが、アメリカにとって介入のコストは明らかに高くなっている。人民解放軍は、アメリカに勝てるほどではないとしても、少なくとも、空母打撃群やその他の部隊を深刻な危険にさらすだけの戦力は持っている——トーマス・クリステンセンの言葉を借りれば、「追いつくことはできなくても、困らせることはできる」というわけだ[21]。

また、中国は、台湾に対する熱意はアメリカよりも上だと確信している。中国は能力の転換点を通過しており、アメリカが台湾の軍事衝突に介入する場合、もはや犠牲の少ない選択肢は存在しない。また中国は、もう一つの転換点に近づいている可能性がある——それは、軍事行動によって、後戻りできないほどの勢いを作り出し、アメリカに戦いを始める隙を与えない能力だ。潜在的な紛争において、台湾とアメリカが支払う代償を大きくすることで、人民解放軍は、台湾の支配権を平和的に獲得するための望ましい戦略の信頼性を高めている。

第三の使命——核の抑止力

中国は、核弾頭を搭載した小規模だが優れたICBM戦力を開発した。その唯一の役割は、外国からの核攻撃を抑止することのようである。攻撃を仕掛けてくる可能性が最も高いのはアメリカだが、インド、ロシア（関係が悪化した場合）、日本、台湾（核の手段を開発した場合）も可能性を秘めている。中国の有効な核兵器はすべて地上発射式のものである。二〇一二年時点で、理論上ICBMの発射に利用できる二つのクラスの潜水艦が存在したが、実戦配備はされていないようだ。

一九五五年、毛沢東はソ連の助けを借りて核武装することを決めた。ソ連が計画と技術を提供するという約束を守らなかったため、毛は爆弾の自主開発計画に着手した。一九六四年、中国初の原爆実験が行なわれた。数年後、中国は爆弾をミサイルに搭載して発射する能力があることを示した[22]。毛沢東の核戦略は不明確で、おそらく本人にとってもそうだった。核兵器は決意の象徴であり、国家の威信を示すものであり、それゆえに、軍の近代化の（比較的）安価な代用品だった。しかし、兵器の数が少ないため、超大国の攻撃に対しては、あまり大きな抑止力にはならなかった。それどころか、攻撃を誘発する働きのほうが大きかった。アメリカ（一九六三年）もソ連（一九六九年）も、新疆のロプノールで進められていた中国の核兵器開発計画に対して、さらなる開発を阻止するため、空爆を真剣に検討していた。もしもそのような攻撃が行なわれていたら、中国がソ連に対する報復能力を開発していたかどうかは定かでない。アメリカに対する報復能力は明らかに保有していなかっただろう。

中国は、一九八一年までに、アメリカ本土に対するICBM攻撃能力を開発していた。二一世紀初頭には、アメリカ領内に到達可能なICBMおよそ四〇基を保有していた。ここしばらく、数にあまり変化が見られないのは、中国がICB

M戦力の規模を拡大しようとしていないことを示唆している。だが、中国はサイロを強化し、迅速な発射が可能な固体燃料を使う方向へ進んでいる。また、改良された誘導システムと、より小型の弾頭を備え、移動式発射装置に搭載可能な、まったく新しいタイプのＩＣＢＭを作ろうとしている。人民解放軍海軍の強化された戦略原子力潜水艦部隊が実戦配備されれば、五隻もの晋級原子力潜水艦が中国の報復能力を高めることになるだろう。

抑止力としての意図は明らかだが、中国政府が考える抑止力の論理は不明確だ。中国は核政策を公式に表明したことはない。海外アナリストのあいだの通説は、中国はいわゆる「最小限抑止力」を行使するつもりだ、というものである。つまり、より大きな戦力を持つ大国が核攻撃を仕掛けてくるのを阻止できるだけの規模と残存可能性を有する戦力を配備する、ということだ[23]。そのいっぽうで、中国はいわゆる「限定的抑止力」を生み出そうとしている、と主張するアナリストもいる。限定的抑止力とは、どんな戦争であれ――核戦争に限らず――、敵がそれを始めること、あるいは激化させることを抑止できる規模の力のことである。たとえば、限定的抑止力は、アメリカが台湾海峡における戦争に参加することを阻止するかもしれない。理論的には、朝鮮半島や台湾におけるじっさいの戦闘で核兵器が使われる可能性もある。あるいは、インド、場合によってはアメリカに対する「強制外交」〔武力行使の威嚇によって、相手国の望ましからざる行為を変化させること〕として使われるかもしれない。だが、どれもまずありえないことのように思われる。中国は公式には先制不使用の誓約を遵守している。この方針のメリットについて、また、新解釈を加えるべきかどうかについて、中国軍部内では議論があるが、この誓約は中国になんの損害ももたらしていないし、中国の肯定的なイメージを促進している。

中国は長いあいだ、中国の核報復能力を弱体化させる恐れのある、アメリカのいかなる防衛計画にも反対してきた。中国が比較的小規模な核兵器とミサイル兵器に依存している、という事実に注目すると、ロナルド・レーガンが提唱した戦略防衛構想（「スター・ウォーズ計画」）やその後継構想である「本土ミサイル防衛」「戦域ミサイル防衛」に中国が長年一貫して反対している理由がわかる。これらの計画はどれも、中国の対アメリカ戦略核兵器の抑止力を脅かす恐れがあるのだ。また、増強された日本のミサイル防衛体制が、たとえ北朝鮮の弾道ミサイルの脅威を根拠に正当化されるとしても、日本にあるアメリカの標的を脅かす中国の能力を損なうことも、中国は懸念している。そして最後に、アメリカの協力で日本に展開されている戦域ミサイル防衛が、台湾をミサイル攻撃から守るために使用されるかもしれない、と中国は心配している。これらのことを考慮すると、なぜ中国が一九九九年に、宇宙の兵器化を禁止する「宇宙空間における軍備競争の防止」条約を提案したのかがわかる。

核拡散　選ばれなかった道——中国政府は、理論的には、アメリカに対して非友好的な国々や非国家主体に核・ミサイル技術を拡散させることで、ミサイルと核兵器を戦略的に利用することもできるが、そのようなことはしていないようである。核・ミサイル技術の輸出は、一九七〇年代から九〇年代にかけて、ときに中国外交において一つの役割を果たしていた。しかし、動機はさまざまだったようだ。地域における武力外交（パキスタンの核兵器開発計画を支援して、中国のライバル、インドに対抗させた）、外交の橋渡し（北朝鮮にミサイルを売却し、イランに軍民両用の核技術と対艦ミサイルを売却し、サウジアラビアに中距離弾道ミサイルを売却し、それぞれ友好関係を強化した）、商業的利益（アルジェリアに原子炉を売却し、シリアに短距離弾道ミサイルを売ろうとした）。北朝鮮やその他の国々への中国の核技術移転の一部は、中国の知らないところで、パキスタンの核開発責任者、アブドゥル・カディール・カーンが運営するネットワークを通じて行なわれた可能性がある。

中国はこれらの関係を核拡散戦略へと発展させることはなかった。代わりに、ほとんどの国際的な軍備管理・軍縮体制に段階的に同意し、すべてではないものの、大部分の義務に従ってきた。一九七〇年代以降、アメリカは中国に圧力をかけはじめ、核・ミサイル技術の拡散をやめさせようとした。これらの圧力に対応するため、中国は軍備管理・不拡散という複雑な分野の専門家集団を養成した。おそらく、これらの専門家の助言の下、中国は一九七九年に国連軍縮会議に出席し、翌年、正式に加盟した。一九九五年、中国は最初の軍備管理・軍縮白書を発表し、その後、半年ごとに発表する国防白書に、核不拡散に関する声明を掲載した。一九九七年、中国外交部は、新たに軍備管理・軍縮局を設置した。中国は一九八四年に生物兵器禁止条約、一九九二年に核不拡散条約、一九九三年に化学兵器禁止条約、一九九六年に包括的核実験禁止条約に署名した。一九九四年、中距離ミサイルの輸出を禁じたミサイル技術管理体制に従う取り組みを強化した。一九九六年、パキスタンとの核協力を制限することを約束し、一九九七年、イランとの新たな核協力にはいっさい着手しないことを誓った。一九九七－九八年、一連の国内規制を設けて、核物質の輸出管理を強化し、ザンガー委員会に参加した。同委員会参加国は核輸出を厳重に管理することに同意している。

世紀の変わり目までには、中国はすべての主要な軍備管理条約に加盟していた。[24] その政策は、いくつかの補強的動機づけに起因すると考えられる。第一に、中国政府は、ワシントンでの目標を達成するため、アメリカからの軍備管理要求を受け入れる必要があった。その目標には、中国に対する最恵国待遇の更新、原発輸出禁止の解除、天安門事件後の技術移転および首脳会談に関する制裁の解除などが含まれた。第二に、中国は、一部の兵器に対する国際的な禁止措置から恩恵を受けている。その中には生物・化学兵器など、自ら使用することも、されることも望んでいない兵器が含まれる。第三に、中国は国際的な軍備管理交渉のテーブルにつくことの利点を認識し、核不拡散と軍縮を支持する立場に立てば、平和と不干渉の主張者としての表向きの立場を強化できると考えた。第四に、中東をはじめとする世界の遠隔地域における中国の利益が増大するにつれ、中国政府は地域の不安定化が自国の利益に及ぼす危険を理解しはじめた。そして最後に、中国は次のように考えるようになった。軍備管理・軍縮条約によって、宇宙などの分野におけるアメリカの技術的優位に歯止めがかかるかもしれない。また、インドをはじめとするライバル諸国が、すでに中国が保有しているような兵器システムを開発しにくくなるだろう。そして、ロシアやアメリカのような世界最大の核保有国が保有量を削減する気になれば、中国の保有量は米ロに近づくかもしれない、と。

アメリカは、二〇〇〇年代後半になってようやく、国有企業を含む中国企業に対して、核拡散防止違反を理由に制裁を科した。そのほとんどの企業がパキスタンとイランへの核・ミサイル技術売却に関与していた。北朝鮮による核拡散を可能にする上で、中国が果たした役割は定かではない。中国政府は、北朝鮮から他国へ出荷される弾道ミサイルが中国領内を通過することを許可しているようである。そのような問題はあるものの、中国は輸出管理体制を強化し、さまざまな軍備管理体制、とくに核技術・核物質に関する体制の下、義務を遵守するようになってきているように見える。[25]

第四の使命――台湾の向こう側

もしも台湾問題が解決した場合には、中国の軍事的立場は今とはまったく違って見えるだろう。[26] 中国は、台湾をめぐる戦いに備えて形成された堂々たる戦力を、その後もそのまま保有することになる。本土から南および東に向けての海軍、空軍の戦力投射にとって、最大の障害が消えてなくなるのだ。台湾当局とのどのような取り決めを結ぶかによるが、台湾の港や飛行場を利用できるようになれば、人民解放軍は海軍と空軍の行動範囲を西太平洋へ約三二〇キロ拡大することができるかもしれない。さらに、中華民国軍の協力――あるいは吸収――によって、戦闘機、パイロット、対艦その他のミサイル、フリゲート艦、高度な通信技術などを入手できる可能性がある。要するに、中国の戦略家たちの目から見れば、意図的かどうかにかかわらず、何十年間もあの手この手で中国軍を封じこめようとしてきたアメリカの政策は、ここで終わりを告げることになるだろう。

中国がこの機会をどのように利用するかは、台湾問題がどのように解決されるかによって決まるだろう。武力による解決が図られた場合、人民解放軍と台湾の資産の多くは破壊される。中国の近隣諸国とアメリカは、おそらく、中国を危険な存在とみなし、今まで以上に団結を強めて、中国の次の動きに対抗するはずだ。台湾問題が交渉によって平和的に解決された場合——中国の戦略が目指す結果が出た場合——、台湾攻撃のために構築された人民解放軍の戦力は、すべて利用可能となり、中国の近隣諸国とアメリカは、おそらく、中国の戦略的立場における前進を、当然かつ正当なものとして受け入れるだろう。

中国の安全保障上のニーズはあまりにも大きいため、中国の未来の指導者たちが第四の使命を構築するには、さまざまな方法がある。それがどのような形になるかを示すいくつかの兆候がすでにあらわれている。

第一に、人民解放軍はすでに、国境を越えた非戦闘任務に目を向けはじめている。政治的影響力を生み、友好を育む任務である。これらの活動について、人民解放軍は、アメリカ軍が作り出した造語、「戦争以外の軍事作戦」（MOOTW）を採用しているが、その概念をアメリカよりもずっと広く解釈しており、そこには人民解放軍の伝統と合致する重要な国内任務が含まれている。二〇〇八年以降、台湾海峡の緊張緩和が進んだことから、軍の指導者たちは、中国共産党と中国国民に、中国の台頭における人民解放軍の中心的役割を思い出させる手段として、この概念に飛びついた。戦争以外の軍事作戦という概念は、戦争の可能性が減少する中、巨額の防衛支出が続くことを正当化するのに役立ち、中国の軍事的脅威の増大という諸外国の認識に対して、人民解放軍の肯定的なイメージを促進し、従来とは異なる安全保障上の脅威に対処する一助となり、貴重な平時の作戦経験を提供するものだ。[27]

第二に、中国は、近隣地域の勢力分布に影響を与えるために武力を行使する必要があると判断するかもしれない。過去の歴史において、中国はすでに一度、それを実行している。一九七九年のヴェトナム侵攻のときである。この侵攻は第二の使命を目的としていた。一つには、係争中の国境線沿いに出没するヴェトナムの偵察部隊に対応するためだった。だが、第四の使命も目的としていた。すなわち、強まりつつあると中国がみなしていたソ連の包囲網を妨害するためである。将来の中国の指導者たちは、周辺地域のさまざまな場所で、同様の冒険を試みようとするかもしれない。たとえば、朝鮮半島、ミャンマー、中央アジア諸国で騒乱、内戦、国家破綻などが起これば、中国人を脱出させ、国家安全保障に不可欠だと考えられる油田やガス・パイプラインへの投資を保護し、難民の流入を防ぎ、地元政権の安定化を図る、といった形で中国が関与せざるをえなくなる可能性がある。あるいは、中国は、他の大国――アメリカ、インド、ロシア――に、中国周辺諸国政府の危機や異変を利用させないために、介入するかもしれない。

第三に、中国は経済的利益と多数の人員を保護するために、遠く離れた第四の円の国々に介入しようとする可能性もある。一九九二年以来、中国は一九の平和維持任務に参加させるため、世界中に一万七〇〇〇人以上の人員を配置している（第7章）。それぞれは小さな部隊だが、母国から遠く離れた国で活動するための初歩的な専門知識・技能を習得してきた。二〇〇六年、中国外交部は航空機四機をチャーターし、市民暴動でソロモン諸島に取り残された約四〇〇人の中国国民と香港同胞を救出した。二〇〇九年、中国は、アデン湾を出入りする中国その他の国々のタンカー、商船を保護する多国籍任務に、駆逐艦二隻と補給艦一隻を派遣した。二〇一一年には、人民解放軍空軍の輸送機のほか、数十の民間チャーター機や船舶を使って、約三万人の中国人建設労働者を動乱のリビアから脱出させた。これらの任務はすべて、対象となる範囲は控えめで、経済的利益と人員の保護に限定されていた。しかし、第四の円諸国に対して中国からの投資が増えつつある今、このような任務が必要となる地域が増えていくかもしれない。目的にかなった人民解放軍の戦力が利用できる場合には、投入される可能性がある。

第四に、中国のエネルギー輸入その他の対外貿易は海上交通路に依存している。海上交通路は、はるか中東、アフリカ沿岸から西へ、あるいは南北アメリカ沿岸から東へ向かい、中国に到達する。妨害に対してとくに脆弱な部分――そして中国にきわめて近い部分――が、マラッカ、スンダ、ロンボクの各海峡である。西から来る船はすべて、これらの海峡を通って南シナ海に入らなければならない。もちろん、船はこの海域をぐるりと迂回することもできるが、そうなると、移動時間が何日も余計にかかることになる。海上交通路の安全確保については、中国はアメリカ海軍に依存しており、そのアメリカ海軍は沿岸諸国（インドネシア、マレーシア、シンガポール）およびオーストラリアの海軍の支援を受けている。人民解放軍海軍は、もしも頼まれれば、沿岸諸国の警備活動を支援するかもしれない。インド洋を横断するときには、中国の船舶はアメリカとインドの海軍に守ってもらっている。中国の海軍がこれら他国の海軍に取って代わるというのは現実的ではないだろうが、中国の政策立案者たちは、中国には自身の通商路を自ら保護する役割を果たそうとする理由がある、と考えているかもしれない。アデン湾で海賊対処任務をこなしているからだ。中国海軍は、ミャンマーのチャオピュー、スリランカのハンバントタ、パキスタンのグワダルに中国が建設している、現在は純粋な商業港を利用して、インド洋での影響力を拡大させる可能性がある。（第6章）――これら一連の施設をアメリカのアナリストたちは「真珠の首飾り」と呼ぶ。[28]

しかし、これらの「真珠」はどれも、規模においても、洗練度においても、インド洋のディエゴ・ガルシア島に置かれているアメリカ軍基地とは比べものにならない。また、その数も、中東、南アジア、東南アジア全体でアメリカ海軍が使用可能な港湾の数には遠く及ばない。

第五に、中国海軍は西太平洋とその先に行動範囲を拡大しようとするかもしれない。そのような線に沿った壮大な戦略的ビジョンが、一九八二年、当時の人民解放軍海軍司令官、劉華清提督によって明確に掲げられた。提督は次のように提案した。第一段階として、人民解放軍海軍は、二〇〇〇年までに、近海における作戦海域を「第一列島線」まで拡大する。第一列島線は、千島列島、日本、琉球列島、台湾、フィリピン、ボルネオ島、大ナトゥナ島で構成される。第二段階として、二〇二〇年までに、作戦海域を「第二列島線」まで拡大する。その範囲は第一列島線を越え、小笠原諸島、マリアナ諸島、カロリン諸島にまで達する。最終段階として、二〇五〇年までに、中国はアメリカに匹敵するグローバルな海軍国となる。劉はこう主張した。この戦略は防衛を目的としたものであり、沿岸部攻撃から国土を守り、海洋領有権を守るためのものである、と。今までのところ、人民解放軍海軍による東シナ海、南シナ海を越えての活動と事実上の進出は、劉が提案した予定表に沿って進められている。当面のあいだ、太平洋への戦力投射は、主として象徴的な進出――各地への定期的な寄港や小規模な人道支援を通じて存在を示す――ということになるだろう。

公式に発表されている人民解放軍の戦闘教義には、第四の使命は何か、という問題に明確に回答している部分はない。アメリカはずっと以前から、この点について、透明化を図るよう中国に促してきた。二〇〇五年、アメリカの国防長官、ドナルド・ラムズフェルドはいみじくも中国側に次のように問いただした。「中国を脅かす国が存在しない今、こう問わざるをえない。なぜこれほど国防費が増えているのか？　なぜこれほど大規模な武器購入が拡大しつづけているのか？　なぜこれほど軍事展開が盛んに続いているのか？」[29]。一九九八年以降、中国政府は、半年ごとに国防白書を作成してきた。一つには、将来の任務に関する近隣諸国の懸念に答えるためである。しかし、白書は完全な回答を提供していない。おそらく、まだ時期尚早であるため、人民解放軍にとって、どのような第四の使命が最も重要——そして最も実行可能——なのか、中国の指導者たち自身にもわかっていないのだろう。

大局的に見た中国軍の近代化

人民解放軍の第四の使命の展開は、他と無関係に起こることはないだろう。地域の他の国々の軍隊も技術的に進歩しており、戦力の増強、訓練の高度化、戦略の整備が進んでいる。どの国も単独では中国に立ち向かうことはできないが、全体としてみれば、中国の力に対する恐るべき対抗勢力となる。中でも際立つ存在が日本である。一連の最先端宇宙技術——ロケット、衛星、宇宙船——をいつのまにか開発していた。もともと商業的応用に向けて設計されたものだが、あまり利益が出なかったので、その後、軍事関係から支援を受けるようになった。日本は、アメリカと共同開発した弾道ミサイル防衛能力を保有しているほか、以下の開発にも取り組んでいる。再利用可能なロケット（すなわち宇宙往還機《スペースプレーン》）。ミサイル早期警戒、および航行、通信、照準支援などを行なう多機能衛星。戦闘時にミサイルの威力を向上させる弾頭再突入技術。無人航空機。宇宙状況監視技術。これは将来起こりうる宇宙での紛争に対する懸念を示している。[30] 韓国は海軍をはじめとする軍の近代化を進めており、北朝鮮の脅威はもちろんのこと、それ以外の領域にも努力を集中しはじめている。インドは海軍と軍事衛星の能力を向上させている。ただし、防衛努力のほとんどはパキスタンへの対処に集中している。ヴェトナムをはじめとするＡＳＥＡＮ諸国は軍備を強化している。マラッカ、スンダ、ロンボク各海峡の沿岸諸国は海軍の増強を進めている。自国沿岸の安全保障の責任を、あまり外国に譲るわけにはいかないと考えているのだ。

とりわけアメリカは、世界の他の地域での活動の影響で、負担がかかっているにもかかわらず、引きつづきこの地域の戦力を増強している。二〇一一年の東アジア訪問の際、レオン・パネッタ国防長官はアメリカの同盟諸国に対して、この一〇年、アフガニスタンとイラクで戦ってきたが、それでもアメリカは「これからもつねに太平洋において強力な存在感を維持していく」と約束した。二〇一一年にも、バラク・オバマ大統領が、オーストラリア訪問中に、さらに力強い言葉で約束し、アメリカは「太平洋の大国であり、これからもここにとどまる」と主張した。そして、その言葉の裏付けとして、訓練や演習のため、オーストラリア北部に、海兵隊を交代で配置する合意を発表した。『四年ごとの国防計画見直し二〇一〇年版』によれば、アジア太平洋その他の地域におけるアメリカの防衛態勢では、以下のものを維持することになっている。「前方駐留および交代展開部隊、戦力、装備。インフラおよび施設の支援ネットワーク。同盟国および主要パートナーとの一連の条約、および通行、通過、地位保護に関する協定」。二〇一二年に発表された予算削減は、アメリカのアジアにおける態勢を弱体化させないように立案されていた。[31]

同様に重要なのが、アメリカの戦闘教義と技術における革新である。その革新の中心となるのが「空海戦闘」という概念と、無人航空機システムの使用である。空海戦闘は、陸、海、空、宇宙、電脳空間《サイバースペース》の作戦領域全体を通じて、空と海の戦力を統合するもので、アジア太平洋地域にはとくにふさわしい概念である。無人航空機システムは、イラクおよびアフガニスタン／パキスタン戦域での対テロリスト作戦でその真価を発揮した。これらのシステムは、アメリカの諜報、監視、偵察、打撃能力の精度と範囲を大幅に向上、拡大させる。

アジア太平洋地域は、事実上、果てしなく続く、ほとんど習慣化した多国間軍拡競争を経験している。第四の円の国々でも、アメリカが強大な存在感を維持し、ヨーロッパの大国が古くからの植民地で存在感を高め、新興の大国、なかでもトルコ、ブラジル、サウジアラビア、イランが軍事力を増強しつづけている。この変化に富んだ環境で、軍隊同士の衝突は後を絶たないだろうし、さまざまな戦域で相対的なパワーバランスに変化が起こるだろう。しかし、中国は、その増大する軍事力をもってしても、周辺地域からも、遠く離れた地域からも、他の大国の軍隊を退けることはできないだろう。できるとすれば、他国が自身の軍事展開計画から撤退するときだけである。

人民解放軍の最初の三つの使命が消えてなくなることもないだろう。国内の治安維持は引きつづき、人民解放軍の活動のかなりの部分を占めるはずだ。したがって圧倒的な数の部隊が中国国内に配置されつづけることになる。国土を侵略から守り、領有権の侵害を防ぐことは、依然として軍の任務リストの上位を占めるだろう。核抑止力も引きつづき優先課題となるだろう。なんであれ、第四の使命は、中国の周辺地域に集中する可能性が高く、遠く離れた戦域で、大きく展開されることはあまり考えられない。軍事力が増大しても、中国は近くにある数多くの問題に縛られている。主要なライバル諸国の軍隊に戦略地政学的な規模の挑戦を仕掛けることはできない。それらのライバルが、自ら譲歩する決定を下さないかぎりは。

第12章　中国外交におけるソフトパワーと人権

中国の増大する経済力と軍事力、そして周辺地域における安心戦略の巧みな展開は、「ソフトパワー」の拡大をもたらした――ソフトパワーとは、一つの国が武力や資金力だけでは手にすることのできない影響力、文化的価値や思想の魅力、成功していると広く認められている物事のやり方などに基づく影響力のことである[1]。ソフトパワーは貴重な外交資源である。なぜなら、一つの国が、国際体制の中の他の主体から協力を得るのに役立つからだ。ソフトパワーがあれば、わざわざ頼まなくても、他の主体がついてきてくれることもある。

冷戦終結後の最初の数年間、ソフトパワーの強みを握っていたのはもっぱら西側民主主義諸国、とくに成功をおさめた自由主義的資本主義モデルを持つアメリカだった。しかし、二〇〇〇年代初頭、アメリカは行き詰まったように見えた。イラク、アフガニスタン、北朝鮮、イランその他の地域で困難に直面し、アメリカの個人主義的文化の欠陥を反映しているかのような金融危機に見舞われた。中国は世界的な景気後退にあまり影響を受けなかった。経済は成長を続け、一九九〇年代に出現した活発なコスモポリタン的消費社会は拡大しつづけた。ある程度の社会不安はあったが、政治体制は安定しているようだった。中国の物事のやり方は、他の国々の市民の目には、優れているように見えはじめた。中国は、一部の人々が「アジア的価値」と呼ぶものを象徴していた。それは国民が団結、協力し、国同士が平等主義に基づいて互いを尊重することを意味していた。評論家たちはこの中国モデルを「北京コンセンサス」と呼んだ。つまり、それまで支配的だった「ワシントン・コンセンサス」よりも活力にあふれ、効率的で、公正な資本主義だ、というわけである。ワシントン・コンセンサスは今や、欧米およびそのパートナー諸国を苦しめているように見えたからだ。

しかし、中国は、価値観と思想をめぐる戦いでは、いまだに古くからの脆弱性を克服していない。すなわち、国際的に認められている人権に対する侵害の蔓延という、自らの手による傷である。改革開放は個人の自由を拡大し、個人の富を増大させたが、それでも政府は、ひとたび自らの正統性が疑われれば、手に負えない事態が起こり、国家の崩壊につながる、と考えているかのような行動をとった。なんであれ権威に対する挑戦とみなせば、嫌がらせ、脅迫、暴力、逮捕などの手段で対処した。このような人権侵害は、中国の成功した発展モデルにとって、醜い双子の弟だった。第10章で述べたように、どちらも独裁的な一党支配にその起源を持っていたからだ。

毛沢東政権による人権侵害は、その後の政権に比べると、はるかにひどいものだったが、当時の中国は国際的に孤立していたため、外国がこれらの人権侵害について知ることも、介入することもなかった。だが、鄧小平が世界に向けて門戸を開放したとたん、国内の問題を世界にさらけ出すことになった。中国の外交官にとっては不運なことに、この開放政策は、国際人権体制の範囲と活動が拡大したのと同じ時期だった。冷戦後期から冷戦後にかけて、新たな人権規範が公布され、国連の人権関連機関が増え、欧米を拠点とするＮＧＯが活動を活発化させた。中国のハードパワー〔軍事力、経済力〕が増大するにつれて、ソフトパワーとされていたものが精査されるようになった。外部のさまざまな機関が中国の人権問題に大きく注目しはじめ、その結果、中国の国際的名声はつねに攻撃にさらされるようになった。中国の外交官たちは、すぐさま反論した。

ソフトパワーの養成

中国外交はこれまでつねにソフトパワーを活用してきた[2]。地域の支配者に中国皇帝の家臣の地位を授けることによって、北京の権威は当初、現在のチベット、新疆ウイグル、内モンゴル自治区にまで広がっていた。中国帝国はヴェトナム、朝鮮半島、日本に対して特別な影響力を持つようになった。なぜなら、これらの国々の社会は、中国の書記体系、儒教の古典、詩、音楽、服装、金属加工技術、農業を手本にしていたからだ。外国からの使節団は、華やかな儀式でもてなされ、たくさんの貴重な贈り物をもらって、中国の偉大さに感銘を受けた。

中国が最も孤立していた一九六〇年代でさえ、毛沢東は「われわれには世界中に友人がいる」と主張し、外国の親中国の共産主義および左翼政党の指導者たちが根源の地である北京を次々に訪れることを歓迎した。中国は、万里の長城、紫禁城、秦の始皇帝の墓などの文化遺産を利用して、外国からの訪問者に感銘を与えた。陶磁器、書道、武道などの文化遺産は、つねに世界中から高い評価を受けてきた。また中国の多種多様で、多くの場合エキゾチックな料理は、名物として広く認められている。

中国に招待された外国の要人は、その国の大きさや重要度にかかわらず、手厚いもてなしを受けた。初めて中国に駐在したアメリカの幹部外交官の一人だったジョージ・H・W・ブッシュは、一九七五年六月二九日付の日記にこう書いている。「中国の第三世界の国々への気の配りようには驚かされる。たとえば、アフリカの小国の元首が訪問したときに、これほど盛大で豪華な歓迎会を開く大国がいくつあるだろうか。空港でも中心街でも、そこらじゅうにフランス語、英語、その他の言語で歓迎の言葉が書かれた横断幕が掲げられ、看板が立てられている。子供、兵士が行進したり、熱狂的に踊ったりして、歓迎する。これらすべてが訪問者に感銘を与える」(3)。

一九七二年のリチャード・ニクソンの訪中によって、西側諸国では中国ブームが巻き起こった。有力なジャーナリストや著名人が二週間のツアーに出かけて本を書き、無公害農業、刺激策なしの工業化、鍼麻酔などの奇跡を報告した。戦略的三角形の時代、ヘンリー・キッシンジャーやズビグニュー・ブレジンスキーといったハードパワーを駆使する老練な実務家たちでさえ、ときに中国の驚異に目がくらむこともあった。二人ともそれぞれの回顧録の中で、中国を訪問したときの高揚感を告白している(4)。

中国は毛沢東の死後二〇年以上、ソフトパワー不足に苦しんだ。毛沢東時代の悲劇が、小説、詩、演劇などの形で明らかにされ、それらの作品は「瘢痕文学」と呼ばれた。毛沢東後の指導者の一人、胡耀邦は、文化大革命によって一億人の中国人が人生を台無しにされた、と語っている。一九八一年、中央委員会は、毛沢東が晩年の一〇年間にしたことの大部分は間違っていたとする公式見解をまとめる決議を採択した。民主化を支持する西側寄りの考え方が、中国共産党内のリベラルな理論家たちのあいだで流行し、一九七八年後半から七九年前半にかけて、一般民衆のあいだでも、「民主の壁」に張られた壁新聞を通じて議論された。一九八九年には、自由化の気運が高まり、「天安門運動」として知られる全国的な民主化要求運動や学生のハンガーストライキへと発展した。政権の武力弾圧によって、運動に参加した何百人もの学生、労働者が死亡した。中国の国際的な威信は低下した。

しかし、二一世紀初頭、中国のソフトパワーは経済とともに増大した。これによって、ハードパワーのきわめて大きな蓄積が、巨大なソフトパワーを生み出す前提条件だという現実の重要性が明らかになった。二〇一〇年、中国がＧＤＰで日本を追い抜き、世界第二位の経済大国になると、中国の指導者たち——および金融当局者——は、グローバルなスーパースターとなり、どこへ行っても歓迎された。二つのものがこの国の威信の高まりを象徴していた。一つは異様なほど巨額の外貨準備高である。二〇〇五年に二兆ドルを超え、その後も増えつづけている。もう一つは人々の耳目を驚かした二〇〇八年北京オリンピックの開会式だ——活力と、壮大さと、高慢な野心にあふれた派手な見世物だった。

中国政府によるオリンピックへの巨額の投資は——それ以前のどの主催国よりも巨額だった——熟慮された戦略の一環だった。二〇〇〇年代初頭、中国の外交専門家たちは、ソフトパワーは包括的な国力に不可欠の要素だ、という合意を形成していた。ソフトパワーは、中国の台頭に対する不安を軽減し、中国の別の形の影響力を歓迎する環境を醸成する。外交専門家たちはこう考えた。中国のソフトパワーの中核は文化——伝統的な芸術、文学、哲学、中国語——と、国内でも国外でも調和を追求する平和国家としての現代的なイメージであるべきだ、と。[5] 二〇〇七年、胡錦濤は、第一七回共産党大会の報告の中で、次のような方針を発表した。「今や文化は、総合的な国力の競い合いにおける要素として、その重要性を増している。……われわれは……わが国のソフトパワーの一部として、文化を高めなければならない」[6]。中央委員会は、この点を強調するため、二〇一一年に「文化体制改革の深化」を長期的かつ正式に決定した。[7]

中国外交部は世界各国で開催される「中国年」の展覧会や活動に資金を提供した。中国は世界中の美術館に文化財を貸し出した。二〇〇五年、中国政府は紫禁城の厳選した宝物をロンドンで展示することを認めた。展覧会の開会式は、胡錦濤国家主席のイギリス公式訪問に合わせて行なわれた。二〇〇七－二〇一〇年には、通常、秦の始皇帝の墓の近くで展示されている兵馬俑の一部が、大英博物館やその他の場所で巡回公開された。中国教育部は、二〇〇四年から、海外の大学その他の機関と共同で、中国語や中国文化を教える孔子学院の設立を開始した。一部は、中国から臨時に派遣された教師たちの支援を受けた。毛沢東時代の中国では、後進的、封建的として嫌悪されていた孔子は、今や、調和、連帯、敬意という中国的価値観の象徴だと見られていた。数年のうちに、およそ五大陸、六〇カ国におよそ三〇〇校の孔子学院が設立された。アメリカにも二十数校以上あり、ほとんどが大学内に設置されていた。

中国メディアも、国務院情報局と、中国外交部の新しい部局である公共外交局の共同指揮の下、海外市場に参入した。中国日報、北京週報、中国画報といった長い歴史を持つ英語出版物だけでなく、同様の英語以外の外国語出版物も、見栄えのよい、本格的なものになっている。中国中央テレビ、新華テレビ、中国国際放送は、さまざまな言語で世界に向けて放送している。国営新華社通信は、老舗の通信社を相手に、国際メディアへのニュース提供を競い合うため、ニューヨークのタイムズスクエアに支局を設置した。中国の大学のプロ報道人養成課程を修了した報道関係者が増えるにつれ、中国のジャーナリズムの質は向上した。電子政府の名の下に、中央、地方、さらにはもっと下位レベルのさまざまな機関が、中国語のウェブサイトとともに、英語サイトを開設した。すべての中国メディアは、依然として政府または党に所有されていたため、中国共産党中央宣伝部の指示に従わなくてはならなかったが、見た目と内容は現代的になっていたので、信頼できる情報源として、次第に世界中で受け入れられるようになった[8]。

中国の大学は国際的な地位と関係を追い求めた。上海交通大学は、二〇〇三年から毎年、世界の大学一二〇〇校のランキングを発表している。このランキングは幅広い注目を集め、中国が国内の一流大学に巨費を投じていることにスポットライトを当てた。ランキングの一年目、中国の最も優れた大学（北京大学と清華大学）の順位は、世界の他の四十数校とともに、二〇一－二五〇位に入っていた。二〇一〇年のランキングが発表された時点では、これら二校は一五一－二〇〇位にまで上昇しており、中国のその他の大学五校が（拡大された）二〇一－三〇〇位の範囲に入っていた。学界の状況が改善すると、外国で教育を受けた中国人の博士が多数帰国して教鞭をとった。中国の大学は、中国語を学び、学位取得を目指す外国人留学生を毎年一〇万人以上受け入れた。留学生の大部分はアジアやアフリカから来た学生だった。外国の学校が、中国の大学で共同プログラムを実施することもあった。中国教育部傘下の中国奨学金委員会は、博士課程の学生二〇〇〇－三〇〇〇人を毎年、一－二学期間、海外に留学させるようになった。留学生たちは帰国後に大学で教えた。その結果、中国の学界は次第にコスモポリタン的性格を持つようになった。

中国政府はスポーツ外交を巧みに利用した。アジアで初めてスポーツを外交目的に利用したのは韓国である。一九八六年のアジア大会と一九八八年のソウル・オリンピックを利用して、外交承認をめぐる競い合いで、一気に北朝鮮を引き離した[9]。台湾も、一九七九年以降の外交的孤立をなんとかしようと、一九八四年から、「チャイニーズ・タイペイ」の名でオリンピックに参加した（第9章）。一九九三年、中国政府は、二〇〇〇年夏季オリンピック大会の開催国に立候補し、天安門事件以降の西側諸国による制裁を覆そうとしたが、立候補は却下された。理由の一つは、中国の人権状況に関するNGOからの圧力である。だが、二〇〇一年の二度目の立候補は成功した。二〇〇八年オリンピックのこれまでになく周到な大会運営によって、中国は成功したというメッセージが全世界に伝わった。北京市は、古い街を根こそぎ破壊して、そこに五つ星ホテル、ショッピングモール、新しい地下鉄、テーマ・レストランを建設し、一五〇〇人の「バス整列乗車指導員」を養成し、五〇〇〇人の信号無視監視員を任命し、「整列啓発デー」を催し、唾を吐いたり、音を立てて飲食することに反対するキャンペーンを展開した。世界屈指の大気汚染都市の空気の質を向上させるため、工場が閉鎖され、交通が規制された。大会には一〇〇人以上の国家元首や政府の長が出席した。盛大な開会式は、中国が五〇〇〇年の歴史を通じて、国民的団結と平和への愛を守りつづけてきた、というテーマを訴えていたが、そのいっぽうで――多くの観客が感じていたことだが――この新興大国の活力、誇り、野心、民衆の力、集団的規律をも示していた。

毛沢東時代、才能のある運動選手たちは、軍が運営する特別な学校に通っていた。[10] このシステムは、文化大革命後に復活したが、一九九〇年代、国際大会での一連のドーピング・スキャンダルで評判を落とした。その後、二〇〇八年までに、文民当局に移管された。しかし、国際大会に向けた選手の募集や訓練が、中央国家計画の下での重要な任務であることに変わりはなかった。二〇〇八年、中国の選手たちは一〇〇個のメダルを獲得した。その数はアメリカに次いで二位だった。そして、他のどの国よりも多くの金メダルを獲得したのだった。

中国は、世界一流の選手を、条件付きながら、海外へ送り出すことにも成功している。全米プロバスケットボール協会（NBA）で注目の選手だった姚明《ヤオ・ミン》は、中国の国家スポーツ開発システムの産物であり、中国最高のバスケットボール選手であり、北京オリンピックでバスケットボールの栄光を獲得するという中国の希望への鍵となる人物だった。そんなわけで、姚明は所属クラブの上海シャークスや、中国バスケットボール協会に恩義を受けており、アメリカでのプレーを許可する決定は、慎重に検討された。そして姚明は母国の親善大使として、計り知れない価値を創出した。そのような選手はほかにもいる。たとえばサッカーのスター、孫継海もその一人だ。孫は二〇〇〇年代、プレミアリーグのイングランドのマンチェスター・シティでプレーしていた。同リーグは世界最高のサッカー・リーグとして広く認められている。

伝統的に目立つことをしない人民解放軍でさえ、ソフトパワーを活用した。極端な秘密主義の伝統を破り、中国の兵士たちは、外国との交流機会を増やし、参加する二国間および多国間演習の数を拡大した。国際会議やシンポジウムに出席するほか、人民解放軍は自ら会合を主催するようになった。そうした会合の中に、孫子の兵法に関する一連の国際会議と、グローバルな安全保障問題に関する半年に一度の国際フォーラムがある。もう一つの革新は、中国国防大学に外国の将校および国防当局者のための一年間の課程を導入したことだった。

ソフトパワーのさらなる要素が、政府の関与もなく、ときに政府の意志に反して生まれた。それは、富と自由の増大に伴う文化的活力の間接的な産物だった。中国人芸術家たちの絵画、彫刻、映画、小説、詩が、次第に多くの人々を惹きつけるようになった。どの芸術家が宣伝部の引いた一線を守るのか、どの芸術家が反体制派なのか、世界の人々にはほとんどわからなかった。じっさい、役割は時とともに変わった。たとえば、芸術家の艾未未《アイ・ウェイウェイ》は、二〇〇八年オリンピックのメイン・スタジアム（通称「鳥の巣」）の設計に関わったが、二〇一一年には数カ月間拘留された。表向きの理由は脱税だったが、じっさいには政府が艾未未の芸術的、政治的発言を、あまりにも挑戦的だと考えたからである。メッセージが政府にとって望ましくないものであっても、中国人の作品の価格が上昇し、ファンが増えれば、コスモポリタン的社会と文化としての中国の社会的地位は高まった。

中国市場の成長力についても同様である。[11] 中国で新たに生まれた巨大な中流層は当初、欧米の衣服を着たがり、欧米の車を運転したがり、欧米のファストフードを食べたがった。しかし、中国市場があまりにも巨大化したため、欧米のブランドは中国人の嗜好に合わせはじめた。北京のマクドナルドでは、メニューにタロイモのパイが追加された。ケンタッキーフライドチキンでは、「オールド・北京スタイル・チキンロール」が販売された。高級車の設計者たちは、運転手を雇うオーナーのために後部座席の足元スペースを広げ、内装に翡翠をあしらった。中国は、高級車、プラチナの結婚指輪、最高級コニャックの世界最大の市場となった。世界の主要都市を訪れる中国人観光客が増えると、接客業界は中国人のニーズに合わせて、フロントデスクに中国語を話すスタッフを配置し、コーヒーショップのメニューにいくつかの中華料理を用意した。有名建築家たちは、低い建設コストを活かして、中国の博物館、空港、その他の建物のために最先端のデザインを考案し、ハイモダンな美を好む中国人の嗜好に対応した。中国が世界最大の市場になると、世界中の広告、パッケージング、デザインが、中国の消費者の好みを反映したものになることが予想される。

一部の評論家たちは、社会的、政治的価値観についても同じことが言えるかもしれない、と考えている[12]。しかし、これまでのところ、価値観は依然として中国のソフトパワーの弱点である。アメリカとは異なり、中国は、他の国々が中国の政治システムを手本にするよう仕向けたいとは思っていない。いずれにせよ、他の独裁主義国が中国を手本にすることは、まず不可能だろう——強力な支配政党、複雑なテクノクラシー、主導権を発揮しつつ中央への忠誠を示す野心的な地方指導者といった重要な要素が欠けているからだ。中国の対外関係は、他の独裁主義諸国が相手であっても、あくまで相互利益によって決まる。イデオロギー的な親近感で左右されることはない[13]（第7章）。とはいえ、他の独裁主義国は、インターネットの統制方法、有線式監視カメラおよび電子顔認識装置の使用、法制度による政治的異議申し立ての制限など、中国からいくつかの教訓を学んでいる。中国の成功によって、民主化は時代の流れであり、すべての独裁主義体制は破綻する運命にあるとする、かつて一世を風靡した「歴史の終わり」理論は覆された。

だが、これらのソフトパワーの成功にもかかわらず、中国はあいかわらず、一連の重要な国際的価値観、制度——国際人権体制——に反する立場にある。この体制は、毛沢東政権下の中国が世界からほとんど隔離されていた時代に、影響力を拡大していた。人権に関する国際的な規範、制度、NGOが一つになって、より積極的な活動段階に入ったちょうどそのときに、鄧小平時代の中国で改革が始まった。中国の人権状況は改善してはいたものの、同時に情報の流れも改善していたため、人権侵害が外の世界に伝わった。このように、二つのことが同時に起こった結果、中国の外交官たちは長い戦いに巻きこまれていく。最初は、人権問題に対する国際的な圧力に立ち向かい、はねのけなければならなかった。次に、国際人権体制が、より中国政府の利益につながる方向へ向かうよう仕向けようとした。

中国と国際人権体制

人権という考え方は古くからあるものだが、完全に現代的な形で登場したのは一九四八年、国連総会が世界人権宣言を採択したときである[14]。世界人権宣言は人権を一連の包括的な規範として定義した。人権は国際法に組み入れられ、国家や「その他の社会機関」に対する、すべての個人の正当な要求で構成された。冷戦の影響で、国際人権体制の発展は、当初はゆっくりとしたものであった。およそ三〇年のあいだに国際社会が合意した新たな一歩は、一九六六年の世界人権宣言の原則の修正だけである。それは二つの国際規約の形をとった。これら二つの規約は別々に制定された。一つは西側諸国を満足させるための市民的、政治的権利に関する規約、もう一つは社会主義陣営を満足させるための経済的、社会的、文化的権利に関する規約である[15]。

一九七〇年代半ば、中国で毛沢東時代が終焉を迎えたのと同じ時期に、国際人権体制は規範的、制度的、政治的拡大期に入った。これらの発展の主な推進力となったのは国益の変化である——とくに西側諸国の場合、レオニード・ブレジネフ政権下のソ連が力を増しているように見えた当時は、人権規約を利用してソ連の体制に異議を唱えることが国益だったが、その後、冷戦が終わると、今度は、流動的かつ不安定な国際的権力システムの安定を図るため、新たな国際機関を創設することが国益となった。くわえて、こうした国際的な人権活動の高まりは、グローバル化状況における国際市民社会（「国際的な活動家のネットワーク」）の成長と、新たな使命を探し求める国連の組織的関心によって促されたものだ。

このような発展の新たな軌跡は、一九七五年のヘルシンキ宣言という、西側および社会主義諸国がともに署名した合意から始まった。この合意は、ヨーロッパにおける現行国境の承認を求めるソ連の要求に応えるものだった。その見返りとして、西側諸国は合意の第三バスケットにおいて、ソ連に人権尊重の義務を認めさせた。チェコスロヴァキア、ポーランド、ハンガリー、ロシアでは、ヘルシンキ宣言は、思いがけず、政治的自由を目指す組織作りの焦点となり、ヨーロッパにおける共産主義崩壊の一因となった[16]。一九七七年、アメリカ大統領に就任したジミー・カーターは、国際的な人権の推進を提唱した。それによって、ヴェトナム戦争敗北で失われた、国民の使命感を復活させようとしたのである。カーター以降の歴代大統領も、それぞれの理由で、人権と民主主義の推進運動を展開した。ロナルド・レーガンは、人権問題を利用して、米ソのパワーバランスを是正する努力を支援しようとした。そして、「自由を推進するためのグローバル・キャンペーン」を呼びかけた。「（それによって）マルクス＝レーニン主義は歴史の灰の山の上に置き去りにされるだろう。人々の自由を抑圧し、自己表現を封じたその他の専制政治も、そのような結果に終わっている」[17]。ジョージ・H・W・ブッシュは、イラク北部やソマリアの危機で、人道的介入を指揮した。ビル・クリントンは、外交政策に人権を盛りこみ、「民主主義の拡大」を呼びかけた。ジョージ・W・ブッシュは、「フリーダム・アジェンダ」（自由への課題）という言葉を用いて、世界中で人権と民主主義を推進するための総合的な政策を表現した。バラク・オバマは、人権は自身の外交政策の主要目標であると宣言した[18]。

ヨーロッパの政策立案者たちも同じように、より広範な安全保障政策の一環として、人権を推進した。とくに冷戦後の時代、ヨーロッパ諸国は、南および中央ヨーロッパ、旧ソ連、アフリカなど、軍事的手段では鎮めることのできない不安定な地域に囲まれていた。EUは、価値観主導型の安全保障政策を展開した。それは、軍事ではなく経済と文化の力を活用して、地域の安定化を図ろうとするもので、具体的には、近隣諸国がヨーロッパの価値観に従うよう仕向け、経済成長と安定した民主政治の実現を支援した。一九九二年のEU共通外交・安全保障政策は、民主主義と人権の推進を、近隣地域に対する安全保障戦略の柱とした。

EUは一九九五年の中国・欧州関係の長期政策の中で、この戦略を中国に適用した。それは、プロジェクト援助や政府間対話を通じて、中国における人権の擁護を提案するものだった。欧州委員会の「EUと中国　より緊密なパートナー、増大する責任」と題する二〇〇六年の文書は、人権、信教の自由、少数民族との関係に関連するさまざまな問題を提起した[19]。これらの問題は、二〇〇〇年代、新たなパートナーシップ協力協定を構築するための、中国とEUのあいだの長きにわたる交渉でも議題になった。

また、一九七〇年代半ばから、アメリカと西ヨーロッパ諸国は、民主化の「第三の波」を支援した。それは、一九七四年にポルトガルで始まり、南ヨーロッパ、ラテンアメリカ、アジアへと広がった。この過程で、世界の民主主義国家の数は、一九七四年に三九カ国だったのが、一九九〇年には七六カ国にまで増加した。東欧およびソ連における一九九〇－九一年の体制移行は、民主化の波を拡大し、アフリカ諸国でもさらに多くの体制移行が行なわれた。民主化の波は二〇〇六年にピークを迎え、世界一九四カ国のうち、一二一カ国を民主主義国が占めた[20]。冷戦後期から冷戦後にかけての新たな展開は、国際的な人権NGO活動の拡大だった。このNGO活動が中国に注目するようになったのは、ちょうど鄧小平政権下の中国が門戸を開放したときである。アムネスティ・インターナショナルが設立されたのは一九六一年だが、中国に関する最初の報告を発表したのは一九七八年だった。報告書は、中国政府が政治的理由で人々を投獄していることを非難した[21]。一九七五年、ヘルシンキ宣言に触発されて、ニューヨークを拠点とするある団体が結成された。のちにヒューマン・ライツ・ウォッチとして知られるこの団体のアジア部門が設立されたのは、一九八五年である。一九七八年に人権弁護士委員会（のちにヒューマン・ライツ・ファーストと改称）が、一九八一年にジャーナリスト保護委員会が設立された。中国の人権問題のみに焦点を絞った初の海外人権擁護団体、「中国人権」は、一九八九年、中国人の学生や学者のグループによって、ニューヨークで設立された。イギリスの「チベット情報ネットワーク」、ワシントンの「チベットのための国際キャンペーン」は、どちらも一九八〇年代後半に設立された。それから数十年のあいだに、全面的にせよ部分的にせよ、中国の人権問題に関係する他の多数のNGOが次々にあらわれた。これらをはじめとして、二一世紀の最初の一〇年が終わるまでに、全世界でおよそ一万一〇〇〇の人権団体が登場した(22)。こうした人権活動の発展はおそらく、情報量の増加と相互依存意識の高まりに起因していた。そしてその情報量の増加と相互依存意識の高まりは、一九七〇年代以降加速していた経済のグローバル化と、人権推進団体を財政的に支援しようとする財団、政府、個人の意欲によってもたらされたものだ。

NGOの活動家たちは、人権問題に取り組む国際条約体制を拡大するよう、各国に強く求めた。一九八〇年代初頭まで、二つの規約(23)（「市民的および政治的権利に関する国際規約」「経済的、社会的および文化的権利に関する国際規約」）以外の主な人権条約は、大量虐殺（一九五一年）、難民の地位（一九五四年）、人種差別（一九六九年）に関するものだけだった。しかし、冷戦後期から冷戦後にかけて、新たな対象分野を開拓し、国家の行動に対してかつてない期待をかける条約が増えていった。新たな条約の中には、次のような問題に取り組むものが含まれていた。女性差別の撤廃（一九八一年）、宗教的不寛容の排除（一九八一年）、拷問の禁止（一九八七年）、子供の権利（一九九〇年）、障害者の権利（二〇〇六年）。さらに、国連では、発展の権利（一九八六年）、先住民族の権利（二〇〇七年）などに関するさまざまな宣言が採択された。それぞれの条約の制定を推進したのは、人権活動家の国際ネットワークだった。彼らは、さまざまな形の説得と圧力を駆使し（さまざまな妥協を重ね）、その結果、各国政府から、しぶしぶながらの協力を得たのだった。

しかし、国際人権体制の発展のもう一つの要因は、国連官僚たちが積極的に行動するようになったことである。冷戦の膠着状態が終わると、国連は、他のさまざまな分野と同様、人権分野の活動も自由に拡大できるようになった。一九九三年、人権高等弁務官事務所を創設した。何人もの高等弁務官が、中国をはじめとするさまざまな国に大々的な圧力をかけた。コフィ・アナン事務総長（在任一九九七–二〇〇六年）は、国連平和維持活動（PKO）の使用拡大を推進したが、それは人権侵害をやめさせるためでもあった。一九九〇年代、安全保障理事会は、旧ユーゴスラヴィア、ソマリア、ルワンダ、シエラレオネ、東ティモールへの一連の人道的介入を認めた(24)。国連は国際司法体制の端緒を開いた。一九九一年に旧ユーゴスラヴィア国際戦犯法廷、一九九四年にルワンダ国際戦犯法廷を設置し、二〇〇二年の国際刑事裁判所設立へとつながるさまざまな協議を主催した。国連条約機関——主要な人権条約の実施について監督責任を持つ専門家委員会——は、一九九〇年代に入って初めて、多数の「一般的意見」や「一般的勧告」を発表するようになる。これらの意見や勧告は、多くの場合、国際人権法の規定を以前よりも幅広く解釈していた。同様に、国連の「特別手続き部」(特定の国、問題地域における人権問題を監視する任務を与えられた独立した専門家や作業部会)は、以前よりも積極的に活動するようになり、その一部は、調査のために中国を訪問し、あるいは訪問するための交渉を行なった。

中国への懸念は、国際人権体制発展の主な要因ではなかった。しかし、開放政策の展開とともに、中国は人権活動家や団体から注目を集めた。

中国の参加

中国にとっては皮肉なことに、毛沢東体制による最悪の人権侵害を正そうとしはじめたちょうどそのときに、国際人権活動の標的になってしまった。毛沢東時代、中国政府はときどき他の国々を人権批判の標的にしていたが——南アフリカ、イスラエル、ソ連——反撃されるようなことはなかった。しかし、鄧小平の開放政策の結果、今や中国での人権侵害に関する情報が——過去のものであれ現在のものであれ——外部へ流出しはじめた。欧米の記者たちの入国が認められた。文化大革命の犠牲者たちが名誉を回復された。「瘢痕文学」や「ルポルタージュ文学」が過去の犠牲者たちの物語を明らかにした。政権は、「民主の壁」のような公共の場での異議申し立てを、まれに容認することもあった。司法制度が整備され、毛沢東時代のいいかげんな人民裁判ではなく公的な手続きがとられるようになった。まもなく中国にも「サハロフ」のような人物があらわれた。魏京生は、他の反体制派中国人たちとともに、アムネスティ・インターナショナルから、良心の囚人として認定された。国際的な活動家たちは、中国に対して、「名指しして恥をかかせる」という、当時としては斬新な手法を適用した。アムネスティ・インターナショナル、ヒューマン・ライツ・ウォッチ、欧米のジャーナリスト、そしてアメリカ国務省から、批判的な報告が発表された。

当時の国際政治の他の多くの分野の場合と同様、中国はこれらの圧力に、関与戦略で対応した——国際人権体制に参加し、ルールを学び、有用なルールには従い、体制に影響を及ぼして自己の利益を図る方法を模索した。中国の外交官たちは、国連人権委員会、少数民族の差別撤廃と保護に関する小委員会に参加し、さらに、先住民族の権利、通信の人権的側面、子供の権利、移民労働者の権利、拷問の問題などに関する作業部会にも加わった。彼らは発展の権利という考え方を推進し、障害者の権利に関する国際条約を起草する会議に出席した。中華人民共和国は、大量虐殺、難民虐待、人種差別、アパルトヘイト、女性差別、拷問に反対する国際条約に署名、批准した。一九八四年の香港問題に関する英中共同声明の中で、中国は「市民的および政治的権利に関する国際規約」と「経済的、社会的および文化的権利に関する国際規約」が、一九九七年以降五〇年間有効に存続することを認めることに同意した。ただし、この時点で中国は（アメリカと同様）これらの規約に加盟していなかった。中華人民共和国は、最初の人権白書を発表する一九九一年までに、当時効力のあった二五の主要な国際人権規約のうち七つの規約に加盟しており、アメリカよりも一つ多かった。

同時に、中国はさまざまな理論上の立場を表明した。中国は、西側諸国が国際人権規範を利用して中国の国内問題に過度な影響力を及ぼそうとしている、と考えており、それに対抗する必要があったのだ。中国の戦略家たちは、欧米と中国（またはアジア）の文化や価値観の相違を提示することで、話をそらすことができると考えた。中央党校での討論会で、次のようなことが議論された。「一揃いの普遍的な価値観が存在するという理論が、欧米中心の考え方を支えている。したがって、われわれは、東洋と西洋の文化の違いに関する研究を強調、強化しなければならない」[25]。一九八〇年代、中国政府は、シンガポールやマレーシアなど、地域の独裁的、半独裁的な国々の政府が推進するアジア的価値観を支持した。

アジア的価値観をめぐる主張の眼目は、第一に、アジアはアメリカ的生き方の代わりとなるものを提供できる、ということだ。過度な個人主義がはびこるアメリカでは、暴力犯罪、麻薬、銃、浮浪者、不道徳な行為が後を絶たない。その代わりとなる生き方は、賢明で寛大な指導者たちの力強い手に委ねられている。その指導者たちは、従順、倹約、勤勉、年長者や権威への敬意といった伝統的な価値観を広める。アジア的価値観の推進者たちはこう主張する。アジア人は市民的、政治的権利よりも、経済的、社会的権利を優先し、個人よりもコミュニティを優先し、民主主義や個人の自由よりも社会の秩序と安定を優先する、と。この主張は、アメリカの政策に対抗する中国・ＡＳＥＡＮ協力関係に理論的根拠を提供する。アメリカの政策は、アジアでは強引すぎるとみなされる。たとえば、ミャンマーの軍事政権に制裁を加えようとしたのがその一例だ。

第二に、中国の報道官たちは、国際法と主権に対する独自の解釈を推進し、人権規範の適用範囲を制限しようとした。報道官たちはこう言った。国際法の対象は個人ではなく国家であるから、市民の権利をどのようにして守るかを決めるのは、国の責任だ、と。個人の権利を、ある国が他国の問題に介入するのを正当化する理由として使うことはできない。部外者が人権侵害と呼ぶであろう問題は、正確には内政問題だ、と中国の外交官たちは言った――中国の国内法の問題であり、外国人が非難したり、正したりするようなものではない。さらに、中国の報道官たちはこう主張した。いかなる文化の人権概念も、他文化の人権概念に優先して受け入れられるべき資格はない。文化的な基準が異なるのだから、いかなる外国人にも中国を批判する道徳的権利はない。中国を批判することは文化帝国主義である。

第三に、中国は批判者に対して、さまざまな反撃を加えた。公式報道官たちは、一連の二重基準を指摘した。人権侵害を批判する西側諸国自身、奴隷制やホロコーストなど、もっと許しがたい人権侵害を犯している。西側諸国も人権問題に悩まされつづけており、他国を批判することで、その問題から注意をそらしている。西側諸国は中国をやり玉に挙げるいっぽうで、アパルトヘイト下の南アフリカ共和国など、同盟国におけるもっとひどい人権侵害を無視している。西側の人々は毛沢東時代の人権侵害には何も言わないくせに、鄧小平政権下の大したことのない人権侵害を批判する。中国はまだ発展途上国であるにもかかわらず、豊かな西側の人々は、進んだ現代的な基準を実行するよう主張する。このような二重基準から見て、批判する側の悪意は明らかだ、と中国の報道官たちは述べた。

国際人権体制に関わるようになって一〇年もすると、中国は、国際規範の解釈を検討する会議に参加し、批判から巧みに身を守れるようになっていた。しかし、まだそれほど熱心に、自分の望むように体制を方向づけようとは考えていなかった。国内では、指導部が政治改革を検討していた。国際的な領域では、一九八八年に公式メディアと政府が世界人権宣言に好意的な意見を表明し、近い将来、二つの国際人権規約に署名、批准する意向を示した。

天安門の衝撃――友好から対決へ

一九八九年、北京での弾圧が世界中のテレビで報道されると、国際人権体制の中国との関係は、友好から対決へと変わった。

天安門事件が起こったのは、人権政策の手段として、経済的、政治的制裁が一般的になってきた時期だった。一九七〇年代、カーター政権下のアメリカは、ピノチェト政権下のチリへの軍事・経済援助を削減した。一九八一年、アメリカは、戒厳令を布告したポーランドに制裁を科した。一九八〇年代、多くの国々の政府が、アパルトヘイト体制下の南アフリカに制裁を科した。アメリカは一九八八年以降、ミャンマーの軍事政権に一連の制裁措置を科している[26]。国際人権NGOは、情報の暴露と道徳的な圧力という従来の主な手法に加えて、政治的なロビー活動を展開した。そして、中国に関しては、世界各国の政府や国際機関に対して、中国政府を処罰する具体的な行動をとるよう、圧力を強めた。これに応える形で、主要工業国（G7）が制裁を加えた。これらの制裁には、高官レベルの外交交渉の一時中止、軍装備品および軍事関連技術の輸出制限、文化交流、二国間援助、借款の中止などが含まれた。アメリカの主導の下、世界銀行とアジア開発銀行は一時的に融資を停止した。中国のWTO加盟交渉は停止し、その後三年間再開されなかった。

アメリカ国民や議会から人権状況の改善を迫られ、アメリカとの通常の貿易権（最恵国待遇特権）の更新は、一九八九年から一九九四年まで、毎年、危機に瀕することになる。NGOなどからの情報を武器に、先進諸国の有力政治家たちが次々に中国を訪れ、人権状況の改善を公に訴えた。一九九三年、中国は二〇〇〇年のオリンピック開催国に立候補したが、人権問題を理由に国際的な反対を受け、敗北した。世界のマスコミは、一九九五年の北京女性会議を、中国の女性の地位向上を賞賛する機会ではなく、政府の強圧的な治安対策を攻撃する機会としてとらえた。中国が人権について守勢に立たされているという事実は、アメリカやフランスの台湾への武器輸出を阻止する能力を削ぎ、イギリスが香港の民主化問題に関して融和的だった香港総督の後任として、中国政府と対決姿勢をとる総督を任命するきっかけになった（第8章）。

中国は安全保障理事会の常任理事国だったにもかかわらず、国連機関からさまざまな屈辱を受けた。一九八九年八月、少数民族の差別撤廃と保護に関する小委員会が、無記名投票によって、中国を非難する決議を採択した。一九九一年、中国政府はまたしても批判の的になった。同じ小委員会が、無記名投票により、中国に対して、チベットの人々の人権を尊重するよう要求し、事務総長に、チベット情勢に関する報告書を作成するよう求めたのだ。人権委員会の一九九〇年の会議で、中国代表は、中国における人権侵害に関する事務総長報告書が発表されるあいだ、最後まで聴いていなければならなかった。報告書は、アムネスティ・インターナショナルその他の団体がまとめた資料に基づくものだった。会議では中国に対する非難決議について議論されたが、けっきょく投票にかけられることはなかった。その年から一九九七年まで、ある年を除いて毎年、中国の外交官たちは、さまざまな外交資源を駆使して、アメリカ、日本その他の国々が提出する望ましくない決議案を、否決に持ちこまなければならなかった。

中国のロビー活動には、交代で委員を務める国々への公式訪問、援助計画だけでなく、[27]「今中国で起こっていることは、将来、他のどの途上国でも起こるだろう」という主張が含まれた。[28]

とくに国際NGOが関連情報の提供に尽力した結果、中国の人権問題は、国連条約機関および特別手続き部によって、くりかえし批判された。一九九四年、宗教的不寛容に関する特別報告者が、中国は宗教の自由に対する多数の制限を緩和すべきだと勧告した。一九九七年、恣意的拘禁に関する作業部会が、中国に対して、次のような忠告を与えた。刑事訴訟法に無罪推定を取り入れること。「国家の安全に危害を加える罪」の正確な定義を示すこと。世界人権宣言の基本的人権のいかなる平和的実践も刑法によって非合法化されないようにすること。人々を裁判なしで労働再教育の刑に処すことをやめること。一九九九年、市民的および政治的権利に関する国際規約の履行を監督する条約機関が、香港から定期報告書の提出を受けた際、香港政府を批判した。香港特別行政区の司法権の独立への中国政府からの干渉を許している、というのがその理由である。二〇〇〇年、拷問禁止委員会が、チベット人その他の少数民族に対する虐待に懸念を表明し、「行政拘禁」として知られる、裁判なしで投獄する制度を廃止するよう中国に勧告した。中国問題は、国連の即時・恣意的処刑に関する特別報告者、拷問に関する特別報告者の報告書や会合、強制的または非自発的失踪に関する作業部会などでも、たびたび議論された。

中国の指導者から見ると、このような出来事のパターンは、隠された意図を明らかにしていた。国外で中国を弱体化させ、国内の政治体制を破壊しようという意図である。中国国家安全部によれば、

巨大な社会主義国である中国は、これまでつねにアメリカ率いる西側資本主義諸国の和平演変〔平和的手段によって社会主義体制を崩壊させること〕の主要な標的となってきた。……アメリカの歴代政権は、和平演変という同じ目標を追求し、共産党の転覆、社会主義体制の破壊を目的とした数々の害をなしてきた。……言葉づかいは違うかもしれないが、本質は同じである。「民主主義」「自由」「人権」といったスローガンを使って、社会主義国の中に、いわゆる民主勢力を育成し、政治的抵抗を促進、組織しようとするのだ。[29]

今や人権は、国際的威信にかかわる象徴的な問題どころか、中国に真の経済的、外交的コストを強いる問題となっていた。

人権と中国の台頭

中国政府は天安門事件への対応策として、国内では改革のテンポを遅らせ、弾圧を強めるいっぽう、国外への関与を縮小した。しかし、鄧小平からの強い要請を受けて、指導部は一九九二年に改革開放政策を再開した（第10章）。こうしてふたたびグローバル化に乗り出した結果、国内では大衆の支持を回復し、国外では外交的影響力を取り戻した。

グローバルな役割への復帰の一環として、中国は国際人権体制に対する関与を強めた。一九九八年、新たに設立された国連人権高等弁務官事務所との対話を開始し、二〇〇〇年には人権教育などの問題に関する長期の専門的協力プログラムのための覚書を締結した。これにより、政府はいくつかの目的を達成し、人権状況に対する世間からの攻撃をかわすことができた。また一九九八年には、市民的および政治的権利に関する国際規約に署名し（ただし批准はせず）、二〇〇四年には、経済的、社会的および文化的権利に関する国際規約に加盟した。さらに二〇〇四年には、全人代が憲法第三三条を改正し、「国は人権を尊重し、保障する」という文言を入れた。

中国は、国際社会における新たな影響力を用いて、国際人権体制の拡大を遅らせ、中国の外交関係と国内問題に影響を及ぼす能力を弱めることに力を注いだ。一九九〇年、天安門事件のような大事件の後に国連人権委員会の開催を可能にする緊急メカニズムの確立が提案されたが、中国政府はこれを阻止した。一九九三年のウィーン世界人権会議の準備作業で、中国は次の事柄について、ほとんどのアジア諸国から支持を得た。内政不干渉の原則。非選択性（国連機関は特定の国をやり玉に挙げるべきではないということ）。市民的および政治的権利よりも、集団的、経済的、社会的権利を優先すること。国家主権。そして、文化特殊主義（人権の価値観は地域によって異なるということ）。会議ではこれらの主張は西側諸国の政府に拒否されたが、最後のウィーン宣言の一部で認められた。

五三カ国の代表からなる国連人権委員会において、中国は非西側諸国グループの形成に一役買った。その結果、中国その他の人権侵害諸国に不利な決議案が投票にかけられることはなかった。同委員会は、二〇〇三年にはリビアを議長国に選出することまでしている——リビアといえば、とりわけ目に余る人権侵害が行なわれていた国である。このような動きに対して、コフィ・アナン国連事務総長は、二〇〇六年、人権委員会を、四七カ国の代表で構成される人権理事会に改組した。そのほうが成果が期待できると思ったのだ。だが、改組されてからも、あいかわらず、抑圧的な国々が大半を占めていた。中国を含むこれらの国々が、「普遍的定期審査」という制度を中心に、新理事会の基本原則を方向づけた。それは、すべての国を同等に扱う、したがって、最悪の人権侵害国だけを標的にしない、というものだった。それぞれの国が、人権に関する目標を独自に設定し、自身が提出した報告書に基づいて、理事会から勧告を受けた。すべての勧告を受け入れるのも、拒否するのも自由だった。最初に審査を受けた国の一つとして、中国は二〇〇九年に「人権行動計画」を提出し、これまでの成果と、既存の政治体制に合った目標を強調した。そして、審査の最後に、他の国々から出された具体的な勧告をことごとく拒否した[30]。

国連の特別手続き部との関係では、中国は四度の訪問しか受け入れていない（二度は恣意的拘禁に関する作業部会、あとの二度はそれぞれ教育を受ける権利に関する特別報告者と、拷問に関する特別報告者によるもの）。そして、そのような訪問のたびに、行動に制限を設けた。また、交渉を引きのばしたり、他の九つの同様の機関からの要請を保留にしたまま放置したりした[31]。中国は、人権理事会の「同じ考えを持つグループ」に属する他の国々と協力して、さまざまな特別報告者の任期を終わらせたり、短くしたり、制限したりしようとした[32]。

西側諸国との関係では、中国は人権問題を、いわゆる「静かな外交」へと転換させた。中国は、外国の高官級の訪問者から出された囚人リストを受け入れることも、検閲、チベット、宗教の自由などの問題をめぐる国際的な抗議を受け入れることもなかった。それどころか、そのような異議申し立てを、侮辱だとみなすようになった。たとえば、アメリカ国務省の高官、ジョン・シャタックは、北京で魏京生と会談したが、このことが原因で、一九九三年、魏はふたたび逮捕された。西側諸国の企業経営者や学者たちは、中国と円滑な関係を維持することの重要性をますます強調するようになった[33]。ビジネス上の関係が急発展すると、米中経済協議会のような団体、キッシンジャー・アソシエイツやストーンブリッジ・インターナショナルなどのコンサルティング会社、ブルッキングス研究所のジョン・L・ソーントン中国センターやウッドロー・ウィルソン・センターのキッシンジャー米中研究所などのシンクタンクが、人権問題がビジネスおよび戦略上の利益を阻害しないようにすることの重要性を表明した。人権侵害に対するアメリカからの貿易制裁の脅しは、一九九四年になくなった。ビル・クリントンが、議会に対して、中国の最恵国待遇関税の延長を承認するよう求めたのだ。だが、このとき中国政府は、クリントンが一年前に要求していた人権に関する条件をどれ一つ満たしていなかった。この貿易と人権の「切り離し」は、もはや撤回は不可能になった。二〇〇一年に議会が、中国のＷＴＯ加盟への同意の一環として、中国との「恒久的かつ正常な通商関係」を承認したからである。それまで議会は、中国に関する懸念を表明する場として、年に一度、貿易特権について議論する場を設けていたが、その代わりに、二つの専門委員会を設立した。「米中経済安全保障調査委員会」と「中国に関する議会・政府委員会」である。しかし、これらの委員会は報告と政策提言を行なうだけで、中国の利益を脅かすほどの大きな潜在能力はなかった。

中国政府は静かな外交への返礼として、一部の囚人を解放した。これには、民主化運動の弱体化という付加的な効果もあった。釈放された運動の指導者たちが海外に亡命したからである。一九九八年、中国との首脳会談を再開するための代償として、ビル・クリントンは、北京大学で検閲を受けない講演を行なう権利を勝ちとった。講演は中国のテレビで放映された。クリントンはこの講演を利用して、中国は「歴史の流れ」に逆らって泳いでいる、と語った。それとは対照的に、クリントンの後任であるジョージ・W・ブッシュは、人権問題については、中国の指導者と内密に話し合うのがいちばんいいと言った。中国にとって、そのような干渉を内密に受けるのは、公の場で受けるよりも、はるかに外交的コストが少なかった。ヨーロッパ諸国の指導者たちも後に続いた。それでも、アメリカの歴代大統領は、さまざまな方法で、中国の人権に関わっていく意思を表明しつづけた。クリントン以降のアメリカ大統領はすべて、非公式にダライ・ラマと会談している。ただし、ジョージ・W・ブッシュは、それだけにとどまらず、二〇〇七年、連邦議会議事堂で、このチベットの精神的指導者に、公式に議会名誉黄金勲章を贈った——議会が民間人に授与できる最高の賞である。

一九九〇年代、西側諸国からの要求の一つは、中国が人権についての公式対話を開始することだった。中国は一九九〇年代半ばにこの要求に屈し、アメリカ、カナダ、EU、イギリス、フランス、ドイツ、ノルウェー、スウェーデン、スイス、オーストリア、オーストラリアとの対話の場を設けた。しかし、中国は対話の基本原則を自己に有利になるように方向づけ、議題は事前に協議すること、人権侵害の現状ではなく、専門的な問題を取りあげること、議事内容は機密とすることを強く要求した。対話をつねに二国間のものとし、時期を別々にすることで、外国勢力が連携することを防いだ。中国は、西側諸国の政府関係者が、ときどき会合を開いて、中国との対話で経験したことについて意見を交換する（いわゆるベルン・プロセス）のは、非友好的な行為だとみなした。[34] NGOは西側諸国の代表団に参加できず、たまに開かれる中国人研究者たちとのフォーラムに追いやられた。フォーラムは政府間対話に先だって行なわれた。中国はいくつかの西側NGOのフォーラム参加を拒否することもあった。その場合、中国代表は、席を立って出ていったり、そのNGOを招待するなら対話を中止すると脅したりした。中国は、ときどき、他の問題について抗議を表明するために対話を中止した。その後、人権とは関係のない分野でなんらかの進展があれば、その引き換えの譲歩として、対話を再開した。世紀の変わり目までには、名指しして恥をかかせ、外交圧力をかけるという、人権状況を批判する人々の従来の戦略は、中国によってその効果を弱められていた。

人権活動の革新

この変化する状況の中で、人権活動家たちは、中国に影響を及ぼすための新しい方法を模索した。第一に、いくつかのグループは、国際人権機構をますます巧みに利用するようになった。ヒューマン・ライツ・ウォッチはブリュッセル、ロンドン、パリにオフィスを開設し、とりわけEUおよびヨーロッパ諸国政府の中国との対話に向けた準備を支援する役目を果たした。同団体の国連に関わる専門家たちは、中国と協議を行なう国連人権機関に情報やアイデアを提供した。「中国人権」はロビー活動や情報提供を強化した。ヨーロッパ諸国の外務省、国連の条約機関や特別機構が、国際人権法の遵守に関する中国の公式の主張に対して、もっと効果的な異議申し立てができるようにするためである(35)。

第二に、人権状況の改善は、主として中国の中から促進されるであろうことはわかっていたので、人権団体はインターネットを活用して、中国民衆と直接コミュニケーションをとるようになった。中国人権は、インターネットを中心とする活動を推進し、中国国内の読者に向け、隔週発行の中国語のニュースレター(「中国人権双週刊」)で、禁じられたニュースや意見を伝えた。ニュースレターは、電子メールで広められ、インターネットのウェブサイトでも読むことができた。チャイナ・ヒューマン・ライツ・ディフェンダーズは、人権侵害に関するニュースを、英語で外国に伝えるだけでなく、電子メールやウェブサイトを通じて中国国内にも伝えた。亡命中の中国人人権活動家たちは、アメリカ政府が支援するラジオ・フリー・アジアを通じて中国の聴取者に自分の意見を伝えた。亡命中の反体制派組織のほとんどがウェブサイトを開設した。中国政府はこれらのサイトをグレート・ファイアウォールによってブロックしようとした。

人権活動の第三の革新は、中国人労働市民社会――ブロガー、弁護士、嘆願者、活動家、デモ参加者など、次第に活発に動きだしたさまざまな集団――を巻きこんだ。中国労働速報は労働者の権利をめぐる訴訟を試みた。そして、労働者のために、弁護士を見つけ、支援を提供した。労働者たちは、中国の法律の下、中国の裁判所に、雇用差別を告発し、退職年金給付や怪我に対する補償を求める訴えを起こしたのだ(36)。

このような裁判では、有利な判決や和解が成立することもあり、それが世間の注目や判例を通じて他の裁判に影響を与える可能性があった。とはいえ、中国の裁判所は共産党の地元当局の支配下にあり、判決を履行させる力がほとんどない――中国のような民法制度の下では、ある裁判所で言い渡された判決によって、別の裁判所が束縛されることはない。「中国の弁護士を支援する委員会」は、権利擁護（維権）を専門とする弁護士を支援した。この弁護士たちは、差別、土地収用、その他の権利侵害の被害者の裁判を、キャリアと身の安全を大きな危険にさらすことになっても、進んで引き受けた。同委員会は、弁護士に対する人権侵害を公表し、その権利の擁護を手助けし、能力育成や、中国の弁護士と外国の弁護士のあいだの交流を支援した[37]。

第四に、人権団体は、直接企業とコミュニケーションをとることによって、世界経済において増大する中国の重要性に対応した。その取り組みの中で、ビジネスと人権を結びつけようとする、高まる気運の一部を担った[38]。全米労働委員会、チャイナ・レイバー・ウォッチ、その他の団体は、中国の西側市場向け製品の工場における労働者の権利の侵害に焦点を当てた報告書を発表した。消費者の圧力を利用して、ウォルマート、マクドナルド、ディズニーといった企業を動かし、中国を拠点とする供給業者に労働条件を改善させようとした。中国に懸念を抱くいくつかの代表的人権団体は、中国に進出しているインターネット企業やその他の出資者と、何度も会って話し合い、ユーザーのプライバシーを保護するための行動規範を作った。二〇〇八年一〇月、これらの組織は共同でグローバル・ネットワーク・イニシアティブを創設した。これは、インターネット統治において言論の自由を含む国際人権基準の実施を推進する自発的な協定である[39]。

中国政府は、人権活動の革新のそれぞれに対応した。国内のインターネットその他の新しい情報技術を広範囲にわたって統制し、人権に関する情報への市民によるアクセスのほとんどをブロックした。あまりにも露骨に体制に異議を唱える独立した市民社会組織を非合法化して抑圧し、場合によっては、外国の支持者との接触を刑法違反として扱った。外国のインターネット企業に対しては、国内の規制に協力しなければ、ビジネスができなくなると脅迫した。もっとも、これらの規制は、国際法の下では、ユーザーの権利を侵害していた。国連においても、国際外交においても、そして国際および国内NGOへの対応においても、中国の目標は、国際人権体制を排除することではなく（それは困難かつ不必要なことだろう）、その発展と拡大に歯止めをかけ、有効性を制限し、その規範を中国のいくつもの優先事項に合わせて変更し、各機関が中国や同じ考えを持つ国々に敬意を表するよう求めることのようだった。

ソフトパワーのプラス面とマイナス面

ソフトパワー資源を強化し、人権状況への批判をかわすことには成功したものの、中国は依然として、人権侵害の国際的なコストに対しては、脆弱なままである。二〇〇八年の北京オリンピックをめぐる論争が、この脆弱性を典型的に示していた。二〇〇一年七月にオリンピックの北京開催が決まった瞬間から、人権団体は、このオリンピックを利用して、中国政府への圧力を強める方法を計画しはじめた。ヒューマン・ライツ・ウォッチと中国人権は、特別なウェブサイトを開設し、北京五輪組織委員会が人権に関連する取り組みを怠っていることを伝えた。ジャーナリスト保護委員会は、報道の自由の侵害に関する一連の報告書を発表した。アムネスティ・インターナショナルによる一連の「オリンピック・カウントダウン」キャンペーンは、大会開催までの二年間の人権侵害を追跡した。チャイナ・ヒューマン・ライツ・ディフェンダーズは、「オリンピック・ウォッチ」という一連の報道向け発表を行なった。セーブ・ダルフール・キャンペーンとそこから派生したオリンピック・ドリーム・フォー・ダルフールは、中国政府に圧力をかけ、ダルフール問題解決に向けて、スーダン政府に影響力を行使するよう求めた。さまざまな人権団体が、パリやその他の国の首都で、聖火のルートに沿ってデモ行進を行なった。その際、人民武装警察学校の学生の中から選抜された、青と白のスーツ姿の中国人護衛と衝突した。これらの圧力が、中国やダルフールの現場の人権状況の改善に役立ったかどうかは判然としないが、中国の広報活動の成功を阻止したことは確かである。

著名な反体制派中国人、劉暁波が二〇一〇年のノーベル平和賞を受賞したときの中国の対応も、ソフトパワー分野における脆弱性をよく示していた。中国政府は、平和的な変革を提唱したことを理由に、劉暁波を懲役一一年の刑に処していた。だが、ノルウェーに拠点を置くノーベル平和賞委員会が劉に賞を授与するのをやめさせることはできなかった。その後、何週間ものあいだ、中国は嘲笑の的になった。なぜなら、劉もその妻も授賞式に出席させようとせず、ノーベル平和賞委員会を「愚か者ども」と非難し、各国政府に対して授賞式に大使を出席させないよう公然と圧力をかけたからである。

人権侵害は、今なお中国国内で続く不安の原因でもある。現体制に対する国民の許容度は、経済成長に根ざした成果に基づく正当性、外交政策の成功、宣伝工作によって決まる。しかし、体制は市民の拒絶に対して、依然としてつねに脆弱だ。このような状況は統合された民主体制では——政策的にまったく人気のない政権でも——まず考えられない。中国の体制が脆弱なのは、より正当だと広く考えられている別のタイプの体制が存在することを、市民がいつも意識しているからだ。アジア・バロメーター調査によれば、民主主義体制下の市民は、現体制を独裁的な体制に変えたいと思うかという質問に対して——たとえ現体制があまり成果をあげていなくても——ほとんどがノーと答えている。いっぽう、中国その他の独裁的な体制下の市民は、「民主主義は最善の政治形態である」ということで、ほとんど意見が一致している。その意味では、独裁的な体制というものは、人々の寛容な心を頼りに生きのびているわけで、成果をあげつづけなければ、受け入れられないのである。[40]この脆弱性こそ、中国の政権が、人権の推進を一種の政治的な転覆を謀る行為だと考えつづける本質的な理由だ。民主主義の理想には不変の魅力がある。それは、中国のソフトパワー大国としての地位向上の可能性に限界があることを示唆している。

　中国が勢力を伸ばしている現在——また外交の巧みさと、同じ考えを持つ国々との協力のおかげもあり——、国際人権体制の力を削ごうとする中国の企ては、ある程度成功を収めている。その結果、かつて人権という価値観はいずれかならず普遍的なものになると思われていたのが、今や人権の普遍化は、結果を予測できない、より不確かな歴史的闘争になっているようだ。中国は、人権の将来の道筋、すなわち人権に関する国際的な法と制度の考え方および仕組みを方向づける上で、大きな役割を果たすことになるだろう。

第V部　結論

第13章　威嚇か、均衡か？

大国としての中国の出現は、もはや可能性ではなく現実である。経済の持続的成長によって、中国はアメリカや日本とのあいだの軍事力の格差を縮め、ソフトパワー展開への初期投資を行ない、主要な経済および外交主体として、第四の円へと進出した。前著『万里の長城と無人の要塞 *The Great Wall and the Empty Fortress*』で予測したように、中国は、「貿易、人権、兵器拡散、その他の関係を支配する国際体制に参加」した。「体制に従うだけでなく、それを変えるために」[1]。

同時に、中国は依然として、領内および国境周辺において深刻な安全保障上の問題に直面している。この国は、信頼できない友好国や潜在的な敵に囲まれている。各地で領有権を主張しているが、他の国々はそれを認めようとしない。近隣諸国のほとんどは、中国の台頭を疑いの目で見ている。中国政府は、地域のパワーバランスや国際体制に対して、望むほどの影響力を発揮できずにいる。中国はまだ「満足した大国ではない」のだ。

しかし、総合的に見ると、前著で述べたように、「このような問題を抱えている中国にとっては、地域の安定を維持し、潜在的なライバルである大国と協力関係を結ぶほうが、大きな利益になる。これらの問題は、中国が世界秩序形成への不参加を選ぶよりも、秩序形成を求める声を受け入れる強い動機になる」。ゆえに、「アジア大陸における中国の強さは、地域の安定にとって脅威とはならない」。

しかし、強さは脅威に変わる可能性がある。それを防ごうとするとき、中国を含む勢力の均衡こそ、「冷戦後の安定した地域秩序を構築するための適切な基盤」であることに変わりはない、と私たちは今なお信じている。今後一〇年以上にわたるアメリカの対中国政策の課題は、アメリカとその同盟国の国益に合致し、なおかつ中国の安全保障を損なわない新たな勢力均衡を構築することだ。

中国の脅威とは？

中国の台頭は、これまでのところ、アジアや欧米諸国に損害よりも恩恵をもたらしているが、それが続かない可能性もある。

経済面では、中国は西側諸国の一部の主体、とくに消費者や投資家に恩恵をもたらすいっぽうで、その他の主体、とくに製造業の仕事を求める人々に損害を与えてきた。もっとも、製造業の雇用の多くは、中国に移転する前に、すでに他の途上国に移転していた。中国は、世界の商品市場に巨大な需要を創出したが、その需要の多くは、西側諸国に製品を供給するためのものだ。中国の対外貿易は、改革開放期のほとんどの期間、国際的に均衡がとれていたが、アメリカに対しては巨額の貿易黒字を計上している。通貨の人民元は、過小評価されているものの、徐々に価値が上昇しており、完全交換性の実現に近づきつつある。だが、近づきつつあるスピードについて、中国に批判的な人々は遅すぎると言い、ドルの優位が脅かされることを恐れる人々は速すぎると主張している。中国の台頭は、多くのアジア経済諸国およびアフリカ、ラテンアメリカその他の国々の経済成長の促進を牽引してきた。しかし、その過程で、地域の一部の雇用を奪い、脆弱な環境での資源獲得を激化させた。バランスシートの内容はどの経済関係においても複雑多様だが、全体的に見れば、中国の台頭は、中国だけでなくアジア、欧米、そして世界の繁栄に貢献してきた。

政治面では、中国は国民に以前よりも多くの個人的自由を与え、自国の文化を外国の影響に対して開放し、海外への留学や旅行、英語その他の外国語学習を奨励し、巨大な都市中産階級における欧米志向の消費生活の拡大を促進した。中国はさまざまな形で世界と統合しつつあるが、それでも、いまだに民主主義国家にはなっていないし、国家による経済および社会統制をあきらめていない。中華人民共和国は今なお独裁的な体制であり、多くの点で西側の価値観に反している。だが、国内では抑圧的であっても、世界の民主政治体制を転覆させようとしたことはない。

戦略的な面では、中国の台頭は、西側諸国との幅広い利益の一致をもたらした。中国はいくつもの世界体制に参加し、おおむねそれらに従っている。アジアおよび第四の円諸国に対して、革命よりも安定を望んでいる。また、海外に軍隊を駐留させていないので、西側主要国がどこでも好きな地域に軍事力を展開するのを阻止できない。たしかに、中国の利益が西側諸国の利益とまったく同じということはめったになく、たいていの場合、効果的な政策についての考え方も異なっている。協力にはある程度の代償が伴う。すべての重要な国際機関および体制において、中国は自国の利益になるように、ルールを変更しようとする。中国の目標は、西側が作りあげた世界秩序に損害を与えることではなく、影響を及ぼすことだ。

軍事面では、中国はあいかわらず、ほとんど国内および国境周辺での任務ばかりに関わっている。アジアから遠く離れた場所で経済的利益を得ているにもかかわらず、その利益を力で守るための手段を講じていない。中国が軍事力を行使して、すでに領有権を主張している以外の地域まで奪取し、アジアからアメリカを追い出し、あるいは第四の円において西側の軍事的影響力に対抗しようとしている、といった兆候はまったく見られない。アメリカのアジアにおける同盟関係は依然として強固である。しかし、中国軍の台頭は、アジアにおける既存のパワーバランスに新たな課題を突きつけている。中国は、アメリカによる台湾海峡への介入を阻止する能力、そして、日本やその他のアメリカの同盟国、準同盟国に対して、東シナ海、南シナ海の領有権の主張を実行する能力を構築しつつある。これらの展開によって、かつてはアメリカにとって一方的に有利だった西太平洋における軍事バランスが変わろうとしている。

イデオロギーの面では、中国は広報活動に力を入れ、世界中でイメージの向上を図っている。今や善意にあふれ、文明化の進んだ、平和を愛する社会であり、以前のような批判や疑いを向けられるべき国ではないということを示そうとした。この努力は自己防衛的なものである。中国の報道官たちは、自国の政策――たとえば人権――を批判されると、逆に相手を批判し、中国のイメージを高めようとするが、中国は他国のイデオロギーに変化を促そうとはしない。

要するに、現在の中国は、現状に不満を抱いてはいるものの、世界秩序の安定と西側諸国の繁栄に大きな利害を持つ国となった。自国の利益を追求するため、中国はたびたびアメリカやその同盟国の利益を脅かしてきた。しかし、ポスト毛沢東時代、これらの摩擦が直接的な経済、政治、軍事紛争に発展することはなかった。その意味では、一九七二年以降のアメリカによる対中関与政策は、主たる戦略目標を達成したことになる。

だが、これらを考慮したとしても、中国の将来の指導者たちがアメリカの優位に挑戦しようとする可能性は残っている。もしも中国の経済成長が、過去三〇年間維持してきたペースで、さらに一〇－二〇年続けば、中国は軍備を増強して海外に基地を確保できるだけの巨額の財源を持つことになるだろう。そして、拡大する利益を守るために軍事力を行使する必要性が高まる状況に直面するだろう。国外に保有する資産が増え、アジア太平洋および第四の円諸国からの資源輸入が増えれば、中国は自国の利益を保護するために、より遠くの地域まで戦力を投射することを決意するかもしれない。グローバル化が進む中、技術の拡散によって、軍事および情報技術におけるアメリカの優位は失われる恐れがあり、そうなれば、たとえアメリカが軍の近代化を続けたとしても、中国が追いつくことは可能かもしれない。

かりに中国がアメリカの支配に対してそのような挑戦を仕掛けるとしたら、南アジア、アフリカ、中南米、中東の軍事基地を使用する権利を取得しなければならないだろう。どれも守るべき重要な権益を有する地域である。数十年以内に、中国海軍は、現在のアメリカ海軍と同じように、世界の海を遊弋《ゆうよく》し、さらにはアメリカの沿岸を巡視していることだろう。人民元は最大の国際準備通貨として、ドルに取って代わるだろう。中国の文化や価値観が、中国製品とともに、全世界に影響を及ぼすだろう。アメリカは、対抗すべきかどうか、するとすればいつするかを決めなければならないだろう。アメリカが対抗すると決めた場合、米中が戦争に突入する可能性もある。(2)

この種の脅威の可能性は、中国の成長力に内在するものだが、避けられないわけではない。この先数十年の課題は、中国の役割を明確に定め、その役割が他の主体の利益に対して、破壊的ではなく建設的な影響を与えるようなものにすることである。それが可能かどうかを決めるのは、以下の三つの要素だ。中国国内の変化、地域の環境の変化、そしてアメリカの政策の変化である。

中国はどう変わるのか？

今日の中国は強力な体制を持つ強力な国家だが、同時に、問題を抱えた脆弱な国家でもある。中国社会は激動し、疑問を投げかけ、しばしば怒りを抱いている。現在、期待の増大という革命が進行中で、国への圧力が高まっている。富を求め、同時に行政の迅速な対応を求める国民の声を、国は先取りしなければならないのだ。人々は、以前よりも自由に、インターネット上でこっそり不満を表現できるようになっている。政府によって流布されている公式の神話、すなわち、共産党は革命時に国民から権力を与えられたのだから正統な支配政党（与党）である、とか、共産党が実行している中国式社会主義は国民すべての役に立っている、とか、党の最高指導者はどのような政策が最善かについての知識を独占する権利を持っている、といったようなことを、誰も信じていない。中国人のほとんどは、指導者でさえ、体制が進化の終わりに到達したとは思っていない。現在の政治体制は、何か別の体制が実現されるまでの、暫定的なものだという感覚が広く浸透しており、私たちもその感覚を共有している。(3)

政治的変化の可能性は主に三つある。その中には、軍事クーデターや民族的分裂は含まれない。軍事クーデターやソ連のような民族的分裂は含まれない。人民解放軍は党への忠誠心が強く、また指揮系統が複雑でクーデターを組織するのが困難だからだ（第11章）。民族的分裂の可能性が低いのは、少数民族の人口が少なく、また漢族国家による統制が厳しいため、分離独立が不可能だからだ（第8章）。

第一の可能性は、体制が目指しているであろう変化だ。それは新たな支配形態への漸進的進化であり、新たな支配形態とは、「敏感に反応する独裁主義」とでも言うべき、効率的かつ効果的で、国民に支持される、安定した独裁体制である。そのような体制は、世論に敏感に反応するので、民主的だと言えるかもしれない。しかし、安定の名の下に、自由参加の政治的競争は禁止されるだろう。中国は巨大なシンガポールになるのだ。現在の指導者たちは、腐敗を厳しく取り締まり、良質な公共サービスを提供し、限定的な透明性を認め、かならずしも本格的なものではなくとも、人目を引くような政策協議を行なうことによって、この種の安定した独裁主義的支配を実現できると思っているようだ。これは、多くの中国人にとっては、よくわかる考え方である。歴史的に見ると、中国人が考える民主主義の概念では、政治的競争にはほとんど重点が置かれず、国が国民の利益に貢献することに、より大きな重点が置かれているのだ。この概念では、効果的で正しいと思われる統治と引き換えに、権力の過剰な集中が容認される。(4)

しかし、このモデルは内部矛盾だらけである。自由参加の政治的競争を回避したい場合、体制は抑圧という方法をとらざるをえない。その抑圧によって人々は不当だという感覚を抱く。抑圧を強めなければ、市民社会が成長し、体制の政策やイデオロギーに異議を唱えるようになるだろう。社会ではあまりにも多種多様な利害関係が生まれ、政治的競争がなければ、体制は裁定を下すことができなくなる。増加する中流階級は、自分の望みについて、それぞれが独自の考えを生み出しつづけるだろう。もしも体制が自由参加の政治的な議論や競争を認めたら、一党支配はいつか崩壊するだろう。

たしかに、そのような緊張によって、適応性のある弾力的な体制が不安定になるまでには長い時間がかかるかもしれない。中国の現在の体制がある程度変わっていけば、これから先も長いあいだ機能しつづける可能性はある。体制がこの道を踏み外さないかぎり、経済成長のために国内の政治状況は存続するだろう。もっとも、過去三〇年間と同じ成長率を維持できるとはかぎらない。そして経済成長は中国が対外的な自己主張を続けるための物質的な基盤を提供するだろう。

国内変革の第二の可能性は、民主主義への平和的な移行である。重大な経済または社会危機に直面した場合、指導部内のグループが社会と折り合いをつけるために、政治体制を開放して、政治的自由や、自由参加の権力競争を認めるかもしれない。天安門事件の当時の中国共産党の指導者、趙紫陽は、そのようなことをしたいと考えたが、指導部内の保守派に阻止された。台湾では、この種の上からの開放が一九八六年に始まり、支配政党に有利に働いた。その証拠に、民主主義への移行以来ずっと、民主的な方法で権力を保持できている。

民主化が中国の対外政策目標に根本的な変化をもたらすことは、おそらくないだろう。北京の民主的な統治者たちは、引きつづきチベットと新疆に対する支配を維持し、台湾に対する支配権を主張しようとするだろう。なぜならこれらの地域は中国の中核地域の防衛に不可欠だからだ。民主的な指導者たちは、依然として、東および南シナ海の戦略的・経済的資産の領有権を訴え、国の繁栄のために不可欠である海上交通路の防衛に参加できるよう人民解放軍海軍を増強し、中央アジア、朝鮮半島、東南アジアなどの近隣地域に影響力を行使し、攻撃を阻止するための軍事力を維持し、資源の輸入先にして製品の輸出先である遠く離れた地域に影響を及ぼし、全体としては、現体制が追求しているのと同じ国家安全保障政策を推し進めようとするだろう。

民主化が平和的に達成された場合、中国の強みはかならずしも減少しないだろうし、増大する可能性もある。経済はより効率的で革新的になるかもしれない。国内の課題のいくつかは、深刻さが和らぐかもしれない。西側諸国はもはや中国の体制を変えようとはしなくなり、現在のような主要な安全保障上の不安は取り除かれるだろう。台湾が本土に対して抱く不信の原因の一つが消えることになる。中国政府は、あまり抑圧的な手段を使わずに、チベット、新疆、モンゴルの少数民族との関係を管理できるかもしれない。イデオロギー問題をめぐる中国側と欧米および日本側の相互不信は解消に向かい、摩擦の原因のいくつかは取り除かれて、貿易赤字、通貨価値評価、海軍バランスなどの問題を協議しやすくなるだろう。これらの変化によって、軍事資源が他の用途にも利用可能になり、新たなソフトパワーの資源が創出されるだろう。このように、民主化された中国は、外国政府にとっては、ある意味では、現体制よりも対応が難しくなるかもしれない。

いっぽうで、民主主義への移行で政府の権威が弱まれば、中国は経済成長の鈍化に直面し、国境を越えた人口流動や犯罪に見舞われ、軍備管理、公衆衛生、気候変動に関する約束を履行するのがより困難になる可能性がある。中国政府は、世論に敏感に反応して、今よりも激しい自己主張を展開するかもしれない。おそらくその世論は国粋主義的なものだろう。このような展開は、西側諸国にも新たな、しかし異なる種類の課題を突きつけることになるはずだ。

第三の可能性は、中国の体制の不安定化である。原因としては次のようなものが考えられる。経済失速。インフレ。自然災害。環境・公衆衛生の危機。他国との軍事衝突での敗北など国際的屈辱。指導部を分裂させる権力闘争。あるいは、これらの出来事の組み合わせ。このような一連の出来事は、経済に打撃を与え、軍の有効性を損ない、ソフトパワーを破壊し、首尾一貫した戦略外交を実行する中国の能力を低下させるだろう。その結果、台湾、チベット、新疆における問題が悪化し、近隣諸国が警戒し、指導者たちは国内の問題ばかりに注意を集中することになるだろう。

このような情勢の不安定化によって、長きにわたるアメリカのアジアにおける影響力に中国が直接、軍事的・政治的な挑戦を仕掛ける可能性は取り除かれるだろうが、その代わりに別の問題が浮上するだろう。少数民族への抑圧の悪化や、台湾、日本、アメリカその他の国々に対する不合理な非難につながる可能性がある。難民、環境、公衆衛生、その他の国境を越えた諸問題が深刻化するかもしれない。国を一つにまとめるのに最適の機関として、軍が権力の真空に引きこまれるかもしれない。いずれにせよ、中国が混乱に陥れば、おそらく、他の国々が中国の弱みにつけこもうとし、中国が必死に抵抗しようとするため、国境を越えた衝突へと発展するだろう。もしそうなれば、中国は、領土問題について、もっと攻撃的になるかもしれない。たとえその意思を押しとおす能力が低下していたとしてもだ。

政治的変化だけでなく、他のいくつかの国内問題が、中国の力の道筋を変えるかもしれない。中国は三つの時限爆弾の上に座っている。人口の時限爆弾——二〇五〇年までに中国の人口の四分の一が六〇歳以上になる。水の時限爆弾——中国は先進経済国の中で最も深刻な水不足問題を抱えている。気候の時限爆弾——地球温暖化によって、中国は他のほとんどの国よりも大きな被害を受けるだろう。中国の川の大部分はチベットの氷河から発していて、その氷河は溶けつつあるのだ。最もましなケースでも、すなわち中国の経済成長モデルがうまくいき、どの時限爆弾の犠牲にもならず、国内のインフレや外国の保護主義の被害も受けなかったとしても、経済が成熟するにつれ、おそらく経済の減速に直面するだろう。(5)

要するに、中国は変わるだろう。将来のどのシナリオも、中国の近隣諸国にとってはリスクを伴うが、同時に利点もあるかもしれない。第一のシナリオでは、中国の強さと自己主張が増すが、経験豊かな政策立案者が担当することで、外交政策の目標と戦略に一貫性が与えられる。第二のシナリオでは、中国が勢力拡大のための野心的戦略を推進する動機が減り、おそらくそうするための資源も減るが、同時に、中国の国際的な行動に、いくつかの予測不可能な要素が持ちこまれるだろう。第三のシナリオは、国を弱体化させるが、世界との関係に新たな不安定性をもたらすだろう。

中国の地域環境は変わるのか?

中国の将来の戦略的選択肢を形成する第二の要因は、国境周辺の政治環境の進化である。過去三〇年にわたる中国の政策立案者たちの尽力の結果、国際環境は、中国が権力を行使するのに、相当望ましい状態になっている。中国の国境紛争のほとんどは解決済みである。近隣諸国の大部分は、中国と関わりを持つことで経済的恩恵を受けているので、中国の台頭に強硬に反対するようなことはない。中国の役割は、アジアやその他の地域の多国間組織から認められている。中国企業は、少し複雑な感情はあるとしても、世界中のどこでも歓迎されている。周辺地域は平和である。近い将来、なんであれ外部の環境に変化が起これば、中国政府にとって物事は容易ではなく、困難になるだろう。

中国は二種類の国々に囲まれている――不安定な国と強力な国である。不安定な国で起こりうるいかなる変化も、中国の政策立案者たちを困らせることになるだろう。強力な国は、将来さらに強力になり、中国にもっと熾烈な競争を仕掛けてくる可能性がある。不安定な国には北朝鮮、パキスタン、ミャンマー、中央アジア諸国が含まれる。これらの地域で体制崩壊や戦争が起これば、中国がなんらかの形で巻きこまれる可能性が高い。政治的あるいは極端な場合には軍事的に関与することになるはずだ。中国は、地域の大国(アメリカ、日本、ロシア、インド)と協力して事態に対処するか、競い合うかを決めなければならないだろう。中国はひょっとすると、低コストでより大きな影響力を獲得できるかもしれない。しかし、おそらく、不安定な隣国に介入するほとんどの国がそうであるように、最終的には、大量の資源を費やして、不満足な結果しか得られないだろう。その後、周辺地域は他の大国に支配されるかもしれないし、引きつづき不安定なままかもしれないし、あるいは、長期にわたる資源の大量投入という代償と引き換えに、中国の影響下に入るかもしれない。いずれにせよ、中国は、おそらく現在よりも周辺地域に釘付けの状態になり、その結果、地域外に勢力を展開する能力は低下するだろう。

強力な国々は、インド、日本、ロシア、ヴェトナムである。どの国も、現在より手強い競争相手になる可能性がある。インドの人口は中国よりも急速に増加しており、二〇三〇年頃までには、より大きく、より若くなっているだろう。都市化のスピードがゆっくりとしているので、より長い成長軌道を享受できる可能性があり、その間に、農村人口が都市へ移動し、より生産的な仕事に就くようになるだろう。かりにインドがパキスタンと和解すれば――たしかに可能性は低い。中国がパキスタンと軍事・外交協力を結んでいるので、なおさらありそうにないことだ――、インド洋、東南アジア、中央アジアで中国と競い合う能力は増大するだろう。ヴェトナムは中国が支配するには巨大すぎる。現在、急速に成長しており、単独であれ、他の国と協力してであれ、中国と紛争を起こす能力を持っている。可能性は低いが、考えられる勢力の変化としては、賢明な経済政策と賢明な国際戦略の相乗効果によるロシアや日本の復活がある。これら四カ国のいずれかが、アメリカとの関係を強化することによって、中国に対する影響力を増大させることが考えられる。中国は現在、これらの国々の政権とは安定した関係を結んでいる。いずれにせよ、相対的な力の変化や関係の悪化によって、中国の政策立案者たちは難しい対応を迫られるのだ。

中国は近隣諸国の変化をほとんどどうすることもできない。何か変化が起これば、今よりも地域の問題に釘付けになる可能性が高く、地域外への勢力拡大は後回しになるだろう。中国にとって最善の選択肢はアジアの安定なのだ。

アメリカの衰退？

中国の国際環境で起こるかもしれない最も重大な変化は、アメリカの覇権の著しい衰退であろう。中国の戦略家の大半、そして西側のアナリストの多くは、そのような衰退が起こりつつあると考えている。アメリカは軍事的に手を広げすぎ、経済的活力を失い、政治的に分裂しているために問題を解決できなくなっている、と考えられているのだ。力を回復、強化しようとするワシントンの断続的な努力によって、衰退は覆い隠されているのかもしれない。だが、時が経てば、その力は失われ、もはや国際市場を支配することも、世界に安全保障を提供することも、豊かな暮らしについての人々の考え方に影響を与えることもできなくなるだろう。中国が勢力を拡大しつづけ、アメリカの力が低下すると仮定すれば、中国はアメリカを追い抜いて、最強の世界的大国となり、政治学者たちが言うところの「力の移行」を実現することになるだろう。

しかし、この展開は中国にとって、ありがた迷惑だろう。東いっぽうでは、ほとんど手間をかけずに台湾を手に入れ、東および南シナ海の経済的資産を好条件で獲得し、他の国々が代価を払って保有する国際準備通貨として人民元を発行し、さまざまな国際体制の原則を好きなように定め、中国のビジネスのやり方が幅広い支持を得るだろう。

しかし、中国が、安定した世界体制を統括するほどのじゅうぶんな勢力範囲と影響力を持った世界的な超大国として、簡単にアメリカに取って代わることはないだろう。力の移行は、二直線の交差ではない。斜陽の大国は衰退するのに時間がかかるだろう。台頭する大国は、だんだん急峻になる長い上り坂を登って、経済力をグローバルな軍事的および政治的な力へとつなげていかなければならない。一つの覇権国が別の覇権国に、整然と取って代わることはないだろう。世界の警察官としてアメリカに取って代わるために、中国は経済的および軍事的資源を限界まで投入する必要があるだろう。しかも、アメリカが享受してきたほど良好ではない戦略地政学的な位置からそれを実行することになる。

力の移行の初期段階では、六つの勢力――アメリカ、中国、ヨーロッパ、日本、インド、ロシア――が、不安定化という大きなリスクを伴う複雑なバランス・ゲームを展開するだろう。自己の利益を守るために、中国が支払う代償はどんどん高くなり、負担も増えていくだろう。だがおそらく、それに見合った安全保障上の利益はほとんど得られないだろう。もちろん、国際体制に属する他の国々が、まもなく中国の側につき、中国が支配的勢力になるのを手助けすることも考えられる。しかし、他の大国の一部また全部が結束して中国に対抗する可能性のほうが高い。すでに一九九〇年代に、アメリカは対中関与戦略を補強するため、「ヘッジ」すなわちバランス戦略を開始し、中国による影響力行使を抑制するのに必要な軍事的・政治的資産を強化していた。二〇〇〇年代、中国がより明確に影響力を行使するようになると、アメリカの戦略は中国の近隣諸国から幅広い支持を得た。二〇一〇年代、中国が引きつづき台頭していたことから、アメリカはイラクとアフガニスタンの駐留部隊を縮小し、すばやくアジアに向きを変えた。中国の近隣諸国は、中国ではなくアメリカとの協力関係を継続するはずである。なぜなら、アメリカは地域の外に位置し、公共の利益を提供するという評判があり、親しいパートナーだからだ。

対照的に、中国はあまりにも近くに位置しているため、脅威となっている。近隣諸国は中国の戦略目標が不明確だと考えている。アメリカとは異なり、中国には、世界の強国の中に自然な同盟国はほとんど存在しない。日本、インド、ロシア、アメリカにとって、中国はそれぞれの警戒地域に物理的に近すぎるため、魅力的なパートナーではない。アメリカ、日本、インド、ヨーロッパにとって、中国がパートナーになる可能性は低い。なぜなら、個人主義的な政治的価値観と、民主主義的な自由市場政治体制を共有していないからだ。中国の近隣のもっと小さな国々――ASEAN諸国や太平洋の国々――の大部分が中国寄りになることもなさそうだ。あるとすれば、中国の力がこれらの国々の力の総和を、他に選択の余地がないほど大幅に上回るか、中国にとっても自国にとっても同じくらい大きな利益になるとこれらの国々に認識されるような政策を中国が推進するかした場合に限られるだろう。だが、中国にとってそのようなバランスをとることは難しいにちがいない。

第四の円の国々はまだ、中国との力のバランスをとる措置を講じていない。なぜなら、その地域において中国の役割が増大していることによって、その国々が得るものは多く、失うものは何もないからである。しかし、万が一、中国が第四の円内のさまざまな地域にまで軍事力を拡大し、その国々の戦略的展望に影響を及ぼそうと試みた場合、第四の円のいくつかの国々が中国に対抗して力の均衡を図ろうとすることも予想される。

これらすべての理由により、このまま台頭を続けるとしたら、中国はますます急峻になる坂を登っていくことになる。高く登れば登るほど、より多くのエネルギーが必要になる。力の単位の一つ一つを、安全保障の強化へ変換するためだ。優位にあることの強みをさらに強化するためのコストは、この位置まで登りつめてくるために費やしたコストより大きくなるだろう。そして、世界の警察官として、中国がアメリカに取って代わらないとすれば、それができる別の候補者を見つけるのは難しい。世界の他の国々と同様、中国も世界の安全保障の全般的な低下の影響を受けるだろう。この見通しは、中国政府にとって、中国が強いアメリカと協力して構築できるかもしれない協調的な勢力均衡による安全保障体制に比べると、あまり魅力的ではない。したがって、アメリカの衰退はまったく中国の利益にはならないのだ。たとえアメリカの衰退が利益になると考えたとしても、そんな衰退を促す現実的な手段を中国は持っていないし、そうしようとしている兆候もない。

新たな均衡を確立する

中国にとっても、アメリカとその同盟国にとっても、より望ましい代替案は、中国の安全保障を高めるために、新たな力の均衡を創り出し、現在の世界体制を維持することだ。その場合、中国はより大きな役割を担うことになる。中国の地理的な状況は変わらないだろう。巨大で、人口の多い、強力な地上兵力を持つ国である。中国は、国民の生活水準と生活の質を高めること、環境を保護することに力を入れるだろう。

中国には、このコースを選択するじゅうぶんな理由がある。軍事力を増強するいっぽうで、国内の治安やテロ対策にも引きつづき財源を投入する必要があるだろう。そうすると、国外に大規模に戦力を展開することは難しくなる。中国の安全保障政策は、今までどおり周辺地域に集中せざるをえないだろう。国境を安定させ、沿岸を防衛し、近隣海域の価値ある資源の領有権を守るのである。危機に際しては、国境周辺の混乱が中国軍の反応を招くかもしれないが、中国の観点からすると、たとえ近隣地域であっても、軍事介入は、平和的な話し合いに比べれば、はるかに劣る次善の策だ。同様に、中国は台湾に関して、経済統合を通じた平和統一という政策を貫き、戦争を回避しようとするだろう。さらに、中国は他の海軍国と協力して海上交通路を保護し、外交を通じて地域の安定を維持しようとするだろう。

中国が世界最大の経済大国になっても、その繁栄は依然として、アメリカや日本をはじめとする世界のライバル諸国の繁栄と相互依存の関係にあるだろう。中国は、豊かになればなるほど、海上交通路の安全、国際貿易・金融体制の安定、核不拡散、地球規模の気候変動、公衆衛生における協力などに大きな利害を持つことになる。中国とアメリカの戦略的利益のあいだに、根本的な対立が生じることはないのである。[6]

アメリカは、この選択を促すべきである。そのためには、自身のニーズを満たしつつ中国のニーズを阻害しないような軍事的、経済的、政治的な政策方針を明確にし、それを固守しなければならない。台頭する中国は、アメリカの力を押し返して、ワシントンの意思の範囲を見きわめようとするだろう。そのときは、ワシントンも中国を押し返さなければならない。中国の勢力拡大に歯止めをかけるためだ。

中国に関連したアメリカの利益については議論の余地はないが、ここで確認しておいたほうがいいだろう――中国の安定と繁栄、台湾問題の平和的解決、周辺海域の航行の自由、日本その他アジアの同盟国の安全保障、開かれた世界経済、人権の保護。

二つの領域がとくに重要だ。第一に、アメリカは東および南シナ海を含む西太平洋における軍事的優位を維持しなければならない。これは中国にとっては受け入れがたいことだろう。なぜなら、この海域は中国に最も近く、中国が領有権を主張する島その他のものを含んでいるからである。この優位を保つためには、アメリカは戦力をたえず更新し、地域諸国との同盟を堅持し、脅威に直面したときにも信頼を失わないような行動をとらなければならないだろう。そのいっぽうで、アメリカは中国を安心させてやらなければならない。こうした動きは、共通の利害の均衡を図ることを意図したものであり、中国を威嚇し、あるいは封じこめようとするものではない、と説得するのである。危機を解決し、軍事衝突を回避しようと考えるならば、双方の国防関係者の交流を図り、信頼を醸成するための仕組みが必要不可欠だ。

第二に、アメリカは、国際体制をアメリカとその同盟国の国益に反する形で作り直そうとする中国の企てに対抗する必要がある。軍備管理、貿易、金融、気候変動など――さらに、その他ほとんどすべての――さまざまな体制において、中国には中国の優先事項があるのだ。国際体制において自己の利益を追求しようとする中国の企ては正当なものだが、それと同様に、第二次大戦後以降、とくに冷戦終結以降、世界体制が遂げてきたすばらしい進化を持続させることがアメリカの利益になる、というのもまた正当なことである。これは、とりわけ国際人権体制の場合に当てはまる。人権に関わる一連の国際的なルールや機関は、長い目で見れば、世界秩序のあり方を構築した大きな責任を負っている。それはアメリカがフランクリン・デラノ・ルーズヴェルトの時代から推し進めてきた世界秩序である。

これらのアメリカの核心的利益が中国の安全保障を脅かすことはない。第一の円において、中国は、急速な社会的、文化的変化のただ中での安定、少数民族との民族的融和、台湾問題の平和的解決を必要としている。現在の政治体制は多くの中国市民の生活を改善してきたが、これらの政治的目標は達成していない。長い目で見れば、アメリカは引きつづき、より安定した中国のために働くべきである。それはつまり、何よりも、国民の人権を尊重する中国という意味である。

第二、第三の円では、アメリカとその同盟国は、中国の軍事的、経済的、外交的影響力が国境周辺で拡大することを、支配には及ばない程度までは容認できる。これらの地域の安定を維持するアメリカと中国の役割のバランスを明確にするには、時間がかかり、交渉も必要で、また対立も避けられないだろうが、目標の達成は可能だ。第二の円の関係の中で、安定させるのが最も難しいのが、日本との関係だろう。アメリカの日本に対する強力な防衛コミットメントは、中国と日本が最終的に双方ともに安全な均衡への道を見つけるのを手助けする上で、依然としてきわめて重要だ。

第四の円においては、どんなに熾烈なものであっても、経済競争を戦略上の対立と混同すべきではない。中国には、自国民を支え、相互に依存する世界経済の中で自らの役割を果たすのに必要な資源を確保する権利が与えられるべきである。同時に、中国が他の国々に対して資源を使用する権利を否定したり制限したりすることは許されず、また国際的な経済関係について条件を指示することも許されない。

中国の台頭に抵抗するのは、現実的な選択肢ではない。抵抗しようとすれば、互恵的な経済関係を断絶して、中国を包囲するために莫大な費用を投入しなければならず、そうなれば、中国としても敵対的な反応をせざるをえなくなる。抵抗しようとしても失敗するだろう。なぜなら中国はすでにあまりにも強力だからだ。中国の台頭に抵抗するような政策は、アジアの安定と繁栄に予測不可能な結果をもたらすだろう。アメリカにおいても、アジアの同盟国のあいだでも、そのような政策は、まともな政治的支持を得られない。中国の政策立案者の多くは、アメリカがこの戦略を追求しているものと思っているが、そんなことはしていないし、またそうすべきでもない。

しかし、中国の台頭に対して譲歩しすぎる必要はない。中国は、「太平洋共同体」におけるアメリカほどの発言権はなく、グローバルな共同統治における「G2」〔米ソ〕ほどの役割も果たしていない。アメリカが手を引かないかぎり、中国が「世界を支配する」ことはないのだ[7]。

中国の台頭が、アメリカや世界にとって脅威となるのは、アメリカがそうなることを許したときだけである。したがって、正しい対中国戦略は国内から始まる。アメリカのなすべきことは、力強い成長を回復させ、世界的にもずば抜けて優れた高等教育部門への支援を継続し、新技術を開発しつづけ、スパイ行為や盗難から知的財産を保護し、他の経済諸国との貿易関係を深め、軍の革新と更新を続け、同盟国およびその他の協力国との関係を発展させ、模範を示すことによって世界中の人々からアメリカ的価値観への尊敬を得ることである。自らの価値観を固守し、国内の問題を解決しさえすれば、アメリカは中国の台頭に対処できるだろう。

謝辞

本書はスミス・リチャードソン財団からの惜しみない研究助成がなければ書かれることはなかっただろう。同様に、コロンビア大学ウェザーヘッド東アジア研究所ならびにテキサスA&M大学ジョージ・H・W・ブッシュ行政大学院からの財政支援にも感謝する。

次の方々に感謝する。『*The Great Wall and the Empty Fortress*』の第二版に着手することを許可してくれた共著者であるロバート・S・ロスとW・W・ノートン社の出版人、スティーヴ・ノートン。この第二版が最終的に本書へと発展したのだ。スティーヴン・I・レヴァインは、第一版の早い段階で、いくつかの章の草稿作りに参加してくれた。彼の独特の表現の一部は本書の中でも生かされている。彼からは原稿全体について貴重な意見もいただいた。以下の方々からは多くの章でありがたい意見や支援をいただいた。ロビー・バーネット、マイケル・ベックリー、デニス・ブラスコ、リチャード・ブッシュ、チャン・クエイミン、ロジャー・クリフ、コルテス・クーパー、ポール・ゴドウィン、デイヴィッド・カン、フア・ユー・リ、フランク・ミラー、アンドリュー・オロス、ジョーン・エストラリータ・オウ、アレキサンダー・パンツォフ、モリス・ロッサビ、柴田哲雄、シャウチー・シェン、ラリー・ウォーツェル、ゾン・ハイレン。

以下の方々にも感謝する。ヴィクター・アルファロ、ルーベン・アジジアン、アリス・バー、ロメル・バンラオイ、サミュエル・バーコウィッツ、ジェ・ホー・チュン、ヨン・デン、ブルース・ディクソン、チャールズ・フーパー、ロイ・カンプハウゼン、ヒュン・キュー・キム、テホ・キム、ヘイノー・クリンク、モハン・マリク、エヴァン・メデイロス、ライル・モリス、レン・ムー、イアン・ストーリー、スイシエン・ザオ。中国国内のたくさんの専門家たちの支援に感謝する。彼らはアンドリュー・スコベルのインタビューを受けることに同意してくれたが、名前を明かすことはできない。また、スコベルから北京大学の朱鋒教授に謝意を表する。二〇〇八年に調査のため中国に長期滞在した際、教授にはたいへんお世話になった。

以下の有能な研究助手のみなさんに感謝する。彼らはこのプロジェクトのさまざまな段階で重要な貢献をしてくれた。セレナ・ホー、チウイー・コー、ブランドン・クルーガー、シンシア・リー、ダニエル・パルック、ニコラス・リーヴス、クリスティン・サロ、グレゴリー・スティーヴンソン。そして、アンドリュー・ネイサンの二〇一一年春の中国外交政策クラスの学生たちにも感謝する。彼らはタイプミスを見つけ、その他の提案や修正をしてくれた。

索引

＊中国語の人名と地名は日本語読み、朝鮮人名は原音読みとした。

【さ行】

【た行】

【な行】

【は行】

【ま行】

【や行】

【ら行】

【わ行】

原 注

序

1. Andrew J. Nathan and Robert S. Ross, *The Great Wall and the Empty Fortress: China's Search for Security* (New York: Norton, 1997).
2. 同 xi.
3. Richard M. Nixon, "Asia After Viet Nam," *Foreign Affairs* 46, no. 1 (October 1967), 121.
4. 「世界を支配する rule the world」という表現は Martin Jacques, *When China Rules the World: The Rise of the Middle Kingdom and the End of the Western World* (London:Allen Lane, 2009) より〔邦訳 マーティン・ジェイクス『中国が世界をリードするとき：西洋世界の終焉と新たなグローバル秩序の始まり』NTT 出版、2014〕。
5. 中国の軍事力については、とくに以下を参照。Andrew Scobell, *China's Useof Military Force: Beyond the Great Wall and the Long March* (Cambridge: Cambridge University Press, 2003) および David Shambaugh, *Modernizing China's Military: Progress, Problems, and Prospects* (Berkeley: University of California Press, 2002).
6. たとえば以下を参照。Nicholas R. Lardy, *Integrating China Into the Global Economy* (Washington, D.C.: Brookings Institution Press, 2002).
7. たとえば以下を参照。Elizabeth Economy, *The River Runs Black: The Environmental Challenge to China's Future* (Ithaca: Cornell University Press, 2004)〔邦訳 エリザベス・エコノミー『中国環境リポート』築地書館、2005年〕; Bates Gill, Jennifer Chang, and Sarah Palmer, "China's HIV Crisis," *Foreign Affairs* 81, no. 2 (March-April 2002): 96–110; Shanthi Kalathil and Taylor Boas, *Open Networks, Closed Regimes: The Impact of the Internet on Authoritarian Rule* (Washington, D.C.: Carnegie Endowment for International Peace, 2003).
8. たとえば以下を参照。Evan S. Medeiros and M. Taylor Fravel, "China's New Diplomacy," *Foreign Affairs* 82, no. 6 (November-December 2003): 22–35; Evan S.Medeiros, *China's International Behavior: Activism, Opportunism, and Diversification* (Santa Monica, Calif.: RAND, 2009).
9. たとえば以下を参照。Rosemary Foot, *Rights Beyond Borders: The Global Community and the Struggle Over Human Rights in China* (Oxford: Oxford University Press,2000); Joshua Kurlantzick, *Charm Offensive: How China's Soft Power Is Transforming the World* (New Haven: Yale University Press, 2007).
10. たとえば以下を参照。Michael Pillsbury, *China Debates the Future Security Environment* (Washington, D.C.: National Defense University Press, 2000).
11. とくに以下も参照。Lu Ning, *The Dynamics of Foreign Policy Decisionmaking in China* (Boulder: Westview, 1997); Andrew J. Nathan and Bruce Gilley, *China's New Rulers*, 2nd ed. (New York: New York Review of Books, 2002)〔邦訳 アンドリュー・J・ネイサン、ブルース・ギリ『中国権力者たちの身上調書——秘密文書が暴いた処世術・人脈・将来性』阪急コミュニケーションズ、2004年〕; and Zhang Liang, comp., *The Tiananmen Papers*, trans. Andrew J. Nathan and Perry Link (New York: PublicAffairs, 2001)〔邦訳 張良編、アンドリュー・J・ネイサン、ペリー・リンク監修『天安門文書』文藝春秋、2001年〕。
12. Robert Jervis, "Cooperation Under the Security Dilemma," *World Politics* 30 (1978): 167–214.
13. たとえば以下を参照。Stephen D. Krasner, ed., *International Regimes* (Ithaca: Cornell University

Press, 1983); Robert O. Keohane, *After Hegemony: Cooperation and Discord in the World Political Economy* (Princeton: Princeton University Press, 1984)〔邦訳　ロバート・コヘイン『覇権後の国際政治経済学』晃洋書房、1998年〕。

14. たとえば以下を参照。Michael Yahuda, "The Limits of Economic Interdependence: Sino-Japanese Relations," in Alastair Iain Johnston and Robert S. Ross, eds., *New Directions in the Study of China's Foreign Policy*, 162–185 (Stanford: Stanford University Press, 2006); Allen S. Whiting, *China Eyes Japan* (Berkeley: University of California Press, 1989)〔邦訳　アレン・S・ホワイティング『中国人の日本観』岩波書店、2000年〕。
15. 現実主義、社会構成主義の立場から日中関係にアプローチしたその他の著作には次のようなものがある。Ming Wan, *Sino-Japanese Relations: Interaction, Logic, and Transformation* (Washington, D.C., and Stanford: Woodrow Wilson Center Press and Stanford University Press, 2006), and Richard C. Bush, *The Perils of Proximity: China-Japan Security Relations* (Washington, D.C.: Brookings Institution Press, 2010)〔邦訳　リチャード・C・ブッシュ『日中危機はなぜ起こるのか――アメリカが恐れるシナリオ』柏書房、2012年〕。
16. John J. Mearsheimer, *The Tragedy of Great Power Politics* (New York: Norton, 2001)〔邦訳　ジョン・J・ミアシャイマー『大国政治の悲劇――米中は必ず衝突する！』五月書房、2014年〕。
17. Thomas J. Christensen, "Posing Problems Without Catching Up: China's Rise and Challenges for U.S. Security Policy,"*International Security* 25, no. 4 (Spring 2001): 5–40.
18. Arthur Waldron, *The Great Wall of China: From History to Myth* (Cambridge: Cambridge University Press, 1990).
19. 中国語では名字が先に来る。二音節からなる名字はまれである。

第1章　何が中国外交を動かしているのか？

1. 1989年、軍事政権は伝統的なイギリス植民地の名前「ビルマ」を「ミャンマー」に変えた。以来、この国の名前をめぐっては論争が続いている。本書〔英語原文〕では一貫して「ビルマ Burma」を使用する。
2. 33の国家と12の極小国家がある。
3. Alistair Iain Johnston, "Is China a Status Quo Power?" *International Security* 27, no. 4 (Spring 2003): 5–56; Edward S. Steinfeld, *Playing Our Game: Why China's Rise Doesn't Threaten the West* (New York: Oxford University Press, 2010).
4. Michael R. Chambers, "Explaining China's Alliances: Balancing Against Regional and Superpower Threats," Ph.D. diss., Columbia University, 2000.
5. 楔戦略については以下を参照。Gordon H. Chang, *Friends and Enemies: The United States, China, and the Soviet Union, 1948–1972* (Stanford: Stanford University Press, 1990).
6. Michael B. Yahuda, *China's Role in World Affairs* (New York: St. Martin's, 1978), 11.
7. Barry Naughton, "The Third Front: Defence Industrialization in the Chinese Interior," *China Quarterly* 115 (September 1988): 351–386.
8. J. Du and Y. C. Ma, "Climatic Trend of Rainfall Over Tibetan Plateau from 1971 to 2000 "*Acta Ceographica Sinica* 59 (2004): 375–382, 気候変動に関する政府間パネルの以下の報告書に引用されていたもの。http://www.ipcc.ch/publications_and_data/publications_ipcc_fourth_assessment_report_wg2_report_impacts_adaptation_and_vulnerability.htm. アクセス日は2010年6月16日。
9. Wolfram Eberhard, *China's Minorities: Yesterday and Today* (Belmont, Calif.: Wadsworth, 1982): 8–10; Ying-shih Yu, "Minzu yishi yu guojia guannian" (Ethnic Consciousness and the State Concept), *Minghao Yuekan* 18, no. 12 (December 1983), 3.
10. Joseph Fletcher, "Ch'ing Inner Asia c. 1800," "Sino-Russian Relations, 1800–62,"and "The Heyday of

the Ch'ing Order in Mongolia, Sinkiang, and Tibet," in John K. Fairbank, ed., *The Cambridge History of China*, vol. 10 (Cambridge: Cambridge University Press, 1978), 35–106, 318–350, 351–408.

11. 中華民国（台湾）僑務委員会の海外同胞人口分布（時期は不明だが定期的に更新されている）によれば、世界の華僑の数は推定で39,089,000人（2008年12月31日現在）である。引用元は http://www.ocac.gov.tw/english/public/public.asp?selno=8889&no=8889&level=B. アクセス日は2010年７月６日。中国の初期の華僑政策に関する権威ある著作としては、次のものがある。Stephen Fitzgerald, *China and the Overseas Chinese: A Study of Peking's Changing Policy, 1949–1970* (Cambridge: Cambridge University Press, 1972)〔邦訳　スティーヴン・フィッツジェラルド『中国と華僑』鹿島研究所出版会、1974年〕。中国外交における弱みとしての華僑についての議論は以下を参照。Robert S. Ross, "Ethnic Chinese in Southeast Asia: Political Liability/Economic Asset," in Joyce K. Kallgren, Noordin Sopiee, and Soedjati Djiwandono, eds., *ASEAN and China: An Evolving Relationship* (Berkeley: Institute for East Asian Studies, University of California, 1988), 147–176.
12. Fletcher, "Ch'ing Inner Asia," "Sino-Russian Relations," and "The Heyday of the Ch'ing Order"; Owen Lattimore, *Pivot of Asia: Sinkiang and the Inner Asian Frontiers of China and Russia* (Boston: Little, Brown, 1950), 103–151.
13. Eberhard, China's Minorities; Edward Friedman, "Reconstructing China's National Identity: A Southern Alternative to Mao-Era Anti-imperialist Nationalism," *Journal of Asian Studies* 53, no. 1 (February 1994): 67–91; Emily Honig, *Creating Chinese Ethnicity: Subei People in Shanghai, 1850–1980* (New Haven: Yale University Press, 1992).
14. Thomas S. Mullaney, *Coming to Terms with the Nation: Ethnic Classification in Modern China* (Berkeley: University of California Press, 2011); June Teufel Dreyer, *China's Forty Millions: Minority Nationalities and National Integration in the People's Republic of China* (Cambridge, Mass.: Harvard University Press, 1976), 141–146; David Yen-ho Wu, "The Construction of Chinese and Non-Chinese Identities," *Daedalus* 120, no. 2 (Spring 1991): 159–179; Dru C. Gladney, *Muslim Chinese: Ethnic Nationalism in the People's Republic* (Cambridge, Mass.: Council on East Asian Studies, Harvard University, 1991).
15. Frank A. Kierman Jr. and John K. Fairbank, eds., *Chinese Ways in Warfare* (Cambridge, Mass.: Harvard University Press, 1974); Jonathan N. Lipman and Stevan Harrell, eds., *Violence in China: Essays in Culture and Counterculture* (Albany: State University of New York Press, 1990); Alastair Iain Johnston, *Cultural Realism: Strategic Culture and Grand Strategy in Chinese History* (Princeton: Princeton University Press, 1995); Andrew Scobell, *China's Use of Military Force: Beyond the Great Wall and the Long March* (New York: Cambridge University Press, 2003).
16. John King Fairbank, ed., *The Chinese World Order. Traditional China's Foreign Relations* (Cambridge, Mass.: Harvard University Press, 1968); Mark Mancall, *China at the Center: 300 Years of Foreign Policy* (New York: Free Press, 1984).
17. Fletcher, "Ch'ing Inner Asia," "Sino-Russian Relations," and "The Heyday of the Ch'ing Order"; Lattimore, *Pivot of Asia*; Morris Rossabi, *China and Inner Asia from 1368 to the Present Day* (London: Thames and Hudson, 1975).
18. Morris Rossabi, ed., *China Among Equals: The Middle Kingdom and Its Neighbors, 10th-14th Centuries* (Berkeley: University of California Press, 1983); Joseph F. Fletcher, "China and Central Asia, 1368–1884," in Fairbank, ed., *The Chinese World Order*, 206–224.
19. David C. Kang, *China Rising: Peace, Power, and Order in East Asia* (New York: Columbia University Press, 2007), chapter 2; and David C. Kang, *East Asia Before the West: Five Centuries of Trade and Tribute* (New York: Columbia University Press, 2010).
20. 新安全保障構想の起源については以下を参照。Alastair Iain Johnston, *Social States: China in In-*

ternational Institutions, 1980–2000（Princeton: Princeton University Press, 2008), 172–173. 引用は中国外交部「新安全保障構想政策方針書 China's Position Paper on the New Security Concept」（July 31, 2002）より。http://www.mfa.gov.cn/eng/wjb/zzjg/gjs/gjzzyhy/2612/2614/t15319.htm#, アクセス日は2010年3月19日。

21. 平和的台頭構想の起源については以下を参照。*Peaceful Rise: Speeches of Zheng Bijian, 1997–2005*（Washington, D.C.: Brookings Institution Press, 2005). 引用は2007年10月15日の中国共産党第17回全国代表大会における胡錦濤の演説より。翻訳は http://www.china.org.cn/english/congress/2296u.htm#11 より。アクセス日は2009年2月1日。
22. Information Office of the State Council, People's Republic of China, *China's Peaceful Development*（Beijing: Information Office of the State Council, September 2011), part III（中国国務院情報部「中国の平和的発展」（北京、国務院情報部、2011年9月）第三部）。英訳は http://news.xinhuanet.com/english2010/china/2011–09/06/c_131102329.htm より。アクセス日は2012年1月27日。
23. Su Xiaokang and Wang Luxiang, *Deathsong of the River: A Reader's Guide to the Chinese TV Series "Heshang,"* introduced, translated, and annotated by Richard W. Bodman and Pin P. Wan（Ithaca: East Asia Program, Cornell University, 1991).
24. 現在、これらの最恵国待遇条項は、世界貿易では一般的なものであり、「正常な通商関係」と呼ばれるまでになっている。今日、最恵国待遇を与えることを見合わせるというのは異例のことだ。たとえばアメリカは1990年代、人権問題を理由に中国への最恵国待遇を見合わせると脅した。第12章参照。
25. William A. Callahan, *China: The Pessoptimist Nation*（Oxford: Oxford University Press, 2010).
26. Information Office of the State Council, People's Republic of China, *China's National Defense in 2006*（Beijing: Information Office of the State Council, December 2006),（中国国務院情報部「中国国防白書2006」（北京、国務院情報部、2006年12月））英訳は http://www.china.org.cn/english/features/book/194421.htm より。アクセス日は2010年7月6日。

第2章　誰が中国外交を動かすのか？

1. 機構の概略については以下を参照。Kenneth Lieberthal, *Governing China: From Revolution Through Reform,* 2nd ed.（New York: Norton, 2003).
2. Andrew J. Nathan, *Chinese Democracy*（New York: Knopf, 1985).
3. Dr. Li Zhisui, with Anne F. Thurston, *The Private Life of Chairman Mao*（New York:Random House, 1994)〔邦訳　李志綏『毛沢東の私生活』文藝春秋、1996年〕。
4. Roderick MacFarquhar, *The Origins of the Cultural Revolution, 2: The Great Leap Forward 1958–1960*（New York: Columbia University Press, 1983).
5. "On Questions of Party History," *Beijing Review* 27（July 6,1981), 29.
6. Li, *Private Life.*
7. Ezra F. Vogel, *Deng Xiaoping and the Transformation of China*（Cambridge, Mass.: Harvard University Press, 2011)〔邦訳　エズラ・F・ヴォーゲル『現代中国の父鄧小平』日本経済新聞出版社、2013年〕; Zhao Ziyang, *Prisoner of the State: The Secret Journal of Premier Zhao Ziyang,* trans, and ed. Bao Pu, Renee Chiang, and Adi Ignatius（New York: Simon and Schuster, 2009)〔邦訳　趙紫陽『趙紫陽極秘回想録――天安門事件「大弾圧」の舞台裏!』光文社、2010年〕。
8. Bruce Gilley, *Tiger on the Brink: Jiang Zemin and China's New Elite*（Berkeley: University of California Press, 1998).
9. Zong Hairen, "Zhu Rongji in 1999: Visit to the United States," *Chinese Law and Government* 35, no. 1（January-February 2002): 36–52.
10. Andrew J. Nathan, "A Factionalism Model for CCP Politics," *China Quarterly* 53（January-March

1973): 34–66; Andrew J. Nathan and Kellee S. Tsai, "Factionalism: A New Institutionalist Restatement," *China Journal* 34 (July 1995): 157–192.

11. Robert S. Ross, "From Lin Biao to Deng Xiaoping: Elite Instability and China's U.S. Policy," *China Quarterly* 118 (June 1989): 265–299.
12. Paul H. Kreisberg, "China's Negotiating Behavior," in Thomas W. Robinson and David Shambaugh, eds., *Chinese Foreign Policy: Theory and Practice* (Oxford: Clarendon Press, 1994), 453–477; Richard H. Solomon, *Chinese Negotiating Behavior: Pursuing Interests Through "Old Friends"* (Washington, D.C.: United States Institute of Peace Press, 1999).
13. Gao Wenqian, *Zhou Enlai: The Last Perfect Revolutionary* (New York: PublicAffairs, 2007).
14. Andrew J. Nathan, "China's Changing of the Guard: Authoritarian Resilience," *Journal of Democracy* 14, no. 1 (January 2003): 6–17.
15. 李登輝の名前は "Lee Teng-hui" とつづるのが一般的だが、その他の正しいつづりとしては、"Li Teng-hui"（ウェード・ジャイルズ式）、"Li Denghui"（ピンイン式）がある。
16. この情報を寄せてくれたZong Hairenに感謝する。外交問題に関わるいくつかの中央領導小組については以下で論じられている。Qi Zhou, "Organization, Structure, and Image in the Making of Chinese Foreign Policy Since the Early 1990s," Ph.D. diss., Johns Hopkins University, 2008.
17. John W. Garver, *China & Iran: Ancient Partners in a Post-Imperial World* (Seattle: University of Washington Press, 2006); Evan S. Medeiros, *Reluctant Restraint: The Evolution of China's Nonproliferation Policies and Practices, 1980–2004* (Stanford: Stanford University Press, 2007).
18. Martin K. Dimitrov, *Piracy and the State: The Politics of Intellectual Property Rights in China* (Cambridge: Cambridge University Press, 2009).
19. 公安は独立した強力な分野であると同時に、強い連合を形成しているため、逮捕の国際的な影響を考慮するという方針に欠けている。公安組織が自らの行動による外交的損失に気づかなかったと思われる例には次のようなものがある。ノーベル平和賞受賞者、劉暁波、盲目のアマチュア弁護士、陳光誠、エイズ活動家、胡佳、そして、（古くは）アメリカを拠点としていた学者たち、宋永毅、李少民、王飛玲の逮捕。もちろん、これらの行為の一部は中央に承認されていて、メッセージを送ろうとする意図があったのかもしれないが、確認は困難だ。
20. Scott W. Harold, "Freeing Trade: Negotiating Domestic and International Obstacles on China's Long Road to the GATT/WTO, 1971–2001," Ph.D. diss., Columbia University, 2008.
21. Ann Kent, *Beyond Compliance: China, International Organizations, and Global Security* (Stanford: Stanford University Press, 2007).
22. Alastair Iain Johnston, *Social States: China in International Institutions, 1980–2000* (Princeton: Princeton University Press, 2008).
23. A. Doak Barnett, *The Making of Foreign Policy in China* (Boulder: Westview, 1985)〔邦訳　A・ドーク・バーネット『現代中国の外交――政策決定の構造とプロセス』教育社、1986年〕; David Shambaugh, "China's National Security Research Bureaucracy," *China Quarterly* 119 (June 1987): 276–304; Carol Lee Hamrin and Suisheng Zhao, eds., *Decision-Making in Deng's China* (Armonk, N.Y.: M. E. Sharpe, 1995); Lu Ning, *The Dynamics of Foreign Policy Decisionmaking in China* (Boulder: Westview, 2000); David M. Lampton, ed., *The Making of Chinese Foreign and Security Policy* (Stanford: Stanford University Press, 2001); David Shambaugh, "China's International Relations Think Tanks: Evolving Structure and Process," *China Quarterly* 171 (September 2002): 575–596; Bates Gill and James Mulvenon, "Chinese Military-Related Think Tanks and Research Institutions," *China Quarterly* 171 (September 2002): 617–624.
24. U.S. Defense Security Service, *Technology Collection Trends in the U.S. Defense Industry 2007* (Alexandria, Va.: Defense Security Service Counterintelligence Office, 2006).

25. Zhang Liang, comp., Andrew J. Nathan and Perry Link, eds., *The Tiananmen Papers* (New York: PublicAffairs, 2001)〔邦訳　張良編、アンドリュー・J・ネイサン、ペリー・リンク監修『天安門文書』文藝春秋、2001年〕。
26. Andrew Scobell, *China's Use of Military Force: Beyond the Great Wall and the Long March* (Cambridge: Cambridge University Press, 2003); Andrew Scobell, "Military Coups in the People's Republic of China: Failure, Fabrication, or Fancy?" *Journal of Northeast Asian Studies* 16 (Spring 1995): 25–46.
27. James Mulvenon, "China: Conditional Compliance," in Muthiah Alagappa, ed.,*Coercion and Governance: The Declining Political Role of the Military* (Stanford: Stanford University Press, 2001), 329–30.
28. 劉華清大将の回顧録によれば、1988年の断固たる行動を主張したのは、当時、党総書記兼中央軍事委員会第一副主席を務めていた趙紫陽だが、鄧小平の支持を得ていたのは明らかだ。以下を参照。劉華清 著『劉華清回憶録』(北京、解放軍出版社、2004年) 535–544。
29. 第一号令の発布については以下を参照。John W. Lewis and Xue Litai, *Imagined Enemies: China Prepares for Uncertain War* (Stanford: Stanford University Press, 2006), chap.3; 1971年と76年の出来事については以下を参照。Scobell, "Military Coups in the People's Republic of China."
30. 人民解放軍の言葉づかいと行動については以下を参照。Andrew Scobell, "Is There a Civil-Military Gap in China's Peaceful Rise?" *Parameters* (Summer 2009) 39, no. 2: 4–22.
31. 中国軍兵士たちの態度と考え方については以下を参照。Scobell, China's Use of Military Force; 政軍関係の制度化の遅れについては以下を参照。Andrew Scobell, "China's Evolving Civil-Military Relations: Creeping *Guojiahua*," *Armed Forces & Society* (Winter 2005): 228–230.
32. Andrew J. Nathan and Bruce Gilley, *China's New Rulers: The Secret Files*, 2nd ed. (New York: New York Review Books, 2003)〔邦訳　アンドリュー・J・ネイサン、ブルース・ギリ『中国権力者たちの身上調書——秘密文書が暴いた処世術・人脈・将来性』阪急コミュニケーションズ、2004年〕。
33. この段落の引用は同書137–143より。

第3章　要衝としての中国

1. Dean Acheson, "Crisis in China—an Examination of United States Policy," *Department of State Bulletin* 22 (January 23, 1950), 116. この演説は、1950年1月12日、ワシントンのナショナル・プレス・クラブの前で行なわれた。
2. Mao Tse-tung, *Selected Works of Mao Tse-tung*, 5 vols. (Peking: Foreign Languages Press, 1961), 4: 415.
3. Nancy Bernkopf Tucker, *Patterns in the Dust* (New York: Columbia University Press, 1983).
4. 1950年には北欧4カ国とイスラエルが中華人民共和国を承認している。
5. "Mao Zedong and Dulles's 'Peaceful Evolution' Strategy: Revelations from Bo Yibo's Memoirs," introduction, translation, and annotation by Qiang Zhai, *Cold War International History Project Bulletin* 6–7 (Winter 1995–1996): 228–231.
6. Deborah A. Kaple, *Dream of a Red Factory: The Legacy of High Stalinism in China* (New York: Oxford University Press, 1994); Hua-Yu Li, *Mao and the Economic Stalinization of China, 1948–1953* (Lanham, Md.: Rowman and Littlefield, 2006).
7. Zhang Shuguang, *Economic Cold War* (Stanford: Stanford University Press, 2001).
8. Nicholas R. Lardy, "Economic Recovery and the 1st Five-Year Plan," in Roderick MacFarquhar and John K. Fairbank, eds., *The Cambridge History of China*, vol. 14 (Cambridge: Cambridge University Press, 1987), 179.
9. Steven I. Levine, *Anvil of Victory: The Communist Revolution in Manchuria, 1945–1948* (New York: Columbia University Press, 1987), chaps. 1–2.
10. Alexander V. Pantsov with Steven I. Levine, *Mao: The Real Story* (New York: Simon and Schuster, forth-

coming).

11. Gordon H. Chang, *Friends and Enemies: The United States, China, and the Soviet Union, 1948–1972* (Stanford: Stanford University Press, 1990).
12. 「ペキノロジー」の手法を用いて——つまり、難解な表現を精査することによって——ドナルド・ザゴリアは、1956年以降の社会主義陣営の会議で発表された声明の中に、中ソ間で生じつつある対立の兆候をつきとめることができた。Donald Zagoria, *The Sino-Soviet Conflict, 1956–1961* (Princeton: Princeton University Press, 1962). 最近の主な関連書には次のようなものがある。Lorenz M. Luthi, *The Sino-Soviet Split: Cold War in the Communist World* (Princeton: Princeton University Press, 2008), and Sergey Radchenko, *Two Suns in the Heavens: The Sino-Soviet Struggle for Supremacy, 1962–1967* (Washington, D.C., and Stanford: Woodrow Wilson Center Press and Stanford University Press, 2009).
13. 核開発協力をめぐる交渉については以下で論じられている。John W. Lewis and Xue Litai, *China Builds the Bomb* (Stanford: Stanford University Press, 1988).
14. Frank Dikotter, *Mao's Great Famine: The History of China's Most Devastating Catastrophe 1958–1962* (New York: Walker, 2010)〔邦訳　フランク・ディケーター『毛沢東の大飢饉——史上最も悲惨で破壊的な人災1958–1962』草思社、2011年〕。
15. "Minutes, Conversation Between Mao Zedong and Ambassador Yudin, 22 July 1958," *Cold War International History Project Bulletin* 6–7 (Winter 1995–1996): 155–159.
16. 以下で引用されたもの。Quan Yanchi, *Mao Zedong yu Keluxiaofu* (Mao Zedong and Khrushchev) (Huhehot, China: Nei Menggu renmin chubanshe, 1998), 139.
17. Michael MccGwire, *Military Objectives in Soviet Foreign Policy* (Washington, D.C.: Brookings Institution Press, 1987), 164; Raymond L. Garthoff, *Detente and Confrontation: American-Soviet Relations from Nixon to Reagan* (Washington, D.C.: Brookings Institution Press, 1985), 208.
18. 1969年、ワシントンに駐在するソ連の外交官が、米国務省の高官にこう尋ねた。もしもソ連がロプノールにある中国の核実験施設を爆撃したら、アメリカはどう反応するだろうか、と。Patrick Tyler, *A Great Wall, Six Presidents, and China: An Investigative History* (New York: PublicAffairs, 1999), 67.
19. Thomas Robinson, "China Confronts the Soviet Union: Warfare and Diplomacy on China's Inner Asian Frontiers," in Roderick MacFarquhar and John K. Fairbank, eds., *The Cambridge History of China*, vol. 15 (Cambridge: Cambridge University Press, 1991), chap. 3.
20. Alexey D. Muraviev, *The Russian Pacific Fleet: From Crimean War to Perestroika*, Papers in Australian Maritime Affairs no. 20 (Canberra: Department of Defence Seapower Center, 2007), 28, table 1.
21. Chang, *Friends and Enemies*, chap. 8.
22. Evelyn Goh, *Constructing the U.S. Rapprochement with China, 1961–1974* (Cambridge: Cambridge University Press, 2005); Michael Lumbers, *Piercing the Bamboo Curtain: Tentative Bridge-Building to China During the Johnson Years* (Manchester: Manchester University Press, 2008).
23. Robert S. Ross, ed., *China, the United States, and the Soviet Union: Tripolarity and Policy Making During the Cold War* (Armonk, N.Y.: M. E. Sharpe, 1993); Lowell Dittmer, "The Strategic Triangle: An Elementary Game-Theoretical Analysis," *World Politics* 33, no. 4 (July 1981): 485–515.
24. Henry Kissinger, *Years of Upheaval* (Boston: Little, Brown, 1982), 233〔邦訳　H・A・キッシンジャー『キッシンジャー激動の時代』読売新聞社、1982年〕。
25. Zbigniew Brzezinski, *Power and Principle: Memoirs of the National Security Adviser, 1977–1981* (New York: Farrar, Straus, Giroux, 1983), 412.
26. ゴルバチョフの誤りに対する中国側の見方については以下を参照。David L. Shambaugh, *China's Communist Party: Atrophy and Adaptation* (Berkeley: University of California Press, 2008), chap. 4.

27. これらの数字は Stockholm International Peace Research Institute Arms Transfers Database（ストックホルム国際平和研究所武器移転データベース）から取得したもの。更新日は2009年3月31日。http://www.sipri.org/contents/amstrad/at-db.htm. アクセス日は2009年4月1日。
28. Bobo Lo, *Axis of Convenience: Moscow, Beijing, and the New Global Politics* (Washington, D.C.: Brookings Institution Press, 2008), chap. 8.

第4章　アメリカの脅威を読みとる

1. 中国のアメリカに対するさまざまな見方については以下を参照。Carola McGiffert, ed., *Chinese Images of the United States* (Washington, D.C.: Center for Strategic and International Studies, 2005).
2. Andrew Scobell, *China and Strategic Culture* (Carlisle, Pa.: Strategic Studies Institute, U.S. Army War College, 2002), 2. この考え方は以下に由来する。Allen S.Whiting, *China Eyes Japan* (Berkeley: University of California Press, 1989)〔邦訳　アレン・S・ホワイティング『中国人の日本観』岩波書店、2000年〕。
3. Scobell, *China and Strategic Culture*; Andrew Scobell, *China's Use of Military Force: Beyond the Great Wall and the Long March* (New York: Cambridge University Press, 2003), chap. 2.
4. たとえば以下を参照。Zhang Liang, comp., Andrew J. Nathan and Perry Link, eds., *The Tiananmen Papers* (New York: PublicAffairs, 2001), 338–348〔邦訳　張良編、アンドリュー・J・ネイサン、ペリー・リンク監修『天安門文書』文藝春秋、2001年〕。
5. 中国の第四世代の指導者たちの見解の引用と分析については以下を参照。Andrew J. Nathan and Bruce Gilley, *China's New Rulers: The Secret Files* (New York: New York Review Books, 2002), chap. 8〔邦訳　アンドリュー・J・ネイサン、ブルース・ギリ『中国権力者たちの身上調書——秘密文書が暴いた処世術・人脈・将来性』阪急コミュニケーションズ、2004年〕。
6. ジョン・ミアシャイマーの攻撃的現実主義理論は、アメリカよりも中国でたいへん注目されている。ミアシャイマーは中国に招待され、彼の著作 *The Tragedy of Great Power Politics* (New York: Norton, 2001)〔邦訳　ジョン・J・ミアシャイマー『大国政治の悲劇——米中は必ず衝突する！』五月書房、2014年〕は中国語に翻訳されている。西側の現実主義は、中国の政治行動に対する前近代的な理解と両立するのだ。以下を参照。Alastair Iain Johnston, *Cultural Realism: Strategic Culture and Grand Strategy in Chinese History* (Princeton: Princeton University Press, 1995).
7. たとえば以下を参照。"China Condemns US Two-Faced Human Rights Report," *People's Daily Online*, May 20, 2004, http://english.peopledaily.com.cn/200405/20/eng20040520_143933.html. アクセス日は2008年12月10日。および "Opinion: US Two-Faced Stance on Taiwan Damaging," China Daily, December 5, 2003, http://www.chinadaily.com.cn/en/doc/2003-12/05/content_287410.htm. アクセス日は2008年12月10日。
8. 以下を参照。Michael Pillsbury, *China Debates the Future Security Environment* (Washington, D.C.: National Defense University Press, 2000).
9. 他の統合軍の管轄地域内で戦争が進行中である場合はこの限りではない。
10. U.S. Department of Defense, *Base Structure Report Fiscal Year 2007 Baseline* (Washington, D.C.: Department of Defense, 2007), 6, http://www.defenselink.mil/pubs/BSR_2007_Baseline.pdf. アクセス日は2008年11月8日。
11. 米太平洋軍発表の公式の数字。http://www.pacom.mil/about/pacom/shtml アクセス日は2010年9月19日。
12. Qian Wenrong, "What Has Influenced Bush?" *Shijie zhishi* (World Knowledge) (September 2005), 43, 以下で引用されたもの。Susan L. Craig, *Chinese Perceptions of Traditional and Nontraditional Secu-*

rity Threats (Carlisle, Pa.: Strategic Studies Institute, U.S. Army War College, 2007), 49.

13. Wolfgang K. H. Panofsky, "Nuclear Insecurity," *Foreign Affairs* 86, no. 5 (September-October 2007): 109–118; Keir A. Lieber and Daryl G. Press. "The Rise of U.S. Nuclear Primacy." *Foreign Affairs* 85, no. 2 (March-April 2006): 42–54. さらに予備として5000発の核兵器がある。
14. Harold James, "The Enduring International Preeminence of the Dollar," in Eric Helleiner and Jonathan Kirshner, eds., *The Future of the Dollar* (Ithaca: Cornell University Press, 2009), chap. 2.
15. Daniel W. Drezner, "Bad Debts: Assessing China's Financial Influence in Great Power Politics," *International Security* 34, no. 2 (Fall 2009): 7–45.
16. アメリカが加盟していない主要な条約には次のようなものがある。市民的および政治的権利に関する国際規約、女子に対するあらゆる形態の差別の撤廃に関する条約、子供の権利条約、そして国際刑事裁判所に関するローマ規程。
17. Zhang Baijia and Jia Qingguo, "Steering Wheel, Shock Absorber, and Diplomatic Probe in Confrontation: Sino-American Ambassadorial Talks Seen from the Chinese Perspective," in Robert S. Ross and Jiang Changbin, eds., *Re-examining the Cold War: U.S.—China Diplomacy, 1954–1973* (Cambridge, Mass.: Asia Center, Harvard University, 2001), 173–199.
18. Evan S. Medeiros, *Reluctant Restraint: The Evolution of China's Nonproliferation Policies and Practices, 1980–2004* (Stanford: Stanford University Press, 2007).
19. これらの声明に関する信頼できる議論は以下を参照。Richard C. Bush, *At Cross Purposes: U.S.-Taiwan Relations Since 1942* (Armonk, N.Y.: M. E. Sharpe, 2004). この段落およびこれ以降の段落の台湾に関する記述は同書から引用したもの。
20. 中国政府を中国の唯一の合法的な政府として「承認」し、台湾は中国の一部だとする中国の立場を「認識」することは、かならずしも、中国の台湾に対する主権を承認することと同じではない、と一部の専門家は主張している。しかし、アメリカの外交において、この曖昧さが利用されたことはなく、実際上は、どうでもいい問題だ。
21. この枠組みの下で、アメリカ政府の利益を追求しているのが、表向きはNGOだが、政府の資金を受け、政府職員が働き、政府の指揮下にある米国在台湾協会だ。台湾側でもそれに相当する機関が創設され——改称後、駐米国台北経済文化代表処となる——、アメリカにおける中華民国の旧大使館、領事館の仕事を引き継いでいる。
22. Zhu Chenghu, ed., *ZhongMei guanxi de fazhan bianhua ji qi qushi* (Changes in the Development of China-U.S. Relations and Their Trends) (Nanjing: Jiangsu renmin chubanshe, 1998), 194.
23. この点についてはYong Dengが以下の著書で指摘している。*China's Struggle for Status: The Realignment of International Relations* (New York: Cambridge University Press, 2008), chap. 4.
24. 中国は「非市場経済」であったため、2001年のWTO加盟によってアメリカと「恒久通常貿易関係」を結ぶまでは、アメリカの法律の下では、最恵国待遇は1年ごとに延長され、議会で見直された。
25. James Mann, *The China Fantasy: How Our Leaders Explain Away Chinese Repression* (New York: Viking, 2007)〔邦訳　ジェームズ・マン『危険な幻想　中国が民主化しなかったら世界はどうなる?』PHP研究所、2007年〕。
26. アナリストたちの見解は、2008年5–6月に上海と北京で、2008年10月と2009年10月に北京で、アンドリュー・スコベルによるインタビューで得られたもの。
27. Robert D. Zoellick, "Whither China: From Membership to Responsibility? Remarks to National Committee on U.S.-China Relations," September 21, 2005, http://www.ncuscr.org/files/2005Gala_RobertZoellick_Whither_China1.pdf. アクセス日は2010年8月10日。
28. U.S. Department of Defense, *Quadrennial Defense Review Report* (Washington, D.C.: U.S. Department of Defense, February 6, 2006), 29–30, at http://www.defenselink.mil/pubs/pdfs/QDR20060203.pdf. アクセス日は2010年8月11日。

29. White House, *The National Security Strategy of the United States* (Washington, D.C.: White House, March 2006), http://georgewbush-whitehouse.archives.gov/nsc/nss/2006/sectionVIII.html. アクセス日は2010年8月11日。
30. ブッシュ政権とオバマ政権の政策間の一貫性の分析については以下を参照。Zhu Feng, *A Return of Chinese Pragmatism*, PACNET no. 16 (Honolulu: Center for Strategic and International Studies Pacific Forum, April 5, 2010); Zhao Yang, "China Is More Confident, but by No Means 'Arrogant,'" *Nanfang rihao* (Southern Daily), online edition, May 13, 2010, http://www.nanfangdaily.com.cn. アクセス日は2010年5月20日。"The US Pursuit of Hegemony Unchanged," *Study Times*, June 7, 2010, http://www/studytimes.com.cn:9999/epaper/xxsb/html/2010/06/07/07/07_46htm. アクセス日は2010年6月20日。
31. James B. Steinberg, "China's Arrival: The Long March to Global Power," speech at the Center for a New American Security, Washington, D.C., September 24, 2009, at http://www.cnas.org/node/3415. アクセス日は2012年1月16日。
32. White House, *The National Security Strategy of the United States* (Washington, D.C.: White House, May 2010), 43, http://www.whitehouse.gov/sites/default/files/rss_viewer/national_security_strategy.pdf. アクセス日は2010年8月11日。
33. U.S. Department of Defense, *Quadrennial Defense Review Report* (Washington, D.C.: U.S. Department of Defense, February 2010), 60, http://www.defense.gov/qdr/qdr%20as%20of%2029jan10%201600.pdf. アクセス日は2010年8月11日。
34. Thomas J. Christensen, *Useful Adversaries: Grand Strategy, Domestic Mobilization, and Sino-American Conflict, 1947–1958* (Princeton: Princeton University Press, 1996); Michael H. Hunt, *Ideology and U.S. Foreign Policy* (New Haven: Yale University Press, 1987).
35. Feng Changhong, "How to View U.S. Strategic Thinking," in McCiffert, ed., *Chinese Images of the United States*, 40.
36. 山東省党委員会の有力高官、李群の言葉。引用元は Andrew J. Nathan, "Medals and Rights: What the Olympics Reveal, and Conceal, about China," *The New Republic*, July 9, 2008, 46.
37. Scobell, *China and Strategic Culture*, 16–18.
38. この段落と次の段落の中国指導者の発言の引用元は、Nathan and Gilley, *China's New Rulers*, 235–238.
39. Wang Jisi, "Building a Constructive Relationship," in Morton Abramowitz, Yoichi Funabashi, and Wang Jisi, eds., *China-Japan-U.S.: Managing Trilateral Relations* (Tokyo: Japan Center for International Exchange, 1998), 22.
40. Zhou Mei, "Chinese Views of America: A Survey," in McCiffert, ed., *Chinese Images of the United States*, 65.

第5章　北東アジアの地域システム

1. Saadia M. Pekkanen and Paul Kallender-Umezu, *In Defense of Japan: From the Market to the Military in Space Policy* (Stanford: Stanford University Press, 2010); Andrew L. Oros and Yuki Tatsumi, *Global Security Watch: Japan* (Santa Barbara: Praeger, 2010).
2. 欧米の学者の多くが同じ疑問を抱いている。とくに以下を参照。Susan L. Shirk, *China: Fragile Superpower* (Oxford: Oxford University Press, 2007), chap. 6〔邦訳　スーザン・L・シャーク『中国危うい超大国』日本放送出版協会、2008年〕; Ming Wan, *Sino-Japanese Relations: Interaction, Logic, and Transformation* (Stanford: Stanford University Press, 2006); Allen S. Whiting, *China Eyes Japan* (Berkeley: University of California Press, 1989)〔邦訳　アレン・S・ホワイティング『中国人の日本観』岩波書店、2000年〕; Michael Yahuda, "The Limits of Economic Interdependence:

Sino-Japanese Relations," in Alastair Iain Johnston and Robert S. Ross, eds., *New Directions in the Study of China's Foreign Policy*, 162–185 (Stanford: Stanford University Press, 2006). 誰もが論じているのは、日中関係が基本的に、権力者または民衆またはその両方の態度によって左右され、国民間の嫌悪、とくに中国国民の日本に対する嫌悪が、国益に反して両国の関係の発展を制限している、ということである。

3. Richard C. Bush, *The Perils of Proximity: China-Japan Security Relations* (Washington, D.C.: Brookings Institution Press, 2010)〔邦訳 リチャード・C・ブッシュ『日中危機はなぜ起こるのか——アメリカが恐れるシナリオ』柏書房、2012年〕。
4. 日本の「側」とは、東シナ海の中央に引かれた線の日本側ということである。日本はこの線を両国がともに尊重すべきだと言っている。なぜなら、国連海洋法条約の下でそれぞれが権利を主張できる排他的経済水域が重なり合っているからだ。
5. 日本の壮大な戦略については以下を参照。Richard J. Samuels, *Securing Japan: Tokyo's Grand Strategy and the Future of East Asia* (Ithaca: Cornell University Press, 2007)〔邦訳 リチャード・J・サミュエルズ『日本防衛の大戦略——富国強兵からゴルディロックス・コンセンサスまで』日本経済新聞出版社、2009年〕。
6. 憲法9条はさらにこう続く。「前項の目的を達するため、陸海空軍その他の戦力は、これを保持しない。国の交戦権は、これを認めない」。日本の軍隊が「自衛隊」と呼ばれているのは、この規定を踏まえてのことである。
7. アメリカは、日本と中国、ロシア、韓国との領土紛争において、どちらか一方を支持したことはないが、相互協力及び安全保障条約によって、アメリカには日本が支配するすべての領土を守る義務があるという立場をとっている。領土には尖閣諸島も含まれる。
8. たとえば以下を参照。Thomas U. Berger, *Cultures of Antimilitarism: National Security in Germany and Japan* (Baltimore: Johns Hopkins University Press, 1998); Andrew L. Oros, *Normalizing Japan: Politics, Identity, and the Evolution of Security Practice* (Stanford: Stanford University Press, 2008).
9. たとえば以下を参照。Christopher W. Hughes, *Japan's Remilitarisation* (New York: Routledge, 2009).
10. Richard Samuels, "'New Fighting Power!' Japan's Growing Maritime Capabilities and East Asian Security," *International Security* 32, no. 3 (Winter 2007–2008): 84–112.
11. Thomas J. Christensen, "China, the U.S.-Japan Alliance, and the Security Dilemma in East Asia," *International Security* 23, no. 4 (Spring 1999): 49–80; Wu Xinbo, "The End of the Silver Lining: A Chinese View of the U.S.-Japanese Alliance," *Washington Quarterly* 20, no. 1 (Winter 2005–2006): 119–130.
12. Karl W. Deutsch, *Political Community and the North Atlantic Area: International Organization in the Light of Historical Experience* (Princeton: Princeton University Press, 1957).
13. Wan, *Sino-Japanese Relations*, chaps. 2–3.
14. この点については以下に詳しい。Wan, *Sino-Japanese Relations*, chap. 3.
15. ここではわれわれは以下とは意見が異なる。Susan L. Shirk's *China: Fragile Superpower*, chap. 6〔邦訳 スーザン・L・シャーク『中国 危うい超大国』日本放送出版協会、2008年〕。同書では、政府の政策は国民感情によって推進されるという見方をしている。
16. Chae-Jin Lee, *China and Japan: New Economic Diplomacy* (Stanford: Hoover Institution Press, 1984), 35.
17. Andrew Scobell and John M. Sanford, *North Korea's Military Threat: Pyongyang's Conventional Forces, Weapons of Mass Destruction, and Ballistic Missiles* (Carlisle, Pa.: Strategic Studies Institute, U.S. Army War College, 2007). 北朝鮮はまた化学兵器および生物兵器開発計画も進めている。北朝鮮の意図と戦略を見きわめるには、基本的に推測するしかない。たとえば以下を参照。Andrew Scobell, *North Korea's Strategic Intentions* (Carlisle, Pa.: Strategic Studies Institute, U.S. Army War

College, 2005).

18. この出来事を直接取材した報告は以下を参照。Charles L. Pritchard, *Failed Diplomacy: The Tragic Story of How North Korea Got the Bomb* (Washington, D.C.: Brookings Institution Press, 2007), chap. 2. 北朝鮮は同国高官がこのような発言をしたことを否定したが、2009年になって、同政府はたしかに高濃縮ウランによる実験計画を進めていると断言した。
19. Andrew Scobell, *China and North Korea: From Comrades-in-Arms to Allies at Arm's Length* (Carlisle, Pa.: Strategic Studies Institute, U.S. Army War College, 2004), 11–13; Yoichi Funabashi, *The Peninsula Question: A Chronicle of the Second Korean Nuclear Crisis* (Washington, D.C.: Brookings Institution Press, 2007), 266, 271〔邦訳　船橋洋一『ザ・ペニンシュラ・クエスチョン　朝鮮半島第二次核危機』朝日新聞社、2006年〕。
20. 中国の関心と優先事項については以下を参照。Avery Goldstein, "Across the Yalu: China's Interests and the Korean Peninsula in a Changing World," in Alastair Iain Johnston and Robert S. Ross, eds., *New Directions in the Study of China's Foreign Policy* (Stanford: Stanford University Press, 2006), 131–161; David Shambaugh, "China and the Korean Peninsula: Playing for the Long Term," *Washington Quarterly* 26, no. 2 (Spring 2003): 43–56.
21. Scott Snyder, *China's Rise and the Two Koreas: Politics, Economics, Security* (Boulder: Lynne Rienner, 2009), 9, 98, 112. 中国の投資について、詳しくは以下を参照。Jae Cheol Kim, "The Political Economy of Chinese Investment in North Korea: A Preliminary Assessment," *Asian Survey* 46, no. 6 (December 2006): 898–916.
22. Daniel Coma, "The Chinese-Korean Border Issue: An Analysis of a Contested Frontier," *Asian Survey* 46, no. 6 (November-December 2006): 867–880.

第6章　中国のその他の近隣諸国

1. ミニ国家とは人口50万人以下の国々のこと。オセアニアのミニ国家12カ国は以下のとおり。ソロモン諸島、キリバス、マーシャル諸島、ナウル、パラオ、ツバル、クック諸島、ミクロネシア連邦、ニウエ、サモア、トンガ、バヌアツ。
2. Steven I. Levine, "China in Asia: The PRC as a Regional Power," in Harry Harding, ed., *China's Foreign Relations in the 1980s* (New Haven: Yale University Press, 1984), 107.
3. Zhang Qingmin and Liu Bing, "Shounao chufang yu Zhongguo waijiao" (海外での首脳会談と中国外交), *Guoji zhengzhi yanjiu* (国際政治研究), no. 2 (2008): 1–20.
4. David Shambaugh, ed., *Power Shift: China and Asia's New Dynamics* (Berkeley: University of California Press, 2005); Evan S. Medeiros, Keith Crane, Eric Heginbotham, Norman D. Levine, Julia F. Lowell, Angel Rabasa, and Somi Seong, *Pacific Currents: The Responses of U.S. Allies and Security Partners in East Asia to China's Rise* (Santa Monica, Calif.: RAND, 2008). ゆえにわれわれとしては、以下のような、中国にはアメリカをアジアから追い出すだけの力があるとする考えには賛成できない。Aaron L. Friedberg in *A Contest for Supremacy: China, America, and the Struggle for Mastery in Asia* (New York: Norton, 2011)〔邦訳　アーロン・フリードバーグ『支配への競争——米中対立の構図とアジアの将来』日本評論社、2013年〕。
5. 東沙諸島を実効支配する台湾も同様である。しかし、第8章で述べたように、中国と台湾の双方が「一つの中国」原則に固執するかぎり、両者の主張はぶつかり合うのではなく、互いを補強することになる。
6. 誰がどこの権利を主張しているかについては以下を参照。http://www.southchinasea.org/maps/US%20EIA,%20South%20China%20Sea%20Tables%20and%20Maps.htm. アクセス日は2010年10月8日。
7. Andrew Scobell, "China's Strategy Toward the South China Sea," in Martin Edmonds and Michael M.

Tsai, eds., *Taiwan's Maritime Security* (New York: Routledge Curzon, 2003), 42–43; and Andrew Scobell, "Slow Intensity Conflict in the South China Sea," e-note distributed by the Foreign Policy Research Institute, Philadelphia, August 16, 2000.

8. Allen S. Whiting, "ASEAN Eyes China: The Security Dimension," *Asian Survey* 37, no. 4 (April 1997): 299–322.

9. Bates Gill, *Rising Star: China's New Security Diplomacy* (Washington, D.C.: Brookings Institution Press, 2007), 4–5〔邦訳　ベイツ・ギル『巨龍・中国の新外交戦略――日本はどう向き合うべきか』柏書房、2014年〕。

10. Geoffrey Till, *Asia Rising and the Maritime Decline of the West: A Review of the Issues: IQPC/Asia Rising,* S. Rajaratnam School of International Studies (RSIS) Working Paper no. 205 (Singapore: RSIS, July 29, 2010).

11. このことやその他の経済関係の詳細については以下を参照。Tamara Renee Shie, "Rising Chinese Influence in the South Pacific: Beijing's Island Fever," *Asian Survey* 47, no. 2 (March-April 2008), 315.

12. Fergus Hanson,*China: Stumbling Through the Pacific* (Sydney: Lowy Institute for International Policy Brief, July 2009), 3–4.

13. Anthony Van Fossen, "The Struggle for Recognition: Diplomatic Competition Between China and Taiwan in Oceania," *Journal of Chinese Political Science* 12, no. 2 (2007), 135.

14. Jian Yang, "China in the South Pacific: Hegemon on the Horizon?" *Pacific Review* 22, no. 2 (May 2009): 139–158.

15. Brantly Womack, *China and Vietnam: The Politics of Asymmetry* (New York: Cambridge University Press, 2006).

16. Nicholas Khoo, *Collateral Damage: Sino-Soviet Rivalry and the Termination of the Sino-Vietnamese Alliance* (New York: Columbia University Press, 2010).

17. King Chen, *China's War with Vietnam* (Stanford: Hoover Institution Press, 1987); Robert S. Ross, *Indochina Tangle: China's Vietnam Policy, 1975–1979* (New York: Columbia University Press, 1988).

18. 地域の安全保障関係の主たる決定要因としてアジアの指導者たちの嗜好を重視する別の解釈については以下を参照。Amitav Acharya, *Whose Ideas Matter? Agency and Power in Asian Regionalism* (Ithaca: Cornell University Press, 2009).

19. Benedict Anderson, *Imagined Communities: Reflections on the Origin and Spread of Nationalism* (London: Verso, 1983)〔邦訳　ベネディクト・アンダーソン『想像の共同体――ナショナリズムの起源と流行』リブロポート、1987年〕。

20. Donald K. Emmerson, ed., *Hard Choices: Security, Democracy, and Regionalism in Southeast Asia* (Stanford: Walter H. Shorenstein Asia-Pacific Research Center, 2008).

21. Wu Xinbo, "Chinese Perspectives on Building an East Asia Community in the Twenty-First Century," in Michael J. Green and Bates Gill, eds., *Cooperation, Competition, and the Search for Community: Asia's New Multilateralism* (New York: Columbia University Press, 2009).

22. Zou Keyuan, "The Sino-Vietnamese Agreement on Maritime Boundary Delimitation in the Gulf of Tonkin," *Ocean Development and International Law* 36 (January-March 2005): 13–24.

23. Hideo Ohashi, "China's Regional Trade and Investment Profile," in Shambaugh, ed., *Power Shift*, 71–95.

24. Richard Cronin and Timothy Hamlin, *Mekong Tipping Point* (Washington, D.C.: Stimson Center, 2010), http://www.stimson.org/images/uploads/research-pdfs/Mekong_Tipping_Point-Complete.pdf. アクセス日は2011年5月18日。

25. John W. Garver, *Protracted Contest: Sino-Indian Rivalry in the Twentieth Century* (Seattle: University of Washington Press, 2001).

26. George Perkovich, *India's Nuclear Bomb: The Impact on Global Proliferation* (Berkeley: University of California Press, 1999), 196–197.

27. Shirley A. Kan. *China and Proliferation of Weapons of Mass Destruction and Missiles: Policy Issues* (Washington, D.C.: Congressional Research Service, May 2011).

28. Mathieu Duchatel, "The Terrorist Risk and China's Policy Toward Pakistan: Strategic Reassurance and the 'United Front,'" *Journal of Contemporary China* 20, no. 71 (September 2011): 543–561.

29. Robert D. Kaplan, *Monsoon: The Indian Ocean and the Future of American Power* (New York: Random House, 2010)〔邦訳　ロバート・D・カプラン『インド洋圏が、世界を動かす――モンスーンが結ぶ躍進国家群はどこへ向かうのか』インターシフト、2012年〕; Christopher J. Pehrson, *String of Pearls: Meeting the Challenge of China's Rising Power Across the Asian Littoral* (Carlisle, Pa.: Strategic Studies Institute, U.S. Army War College, 2006).

30. Jonathan Holslag, *China and India: Prospects for Peace* (New York: Columbia University Press, 2010).

31. 「大国の夢」については以下を参照。Andrew Scobell, "'Cult of Defense' and 'Great Power Dreams,'" in Michael R. Chambers, ed., *South Asia 2020: Strategic Balances and Alliances*, 342–348 (Carlisle, Pa.: Strategic Studies Institute, U.S. Army War College, 2002); アナリストたちの見方については以下を参照。Jing-dong Yuan, "India's Rise After Pokhran-II: Chinese Analyses and Assessments," *Asian Survey* 41, no. 6 (November-December 2001), 992–993, 998.

32. Mohan Malik, "The Shanghai Cooperation Organization," in Sumit Ganguly, Joseph Liow, and Andrew Scobell, eds., *The Routledge Handbook of Asian Security Studies*, 72–86 (New York: Routledge, 2010).

33. Human Rights in China, *Counter-Terrorism and Human Rights: The Impact of the Shanghai Cooperation Organization: A Human Rights in China Whitepaper* (New York: Human Rights in China, March 2011), http://www.hrichina.org/content/5199#IVDii. アクセス日は2011年5月19日。

34. Gardner Bovingdon, *The Uyghurs: Strangers in Their Own Land* (New York: Columbia University Press, 2010), 140.

35. Kevin Sheives, "China Turns West: Beijing's Contemporary Strategy Towards Central Asia," *Pacific Affairs* 79, no. 2 (Summer 2006): 219–222; Hasan H. Karrar, *The New Silk Road Diplomacy: China's Central Asian Foreign Policy Since the Cold War* (Vancouver: University of British Columbia Press, 2009), 58–66.

第7章　第四の円の中の中国

1. Gabriel B. Collins, Andrew S. Erickson, Lyle J. Goldstein, and William S. Murray, eds., *China's Energy Strategy: The Impact on Beijing's Maritime Policies* (Annapolis: Naval Institute Press, 2008); Erica S. Downs, "The Chinese Energy Security Debate," *China Quarterly* 177 (March 2004): 21–41; Bo Kong, *China's International Petroleum Policy* (Santa Barbara: Praeger Security International, 2010); *China's Thirst for Oil*, Asia Report no. 153 (Brussels: International Crisis Group, June 9, 2008), http://www.crisisgroup.org/~/media/Files/asia/north-east-asia/153_china_s_thirst_for_oil.ashx. アクセス日は2011年7月21日。Daniel H. Rosen and Trevor Houser, *China Energy: A Guide for the Perplexed* (Washington, D.C.: Peterson Institute for International Economics, May 2007) http://www.iie.com/publications/papers/rosen0507.pdf. アクセス日は2011年8月3日。

2. John W. Garver, *China & Iran: Ancient Partners in a Post-imperial World* (Seattle: University of Washington Press, 2006); International Crisis Group, "The Iran Nuclear Issue: The View from Beijing," Asia Briefing no. 100, February 17, 2010, http://www.crisisgroup.org/home/index.cfm?id=6536&l=1. アクセス日は2010年3月23日。(2016年10月現在は https://www.crisisgroup.org/asia/north-east-asia/china/iran-nuclear-issue-view-beijing)。

3. Barry Sautman and Yan Hairong. "Friends and Interests: China's Distinctive Links with Africa," *African*

Studies Review 50, no. 3 (December 2007): 75–114.
4. 以下で引用されたもの。Robyn Dixon, "Africa Holds Attractions for China Leaders; Beijing's Hunger for Raw Materials and Political Recognition Has Its Top Officials Crisscrossing the Continent Like No One Else to Cement Ties," *Los Angeles Times*, January 31, 2007.
5. Thomas Lum, Hannah Fischer, Julissa Gomez-Granger, and Anne Leland, *China's Foreign Aid Activities in Africa, Latin America, and Southeast Asia* (Washington, D.C.: Congressional Research Service, February 25, 2009).
6. Deborah Brautigam, *The Dragon's Gift: The Real Story of China in Africa* (Oxford: Oxford University Press, 2009).
7. Joel Wuthnow, "Beyond the Veto: Chinese Diplomacy in the United Nations Security Council," Ph.D. diss., Columbia University, 2011.
8. Information Office of the State Council, People's Republic of China, *China's National Defense in 2010* (Beijing: Information Office of the State Council, March 2011)（中国国務院情報部「中国国防白書2010」北京、国務院情報部、2011年 3 月）; Bates Gill and Chin-Hao Huang, "China's Expanding Presence in UN Peacekeeping Operations," in Roy Kamphausen, David Lai, and Andrew Scobell, eds., *Beyond the Strait: PLA Missions Other Than Taiwan*, 99–125 (Carlisle, Pa.: Strategic Studies Institute, U.S. Army War College, 2009).
9. Sam Sheringham, "Chinese Invade the Caribbean in an Attempt to Isolate Taiwan," Bloomberg News Service, March 11, 2007.
10. Wuthnow, "Beyond the Veto," 43–45.
11. たとえば以下を参照。Ann Kent, *Beyond Compliance: China, International Organizations, and Global Security* (Stanford: Stanford University Press, 2007), and Rosemary Foot and Andrew Walter, *China, the United States, and Global Order* (Cambridge: Cambridge University Press, 2011).

第 8 章　国家性の問題

1. Taylor Fravel, *Strong Borders, Secure Nation: Cooperation and Conflict in China's Territorial Disputes* (Princeton: Princeton University Press, 2008).
2. Katherine Palmer Kaup, *Creating the Zhuang: Ethnic Politics in China* (Boulder: Lynne Rienner, 2000), chap. 8.
3. Uradyn E. Bulag, *Nationalism and Hybridity in Mongolia* (Oxford: Clarendon Press, 1998).
4. Thierry Mathou, "Tibet and Its Neighbors: Moving Toward a New Chinese Strategy in the Himalayan Region," *Asian Survey* 45, no. 4 (July-August 2005): 507–509.
5. Melvyn C. Goldstein, with the help of Gelek Rimpoche, *A History of Modem Tibet, 1913–1951: The Demise of the Lamaist State* (Berkeley: University of California Press, 1989); Melvyn C. Goldstein, *Tibet, China, and the United States: Reflections on the Tibet Question* (Washington, D.C.: Atlantic Council, 1995); Elliot Sperling, *The Tibet-China Conflict: History and Polemics* (Washington, D.C.: East-West Center, 2004).
6. 国際法の下では、「つながり association」は、二つの主権国家の合体であり、一方が主権の一部を他方に譲り渡すことを意味する。
7. ダライ・ラマの演説は以下で読むことができる。http://www.dalailama.com/messages/tibet/strasbourg-proposal-1988. アクセス日は2010年 8 月15日。
8. 覚書は以下で読むことができる。http://www.savetibet.org/policy-center/topics-fact-sheets/memorandum-genuine-autonomy-tibetan-people. アクセス日は2010年 8 月15日（2016年10月現在 https://www.savetibet.org/policy-center/memorandum-on-genuine-autonomy-for-the-tibetan-people/）。
9. Tashi Rabgey and Tseten Wangchuk Sharlho, *Sino-Tibetan Dialogue in the Post-Mao Era: Lessons and*

Prospects, Policy Studies no. 12 (Washington, D.C.: East-West Center, 2004), 6.

10. President Bill Clinton, "Conditions for Renewal of Most-Favored-Nation Status for the People's Republic of China in 1994, " Executive Order 12850 of May 28, 1993, Federal Register, vol. 58, no. 103, June 1, 1993, http://www.archives.gov/federal-register/executive-orders/pdf/12850.pdf. アクセス日は2012年1月19日。
11. Melvyn C. Goldstein, "The Dalai Lama's Dilemma," *Foreign Affairs* 77, no. 1 (January-February 1998): 83–97.
12. 発言者は張慶黎。発言の内容は以下で読むことができる。http://www.chinatibetnews.com/GB/channel4/31/200803/19/78973.html. アクセス日は2010年8月15日（現在は不明）。
13. "Declaration on Principles for Relations and Comprehensive Cooperation Between the People's Republic of China and the Republic of India," June 25, 2003, http://www.fmprc.gov.cn/eng/wjdt/2649/t22852.htm. アクセス日は2012年1月12日。（2016年10月現在 http://www.fmprc.gov.cn/mfa_eng/wjdt_665385/2649_665393/t22852.shtml）。
14. S. Frederick Starr, ed., *Xinjiang: China's Muslim Borderland* (Armonk, N.Y.: M. E. Sharpe, 2004).
15. James A. Millward, *Eurasian Crossroads: A History of Xinjiang* (New York: Columbia University Press, 2007).
16. 以下に生々しい記述が見られる。Rebiya Kadeer, with Alexandra Cavelius, *Dragon Fighter: One Women's Epic Struggle for Peace with China* (Carlsbad, Calif.: Kales Press, 2009)〔邦訳　ラビア・カーディル&アレクサンドラ・カヴェーリウス『ウイグルの母 ラビア・カーディル自伝 中国に一番憎まれている女性』武田ランダムハウスジャパン、2009年〕。
17. Arienne M. Dwyer, *The Xinjiang Conflict: Uyghur Identity, Language Policy, and Political Discourse*, Policy Studies no. 15 (Washington, D.C.: East-West Center, 2005), 39.
18. Gardner Bovingdon, *Autonomy in Xinjiang: Han Nationalist Imperatives and Uyghur Discontent*, Policy Studies no. 11 (Washington, D.C.: East-West Center, 2004).
19. 以下の徹底した研究を参照。James Millward, *Violent Separatism in Xinjiang: A Critical Assessment*, Policy Studies no. 6 (Washington, D.C.: East-West Center, 2004).
20. Gardner Bovingdon, *The Uyghurs: Strangers in Their Own Land* (New York: Columbia University Press, 2010).
21. Remi Castets, "The Uyghurs in Xinjiang: The Malaise Grows," *China Perspectives* 49 (September-October 2003), 39.
22. Andrew Scobell, "Terrorism and Chinese Foreign Policy," in Yong Deng and Feiling Wang, eds., *China Rising: Power and Motivation in Chinese Foreign Policy* (New York: Rowman and Littlefield, 2005), 317; Dru C. Gladney, "China's Minorities: The Case of Xinjiang and the Uyghur People," paper prepared for the UN Commission on Human Rights, Subcommission on Promotion and Protection of Human Rights, Working Group on Minorities, E/CN.4/Sub.2/AC.5/2003/WP.16, May 5, 2003, p. 11. J. Todd Reed と Diana Raschke は入手可能な証拠に対して、以下で詳細な検討を行なっている。*ETIM: China's Islamic Militants and the Global Terrorist Threat* (Santa Barbara: Praeger, 2010). そして、じっさいに東トルキスタン・イスラム運動がアルカイダとつながりのあるテロ組織であると結論づけている。
23. Christine Loh, *Underground Front: The Chinese Communist Party in Hong Kong* (Hong Kong: Hong Kong University Press, 2010).
24. Andrew Scobell, "China and Taiwan: Balance of Rivalry with Weapons of Mass Democratization," in Sumit Ganguly and William R. Thompson, eds., *Asian Rivalries: Conflict, Escalation, and Limitations on Two-Level Games* (Stanford: Stanford University Press, 2011), 26–43.
25. 第4章で指摘したように、アメリカは、台湾が中国の一部だとする中国の見解を「承認」ではなく、「認識」しているにすぎない。しかし、このように意図的にあいまいな姿勢をと

り、それを維持してきただけで、台湾独立を推進するようなことは何一つしていない。

26. マッカーサーはこの表現を、以下をはじめとするさまざまな場所で用いている。"Memorandum on Formosa," June 14, 1950, *Foreign Relations of the United States, 1950*, vol. 7: *Korea*（Washington, D.C.: U.S. Government Printing Office, 1976), 162. マッカーサーの主張は、ソ連に台湾の利用を許せば、ソ連は日本、沖縄、フィリピンにおけるアメリカの立場を脅かす恐れがある、というものだった。しかし、この論理でいけば、アメリカその他の国の軍隊が台湾を利用することは中国を脅かす、ということにもなる。
27. この発言は以下で引用されたもの。Shirley A. Kan, *China/Taiwan: Evolution of the "One China" Policy—Key Statements from Washington, Beijing, and Taipei*, RL30341（Washington, D.C.: Congressional Research Service, June 3, 2011), 7.

第９章　台湾の民主主義への移行と中国の反応

1. Andrew J. Nathan and Yangsun Chou, "Democratizing Transition in Taiwan," *Asian Survey* 27, no. 3（March 1987): 277–299; Andrew J. Nathan, "The Effect of Taiwan's Political Reform on Taiwan-Mainland Relations," in Tun-jen Cheng and Stephan Haggard, eds., *Political Change in Taiwan*（Boulder: Lynne Reinner, 1992), 207–219; Andrew J. Nathan and Helena Ho, "Chiang Ching-kuo's Decision for Political Reform," in Shao-chuan Leng, ed., *Chiang Ching-kuo's Leadership in the Development of the Republic of China on Taiwan*（Lanham, Md.: University Press of America, 1993), 31–61.
2. これらの世論調査の数字は Shiau-chi Shen の提供による。調査は中華民国行政院大陸委員会 http://www.mac.gov.tw/mp.asp?mp=3 および国立政治大学選挙研究センター http://units.nccu.edu.tw/server/publichtmut/html/wS00/ewS00.html が実施した。アクセス日は不明。
3. この後の要旨と主要な事実は、とくに注記がないかぎり、以下に基づく。Su Chi, *Taiwan's Relations with Mainland China: A Tail Wagging Two Dogs*（London: Routledge, 2009).
4. Richard C. Kagan, *Taiwan's Statesman: Lee Teng-hui and Democracy in Asia*（Annapolis: Naval Institute Press, 2007).
5. 蔣経国は、1978年12月29日の声明の中で次のように述べている。「中華民国は中華民国憲法に基づいて正当に樹立された政府を持つ独立した主権国家である。それは実効性のある政府であり、国民の全面的な支持を得ている。中国の共産主義体制が世界の国々から承認されたからという、ただそれだけの理由で、中華民国の国際的な地位と性格が変わるはずがない。中華民国の法的地位と国際的な性格は純然たる現実であり、アメリカはこれを承認し、尊重しなければならない」。これは以下で引用されたもの。Martin L. Lasater, *The Taiwan Issue in Sino-Ameriean Strategic Relations*（Boulder: Westview Press, 1984), 258–259.
6. 『台湾問題と中国の再統一』は以下で読むことができる。http://www.china.org.cn/e-white/taiwan/index.htm. アクセス日は2010年８月16日。これは公式翻訳である。ここやその他の引用において、われわれは黙って "straits" を "strait" に〔「海峡」の複数形を単数形に〕訂正している。
7. 「二つの政治的実体」という語句にくわえて、公式の英訳には「二つの政府」という表現が含まれていた。しかし、中国語の文章の関連部分では、両者が「別々に統治されている」（分治）としか述べられていない。「二つの政府」という表現は、中国語の文章には出てこないのだ。
8. Su, *Taiwan's Relations with Mainland China*, 56–58.
9. Taiwan Affairs Office and the Information Office of the State Council, "The One-China Principle and the Taiwan Issue," February 2000, http://english.gov.cn/official/2005–07/27/content_17613.htm. アクセス日は2012年１月20日。公式翻訳。
10. アメリカの台湾に対する取り組みの歴史については以下を参照。Nancy Bernkopf Tucker,

Strait Talk: United States-Taiwan Relations and the Crisis with China (Cambridge, Mass.: Harvard University Press, 2009).

11. http://www.taiwandc.org/nws-9920.htm より。アクセス日は2011年９月８日。
12. "Premier Zhu Rongji Takes Questions About China's Focal Issues (2000)," March 15, 2000, http://www.gov.cn/english/official/2005-07/25/content_17144.htm. アクセス日は2009年８月12日。
13. Nancy Bernkopf Tucker and Bonnie Glaser, "Should the United States Abandon Taiwan?" *Washington Quarterly* 34, no. 4 (Fall 2011): 23–37.

第10章　門戸開放のジレンマ

1. Ezra F. Vogel, *Deng Xiaoping and the Transformation of China* (Cambridge, Mass.: Belknap Press of Harvard University Press, 2011)〔邦訳　エズラ・F・ヴォーゲル『現代中国の父鄧小平』日本経済新聞出版社、2013年〕。
2. Nicholas R. Lardy, *Foreign Trade and Economic Reform in China, 1978–1990* (Cambridge: Cambridge University Press, 1992).
3. 中国は香港と台湾に対する政治的主権を主張していたが、貿易・投資政策および統計上は別の主体として扱った。本章ではわれわれも同様のことをする。
4. "Chairman of Delegation of People's Republic of China Deng Xiaoping's Speech at Special Session of U.N. General Assembly," *Peking Review*, Supplement, April 12, 1974, iv.
5. Barry Naughton, *The Chinese Economy: Transitions and Growth* (Boston: MIT Press, 2007), 377–378.
6. 香港からの投資がずば抜けて多かったのは、香港が台湾その他からの投資のパイプ役、そして、中国から資金を送り出し、ふたたび中国へ還流させる通過点の役目を果たしていたからだ。海外からの投資のほうが条件がゆるいという恩恵を狙ってのことだ。
7. 中国は両方の機関の創立メンバーだったが、かつてその席を占めていたのは中華民国だった。
8. ここやその他の場所で示されるデータの多くは以下に基づく。Naughton, *The Chinese Economy.*
9. これらの争いについては以下を参照。Zhao Ziyang, *Prisoner of the State: The Secret Journal of Premier Zhao Ziyang*, trans, and ed. Bao Pu, Renee Chiang, and Adi Ignatius (New York: Simon and Schuster, 2009)〔邦訳　趙紫陽『趙紫陽極秘回想録——天安門事件「大弾圧」の舞台裏！』光文社、2010年〕。
10. Juntao Wang, "Reverse Course: Political Neo-conservatism and Regime Stability in Post-Tiananmen China," Ph.D. diss., Columbia University, 2006.
11. Lardy, *Foreign Trade*, chaps. 2 and 3.
12. 中国政府は、アメリカの貿易赤字の計算方法に対して反論し、中国から香港経由でアメリカに運ばれる製品が含まれていると主張した。それらは香港の輸出統計に載せるべきであり、また、アメリカから香港経由で中国に運ばれる製品は除外すべきだ、というわけである。しかし、これらの修正を加えたとしても、アメリカはやはりこの時期、巨額の対中貿易赤字を計上していただろう。
13. Martin K. Dimitrov, *Piracy and the State: The Politics of Intellectual Property Rights in China* (Cambridge: Cambridge University Press, 2009).
14. 本項の資料の多くは以下からのものである。Scott Harold, "Freeing Trade: Negotiating Domestic and International Obstacles on China's Long Road to the GATT/WTO, 1971–2001," Ph.D. diss., Columbia University, 2007.
15. Joshua Cooper Ramo, *The Beijing Consensus* (London: Foreign Policy Centre, 2004); Stefan Halper, *The Beijing Consensus: How China's Authoritarian Model Will Dominate the Twenty-First Century* (New

York: Basic Books, 2010)〔邦訳　ステファン・ハルパー『北京コンセンサス――中国流が世界を動かす？』岩波書店、2011年〕。

16. Richard MacGregor, *The Party: The Secret World of China's Communist Rulers* (New York: HarperCollins, 2010).
17. Vikram Nehru, Aart Kraay, and Xiaoqing Yu, *China 2020: Development Challenges in the New Century* (Washington, D.C.: World Bank, 1997), 29–30.
18. データはクレディ・スイスのエコノミスト、Dong Tao による。以下で引用されたもの。David Barboza, "Some Assembly Needed: China as Asia Factory," *New York Times*, February 9, 2006, http://www.nytimes.com/2006/02/09/business/worldbusiness/09asia.html. アクセス日は2008年8月8日。別の報告によれば、輸出によって中国経済にもたらされた利益は、輸出製品の額面価額のわずか20パーセントだったという。以下を参照。David D. Hale and Lyric Hughes Hale, "Reconsidering Revaluation: The Wrong Approach to the U.S.-China Trade Imbalance," *Foreign Affairs* 87, no. 1 (January-February 2008): 57–66.
19. 本項の副題は以下の一節から拝借した。Jonathan Holslag, "China's Regional Dilemma: An Inquiry Into the Limits of China's Economic and Military Power," Ph.D. diss., Vrije Universiteit Brussel, 2011.
20. Ka Zeng, *Trade Threats, Trade Wars: Bargaining, Retaliation, and American Coercive Diplomacy* (Ann Arbor: University of Michigan Press, 2004).
21. Hideo Ohashi, "China's Regional Trade and Investment Profile," in David Shambaugh, ed., *Power Shift: China and Asia's New Dynamics* (Berkeley: University of California Press, 2005), 71–95; Deng Ziliang and Zheng Yongnian, "China Reshapes the World Economy," in Wang Gungwu and Zheng Yongnian, eds., *China and the New International Order* (London: Routledge, 2008), 127–148.
22. Jonathan Holslag, "China's Roads to Influence," *Asian Survey* 50, no. 4 (July-August 2010): 641–662.
23. Deborah Brautigam, *The Dragon's Gift: The Real Story of China in Africa* (Oxford:Oxford University Press, 2009).
24. 同179.
25. Robert Jervis, *System Effects: Complexity in Political and Social Life* (Princeton: Princeton University Press, 1997)〔邦訳　ロバート・ジャービス『複雑性と国際政治――相互連関と意図されざる結果』ブレーン出版、2008年〕。
26. 郷、鎮、村の企業が創出した雇用の数は以下に基づく。Naughton, *The Chinese Economy*, 286, fig. 12.2; 新たに労働人口に加わった人々の数は以下を使用して算出した。Naughton, *The Chinese Economy*, 175, table 7.3.
27. James Kynge, *China Shakes the World* (New York: Houghton Mifflin, 2006)〔邦訳　ジェームズ・キング『中国が世界をメチャクチャにする』草思社、2006年〕。
28. たとえば以下を参照。Peter Navarro, "The Economics of the 'China Price,'" *China Perspectives* (November-December 2006): 13–27.
29. David Hale, "China's Growing Appetites," *The National Interest* (Summer 2004): 137–147
30. Lester R. Brown, *Who Will Feed China? Wake-Up Call for a Small Planet* (New York: Norton, 1995)〔邦訳　レスター・R・ブラウン『だれが中国を養うのか？――迫りくる食糧危機の時代』ダイヤモンド社、1995年〕。
31. Jonathan Watts, *When a Billion Chinese Jump: How China Will Save Mankind—or Destroy It* (New York: Scribner, 2010).
32. Rosemary Foot and Andrew Walter, *China, the United States, and Global Order* (Cambridge: Cambridge University Press, 2011), chap. 5.
33. Elizabeth Economy and Michel Oksenberg, eds., *China Joins the World: Progress and Prospects* (New York: Council on Foreign Relations, 1999).

34. 他の要素としては、アメリカによるロビー活動、中国の他国からの「社会的学習」などがある。Evan S. Medeiros, *Reluctant Restraint: The Evolution of China's Nonproliferation Policies and Practices, 1980–2004* (Stanford: Stanford University Press, 2007); Alastair Iain Johnston, *Social States: China in International Relations, 1980–2000* (Princeton: Princeton University Press, 2008).
35. Medeiros, *Reluctant Restraint*; Dimitrov, *Piracy and the State*.
36. Ann Kent, *Beyond Compliance: China, International Organizations, and Global Security* (Stanford: Stanford University Press, 2007); Foot and Walter, *China, the United States, and Global Order*.
37. Rosemary Foot, *Rights Beyond Borders: The Global Community and the Struggle Over Human Rights in China* (Oxford: Oxford University Press, 2000); Ann Kent, *China, the United Nations, and Human Rights* (Philadelphia: University of Pennsylvania Press, 1999).38. 本項の副題はエズラ・F・ヴォーゲルの著書の題名をもじった。*Japan as Number One: Lessons for America* (Cambridge, Mass.: Harvard University Press, 1979)（邦題　エズラ・F・ヴォーゲル『ジャパン・アズ・ナンバーワン――アメリカへの教訓』阪急コミュニケーションズ、1979年]。
39. Michael Beckley, "China's Century? Why America's Edge Will Endure," *International Security* 36, no. 3 (Winter 2011–2012): 41–78.

第11章　軍の近代化

1. Deng Xiaoping, "The Tasks of Consolidating the Army" (July 14, 1975), in Selected Works of Deng Xiaoping, 3 vols. (Beijing: Foreign Languages Press, 1984), 2:27.
2. 中国の軍事問題に関してとくに有益かつ包括的な論考として次のようなものがある。Dennis Blasko, *The Chinese Army Today*, 2nd ed. (New York: Routledge, 2012); Richard P. Hallion, Roger Cliff, and Phillip C. Saunders, eds., *The People's Liberation Army Air Force: Evolving Concept's, Roles, and Capabilities* (Washington, D.C.: National Defense University Press, 2012); Bernard Cole, *The Great Wall at Sea*, 2nd ed. (Annapolis: Naval Institute Press, 2010); and David Shambaugh, *Modernizing China's Military* (Berkeley: University of California Press, 2002). より詳細かつ専門的な著述については, the RAND Corporation（ランド研究所）およびthe U.S. Army War College's Strategic Studies Institute（アメリカ陸軍大学戦略研究所）の刊行物を参照。それぞれオンラインでも閲覧できる。http://www.rand.org および http://www.strategicstudiesinstitute.army.mil.
3. Mao Tsetung, "The Chinese People Cannot Be Cowed by the Atom Bomb," in *Selected Works of Mao Tsetung*, 5 vols. (Peking: Foreign Languages Press, 1977), 5; 153.
4. 胡錦濤の演説の全文は一度も公表されていないが、幅広く引用されている。たとえば以下を参照。Daniel Hartnett, *China Military and Security Activities*, Hearings Before the U.S.-China Economic and Security Review Commission, 111th Cong. 1st sess., March 4, 2009 (Washington, D.C.: Government Printing Office, April 2009), 45–55.
5. 数字は以下に基づく。Cheng Li, "The New Military Elite," in David M. Finkelstein and Kristen Gunness, eds., *Civil-Military Relations in Today's China* (Armonk, N.Y.: M. E. Sharpe, 2007), 55, 57; and James C. Mulvenon, *Professionalization of the Senior Chinese Officer Corps* (Santa Monica, Calif.: RAND, 1997), 42.
6. 諸兵科連合訓練は、異なる部隊間（たとえば歩兵、砲兵、装甲部隊）の協力が含まれる。「合同演習」とは異なる軍（たとえば陸軍、空軍、海軍、第二砲兵隊）のあいだの連携のことである。
7. 国防予算の増加については以下に収載された統計資料を用いて算出した。『中国国防白書』の2004、2006、2008、2010年版、および Shambaugh,*Modernizing China's Military*, table 4, 188–189. 2010年の統計資料は以下で見ることができる。Information Office of the State Council, People's Republic of China, China's National Defense in 2010 (Beijing: Information Office of the

State Council, March 2011)（中国国務院情報部「中国国防白書2010」北京、国務院情報部、2011年３月）。

8．*Military and Security Developments Involving the People's Republic of China, 2010* (Washington, D.C.: Office of the Secretary of Defense, 2010), 42–43.

9．Tai Ming Cheung, *Fortifying China: The Struggle to Build a Modern Defense Economy* (Ithaca: Cornell University Press, 2009); Evan Feigenbaum, *China's Techno-Warriors: National Security and Strategic Competition from the Nuclear to the Information Age* (Stanford: Stanford University Press, 2003).

10. Carla Hills and Dennis Blair, chairs, *U.S.-China Relations: An Affirmative Agenda, a Responsible Course*, Task Force Report (New York: Council on Foreign Relations, April 2007), 47–54.

11. 「ロビー団体」としての中央軍事委員会については以下を参照。Nan Li, "The Central Military Commission and Military Policy in China," in James C. Mulvenon and Andrew N. D. Yang, eds., *The People's Liberation Army as Organization* (Santa Monica, Calif.: RAND Corporation, 2002), 82. 主要メカニズムとしての最高指導者については以下を参照。Andrew Scobell, "China's Evolving Civil-Military Relations: Creeping *Guojiahua*," *Armed Forces and Society* 31, no. 2 (Winter 2005), 229.

12. アメリカにおける警察官の人口比は2004年の法執行機関人員数に関する FBI の統計資料を基に算出した（人口２億7843万3063人に対して97万588人）。中国の2005年の人口比については以下を参照。Murray Scot Tanner and Eric Green, "Principals and Secret Agents: Central Control Versus Local Control Over Policing and Obstacles to 'Rule of Law' in China," *China Quarterly*, no. 191 (September 2007), 664.

13. Xuezhi Guo, *China's Security State: Philosophy, Evolution, and Politics* (New York: Cambridge University Press, 2013).

14. Andrew Scobell, *China's Use of Military Force: Beyond the Great Wall and the Long March* (New York: Cambridge University Press, 2003), chap. 5.

15. 中国の1969年の行動にはいくつもの動機があったものと思われる。以下を参照。Thomas Robinson, "The Sino-Soviet Border Conflicts in 1969: New Evidence Three Decades Later," in Mark Ryan, David M. Finkelstein, and Michael A. McDevitt, eds., *Chinese Warfighting: The PLA Experience Since 1949* (Armonk, N.Y.: M. E. Sharpe, 2003), 198–216.

16. Jonathan Holslag, *China and India: Prospects for Peace* (New York: Columbia University Press, 2010), chap. 5.

17. Richard C. Bush, *The Perils of Proximity: China-Japan Security Relations* (Washington, D.C.: Brookings Institution Press, 2010), 64〔邦訳　リチャード・C・ブッシュ『日中危機はなぜ起こるのか――アメリカが恐れるシナリオ』柏書房、2012年〕; Cole, *The Great Wall at Sea*, 22–23.

18. Michael D. Swaine and Roy D. Kamphausen, "Military Modernization in Taiwan," in Ashley J. Tellis and Michael Wills, eds., *Strategic Asia, 2005–06: Military Modernization in an Era of Uncertainty* (Seattle: National Bureau of Asian Research, 2005), 420; Bernard D. Cole, *Taiwan's Security: History and Prospects* (New York: Routledge, 2006).

19. これら四つのオプションは以下からの引用。*Military and Security Developments*, 51–52.

20. Richard C. Bush and Michael E. O'Hanlon, *A War Like No Other: The Truth About China's Challenge to America* (Hoboken, N.J.: Wiley, 2007), 135–136.

21. Thomas J. Christensen, "Posing Problems Without Catching Up: China's Rise and Challenges for U.S. Security Policy," *International Security* 35, no. 4 (Spring 2001): 5–40.

22. John Lewis and Xue Litai, *China Builds the Bomb* (Stanford: Stanford University Press, 1988).

23. Jeffrey Lewis, *The Minimum Means of Reprisal: China's Search for Security in the Nuclear Age* (Cambridge, Mass.: MIT Press, 2007); M. Taylor Fravel and Evan S. Medeiros, "China's Search for Assured Retaliation: The Evolution of China's Nuclear Strategy and Force Structure," *International Security* 35,

no. 2 (Fall 2010): 48–87.

24. Evan S. Medeiros, *Reluctant Restraint: The Evolution of China's Nonproliferation Policies and Practices, 1980–2004* (Stanford: Stanford University Press, 2007).
25. Shirley A. Kan, *China and Proliferation of Weapons of Mass Destruction and Missiles: Policy Issues* (Washington, D.C.: Congressional Research Service, May 2011).
26. 「台湾の向こう側」という表現は米国防総省の分析に由来する。詳細な議論は以下を参照。Roy Kamphausen, David Lai, and Andrew Scobell, eds., *Beyond the Strait: Chinese Military Missions Other Than Taiwan* (Carlisle, Pa.: Strategic Studies Institute, U.S. Army War College, 2009). 本項はScobellの同書への寄稿から引用した。
27. Andrew Scobell and Gregory Stevenson, "The PLA (Re) Discovers Nontraditional Security," in Lyle Goldstein, ed., *China and the Challenge of Non-traditional Security Threats* (Annapolis, Md.: Naval Institute Press, forthcoming).
28. Christopher J. Pehrson, *String of Pearls: Meeting the Challenges of China's Rising Power Across the Asian Littoral* (Carlisle, Pa.: Strategic Studies Institute, U.S. Army War College, 2006).
29. Donald Rumsfeld, "Remarks to the International Institute for Strategic Studies," 2005年6月4日、シンガポールでの演説。http://www.defense.gov/Transcripts/Transcript.aspx?Transcriptid=3216. アクセス日は2011年11月1日（2016年10月現在は https://singapore.usembassy.gov/060405.html）。
30. Saadia M. Pekkanen and Paul Kallender-Umezu, *In Defense of Japan: From the Market to the Military in Space Policy* (Stanford: Stanford University Press, 2010).
31. パネッタの発言は以下の日本での演説から引用。"Town Hall Meeting with Secretary Panetta with US Military and Japanese Defense Force Personnel at Yokota Air Base," October 24, 2011, http://www.defense.gov/transcripts/transcript.aspx?transcriptid=4911. アクセス日は2011年11月20日（2016年10月現在は http://archive.defense.gov/transcripts/transcript.aspx?transcriptid=4911）。オバマの発言は以下のオーストラリア議会での演説から引用。"Remarks by President Obama to the Australian Parliament," November 16, 2011, http://www.whitehouse.gov/the-press-office/2011/11/17/remarks-president-obama-australian-parliament. アクセス日は2011年11月20日。三つ目の引用および関連情報は以下からのもの。*Quadrennial Defense Review Report* (Washington, D.C.: U.S. Department of Defense, February 2010), 62.「空海戦闘」および無人航空機システムについては同書22, 32–33で論じられている。本項は以下の資料も参考にしている。Roy D. Kamphausen, "America's Security Commitment to Asia: A Twenty Year Outlook," presentation to the International Institute for Strategic Studies Dialogue, Singapore, April 13–14, 2010.

第12章　中国外交におけるソフトパワーと人権

1. Joseph S. Nye Jr., *Soft Power: The Means to Success in World Politics* (New York: PublicAffairs, 2004)〔邦訳　ジョセフ・S・ナイ『ソフト・パワー――21世紀国際政治を制する見えざる力』日本経済新聞社、2004年〕; Joshua Kurlantzick, *China's Charm Offensive: How China's Soft Power Is Transforming the World* (New Haven: Yale University Press, 2007); David M. Lampton, *The Three Faces of Chinese Power: Might, Money, and Minds* (Berkeley: University of California Press, 2008).
2. 本項の一部は以下からの引用。Andrew Scobell, "China's Soft Sell: Is the World Buying?" *China Brief* 7, no. 2 (January 24, 2007): 7–10, and from Andrew J. Nathan and Andrew Scobell, "Human Rights and China's Soft Power Expansion," *China Rights Forum*, no. 4 (2009): 10–23.
3. George H. W. Bush, *The China Diary of George H. W. Bush: The Making of a Global President*, ed. Jeffrey Engel (Princeton: Princeton University Press, 2008), 341.
4. Henry Kissinger, *White House Years* (Boston: Little, Brown, 1979), 1056〔邦訳　ヘンリー・キッシンジャー『キッシンジャー秘録』小学館、1979年〕; Zbigniew Brzezinski, *Power and Principle:*

Memoirs of the National Security Adviser, 1977–1981 (New York: Farrar, Straus, Giroux, 1983), 213.

5. Bonnie S. Glaser and Melissa E. Murphy, "Soft Power with Chinese Characteristics: The Ongoing Debate," in Carola McGiffert, ed., *Chinese Soft Power and Its Implications for the United States: Competition and Cooperation in the Developing World* (Washington, D.C.: Center for Strategic and International Studies, 2009), 10–26, http://csis.org/files/media/csis/pubs/090305_mcgiffert_chinesesoft power_web.pdf. アクセス日は2010年12月９日（2016年10月現在は https://www.csis.org/analysis/chinese-soft-power-and-its-implications-united-statesaccessed）。Joel Wuthnow, "The Concept of Soft Power in China's Strategic Discourse," *Issues & Studies* 44, no. 2 (June 2008): 1–28.
6. Hu Jintao, *Hold High the Great Banner of Socialism with Chinese Characteristics and Strive for New Victories in Building a Moderately Prosperous Society in All Respects: Report to the Seventeenth National Congress of the Communist Party of China* (October 15, 2007), http://news.xinhuanet.com/english/2007–10/24/content_6938749_６.htm. アクセス日は2010年12月10日（2016年10月現在は http://news.xinhuanet.com/english/2007–10/24/content_6938749.htm）。
7. "Zhonggong zhongyang guanyu shenhua wenhua tizhi gaige tuidong shehuizhuyi wenhua dafazhan dafanrong ruogan zhongda wenti de jueding"（文化体制改革を深化させ、社会主義文化の大いなる発展、大いなる繁栄を推進させることについてのいくつかの重大問題に関する中国共産党中央委員会の決定）October 18, 2011, http://economy.caijing.com.cn/2011–10–26/110933747.html. アクセス日は2012年１月22日。調べた当時、この文書の公式英訳版は入手できなかった。
8. Anne-Marie Brady, *Marketing Dictatorship: Propaganda and Thought Work in Contemporary China* (Lanham, Md.: Rowman and Littlefield, 2007).
9. Victor D. Cha, *Beyond the Final Score: The Politics of Sport in Asia* (New York: Columbia University Press, 2009).
10. Susan Brownell, *Beijing's Games: What The Olympics Mean to China* (Lanham, Md.: Rowman and Littlefield, 2008); Xu Guoqi, *Olympic Dreams: China and Sports, 1895–2008* (Cambridge, Mass.: Harvard University Press, 2008).
11. Karl Gerth, *As China Goes, so Goes the World: How Chinese Consumers Are Transforming Everything* (New York: Hill and Wang, 2010).
12. たとえば, Martin Jacques, *When China Rules the World: The Rise of the Middle Kingdom and the End of the Western World* (London: Allen Lane, 2009)〔邦訳　マーティン・ジェイクス『中国が世界をリードするとき――西洋世界の終焉と新たなグローバル秩序の始まり』NTT出版、2014年〕。
13. Stephanie Kleine-Ahlbrandt and Andrew Small, "China's New Dictatorship Diplomacy," *Foreign Affairs* 87, no. 1 (January-February 2008): 38–56.
14. 本章の残りの部分は、以下を要約、改訂したものである。Andrew J. Nathan, "China and International Human Rights: Tiananmen's Paradoxical Impact," in Jean-Philippe Beja, ed., *The Impact of China's 1989 Tiananmen Massacre* (London: Routledge, 2010), 206–220.
15. Paul Gordon Lauren, *The Evolution of International Human Rights: Visions Seen* (Philadelphia: University of Pennsylvania Press, 1998).
16. Daniel C. Thomas, *The Helsinki Effect: International Norms, Human Rights, and the Demise of Communism* (Princeton: Princeton University Press, 2001).
17. Ronald Reagan, "Promoting Democracy and Peace," speech before the British Parliament, London, June 8, 1982, in *U.S. Department of State, Current Policy*, no. 399 (June 1982), 4.
18. とくに以下を参照。Julie A. Mertus, *Bait and Switch: Human Rights and U.S. Foreign Policy*, 2nd ed. (New York: Routledge, 2008).
19. European Commission, *EU-China: Closer Partners, Growing Responsibilities* (n.d.), http://eur-lex.euro

pa.eu/LexUriServ/site/en/com/2006/com2006_0631en01.pdf. アクセス日は2012年 1 月22日（2016年10月現在は http://eur-lex.europa.eu/legal-content/EN/TXT/?uri=celex:52006DC0631）。

20. Larry Diamond, *The Spirit of Democracy* (New York: Times Books, 2008), appendix, table 2.
21. Ann Marie Clark, *Diplomacy of Conscience: Amnesty International and Changing Human Rights Norms* (Princeton: Princeton University Press, 2001); Amnesty International, *Political Imprisonment in the People's Republic of China: An Amnesty International Report* (London: Amnesty International, 1978).
22. この数字は以下より提供されたもの。the Human Rights Organizations Database of Human Rights Internet, http://www.hri.ca/organizations.aspx. アクセス日は2012年 1 月22日。
23. 世界人権宣言は条約ではないが、ほとんどの国際弁護士は国際慣習法の一部だと考えている。規約――たとえば「市民的及び政治的権利に関する国際規約」や「経済的、社会的及び文化的権利に関する国際規約」――は条約である。
24. Thomas G. Weiss, *Humanitarian Intervention: Ideas in Action* (Cambridge: Polity Press, 2007), 43. 同じ10年間には、国連以外の機関の承認を得て追加の人道介入が行なわれた。たとえばリベリアへの介入は西アフリカ諸国経済共同体監視団、コソボへの介入はNATOによって承認された。
25. 以下で引用されたもの。Jeremy T. Paltiel, *The Empire's New Clothes: Cultural Particularism and Universal Value in China's Quest for Global Status* (New York: Palgrave Macmillan, 2007), 144.
26. Aryeh Neier, "Economic Sanctions and Human Rights," in Samantha Power and Graham Allison, eds., *Realizing Human Rights: Moving from Inspiration to Impact*, 291–308 (New York: St. Martin's, 2000).
27. Human Rights Watch, "Chinese Diplomacy, Western Hypocrisy, and the U.N. Human Rights Commission," March 1, 1997, http://www.unhcr.org/refworld/docid/ 3 ae6a7d94.html. アクセス日は2009年 6 月11日。
28. 1996年 4 月、国連人権委員会での中国代表、呉建民の発言。以下で引用されたもの。"Loss for U.S. on Rights," *New York Times*, April 24, 1996.
29. 以下に含まれる文書より。Zhang Liang, comp., Andrew J. Nathan and Perry Link, eds., *The Tiananmen Papers* (New York: PublicAffairs, 2001), 338〔邦訳　張良編、アンドリュー・J・ネイサン、ペリー・リンク監修『天安門文書』文藝春秋、2001年〕。
30. *National Human Rights Action Plan of China (2009–2010)*, 出典は http://news.xinhuanet.com/english/2009-04/13/content_11177126.htm. アクセス日は2009年 6 月11日 ; "Human Rights Watch Statement on UPR Outcome Report of China," June 11, 2009. 出典は http://www.hrw.org:80/node/83727. アクセス日は2009年 6 月11日。
31. 以下に記載されている。"Country Visits by Special Procedures Mandate Holders Since 1998," n.d. 出典は http://www2.ohchr.org/english/bodies/chr/special/countryvisitsa-e.htm#china. アクセス日は2009年 6 月11日（2016年10月現在は http://www.ohchr.org/EN/HRBodies/SP/Pages/countryvisitsa-e.aspx）。
32. International Federation for Human Rights（国際人権連盟）が発表したさまざまな外交的プレスリリース、報告書、意見書を参照。出典は http://www.fidh.org/-Human-Rights-Council-. アクセス日は2009年 6 月11日（2016年10月現在は https://www.fidh.org/en/）。
33. 以下を参照。James Mann, *The China Fantasy: How Our Leaders Explain Away Chinese Repression* (New York: Viking, 2007)〔邦訳　ジェームズ・マン『危険な幻想　中国が民主化しなかったら世界はどうなる？』PHP研究所、2007年〕。
34. U.S. Commission on International Religious Freedom, "The Many Faces of China's Repression: Human Rights, Religious Freedom, and U.S. Diplomacy in China," January 31, 2007, 出典 http://www.uscirf.gov/index.php?option=com_content&task=view&id=1785&Itemid=1. アクセス日は2008年 8 月25日。
35. たとえば「中国人権」の国連条約機関や特別機構への提出文書を参照。出典は http://hrichi

na.org/public/contents/category?cid=22042&lang=iso% 2 d8859% 2 d1. アクセス日は2009年 6 月11日。

36. "An Introduction to CLB's Labour Rights Litigation Work," n.d., http://www.china-labour.org.hk/en/node/100020. アクセス日は2009年 6 月11日。

37. 「中国の弁護士を支援する委員会」の詳細については以下を参照。http://law.fordham.edu/ihtml/center3.ihtml?imac=1658. アクセス日は2009年 5 月27日。

38. ビジネスと人権のつながりの展開に関する概略は、the Business and Human Rights Resource Centre のウェブサイト http://www.business-humanrights.org/Home を参照。アクセス日は2012年 1 月22日。

39. グローバル・ネットワーク・イニシアティブの概略については以下を参照。http://www.globalnetworkinitiative.org/index.php. アクセス日は2012年 1 月22日。

40. Yun-han Chu, Larry Diamond, Andrew J. Nathan, and Doh Chull Shin, eds., *How East Asians View Democracy* (New York: Columbia University Press, 2008).

第13章　威嚇か、均衡か？

1. 以下からの引用。Andrew J. Nathan and Robert S. Ross, *The Great Wall and the Empty Fortress: China's Search for Security* (New York: Norton, 1997), are on pp. xiv and 229–230.

2. Aaron L. Friedberg, *A Contest for Supremacy: China, America, and the Struggle for Mastery in Asia* (New York: Norton, 2011)〔邦訳　アーロン・フリードバーグ『支配への競争——米中対立の構図とアジアの将来』日本評論社、2013年〕; Martin Jacques, *When China Rules the World: The Rise of the Middle Kingdom and the End of the Western World* (London: Allen Lane, 2009)〔邦訳　マーティン・ジェイクス『中国が世界をリードするとき——西洋世界の終焉と新たなグローバル秩序の始まり』NTT出版、2014年〕; John J. Mearsheimer, *The Tragedy of Great Power Politics* (New York: Norton, 2001)〔邦訳　ジョン・J・ミアシャイマー『大国政治の悲劇——米中は必ず衝突する！』五月書房、2014年〕; Arvind Subramanian, *Eclipse: Living in the Shadow of China's Economic Dominance* (Washington, D.C.: Peterson Institute for International Economics, 2011).

3. Yu Liu and Dingding Chen, "Why China Will Democratize," *Washington Quarterly* 35, no. 1 (Winter 2012): 41–63.

4. Andrew J. Nathan, *Chinese Democracy* (New York: Knopf, 1985); Andrew J. Nathan, "China's Changing of the Guard: Authoritarian Resilience," *Journal of Democracy* 14, no. 1 (January 2003): 6–17; Andrew J. Nathan, "China's Political Trajectory: What Are the Chinese Saying?" in Cheng Li, ed., *China's Changing Political Landscape: Prospects for Democracy* (Washington, D.C.: Brookings Institution Press, 2008), 25–43; Andrew J. Nathan, "China Since Tiananmen: Authoritarian Impermanence," *Journal of Democracy* 20, no. 3 (July 2009): 37–40.

5. Salvatore Babones, "The Middling Kingdom: The Hype and the Reality of China's Rise," *Foreign Affairs* 90, no. 5 (September-October 2011): 79–88.

6. たとえば以下を参照。Robert S. Ross, "The Geography of the Peace: East Asia in the Twenty-First Century," *International Security* 23, no. 4 (Spring 1999): 81–118; Michael D. Swaine, *America's Challenge: Engaging a Rising China in the Twenty-First Century* (Washington, D.C.: Carnegie Endowment for International Peace, 2011).

7. Zbigniew Brzezinski, "From Hope to Audacity: Appraising Obama's Foreign Policy," *Foreign Affairs* 89, no. 1 (January-February 2010): 16–30; Henry Kissinger, *On China* (New York: Penguin Press, 2011)〔邦訳　ヘンリー・A・キッシンジャー『中国——キッシンジャー回想録』岩波書店、2012年〕; Jacques, *When China Rules the World.*

著者略歴

(Andrew J. Nathan)

コロンビア大学政治学教授．専門は，中国の政治・外交政策，および政治参加，政治文化，人権の比較研究．中国の対外政策と，アジアにおける政治的正当性の源泉について，長期にわたり研究，執筆している．コロンビア大学では，人権研究センターの運営委員会議長，モーニングサイド研究倫理委員会議長も務める．2003-2006年には政治学部長ほか要職を歴任．学外でも，ヒューマン・ライツ・イン・チャイナの理事，フリーダム・ハウスの理事，また1995-2000年にはヒューマン・ライツ・ウォッチ・アジアの諮問委員会議長を務める．『フォーリン・アフェアーズ』誌等への寄稿多数．著書『中国権力者たちの身上調書』（阪急コミュニケーションズ，2004）『天安門文書』（文藝春秋，2001）ほか．

(Andrew Scobell)

ランド研究所主任政治研究員．コロンビア大学で博士号を取得．

訳者紹介

河野純治〈こうの・じゅんじ〉 翻訳家．訳書 ハレヴィ『イスラエル秘密外交』（新潮文庫，2016）ミアレ『ホーキング Inc.』（柏書房，2014）ブレースウェート『アフガン侵攻 1979-89』（白水社，2013）『趙紫陽 極秘回想録』（光文社，2010）ほか．

アンドリュー・J・ネイサン／アンドリュー・スコベル
中国安全保障全史
万里の長城と無人の要塞
河野純治訳

2016 年 12 月 12 日　印刷
2016 年 12 月 22 日　発行

発行所 株式会社 みすず書房
〒113-0033 東京都文京区本郷 5 丁目 32-21
電話 03-3814-0131(営業) 03-3815-9181(編集)
http://www.msz.co.jp

本文組版 キャップス
本文印刷所 萩原印刷
扉・表紙・カバー印刷所 リヒトプランニング
製本所 東京美術紙工

ISBN 978-4-622-07956-9
[ちゅうごくあんぜんほしょうぜんし]
落丁・乱丁本はお取替えいたします

歴史学の将来	J. ルカーチ 村井章子訳 近藤和彦監修	3200
20世紀を考える	ジャット／聞き手 スナイダー 河野真太郎訳	5500
ヨーロッパ100年史 1・2	J. ジョル 池田清訳	I 5000 II 5800
ヒトラーを支持したドイツ国民	R. ジェラテリー 根岸隆夫訳	5200
カチンの森 ポーランド指導階級の抹殺	V. ザスラフスキー 根岸隆夫訳	2800
スターリンのジェノサイド	N. M. ネイマーク 根岸隆夫訳	2500
スペイン内戦 上・下 1936–1939	A. ビーヴァー 根岸隆夫訳	上 3800 下 3600
ヨーロッパに架ける橋 上・下 東西冷戦とドイツ外交	T. G. アッシュ 杉浦茂樹訳	上 5600 下 5400

（価格は税別です）

みすず書房